# 구약의 이해

# 구약의 이해

양 창 삼 지음

KSI 한국학술정보㈜

# | 머리말 |

이 책은 구약의 전반적 이해를 위해 돕기 위해 쓴 것이다. 구약은 이스라엘의 방대한 역사를 담고 있을 뿐 아니라 인류에 대한 하나님의 구속적 사역을 포괄하고 있다. 즉 구약은 이스라엘의 역사에 한정된 것이 아니라 인류의 기원과 영적인 타락, 그리고 그로 인한 구속자(redeemer)의 출현을 예고하는 하나님의 약속이다. 구약(Old Testament)은 '옛 약속'이라는 뜻이다. "너희 구속자를 보내실 것이라"는 그 약속이 바로 구약이다. 그 약속에 따라 예수 그리스도가 이 땅에 오셨다. 인류를 구원할 구속자로 오신 것이다.

구약은 이스라엘의 역사가 소개되고 있다. 이것은 한 민족만의 역사를 말하려는 것이 아니다. 그 민족의 역사가 인류와 어떻게 연관되어 있으며, 특히 하나님과의 관계가 어떠해야 하는가를 말해주고 있다. 이스라엘 역사는 이스라엘인뿐 아니라 모든 민족의 기본적인 신앙고백이다. 하나님 앞에서 잘못된 민족을 그가 어떻게 다스리는가를 보여주기 때문이다. 그래서 역사도 하나님의 말씀이다. 따라서 우리도 역사의식을 가져야 할 필요가 있다.

신명기 26장 3-9절에 따르면 유리하는 아람인이 이스라엘 종족의 기원이다. 소수의 사람이 가나안으로 이동한다. 이민의 역사가 시작된 것이다. 이 이민의 역사는 부흥발전사, 수난사, 해방사, 정복사를 거치며 언약을 성취한다. 하나님 이름을 두시려 하신 곳이 후일 성전으로 발전한다. 지금 우리도 하나님의 역사에 동참하고 있다. 한국에 기독교가 발전하고 있는 것은 우연이 아니다. 이 민족을 향한 하나님의 기대가 그만큼 크기 때문이다. 우리 민족이 하나님과의 관계에서 어떤 역사를 쓸 것인가에 따라 우리에 대한 평가도 달라질 것이다.

우리 모두는 하나님의 말씀을 먹어야 살 수 있다. 거룩한 식탁에 동참하는 것이다. 우리 모두 매 순간 그의 구원에 감사하고 하나님과 화목한 관계를 계속 다지는 작업이 필요하다. 그분이 주신 말씀을 먹을 뿐 아니라 그분을 통해 힘을 얻어 죄로 물든 이 세상을 이겨나가야 한다.

구약에 축복이나 저주가 3, 4대까지 이른다는 표현이 있다. 이것은 단지 3대나 4대를 이어가는 것을 의미하지 않는다. 어떤 이는 3대와 4대를 합한 수, 곧 7대를 의미한다고 주장한다. 성경에서 7대는 완전수로 영원까지를 의미한다. 영원에 이른다는 것이다. 우리가 하나님으로부터 영원히 축복을 받을 것인가 아니면 저주를 받을 것인가는 우리가 하나님과의 관계를 어떻게 할 것인가에 달려 있다. 이 점에서 이스라엘의 역사는 우리에게 큰 거울이 되고, 지표가 될 것이다.

이 책을 쓰면서 감사해야 할 분이 많다. 그 가운데 구약의 전반적 흐름에 대해 좋은 가르침을 준 총신대학교의 김희보, 유재원, 김의원 교수님을 빼놓을 수 없다. 그분들께 이 지면을 통해 감사를 표하고자 한다. 나아가 구약의 이해를 통해 하나님을 더욱 이해하도록 이 책을 펴낸 출판사에 깊은 감사를 드린다. 오직 하나님께 영광을!

2007년 양창삼

# | 차 례 |

제 1 부    오 경

제1장 창세기 __ 13

    1. 창세기의 주요내용 __ 13

    2. 카오스에서 코스모스로의 창조 __ 18

    3. 족장과 가나안 __ 23

    4. 아브라함과 하나님의 언약 __ 33

    5. 야곱과 요셉, 본향을 사모한 사람들 __ 36

제2장 출애굽기 __ 47

    1. 출애굽기의 주요내용 __ 47

    2. 모세의 출애굽과 광야생활 __ 49

    3. 출애굽의 의미 __ 58

    4. 마라에서 엘림으로 __ 67

    5. 십계명 __ 75

제3장 레위기 __ 86

    1. 레위기의 주요내용 __ 86

    2. 번제의 영적인 의미 __ 92

    3. 화목제와 그리스도인의 행복 __ 100

제4장 민수기 __ 111

    1. 민수기의 주요내용 __ 111

    2. 레위인의 정결의식 __ 113

3. "우슬초로 나를 정결하게 하소서" __ 120

제5장 신명기 __ 128

　　1. 신명기의 주요내용 __ 128

　　2. 맥추절의 의미 __ 130


### 제 2 부　　가나안 정복에서 사사시대까지

제1장 가나안 정복과 토지분배 __ 143

　　1. 가나안 정복 __ 143

　　2. 토지분배 __ 147

　　3. 레위 지파와 도피성 __ 150

제2장 하나님만 섬긴 여호와의 종, 여호수아 __ 151

제3장 위기에서 강한 믿음의 지도자, 갈렙 __ 158

제4장 사사시대 __ 170


### 제 3 부　　왕국시대

제1장 왕국의 시작과 사울왕의 통치 __ 177

　　1. 왕국의 시작 __ 177

　　2. 사울왕의 통치 __ 178

제2장 다윗의 통치와 그 역사 __ 180

제3장 여호와만 목자로 삼은 왕, 다윗 __ 185

제4장 솔로몬의 통치 __ 200

제5장 솔로몬이 구한 하나님의 지혜 __ 202

제6장 하나님 중심의 삶을 살도록 권고한 왕, 솔로몬 __ 208

제7장 북 왕국 이스라엘 __ 219

제8장 남왕국 유다 __ 224

제9장 포로가 된 언약의 백성들 __ 231

제 4 부    시서 및 지혜서

제1장 시서 및 지혜서 __ 237

제2장 시편의 구성과 사상 __ 241

    1. 시편의 표제와 음악술어 __ 241

    2. 시편 내용의 여러 유형 __ 244

    3. 시편의 저자 __ 247

    4. 시편의 신학과 사상 __ 248

제3장 시편 31편, 고난 중에 주를 의지하며 __ 253

제4장 시편 84편, 시온의 대로를 걷는 자의 행복 __ 261

제5장 시편 86편, 주의 도를 사모하는 자와 영혼을 위한 기도 __ 270

제6장 시편 121편, 나의 도움이 어디서 올꼬__ 281

제7장 시편 129편, 울며 씨를 뿌린 자의 영광 __ 288

제8장 욥  기 __ 297

    1. 욥기의 전반적 이해 __ 297

    2. 고난을 통해 삶의 패러다임이 달라진 의인, 욥 __ 299

제9장 잠언, 전도서, 아가서 __ 307

    1. 잠언 __ 307

    2. 전도서 __ 309

    3. 아가서 __ 310

## 제 5 부  대선지서

제1장 이사야, 예레미야, 에스겔, 다니엘 __ 317

    1. 이사야 __ 317

    2. 예레미야와 애가 __ 319

    3. 에스겔 __ 322

    4. 다니엘 __ 324

제2장 이사야 41장, 하나님의 새 타작기계 __ 326

제3장 이사야 58장, 하나님이 기뻐하는 금식 __ 337

제4장 예레미야 23장, 한 의로운 가지 __ 351


## 제 6 부  소선지서

제1장 소선지서 개관 __ 363

    1. 호세아서, 요엘서, 아모스서 __ 363

    2. 오바댜서, 요나서, 미가서 __ 365

    3. 나훔서, 하박국서, 스바냐서 __ 367

    4. 학개서, 스가랴서, 말라기서 __ 369

제2장 호세아, "여호와께서 이 땅 거민과 쟁변하시나니" __ 372

제3장 요나서, "니느웨를 내가 아끼는 것이 합당치 아니하냐?" __ 382

제4장 하박국, "하나님은 왜 불의를 그냥 두시는가?" __ 387

제5장 말라기, "보라 내가 내 사자를 보내리니" __ 396

오 경

제 1 부

# 창세기

## 1. 창세기의 주요내용

모든 성경의 기초는 오경(Pentateuch)이라 할 만큼 오경은 중요한 위치를 차지하고 있다. 그중에 첫 번째 책이 창세기(Genesis)이며 그 밖에 출애굽기, 레위기, 민수기, 신명기가 있다. 모세 5경은 모세를 통해 기록된 것으로, 유대인의 삶의 기초와 법을 제시해주고 있다. 여호수아서도 중요해, 자유주의자들은 여호수아를 합해 '6경'이라 부르기도 한다.

창세기는 하나님의 섭리에 따라 만들어진 창조역사 기록이다. 유대인들은 창세기의 명칭을 그 책의 첫 단어를 따 "부레헤쉬이트"(B'reshith)라 부른다. 이 말은 "태초에"라는 뜻이다. 탈무드 경전시대에는 "천지창조의 책"이라 불렸다. 창세기라는 표제가 붙은 것은 "이것이 천지창조의 대략"이라는 70인 역[1]의 "게네시스"(genesis)에서 나온 것이다. 게네시스는 기원, 원천, 발생, 시작이라는 뜻을 가지고 있다.

창세기의 저자는 모세이다. 창세기에 저자에 대한 기록이 직접 나타

---

[1] 애굽의 알렉산드리아에서 성경학자들이 구약의 히브리어를 헬라어로 번역한 것을 말한다. 70인으로 알려져 있지만 최근 조사에서는 그보다 더 적은 수의 학자였던 것으로 알려져 있다.

나 있지는 않다. 하지만 구약과 신약의 여러 곳에서 창세기의 저자가 모세임을 증거하고 있다. 초대교회와 1세기 유대 사가 요세푸스도 모세가 그 저자임을 증거하고 있다. 탈무드도 모세가 썼음을 주장한다. 창세기는 인간 최초의 2천 년 역사기록으로 인식되고 있다. 히브리 전설에 따르면 모세가 하나님의 인도로 당대 고대기록, 곧 조상으로부터 물려받은 역사적인 기록에서 창세기를 편찬했다고 한다. 창세기가 끝나는 연대는 모세보다 300년 앞서 있다. 창세기의 원시역사시대와 모세시대 사이에 알 수 없는 긴 시대가 있다는 것을 영(E. J. Young), 웅거(M. F. Unger), 해리스(L. R. Harris) 같은 보수신학자들도 시인하고 있다. 자유주의자들은 창세기의 원시역사를 신화로 보며 구전으로 내려왔던 것들을 포로 후 시대에 이르러 편집이 완료되었다고 주장하고 있다.

창세기의 기록 목적은 이 세상 역사의 시작부터 이스라엘 민족이 부름을 받아 애굽에 내려가 신정에 입각한 한 국가적 민족으로 성장하는 하나님의 계시의 역사를 보여주기 위한 것이다. 따라서 창세기는 우주와 인간의 창조, 하나님과 인간 사이의 언약, 인간의 타락, 은혜의 언약, 족장들의 생활 등이 기록되어 있다. 창세기는 정확한 역사적 연대를 보여주기 위한 것이 아니라 하나님이 자기의 택한 성도들을 통하여 인간을 구원하시려는 구속사적인 하나님의 계시가 중심을 이루고 있다.

창세기의 내용은 크게 4대 사건과 4대 족장을 소개하고 있다. 4대 사건이란 창조, 타락, 홍수, 열국의 시작을 말하며 이 사건들을 통해 우주와 인류, 그리고 민족이 어떻게 시작되었는가를 보여준다. 4대 족장은 열국 가운데 택함을 받은 히브리 민족의 족장, 곧 아브라함, 이삭, 야곱, 그리고 요셉을 말한다.

## 4대 사건(1:1-11:23)

> 1) 창조(1:1-2:3) : chaos에서 cosmos의 창조
> 2) 타락
>    타락 전 인간의 피조물로서의 위치(2:4-25)
>    인간의 타락과 은혜의 구원(3:1-4:26)
> 3) 홍수
>    홍수까지의 인간역사(5:1-32)
>    홍수(6:1-8:22)
> 4) 열국의 시작
>    열국의 시작(10:1-11:32) : 바벨탑 사건

  기독교의 진리는 창조와 부활에 있다. 이것은 인간의 이성으로 이해하기 어렵다. 믿음으로만 이해할 수 있다. 인간의 창조는 유에서 유를 만들지만 하나님의 창조는 무에서 유를 창조한다. 하나님은 물질, 에너지, 공간, 시간을 주권적으로 창조하신 창조주이시다. 창조의 정점은 사람이다. 하나님은 흙에 생기를 불어넣어 인간, 아담²⁾을 만드셨다. 창조를 이해하면 부활도 이해할 수 있다.

  창조 이후에 부패가 일어난다. 아담의 죄로 인하여 인간이 하나님과 단절된다. 가인이 아벨을 죽임으로 인해 사람이 사람에게서 단절된다. 하나님은 타락에 대해 무서운 저주를 하시면서도 여자의 후손을 통해 구속의 소망을 약속하신다. 사람이 불어나면서 죄악도 불어난다. 결국 노아와 그의 가족을 제외한 모든 인류를 멸하신다. 창세기는 온 인류의 통일성을 말하고 있다. 인간은 모두 아담과 노아의 자손이지만 바벨탑에서 행한 반역으로 인해 하나님은 홍수 이후의 세상의 단일한

---

2) 아담은 흙이라는 뜻을 가지고 있다. 에스겔서에서는 하나님은 마른 뼈에 생기를 불어넣어 군대를 만드셨다.

문화와 언어를 찢으시고 사람을 온 땅에 흩으셨다. 세상에 모든 민족
이 흩어졌다. 열국이 시작된 것이다.

### 4대 족장

```
1) 아브라함(12:1-25:18)
   아브라함이 소명과 언약을 받음(12:1-17:27)
   롯의 소돔구출과 아브라함과 아비멜렉(18:1-20:18)
   이삭의 출생과 아브라함의 자손(21:1-25:18)
2) 이삭(25:1-26:35)
   이삭과 야곱의 이야기(25:19-37:1)
   에서와 야곱의 이야기(25:19-25:34)
   이삭과 아비멜렉, 그리고 이삭과 우물소동(26:1-33)
   에서의 결혼이야기(26:34, 35)
3) 야곱(27:1-37:1)
   야곱의 가정생활과 집을 떠남(27:1-28:22)
   야곱의 하란생활(29:1-33:15)
   야곱이 가나안으로 돌아옴(33:16-35:20)
   야곱과 에서의 자손(35:21-37:1)
4) 요셉(37:2-50:26)
   요셉의 소년시대(37:2-36)
   유다와 다말의 이야기(38:1-30)
   요셉의 애굽 생활(39:1-45:15)
   야곱의 애굽 행(45:16-47:26)
   야곱의 죽음과 요셉의 만년(47:27-50:26)
```

흩어진 민족 가운데 한 사람과 그의 후손을 지목하여 그를 통해 모
든 민족들에게 복을 내리고자 하신다. 아브라함이 이 일에 부르심을
받았다. 하나님은 그에게 땅, 자손, 복 등 세 가지에 관련된 언약의 약
속을 하셨다. 이 약속은 이 땅을 구원하시기 위한 하나님의 계획이다.

하나님은 이삭과 언약을 맺으심으로 그를 아브라함과 영적으로 연결시키셨다. 하나님은 매우 이기적인 야곱을 변화시켜 종의 도를 따르게 하고, 이름을 이스라엘로 고쳐 주신다.3) 그는 결국 12지파의 아비가 되었다. 야곱의 사랑하는 아들 요셉은 형제들로부터 질시를 받아 애굽에 종으로 팔려간다. 극적으로 애굽의 총리대신이 된 그는 자기 가족을 기근에서 구원하고 그들을 가나안에서 고센 땅으로 이주시킨다. 하나님은 이스라엘의 70인을 애굽으로 보내 극적으로 작은 민족 이스라엘을 살리신다. 창세기는 요셉의 죽음으로 끝난다. 그의 죽음은 애굽에서의 노예생활을 암시할 뿐 아니라 출애굽기에서 전개될 놀라운 구속의 필요성을 보여주고 있다.

창세기의 신학적 주제는 그리스도에 관한 예언과 그리스도의 예표적 인물과 사건들이다. 창세기는 메시아에 관한 일반적인 예언에서부터 시작하여 점차 보다 구체적으로 예언되고 있다. 즉 그리스도는 여자의 후손이다(창3:15), 셋의 후손에서 그리스도가 난다(창12:3), 이삭(21:12), 야곱(창25:26)의 자손이다. 그리고 유다지파에서 나신다(창49:10).

그리스도의 예표적 인물과 사건들로는 아담, 아벨의 피의 제사, 멜기세덱, 요셉을 들 수 있다. 아담은 오실 자의 표상, 곧 예표이다(롬5:14). 아담과 그리스도는 모두 하나님의 특별하신 역사로 말미암아 죄 없는 사람으로 이 땅에 오셨다. 아담은 옛 창조의 대표이며, 그리스도는 새 창조의 머리시다. 아벨이 드린 피의 제사, 가인에 의한 죽음은 그리스도를 지향하고 있다. 멜기세덱(의의 왕)은 하나님의 아들과 방불하다(히7:3). 그는 아브라함에게 떡과 포도주를 가져다준 살렘(평강)왕이자 지극히 높으신 하나님의 제사장이다. 요셉도 그리스도의 예표이다. 요셉과 그리스도는 모두 아버지에게서 극진한 사랑을 받으

---

3) 얍복 강가의 야곱을 생각해보자. 그곳에서 야곱은 하나님을 만났고, 변화했다.

며, 형제들로부터 미움을 받고, 형제들을 다스릴 자라 하여 배척을 받았다. 모함을 받아 은에 팔리고, 죄가 없으면서도 심판을 받고, 하나님의 권능으로 비천한 자리에서 영광의 자리로 높임을 받는다.

창세기의 초반부는 세상의 시작과 함께 세상에 죄가 어떻게 퍼져나갔는지 그 과정에 초점을 맞추어 자세히 언급하고 있다. 죄악과 그에 대한 심판은 노아시대의 대홍수 사건으로 그 절정을 이룬다. 그다음에는 하나님이 아브라함 한 사람을 다루시는 내용에 초점을 맞추었다. 하나님은 그를 통하여 세상에 구원과 복을 주겠다고 약속하신다. 아브라함과 그 자손들은 궁핍할 때나 부유할 때, 번성할 때나 압제를 당할 때나 언제든지 여호와를 신뢰하면 안전하다는 것을 체험하며 깨달아간다. 아브라함으로부터 이삭, 야곱, 요셉으로 역사가 이어지면서 하나님의 약속은 열매를 맺게 된다. 창세기는 인류의 역사라기보다 인류의 구속사에 있어서 서장이다.

## 2. 카오스에서 코스모스로의 창조

창세기 1장은 우리가 잘 아는 대로 하나님의 위대한 천지창조를 기록하고 있다. 이 천지창조를 한마디로 표현한다면 그것은 혼돈에서 질서를 가져오시는 하나님의 역사이다. 혼돈이란 카오스(chaos)이며 질서는 코스모스(cosmos)다. 하나님은 혼돈이 아니라 질서를 원하시는 분임을 우리는 알 수 있다.

창세기 1장 2절은 땅이 혼돈하고 공허하며 흑암의 깊음 위에 있음을 밝히고 있다. 혼돈, 공허, 흑암은 하나님께서 창조하신 땅이 아직은 생물이 살기에 적합지 못한 상태에 있음을 보여주는 단어들이다. 일부

성경학자들은 창세기 1장의 1절과 2절 사이에는 긴 시간적 간격이 있었을 것으로 본다. 그 기간은 수백만 년이 될 수도 있다. 이렇다면 이것은 지구역사의 지질학상의 시대들에 대한 설명을 가능하게 만든다. 그러나 이것은 다른 말로 말해서 그만큼 혼돈의 기간이 길었었다는 것을 의미하기도 한다. 어떤 성경학자는 2절은 단순히 무질서한 혼돈에 대한 말씀이 아니라 아직 형체가 없는 재료 덩어리에 대한 묘사이며 하나님께서는 이 재료를 사용하시어 6일간의 창조를 수행하셨다고 주장한다. 이 주장에 따르면 혼돈은 단순히 아무런 형체가 없는 상태를 표현하며 창조기사는 이러한 혼돈의 상태에서 형태를 이루어 가는 과정, 공허한 상태에서 점차 필요한 것들을 채워가는 과정으로 간주된다.

이러한 주장들을 한데 모은다면 어느 정도 혼돈의 기간과 혼돈의 상태가 존재했다는 점이다. 창조는 하나님께서 이 기간과 상태, 곧 시공에 간섭하심으로써 우주, 곧 질서의 세계를 창조하셨다는 것을 의미한다. 하나님께서는 인간이 거주하기에 알맞도록 이 세상을 지으시고 모든 것을 준비하셨다. 그 후에 인간을 창조하시어 그 가운데 두시고 하나님을 영화롭게 하며 살도록 하셨다. 하나님은 인간을 혼돈상태에 두시기보다 질서의 세계에 두시고자 했으며 질서 속에서 하나님과 만나고 하나님을 위한 삶을 살도록 하셨다. 하나님은 카오스에서 코스모스를 창조하셨으며 에덴의 삶을 통해 인간에게 코스모스를 가르치셨다. 우리가 혼돈의 삶이 아니라 질서의 삶을 살아야 하는 것은 이 때문이다.

## ▣ 영적 카오스에서 영적 코스모스로의 변화

인간은 흙에 그 근원을 두고 있다. 흙에서 났으니 흙으로 돌아가는 것은 당연하다고 본다. 성경은 땅과 흙을 구별하고 있다. 땅은 '에레츠'

라는 단어를 사용한다. 혼돈 상태의 땅이나 사람이 경작해야 할 땅은
바로 에레츠이다.

그러나 사람에 대해서만큼은 아담이라는 말을 사용한다. 아담이란
'흙'이란 뜻을 가지고 있다. 창세기의 경우 '우리가 사람을 만들고'(창
1:26), '하나님의 형상대로 사람을 창조하시되'(창1:27), '사람이 땅 위
에 번성하기 시작할 때에'(창6:1)의 '사람'은 바로 아담을 가리킨다. 하
나님은 인간으로 하여금 에레츠가 아닌 아담으로서의 삶을 살도록 하
신 것이다. 아담은 흙은 흙이지만 하나님의 영, 곧 하나님의 생기가
담긴 생령이라는 점에서 땅과는 다르다. 이것은 우리가 영적인 아담들
이며, 따라서 우리의 삶이 영적으로도 카오스에서 코스모스로 변하지
않으면 안 된다는 것을 의미하고 있다.


## ▣ 카오스적 삶의 모습들

현대 물리학은 현재 카오스 때문에 몸살을 앓고 있다. 카오스를 상
대성원리, 양자역학에 이어 제3의 혁명으로 풀이하고 있다. 강물이 두
번 다시 똑같은 방법으로 흐르지 않듯이 카오스는 규칙성에 회의를
제기하고 있다. 지금까지 물리학은 우주의 삼라만상이 질서 속에서 움
직인다는 전제에서 연구를 계속해왔다. 그래서 예측이 가능하다고 생
각했다. 물리학의 온갖 공식이나 이론은 이런 맥락에서 질서의 세계를
설명하려는 노력들이었다. 그러나 카오스는 자연현상이 질서가 있는
것 같지만 무질서하고, 규칙을 지키는 것 같지만 규칙은 없다고 선언
한다. 기상청의 기상예보가 틀리면 우리는 기상청을 나무라지만 카오
스는 기상 자체란 예측할 수 없는 것이라고 말한다. 아무리 컴퓨터를
동원한다 해도 기상이란 예측이 가능하도록 주기적으로 되어 있지 않

다는 것이다. 카오스는 우리에게 질서보다 혼돈의 모습을 보여준다.

우리의 사회도 카오스 속에 있다. 교황 요한 바오로 2세가 소련연방에서 독립한 후 급속하게 자본주의 사회로 변모하고 있는 라트비아를 방문했을 때 비인간적인 자본주의를 경고하는 발언을 했다. 그는 "공산주의 몰락이라는 역사적인 상황에서 나는 자본주의의 타당성에 대해 심각하게 의문을 제기하는 데 주저하지 않았다"면서 "산업사회가 시작된 이후 자본주의가 프롤레타리아를 착취한 상황은 교회의 가르침도 비난했듯이 정말 사악한 것이었다."고 설명했다. 사람들은 돈을 벌기 위해 서로가 서로를 착취하고 비인간화하며 나만 잘살면 된다는 이기적인 맹수로 변화했다. 인간이 카오스 속으로 빠진 것이다.

우리는 주변에서 쉽게 카오스를 발견할 수 있다. 근자에 우리들 생활 속에서 자주 들을 수 있는 단어 중 하나가 스트레스이다. 스트레스는 여러 가지 신체적 이상을 유발하는 요인이 되므로 가능한 한 스트레스가 쌓이지 않도록 하든가 그것을 해소하는 방법이 좋다고 말한다. 그런데 문제는 그 스트레스를 해소하는 방법이다. 만화방이나 전자오락실을 드나드는 어린 학생들도 스트레스를 해소하기 위해서라고 대답한다. 청소년들의 음주나 흡연도 스트레스 해소로 변명한다. 술에 만취해 온갖 추태를 부리거나 남녀가 몰래 옳지 못한 짓을 하고서도 스트레스를 해소하기 위해서라고 변명한다. 야구장에서 술을 마시고 욕설을 퍼붓고 병을 던지고서도 '스트레스를 풀기 위해서'라고 말한다. 부녀자들은 대낮부터 스트레스를 풀기 위해 화투판을 벌인다. 스트레스 해소는 마치 도덕적이거나 바람직한 생활태도와는 전혀 무관한 듯 말하고, 스트레스라면 어떤 부도덕한 행동도 정당화될 수 있다는 생각은 우리를 아연케 한다. 그리스도인들마저 이 영향을 받아 성경적으로 용납할 수 없는 행위들을 스트레스 해소로 돌리고 있다.

사람들은 점차 질서와 멀어진 생활을 하고 있다. 인간이 그러니 자연도 그렇지 않을 수 없을 것이다. 사람들은 자기의 잘못을 인정하려 들지 않고 그 잘못마저 당당하게 말하는 사회가 되어가고 있다. 잘못한 사람이 오히려 큰소리치고 악한 사람이 오히려 잘사는 사회가 되어가고 있다면 그것은 카오스의 모습만 보일 뿐이다.


## ▣ 코스모스 삶으로의 변환

자연현상이 카오스 현상뿐이라면 과학은 존재할 필요가 없을 것이고 인간은 이 땅에서 살기 어려울 것이다. 그러나 현대 과학은 카오스의 현상을 주목하고 혼돈을 일으키는 원인을 밝혀내 질서의 세계로 변환시키고자 한다. 이것이 카오스 이론의 존재근거가 된다. 우리의 삶이 혼돈 그 자체이고 그것의 계속이라면 우리에게는 희망이 없을 것이다. 그러나 우리가 그 혼돈의 원인을 찾아내 조금이라도 질서의 세계로 바꾸어 나간다면 우리는 그만큼 희망이 있고 존재할 가치가 있다.

코스모스에 관한 한 역사는 우리에게 많은 것을 교훈해주고 있다. 역사는 우리의 과거 속에 많은 혼돈이 존재해 있었음을 보여주고 있다. 그러나 그것이 혼돈으로 끝나지 않고 보다 질서를 찾아가고 있음을 아울러 보여주고 있다. 당시는 카오스가 이기는 것처럼 보였지만 결국 코스모스가 역사를 지배한다는 것을 교훈하고 있다. 한국의 역사도 그렇고, 세계의 역사도 그렇다. 역사의 교훈은 역사가 바로 코스모스의 역사임을 가르쳐 주고 있다.

성경도 마찬가지이다. 성경에는 많은 인간사가 소개되고 있다. 그 인간사 속에는 하나님에 대해서 그리고 인간에 대해서 불의한 점들이 얼마나 많은가를 적나라하게 보여주고 있다. 성경은 불의가 한때 승리한 것처럼 보일지라도 그것은 결국 패하게 된다는 것을 말해준다. 불의가 영원히 승리할 수는 없다는 것이다. 이것은 우리가 이 땅에서 어떠한 삶을 살아야 하는가를 말해주고 있다.

우리는 그리스도인들이라고 말하면서도 카오스를 버리지 못하고 있다. 하나님은 질서의 하나님이시지 결코 혼돈의 하나님이 아니시다. 하나님이 질서의 하나님이시라면 그분의 형상을 가진 우리도 질서의 삶을 살아야 한다는 것은 너무도 당연한 것이다. 하나님은 지금도 우리를 카오스가 아닌 코스모스에서 찾고 계신다. 그러므로 우리가 있어야 할 곳, 걸어가야 할 길은 카오스가 아니라 코스모스이다. 따라서 우리의 선택은 분명해진다. 카오스는 사람의 마음속에 교만함과 완악함, 그리고 회개할 줄 모르는 마음을 심어준다. 그러나 코스모스는 우리에게 겸허와 회개, 그리고 하나님의 뜻에 순종하는 삶을 살도록 한다. 하나님은 천지창조를 하시면서 우리를 코스모스의 중앙에 두셨다. 그러나 우리는 이따금 카오스의 유혹을 받고 있다. 우리는 그 유혹을 단연코 뿌리칠 수 있어야 하고, 나아가 그 흐름을 바꾸지 않으면 안 된다. 우리 안에 찌든 카오스를 빼내기 위해 계속 노력해야 한다. 이러한 작업을 지속하지 않는 한 우리는 항상 문제를 안고 살게 될 것이다.

## 3. 족장과 가나안

성경이 족장시대에 대해 자세히 언급하고 있음에도 불구하고 비평가 벨하우젠(J. Wellhausen)은 "우리는 족장시대의 역사적 지식을 알 수 없다"고 말한다. 그러나 고고학은 족장시대의 존재를 입증하고 있다.

1) **아슈르바니팔(Ashurbanipal)의 도서관**: 1854년 레이야드(Layard)와 라삼(Rassam)이 단번에 2만 6천 개의 서판을 발굴했다. 이것은 앗수르 최후의 왕이 수집한 비문으로 BC2000년 전의 것이다. 서판에서 다신론적 시기와 질투 그리고 음란을 읽을 수 있다. 티아멧(Tiamet)신을 죽인 말툭(Marduk)신이 그것이다. 천지창조와 노아 홍수가 소개되기도 한다. 이 서판이 범바빌로니아주의(pan-Babylonianism)를 일으켜, 성경의 모든 신화는 바빌로니아에서 왔다는 주장을 하는 비평가도 있다.

2) **마리서판(Mari Tablets)**: 1933-60년에 패롯(A. Parrot)이 2만이 넘는 서판을 발굴했다. 마리는 유브라데 근처 고대 도성이다. 서판은 아브라함 당시의 지명(하란, 하솔 등)과 인명(나홀, 데라, 스룩 등)을 보여준다. 이것은 족장의 역사성을 입증한다.

비평가들은 아브라함의 역사성을 부인하고 신화적 인물로 본다. 즉 12지파의 개념이 아니라 12부족이 공동체성을 이루고, 이것이 신화로 발달했다는 것이다. 아브라함을 혈연이나 역사성이 없는 가공적 인물로 부각시킴으로써 족장시대의 역사를 전설로 보려는 것이다. 그러나 성경은 12지파의 형성을 보여주고 있고 마리서판도 역사성을 입증하고 있다.

3) **누지서판(Nuzi Tablets)**: 1925-31년에 발굴된 2만여 서판으로 BC1500년경의 것이다. 누지는 하란 땅에 위치해 있다. 서판에는 기업을 물건과 교환하는 풍습, 가정의 수호신과 상속권이 소개되어 있다. 가정의 수호신은 라헬의 드라빔 해석에 도움을 준다.

4) **라스 샴라 서판(Ras Shamra Tablets)**: 라스 샴라는 우가리트(Ugarit) 도시국가다. 이 서판은 바알신의 족보가 소개되었다. 바알 신화와 아나트(Anat) 여신에 관한 것으로 이방종교의 형편을 이해하는 데 도움을 주었다.

5) **텔렐 아마르나 서판**(Tellel-Amarna Tablets): 1887년 애굽 농부가 발굴했다. 350매 문서로, BC1400-1360 것으로 추정된다. 서판의 내용은 이스라엘의 가나안 정복을 입증하고 있다. 예를 들어 가나안 왕들이 애굽왕에 도움을 청하는 내용이 담겨 있는데, '하비루'(Habiru) 족속이 침입해 원병을 보내달라는 것이다. 하비루는 히브리 민족을 뜻한다.

6) **저주문헌**(Execration Texts): 애굽왕조가 남긴 BC2000-1800년경의 자료이다. 바로왕들이 가나안 및 수리아 지역 도성과 왕들을 원수로 간주하고, 이들을 저주하기 위한 마법적 의식이 기록되어 있다. 항아리 표면 등에 인간 모형을 만들어 놓고 저주 주문을 하는 내용이 기록되어 있다. 이것은 당시 역사를 아는 데 귀중하다.

족장시대는 가나안 사람들과 깊은 관계를 가지며 발전해왔다. 하나님은 왜 아브라함을 불러 가나안에 정착하도록 하셨을까? 하나님이 아브라함에게 가나안을 주신 이유는 가나안이 모든 족속, 모든 나라의 중심으로 언약을 성취하기 위해 가장 좋은 곳이기 때문이다.

가나안 원주민들은 초기 원주민과 후기 원주민으로 나눌 수 있다. 초기 원주민들은 개인적으로 기골이 장대하고 힘이 있었지만 조직적인 힘은 약했다. 초기 원주민들은 다음과 같다.

- 르바족속(Rephaim): 70인경에서는 '키가 큰 족속'(gigantes, giants)이라 표현하고 있다. 강대한 민족으로 간주된다. 르바임 골짜기는 예루살렘서 베들레헴에 이르기까지 비옥한 계곡을 의미한다. 맨 마지막 왕으로 바산 왕 옥이 있다.
- 엠족속(Emim): '두려운 존재'라는 뜻을 가지고 있다. 모압 땅에 거주했으며, 모압인들이 그들을 향해 부른 이름이다.
- 호리족속(Horites): 에돔(세일)에 거주했으며, 조직이 강했다.
- 수스족속(Zuzim): 요단 동쪽 평지에 거주했다. 르바임족의 별명

일 가능성도 있다.

- 아낙족속(Anakim) : '거인', '장대한 자들'이라는 뜻을 가지고 있다. 민수기에서 이스라엘은 아낙자손을 본 뒤 자신을 비하해 "우리는 스스로 보기에 메뚜기 같으니"(민13:33)라 했고, "누가 아낙 자손을 당하리요"(신9:2)라 했다. 아낙 족속은 '침략자'라는 뜻을 가진 느빌림(네필림) 후손으로 간주되고 있다.
- 이외에도 가나안 남쪽에 사는 원주민들로 겐 족속(Kenites)과 그니스족속(Kenizzites)이 있다. 겐 족속은 가나안 원주민이 아니라 미디안 족속 중 하나이다. 모세 장인 이드로, 레갑 자손(왕하10:15, 렘35:5-10, 대상2:55), 성곽공사에 협력한 말기야(느3:14) 모두 겐 족속이다. 그니스 족속은 그나스 족속이라 부르기도 한다. 이 족속은 에돔 족속[4] 중 하나이나 그 일부가 유다지파에 합류했다. 유명한 갈렙(민13:6), 그리고 그의 동생 또는 조카로 알려진 옷니엘이 이 족속에 속한다.

후기 원주민들로는 이른바 가나안 7족으로 알려진 족속들이 있으며, 이들은 초기 원주민과는 달리 조직의 힘이 강했다.

- 헷족속(Hittites) : 가나안의 둘째 아들 헷의 후손이다. 성경의 인물로 우리야와 아비새가 있다.
- 가나안족속(Canaanites) : 넓은 의미로는 가나안에 사는 모든 족속이고, 좁은 의미로는 두로와 시돈에 살며 무역에 종사한 상인그룹이다. 팔레스타인 지역의 가나안인은 점차 히브리인에 흡수되었다.
- 블레셋족속(Philistines) : 크레테(Crete)에서 팔레스타인 남부 해

---

4) 에돔은 원래 에서의 별명이다. 에돔 족속은 에서의 후손들이다.

안지대로 이주해온 족속5)으로, 대표적인 인물로 골리앗이 있다. 아스돗(Ashdod), 아스글론(Ashkelon), 에글론(Ekron), 가드(Gath), 가사(Gaza) 등은 이들의 5대 도성에 속한다. 이 도시들은 5방백 (군주)들이 통치했다. 사사시대에도 이스라엘을 괴롭혔다. 실로의 성소를 파괴하고 법궤를 빼앗기도 했다. 사울 왕 때 철 공업이 발달해, 사울이 블레셋을 이겨도 전멸시키지 못했다. 다윗이 골리앗을 이긴 후에도 잔존했다. 그러나 다윗이 왕이 된 후 세력이 약화되었다. 이스라엘이 분단되었을 때 다시 위협세력으로 등장했다. 그러나 알렉산더 대왕 때 블레셋은 완전 멸망했고, 다른 민족에 흡수되었다.

• 히위족속(Hivites) : 호리족속으로 간주되기도 한다.
• 여부스족속(Jebusites) : 가나안 셋째 아들의 후손으로, 예루살렘 주변에서 살았다.
• 브리스족속(Perizzites) : 시골지역에 거주하였다.
• 기르가스족속(Girgashites) : 요단강 동편 갈릴리 부근에 살았다.

하나님이 가나안을 허락한 이유는 선교적 사명 때문이었다. 가나안은 열방으로 둘러있는 모든 족속(나라)의 센터(겔5:5)로 지정학적으로나 종족학적으로 보아 "모든 족속이 너로 복의 근원이 되게 하리라"(창12:1-3) 하신 말씀처럼 아브라함을 통해 복을 이루기 위해 가장 좋은 곳이다. 그러므로 구속사적 의미가 깊다.

이스라엘은 원칙적으로 개방사회임을 보여준다. 즉 이스라엘은 신앙사회이지 혈통사회가 아님을 볼 수 있다. 구약교회에서는 할례를 받으면 누구나 이스라엘 사람으로 들어올 수 있었다.(신약교회에서는 세례

---

5) 해적의 무리로 보기도 한다.

로 바뀌었다.) 이는 혈통에서 할례를 통해 초혈통으로, 그리고 신앙으로 변하는 구속사적 점진성을 나타낸다. 아론과 미리암은 혈통만 보았지 교회를 보지 못했다. 모세는 할례 받은 자가 구약 교회의 성원이 됨을 인정했다. 이것은 이스라엘 존재양식의 특수성을 보여준다. 혈통에서 신앙으로, 곧 믿음으로 난 자들의 세계이다. 애굽에서 나올 때 장정 60만 회중 가운데 잡족이 많아 '중다'하다고 표현하고 있다. 이스라엘 역사는 온 민족의 구속사이지 한 민족의 역사가 아니다.

족장시대는 가나안 종교, 특히 바알종교와의 끈질긴 싸움의 역사를 가지고 있다. 가나안 종교에는 무엇이 있을까? 라스샴라 서판에 따르면 가나안 모든 신들의 아버지인은 엘(El)이 아세라(Ashera)와 결혼해 아들 바알(Baal)과 딸 아낫(Anat)을 낳는다. 바알과 아낫은 남매이면서 부부이다. 아세라, 아낫 그리고 아스다롯(Ashtaroth)[6]은 가나안의 3대 여신이다.

아세라는 가정의 주관자로 어머니로서의 모습을 가지고 있다. 복을 가져오는 번영의 신으로 모셔진다. 복을 가져다준다는 이유 때문에 이스라엘사람들은 이 신을 섬기기도 했다. 아낫은 성을 주관하는 여신이다. 젊은 여신의 정열과 흥분이 있다. 아스다롯은 저녁별 여신으로 미의 상징이다. 전쟁과 성의 여신으로도 일컬어진다. 아낫과 아스다롯은 서로 다른 신이지만 혼동되어 숭배되기도 한다.

바알은 다곤(Dagon) 신의 아들이라 부르기도 한다. 엘의 원수인 못(Mot)과 전쟁을 벌이다 죽는다. 그러나 아낫이 복수해 못을 죽이고

---

6) 아스다롯은 가나안에서 풍요의 여신으로 통한다. 일명 이쉬타르(Ishtar)라 부르기도 한다. 달신 신(Sin)의 딸이자 하늘의 신 아누(Anu)의 배우자다. 헬라시대에는 사랑의 여신 비너스(Venus) 또는 아프로디테(Aphrodite)와 동일시되었다. 일부 조각상은 이 여신을 수염이 있는 모습으로 나타내고 있어 양성적 인물이 아닌지 추측되고 있다.

바알을 살려낸다. 그래서 바알은 부활 신이 된다. 자유주의자들은 메시아의 죽음과 부활은 바알신화의 영향을 받은 것이라 주장하기도 한다. 바알은 부활 신이자 비를 주는 농경 신, 곧 평지의 신이다.

이스라엘 사람들이 가나안에 들어와 농경민으로 정착하면서 바알을 섬겼다. 그들은 여호와를 유목민의 하나님, 광야나 산에 계신 하나님으로 생각하였다. 이것은 이스라엘 사람들의 신관에 문제가 있음을 드러낸다. 탐심은 우상숭배이다. 물질의 복을 추구하다 보면 그들에게 번영을 가져다준다는 아세라와 비를 준다는 바알은 흠모의 대상이 될 수 있다. 우상은 마음에 있다.

그러나 모세는 유일신(monotheism) 사상을 가르쳐 주었다. 모세는 십계명을 주시고 언약을 주신 하나님, 우상이 아닌 여호와 중심의 섬김을 가르쳤다. 모세에 따르면 하나님만 잘 섬기면 모든 것이 제대로 된다. 하지만 이스라엘 사람들은 일신교(monolarity)적인 마인드를 가지고 있었다. 일신교에 따르면 여호와는 이스라엘이 택한 신이자 여러 다른 신 가운데 여호와 신이 최고이다. 이것은 다른 신들, 곧 우상의 존재를 인정하면서 여호와를 지역 신(local God)으로 강등시키는 우를 범하는 것이다. 그들은 여호와도 섬기고 우상도 섬겼다. 오늘날 우리 가운데 기불릭7) 신자가 있는 것과 같다. 그들은 여호와를 섬기다가도 비만 안 오면 바알 앞에 나갔다. 하나님만 섬겨야 할 이스라엘 사람들이 혼합종교(syncretism)의 유혹을 받은 것이다. 엘리야는 여호와를 택하든지 바알을 택하든지 하라고 다그쳤다.

가나안 종교에서는 바알에게 아름다운 여자를 바치고, 아낫에게는 미동(美童) 남자를 바쳤다. 이것은 가나안 종교의 성적 타락과 연관된다.

가나안 종교는 이외에도 여러 신이 있다.

---

7) 기불릭은 기독교, 불교, 가톨릭을 합한 말로 혼합종교적이라는 뜻이다.

- 못(Mot): 일명 호론(Horon)으로, 바알의 원수이다. 불행과 재난, 죽음의 신이다. 지하세계와 황무한 땅이 그의 거처이다.
- 얌(Yam): 리워야단(Leviathan) 또는 로탄(Lotan)이라 불린다. 바알의 원수로, 바다를 주관하는 신이다. 7머리를 가진 괴물로 악어나 용으로도 번역된다.
- 몰렉(Molech, Milcom): 암몬족속의 민족 신이다. 자녀들을 번제물로 바치는 것이 특색이다. 특히 전쟁 시 구국충성, 정의감, 봉사, 희생의 의미로 이런 일들이 벌어진다.

족장시대에는 이방의 법이 영향을 미쳤다. 족장시대의 이방 법은 다음과 같다. 이 법들은 이방풍토 및 문화에 대한 이해를 높여준다.
- 우르남무 법전(Ur-Nammu Code): 우르남무는 우르지방의 왕을 가리킨다. 이 법전은 함무라비 법전보다 약 300년 앞서 있다. 여성의 권익을 보호하는 조항이 있다. 그리고 특이하게 살아 있는 한 보호하는 조항이 있다. 예를 들어 부도덕한 죄를 범한 여인의 경우 물에 빠뜨린다. 하지만 헤엄쳐 살아나오면 무죄한 것으로 인정한다.
- 에쉬눈나 법전(Eshnunna Code): BC 2000년경의 것으로 추정되며 함무라비 법전보다 앞서 있다. 상품가격, 노동자 임금, 사고 시 규례, 결혼 및 이혼, 간음 처벌법 등이 있다. 농경사회의 규례와 풍습이 담겨 있으며, 어느 것은 모세 율법과 같은 것(예: 소를 죽게 했을 경우 처리 문제)도 있다.
- 리피트 이쉬타 법전(Lipit-Ishta Code): 수메르 도시국가 이신(Isin)의 제5대왕의 법전이다. 창기자녀에게도 상속권을 부여하고, 여종과 여종 자녀에 자유를 주며, 첫 아내에 대한 봉양책임을 묻는 등 각종 인권보호 조항을 담고 있다.

- 함무라비 법전(Hammurabi Code): 바벨론 왕 함무라비의 법전으로, 모세 법보다 500년가량 앞서 있다. 왕이 태양신 샤마쉬(Shamash)로부터 왕권(홀)과 율법을 전수 받는 장면이 소개되어 있다. 도덕적인 시민법을 담고 있으나 주로 귀족(상류) 중심의 법이라는 평가를 받고 있다. (모세의 법은 사람만 있다. 남녀 구별 없고 평등하다.) 당시에 귀족(상류), 평민(군인, 자유민), 그리고 종 등 3계급이 존재했다.8) 범 바벨론학파는 모든 법의 근원은 바벨론에서 왔다고 주장한다.9)
- 헷 족속 법전(Hittite Code): 헷 족속의 법전이다. 밭 전체를 인계 받았을 경우 군사적 책임까지 져야 한다. (아브라함이 헷 족속에게서 밭모퉁이만을 사 사람의 매장지로 삼았다. 모퉁이만 샀으므로 군사적 책임은 헷 족속이 진다.) 아내를 두고 죽으면 형제가 그 대를 잇게 하고, 형제가 죽으면 그 아비가 대를 잇게 한다. 그 아비가 죽으면 그 형제들의 아들 중에서 대를 잇게 한다. (이것은 유다와 다말 사건을 이해하는 데 도움을 준다.)

이방의 법에 모세의 법과 같은 것도 있고, 다른 것도 있다. 같은 것이 있는 이유는 무엇보다 문화와 사회가 같기 때문이다. 같은 셈족에다 같은 문화를 가지고 있었다. 또 아브라함에서 모세까지 선행된 법이 있었다. 필요에 따라 성령의 감동으로 사용케 했으리라 본다. 다른 것이 있는 이유는 이방의 법은 인간의 죄악이 오염되어 있음에 반해 하나님의 법은 성령의 감동으로 된 것이기에 죄의 오염이 없다는 데 있다.

족장시대의 사회생활을 살펴보자. 누지 서판은 하란 지역과 밧단아

---

8) 당시에는 귀족 한 사람은 평민 두 사람, 그리고 종 네 사람과 같은 대접을 받았다.
9) 그들은 모세 율법도 바벨론에서 왔다고 주장한다.

람 지역의 관습을 이해하는 데 좋은 자료를 소개하고 있다. 예를 들어 양자 입양에 관한 규정이 있는데, 이를 보면 아브라함이 왜 종인 엘리에셀을 후사로 삼고자 했는가를 알 수 있다. 몸종을 첩으로 삼게 한 것도 있다. 이스라엘 족장들의 축첩 제도는 이방풍습에 따른 것이다. 하나님은 그들에게 심적으로나 육적으로 고난을 주셨다. 드라빔이 상속권과 연관된다는 글도 있다. 이것은 라헬이 왜 라반에게서 드라빔을 훔쳐왔는가 하는 것도 이해하는 데 도움을 준다.

족장시대에 사람들은 대부분 목축, 농업, 그리고 무역과 같은 상업에 종사한 것으로 보인다. 당시 족장들의 권한은 막강했다. 그들은 죽이고 살리는 절대적인 사활권과 축복권을 가지고 있었다.

축복권은 대표의 원리를 이해하는 데 도움을 준다. 대표의 원리란 한 사람에 대한 축복이 그 후손 전체에 미치는 것을 말한다. 한 사람 아담의 죄가 후대에 미치고, 한 사람 그리스도의 죽음이 믿는 자 모두에게 구원을 가져다주는 것이 그 보기다.

구약의 경우 아버지가 신 포도를 먹으면 아들의 이가 시다. 몸과 개체의 연대적 관계를 보여준다. I, we, he, they가 혼재되어 있다. 아버지가 죄를 지으면 아들이 죽고, 열조의 죄 때문에 자손이 포로가 된다. 아간이 죄를 지음으로 이스라엘 모두가 고통을 당했다. 다니엘도 "내가 범죄하여―백성이―"라고 말하는 것도 맥락을 같이한다. 그러나 신약은 다르다. 예레미야는 앞으로 "아버지가 신 포도를 먹어도 아들의 이가 시지 아니하리라"고 말했다. 그리스도의 속죄 때문이다. 그리스도가 이렇듯 대표성을 갖는다. 성경은 종합적으로 그리스도를 가리키고 있다.

## 4. 아브라함과 하나님의 언약

아브라함의 출생은 BC2100년경이라는 주장과 BC1800년경이라는 주장이 있다. 전자를 전기설이라 하고, 후자를 후기설이라 한다. 성경의 여러 자료를 통해서 볼 때 아브라함이 우거했던 지역은 여러 곳으로 나타난다.

- 우르: 그의 출생지는 '아람인의 벌판'이라는 뜻을 가진 밧단아람으로 보이며 우르에서 성장했다. "네 조상은 유리하는 아람사람"(신26:5)이라 한 것으로 보아 아브라함은 아람계통의 사람인 것으로 보인다. 우르는 '빛'이라는 뜻을 가지고 있다. 우르는 달 신난나(Nanna 또는 Sin)를 섬기는 수메르 문화의 중심지였다. 난나 신전은 함무라비에 의해 파괴되었으나 훗날 나보니두스(Nabonidus)에 의해 재건되었다.
- 하란: 하란은 '길'이라는 뜻을 가지고 있다. 교통의 요충지였고, 국경지대였다. 아브라함이 이곳까지 와서 불안한 미지의 나라 가나안으로 가지 않고 안주하려 했었다. 하란은 아모리인의 본거지였다.
- 세겜: 가나안 요충지대로 깊은 우물구조가 발견되었다.
- 벧엘: 가나안에 들어와 맨 처음 하나님 앞에 제단을 쌓은 곳이다(창12:8). 애굽에서 돌아와 다시 찾은 곳(창13:3)이다. 야곱과도 인연이 있다.
- 브엘세바: 우물로 유명한 곳이다. 시장 중심지였다.
- 헤브론(기럇 아르바): 기럇 아르바는 아낙 사람 '아르바의 성'이라는 뜻이다. 족장들의 정착지였고, 사라와 아브라함의 무덤이 있다. '마므레' 상수리나무가 있다. 마므레는 '그 친구를 높인다'는 뜻을 가지고 있다. 그 친구는 혹시 아브라함을 기념하기 위한

것이 아닌가 생각되기도 한다.

- 남방(Negeb): 팔레스타인 남방지구로 집터가 발견되었다. 물을 구하러 간 곳인 듯하다. 당시 목자들에게는 얼마든지 입국이 허락되었다. 아브라함이 상당 기간 우거하던 곳이다. 굴룩(N. Gluck)연구에 따르면 물물교환 등 상거래가 유행한 것으로 보아 황무한 사막만은 아니었다.

족장시대, 특히 아브라함이나 야곱에서 주목할 것은 하나님께서 직접 나타나셔서 말씀하셨다는 점이다. 이 시대를 가리켜 '신 현현시대'(Theophanic age)라 한다. 하나님이 나타나는 시대라는 것이다. 이 것은 족장시대의 특징이다. 성경에 '여호와의 사자'는 하나님이 사람으로 나타나심을 의미한다. 아브라함에게는 3천사로도 나타났다. 얍복 강에서처럼 하나님이 어떤 형태로 나타나는 것도 마찬가지다. 이 하나님은 시간 속에 현현하시는 하나님이시다. 그다음은 하나님이 성령으로 임재하는 시대(Theopneustic age), 하나님의 말씀 시대(Theologic age), 그리고 은혜—말씀시대(grace-logic age) 등으로 이어진다.

하나님이 성령으로 임재하는 시대는 모세 때의 특징이다. 시내 산에서 모세의 얼굴에 광채가 났다. 모세가 성령의 임재(카리스마) 아래 하나님과 직접 교통한 것이다. 그는 성령의 감동으로 오경을 기록했다. 그는 입법자의 위치에 섰고, 모든 이적은 모세를 통해 이루어졌다.

하나님의 말씀시대는 사무엘을 비롯한 여러 선지자 시대의 특징이다. 그 시대는 하나님의 말씀이 충만했다. 선지자들 각자가 하나님과 직접 교통했다. 그들은 세워진 율법(계명)에서 떠나지 않음으로써 오경이 구약의 기초임을 보여주었다. 그들은 선지학교에서 율법을 가르쳤고, 성령의 감동이 컸다. 선지자는 크게 행동의 선지자(prophets of action))와 말씀의 선지자(prophets of word)로 구분된다. 행동의 선지자 대표로는 엘리야와 엘리사가 있다. 그들은 카리스마가 있고, 현실에 잘못된 것을 바로잡았다. 현실지향적이다. 행동으로 주로 나타나다 보니 성경을 기록하지는 않았다. 말씀의 선지자 대표로는 예레미야와 이사야 등을 들 수 있다. 이들은 행동하는 선지자처럼 카리스마는 없었지만 고통을 당하거나 순교했으며, 당시에는 힘이 없었지만 후대에 꽃을 피움으로 미래지향적이었음을 보여주었다. 이들은 임한 말씀을 기록해 성경에 남겼다.

은혜—말씀시대는 그리스도가 이 땅에 오셔서 가르치고 십자가를 통해 구원하신 은혜, 부활 후 성령님을 보내 우리 안에 내주하신 은혜, 그리고 하나님의 말씀인 성경을 주신 모두 하나님의 은혜라는 것이다. 지금 우리는 은혜—말씀시대에 살고 있다.

신현현 시대에 하나님은 아브라함과 5번 언약을 맺으셨다. 언약은 맺은 환경을 살펴보는 것이 중요하다.

(1) 가나안에 들어가기 전 하란을 떠날 때(창12:1-3) : 갈 바를 알지 못하고 불안하고 초조해 있을 때 하나님이 찾으시고 언약을 주셨다.

(2) 롯과 작별한 후(창13:14-17) : 비애를 느끼고 절망하며 고독했을 때 하나님이 언약을 주셨다.

(3) 소돔을 공격한 4왕들에게서 롯을 구원한 후(창15:5) : 원수들이 대오를 정렬하고 다시 공격할 가능성이 있어 불안할 때 언약을 주셨다.

(4) 아브라함이 99세 되었을 때(창17:1-10) : 아직 이삭을 얻지 못하던 가운데 성년이 된 이스마엘을 내보내야 했을 때이다. 아들을 낳을 것이고, 그가 열국의 아비가 되리라는 언약을 주셨다.

(5) 아브라함이 이삭을 드린 후(창22:16-18) : 결단하는 믿음을 보시고 언약을 주셨다.

하나님이 아브라함에게 약속을 주실 때는 절망과 공포 가운데 있을
때였다. 기다리면 힘과 소망을 주시고 믿음을 더하신다. 이 언약은 금
세에 죄 사함, 평안과 위로, 기쁨, 세상을 이기는 힘이 된다. 내세에는
영혼의 구원, 육신의 부활, 하늘의 상급, 하나님과 영원히 사는 소망을
가져다준다.

## 5. 야곱과 요셉, 본향을 사모한 사람들

창세기는 하나님의 천지창조에서 시작하여 야곱과 요셉의 임종으로
끝을 맺고 있다. 야곱은 요셉이 총리로 있을 때 임종하였다. 애굽 사
람들도 그를 위해 70일 동안 애곡하였고, 바로왕의 재가를 얻어 가나
안 땅 막벨라 굴에 장사되었다. 그 일에 어떤 장애도 없었다. 야곱의
장례식은 세상의 어떤 장례식보다 그렇게 성대할 수 없었다. 야곱은
요셉을 극진히 사랑했고, 요셉은 아버지 야곱에 대해 효를 다했다.

야곱은 애굽에서 죽기 전 자기를 애굽에 묻지 말고 아브라함과 이
삭 그리고 자기의 아내 레아가 묻혀 있는 가나안 땅 마므레 앞 막벨
라 밭 굴에 장사하도록 지시(창49:29-32)했고, 요셉은 야곱을 그곳에
장사(창50:13)하였다. 야곱이 본향을 사모한 것이다. 본향은 애굽이
아니라 하나님께서 정하신 땅을 가리킨다. 그리스도인에게 있어서 본
향은 이 땅이 아니라 하나님의 나라이다.

창세기는 요셉도 110세에 임종하면서 본향을 사모하고 이스라엘 자
손 모두 본향을 사모하도록 가르쳤음을 보여주고 있다. 그는 형제들에
게 "나는 죽으나 하나님이 너희를 권고하시고 너희를 이 땅에서 인도
하여 내사 아브라함과 이삭과 야곱에게 맹세하신 땅에 이르게 하시리

라"(창50:24)고 말함으로써 이스라엘이 머물 곳은 애굽이 아니라 궁극적으로 하나님이 지시하시는 땅임을 분명히 하였다.

이것은 그동안 애굽 생활에 익숙하여 본향을 잃어버릴지 모른다는 의구심과 함께 그럼에도 불구하고 하나님은 이스라엘 백성을 권고하사 출애굽 시키실 것을 확신하고 있음을 보여주고 있다. 왜냐하면 출애굽은 하나님이 이미 정하신 바이며 애굽은 그들이 영원히 거처할 장소가 아니기 때문이다. 요셉은 또 이스라엘 자손들에게 맹세시키면서까지 "하나님이 정녕 너희를 권고하시리니 내 해골을 메고 올라가겠다 하라"(창50:25)며 본향을 향한 그의 뜻을 강력히 나타내었다. 그는 아버지가 들려준 하나님의 약속을 잊지 않았으며 아버지 야곱처럼 그도 가나안에 묻히기를 갈망했던 것이다. 히브리서 11장 22절은 믿음으로 요셉은 자기 뼈가 가나안에 묻히도록 자손들에게 지시했음을 밝히고 있다.

수세기후 이스라엘 민족이 애굽을 떠날 때 요셉의 유해를 운반하여 세겜에 장사하였다(수24:32). 세겜은 야곱이 세겜의 아비 하몰의 자손에게서 은 일백 개를 주고 산 땅(창33:19;수24:32에는 금 일백 개로 기록되어 있다)이다. 여호수아 24장 32절은 요셉의 뼈가 가나안에 묻혔음을 기록하고 있는데 이것은 요셉의 신앙을 강조하기 위한 것이라기보다 하나님의 신실성, 곧 하나님이 약속하신 것은 반드시 성취되고야 만다는 것을 강조하기 위한 것이다. 하나님께서 이스라엘을 애굽에서 인도하신 것도 언약에 대한 하나님의 신실성 때문이다.

결론적으로 말해서 창세기에 등장하는 족장들의 사건들은 하나님의 큰 구원 계획 안에서 이해되어야 한다. 아브라함, 이삭, 야곱, 요셉의 믿음에서 가장 중추적인 자리를 차지하고 있는 것은 하나님의 언약이다. 하나님은 그 언약을 이루시기 위하여 계속 역사하심으로써 그 신실성을 입증하셨다. 그 언약의 중요성과 하나님의 신실성은 하나님 나라의 백성인 우리 모두에게도 해당된다.

### ▣ "내 해골을 메고 올라가겠다 하라"

세월이 흘러 요셉도 죽게 되었다. 그는 임종을 앞두고 이스라엘 자손들에게 부모와 같은 심정으로 당부를 한다. 이 당부에는 이스라엘을 향한 자신의 거룩한 소원을 담고 있다. 그것은 출애굽이 하나님의 뜻이며 출애굽 때 자신의 유해도 하나님이 약속하신 땅으로 함께 가져가 달라는 것이었다. 그는 비록 애굽의 총리를 지냈지만 그의 마음은 항상 하나님의 뜻을 순종하며 민족 이스라엘에 두신 하나님의 원대하신 계획에 이스라엘 자손과 함께 동참하기를 원했다. 그는 마침내 "내 해골을 메고 올라가겠다 하라"는 말을 남긴다.

요셉의 임종은 단지 한 사람의 죽음으로 끝나는 것이 아니라 앞으로 이스라엘 민족의 새로운 출발을 알리는 중요한 의미를 담고 있다. 이 유언을 자손들이 과연 어떻게 실현할 것인가 하는 것은 효 차원에서뿐 아니라 이스라엘이 앞으로 어떤 자세로 신앙생활을 하게 될지를 판가름하는 중요한 일이다.

요셉이 살아 있을 때 이스라엘 민족은 정치적으로 안전했고, 경제적으로도 부족함이 없었다. 그런 가운데 그들은 자신의 정신적 지주였던 요셉의 임종을 맞게 되었다. 민족적으로 볼 때 요셉이 죽는다는 것은 매우 두려운 일이었다.

임종 시 요셉은 이스라엘 민족을 향해 장차 출애굽하게 될 것을 말해 주었다(창50:24). 그는 이스라엘이 지금까지 요셉 자신을 의지하며 살아왔지만 이제부터는 하나님만 믿고 살아야 한다. 하나님께서는 너희를 향해 크고 놀라운 계획을 가지고 계신다. 앞으로 민족 이스라엘의 장래는 하나님께서 이끌어 주실 것이며 출애굽하여 하나님이 약속하신 땅에 이르게 될 것을 가르쳤다. 이 말씀은 한마디로 애굽에 안주해서는 안 된다는 것이다. 이스라엘의 소망이 이곳 애굽에 있는 것이 아니라 하나님이 정하신 땅에 있다는 비전을 민족에게 심어주고 있는 것이다. 요셉은 야곱으로부터 들은 하나님의 약속을 잊지 않았다(창46:4;48:21). 이스라엘이 궁극적으로 머물러야 할 곳이 따로 있다는 말씀을 늘 기억하고 이 뜻을 민족에게 제시하고 있는 것이다.

당시 이스라엘 사람들은 떠나는 것에 대해 두려움을 가지고 있었다. 애굽에서 태어난 사람이 늘어나고 그곳에서 삶의 터전을 이루어 왔기 때문에 자연적으로 장차 그들이 뿌리를 내려야 할 곳이 애굽이 될 것으로 생각하는 사람들의 수가 많아지고 있었다. 장차 약속의 땅 가나안으로 가야 한다는 것은 익히 알고 있었지만 그들의 생각은 현실안주로 굳어가고 있었다. 요셉은 그런 생각을 하는 사람들이 많아지는 것을 오히려 두려워했고, 그래서 그들을 향해 애굽은 뿌리를 내릴 곳이 아니라고 확고하게 말하고 있는 것이다.

그가 바라본 땅은 약속의 땅이었다. 하나님께서 아브라함과 이삭과 야곱에게 약속하신 땅이다. 요셉은 그 땅이 바로 이스라엘 민족이 가야 할 땅이라고 말하고 있는 것이다. 이로 보아 요셉은 이스라엘에 대한 하나님의 약속과 함께 출애굽을 마음속 깊이 간직하고 있음을 보여준다. 약속의 땅을 바라보는 신앙을 가지고 있었던 것이다.

그 땅은 이스라엘 민족만 가야 할 땅이 아니라 자기도 가야 할 땅이다. 그래서 그는 자신의 해골을 메고 가나안으로 갈 것을 부탁했다(창50:25). 하나님이 언제 그들을 향해 떠나라 하실지 알지 모르는 상황이었다. 게다가 해골을 메고 올라간다는 사실은 그리 쉬운 일이 아니다. 얼마든지 "아니요." 또는 "훗날 모든 것이 안정된 후 적당한 시기에 옮기겠습니다." 라고 둘러말할 수 있다. 만일 이스라엘이 40년 동안이나 광야에서 방황하게 되리라는 것을 알았다면 더더욱 그리했을 것이다. 그는 이스라엘 자손들에게 맹세를 시키면서까지 메고 올라가도록 했다. 여기에는 가나안에 묻히지 않으면 안 된다는 요셉의 강한 소망이 담겨 있다.

우리는 요셉이 어떤 사람인가를 잘 알고 있다. 우리는 그의 어릴 적 이야기며 애굽에 팔려간 이야기, 그리고 총리가 된 것에 초점을 맞추어 이야기를 곧잘 한다. 그러나 히브리서는 여러 선조들의 믿음에 대해 언급하면서 요셉을 한마디로 이렇게 묘사하고 있다. "믿음으로 요셉은 임종 시에 이스라엘 자손의 떠날 것을 말하고 또 자기 해골을 위하여 명하였으며"(히11:22). 그가 믿음의 사람인 증거는 그가 총리가 된 사실보다 임종 시에 한 그의 말에 있다는 것이다. 성경은 그의 과거 어떤 행적보다 임종 때 한 믿음의 말을 매우 높게 평가하고 있다.

지금 우리는 이 땅에서 풍요를 누리고 살고 있다. 우리가 요셉으로부터 배워야 할 것은 이 땅이 결코 우리가 머물러야 할 최종 목적지가 아니라는 사실이다. 우리가 가야 할 땅은 주님이 약속하신 새 하늘과 새 땅, 영원한 하나님의 나라이다.

우리는 곧잘 현실에 안주하고자 한다. "지금이 좋사오니", "여기가 좋사오니"라고 말한다. 우리는 그 유혹에 넘어가서는 안 된다. 우리도 우리의 자손도 함께 가야 할 곳이 있다. 그곳은 하나님이 우리를 위해 정하신 본향 하나님의 나라다. 우리는 자손들에게 그 본향을 찾아가도록 권고하고, 언제나 본향을 지향하는 삶을 살도록 할 의무와 책임이 있다.

이스라엘이 요셉의 말을 듣고 맹세한 일을 이루려면 출애굽을 해야 한다. 요셉의 유해를 약속의 땅으로 옮기려면 반드시 출애굽을 해야 한다. 그의 죽음 뒤에 이어지는 성경, 출애굽기는 하나님이 이스라엘의 출애굽을 위해 어떻게 역사하시는가를 보여준다. 출애굽만이 해답이다. 그렇지 않는다면 뼈를 애굽에 둔 요셉의 신앙은 무익한 것이 된다. 요셉의 신앙만 무익하게 되는 것이 아니라 이스라엘 민족의 신앙도 무익하게 된다. 우리도 출애굽을 해야 한다. 출애굽의 정신을 우리의 자손들에게도 주지시켜야 한다.

주님의 사람들은 자손에 대해 거룩한 소원을 가지고 있어야 한다. 그 소원은 세상 차원을 뛰어넘어야 한다. 단순히 이 세상에서의 출세나 물질적 축적에 그쳐서는 안 된다. 우리 모두 이 세상에 안주할 것이 아니라 힘들더라도 하나님의 뜻을 메고 하루하루 약속하신 본향에 도달해야 한다는 결단적 의지와 끈질긴 노력이 있어야 한다.

### ▣ 모세가 요셉의 해골을 취하였으니

출애굽기 13장 19절에 이런 말씀이 있다. "모세가 요셉의 해골을 취하였으니 이는 요셉이 이스라엘 자손으로 단단히 맹세케 하여 이르기를 하나님이 필연 너희를 권고하시리니 너희는 나의 해골을 여기서 가지고 나가라 하였음이었더라." 모세는 요셉의 유언에 따라 그의 유골을 가지고 나갔다. 요셉이 유언을 남긴 지 몇백 년이 지난 후였다. 출애굽을 하는 것은 물론이고 그 오랜 세월동안 요셉의 유언을 잊지 않고 지키고 있는 것이다.

요셉의 유해는 야곱처럼 곧장 가나안에 묻힌 것이 아니었다. 호화스런 장례도 아니었다. 이스라엘이 40년 동안 광야에서 생활하는 동안 그 유골도 함께 방황해야 했다. 요셉이 자손들이 당하는 고통에 자리를 함께한 것이다.

탈무드에 이런 이야기가 있다. 애굽의 종살이에서 놓여나 이스라엘로 행군하는 유대인의 맨 앞에 나서서 지도한 사람은 모세였다. 사막을 건너면서 유대인은 아말렉 족속의 습격을 받아 고통을 겪었다. 그때 모세는 돌 위에 앉아 유대인을 지휘했다. 그의 측근들이 민족의 지도자 되시는 분은 돌 위에 앉으실 것이 아니라 푹신한 방석에 앉으시는 것이 좋겠다고 했다. 그러자 모세는 "나는 다른 사람과 같이하고 싶소. 나 혼자서만 푹신한 방석에 앉을 수는 없는 일이오." 모세는 지도자로서 백성들의 괴로움을 몸소 맛보려 했다.

이 이야기는 유대지도자의 가장 큰 특징으로 이어오고 있다. 유대지도자 치고 궁궐의 값진 의자에 편안히 앉아 있던 사람은 없었다. 유대의 지도자는 항상 백성의 속의 한 사람이었으며 그들과 함께했다. 요셉은 죽어서도 자기의 자손들과 함께 있었다. 그는 애굽의 피라미드 속에 안주하지 않았고, 가나안에 정착한 후 모셔가라 하지도 않았다. 그는 죽어서도 오랜 세월 동안 이스라엘 민족과 함께 광야에서의 아픔을 같이했다. 죽어서도 위대한 요셉의 모습이 여기서 나타난다.

하나님은 왜 며칠밖에 걸리지 않는 가나안으로의 길을 택하게 하지 않으시고 그들로 하여금 광야의 길을 택하도록 하셨는가? 성경은 "블레셋 사람의 땅의 길은 가까울지라도 하나님이 그들을 그 길로 인도하지 아니하셨으니 이는 이 백성이 전쟁을 보면 뉘우쳐 애굽으로 돌아갈까 하셨음이라"(창13:17) 기록하고 있다. 거리만 따지면 곧장 블레셋 사람이 사는 곳으로 갔을 것이다. 그러나 하나님은 그들을 잘 알고 계셨다. 그들의 발길을 광야로 돌리게 하신 것은 애굽을 갓 나온 그들이 블레셋 족속과 마주쳐 낙담하지 않도록 하신 세심하신 배려가 있었다. 그들이 얼마나 약한가 하는 것은 블레셋을 정탐하고 돌아온 사람들의 입에서 확인할 수 있다. 그들은 블레셋을 가리켜 거인이라면 자신들은 메뚜기와 같다고 할 만큼 약했다.

　요셉의 유골은 바로 약하고 겁이 많은 이스라엘 속에 있었다. 그러나 요셉은 하나님이 인도하신다는 것과 그런 모든 인도에는 의미와 목적이 있다는 것을 알고 있었다. 그처럼 약해보이는 이스라엘에게도 어느 누구에게도 양보할 수 없는 것이 한 가지 있었다. 그것은 요셉의 유골을 메고 가는 것이었다. 하루도 아니고 40년 동안이나 멨다. 출애굽 후 수많은 사람들이 광야에서 죽어갔지만 이스라엘 자손들은 요셉에게 맹세한 약속을 대를 이어가며 지켰다.

　부모가 자식을 찾아오면 자신의 생활 리듬이 깨진다고 생각할 만큼 우리는 이기적이 되어가고 있다. 심지어 귀찮다고 생각되면 모시고 있던 부모도 버릴 만큼 악하다. 이스라엘 자손들은 투덜대기 잘하는 민족이었다. 목이 마를 때도 투덜댔고, 고기가 생각날 때 투덜댔다. 그까짓 유골이 뭐가 대수냐며 투덜댈 수 있었다. 그러나 그들은 요셉의 해골을 메고 가는 일에 대해서만큼은 그러지 않았다. 그들은 그만큼 믿음의 조상에 대해서 존경을 표시했다.

　몇 년 전 제주도 남단에서 외국배가 침몰했다. 그 사건으로 여러 외국인이 익사했다. 그 가운데 몇 명의 유대인이 끼어 있었다. 대부분의 정부는 찾지 못한 시신은 실종으로 처리하고 사건을 마무리했다. 그러나 이스라엘 정부는 달랐다. 시신의 남은 조각이라도 찾을 수 있을까 하여 몇 달 동안이나 바다 속을 뒤졌다. 이스라엘 사람은 죽어서도 이스라엘로 돌아와야 한다는 사상을 가지고 있었기 때문이다. 이 사상은 바로 요셉의 신앙에서 비롯된다.

## ▣ 이스라엘 자손이 요셉의 뼈를 세겜에 장사하였으니

여호수아 24장 32절에 다음과 같은 말씀이 있다. "이스라엘 자손이 애굽에서 이끌어낸 요셉의 뼈를 세겜에 장사하였으니 이곳은 야곱이 세겜의 아비 하몰의 자손에게 금 일백 개를 주고 산 땅이라 그것이 요셉 자손의 기업이 되었더라." 우리는 여기서 '이스라엘 자손'이라는 말씀에 주목할 필요가 있다. 이스라엘 자손 모두가 요셉과의 약속한 것을 지킨 것이다. 우리는 무엇보다 약속을 지키는 신앙을 가지고 있어야 한다. 하나님을 공경하겠다는 그 약속, 부모를 공경하겠다는 그 다짐을 지켜야 한다.

요셉의 뼈를 세겜으로 가져온 것은 그곳이 야곱이 하몰에게서 구입한 땅이었기도 하지만 그곳이 요셉의 두 아들인 에브라임과 므낫세의 자손들이 거주하던 곳이었기 때문이기도 하다. 부모는 죽어서도 자손들 곁에 있어야 한다는 것을 보여준다.

사람들은 묘지란 되도록 산 사람과 멀리 떨어져 있어야 한다고 생각한다. 죽은 사람과 산 사람이 거처해야 할 땅이 다르다고 생각하기 때문이다. 그래서 우리는 요셉의 뼈를 묻은 것으로 모든 것은 끝났다고 생각할 수 있다.

그러나 이스라엘 사람들은 달랐다. 이제 요셉은 하나님이 약속하신 땅에 묻힘으로써 하나님은 물론 이스라엘 민족과 영원히 함께 있다. 그들은 묘지를 희망의 표지로 삼는다. 모든 것의 마감을 상징하는 무덤을 내일을 약속하는 희망의 징표로 생각한다. 요셉의 무덤은 약속을 믿는 자의 희망이다.

미드라쉬에 이런 이야기가 있다. 어떤 아버지와 아들이 사막을 질러 여행을 했다. 사막은 뜨겁기만 하고 갈 길은 멀었다. 아들이 아버지를 향해 "아버지. 목이 타고 피곤해 죽겠습니다."라고 말했다. 그러자 아버지는 "끝까지 가보자. 머지않아 동네가 나타날거야."라며 아들을 부추겼다. 얼마쯤 가자 묘지가 나타났다. 우리 같으면 "웬 묘지야. 기분 나쁘게" 하며 투덜댈 것이다. 그러나 그 아버지는 달랐다. "묘지 가까운 곳에 동네가 있는 법이야. 그러니 힘을 내라." 사막에 사는 사람들은 동네 밖에 묘지를 썼다. 그래서 사막에 여행을 하는 사람들에게 있어서 묘지는 끝이 아니라 동네가 있다, 가까운 곳에 사람이 살고 있다는 이정표 역할을 했다. 이스라엘 사람들에게 있어서 요셉의 무덤은 종말이나 죽음의 상징이 아니라 희망과 생명의 상징이다.

믿음의 바통을 잇는다는 그리 쉬운 것은 아니다. 충신은 효자집안에서 난다는 말이 있듯이 하나님의 종은 믿음의 바통을 잘 잇는 데서 나온다. 달음질을 함에 있어서 위험의 고비는 많다. 돌에 채어 넘어질 수도 있고, 함께 달리는 사람의 발에 걸려 넘어질 수도 있다. 바통을 주다가 그만 떨어뜨려 등수에서 제외될 수도 있다. 믿음의 바통을 대대로 잇는다는 것은 그리 쉬운 일이 아니다.

네 종류의 아들이 있다. 첫째, 예라고 대답하고 적극적으로 행동에 옮기는 아들이다. 이 아들은 가장 모범적인 아들이다. 요셉의 유언을 행동으로 옮긴 이스라엘 자손들이 이에 속한다. 둘째, 예라고 대답하고서도 행동으로 옮기지 않는 아들이다. 이런 아들은 골치 아픈 아들이다. 말로는 믿음이 있는 척하지만 정작 행함이 없기 때문이다. 형식적인 믿음을 가진 바리새인들이 이에 속한다. 셋째, "아니요"라고 대답하고서 후회하고 돌이켜 행동으로 옮기는 아들이다. 주님이 칭찬하신 회개한 죄인들이다. 바리새인들은 그들을 상종할 사람이 못된다고 생각했지만 주님은 오히려 회개한 그들을 높이셨다. 넷째, "아니요"라

고 대답할 뿐 아니라 부모의 말씀에 아예 무관심한 아들이다. 이 아들
은 문제아 중의 문제아가 아닐 수 없다. 이런 아들일수록 "부모가 날
낳았으니 모든 것을 책임지시요"라고 말할 것이다. 일하기는 싫어하면
서 열매는 제일 먼저 따먹고 싶어 하는 정말 골치 아픈 사람이다. 우
리는 하나님과의 관계에서, 그리고 부모와의 관계에서 어떤 자손이 되
어야 하는지 곰곰이 생각해볼 필요가 있다.

현대의 가정을 가리켜 "집은 있지만 가정은 비어있다"는 말을 한다.
죽은 조개처럼 속이 없다. 겉모습의 가정은 있어도 가정을 이루는 가족
들 간의 유대나 대화나 애정, 나아가 말씀이 결핍되어 있다. 이런 가정
관계 속에서 믿음과 사랑과 신뢰가 있을 수 없다. 집도 있지만 가정도
있는, 진정 사랑과 신뢰가 넘치는 가정, 믿음의 속살이 가득 찬 가정을
이뤄야 한다. 이런 가정이 하나님의 말씀을 메고 갈 수 있을 뿐 아니라
하나님이 기뻐하시는 가정을 이룰 수 있다. "내 해골을 메고 올라가겠
다 하라." 요셉의 이 당부는 하나님의 뜻도 부모의 뜻도 저버리며 살아
가는 현대인의 가정에 충격을 주고 변화를 가져오는 엄청난 메시지가
되어야 한다. 그리하여 우리 모두가 그 유골을 메고 가나안으로 들어가
하나님과 함께 영원히 거하는 축복의 순간을 맞이해야 한다.

링컨이 9세 때 그의 어머니 낸시가 눈을 감으면서 이렇게 유언을
남겼다. "사랑하는 아들아. 너는 늘 성경을 읽고 성경 말씀대로 살아
가는 아들이 되어다오. 하나님을 사랑하고 이웃을 사랑해야 한다. 이
것이 나의 마지막 부탁이다." 링컨은 하나님의 말씀을 교과서로 삼았
고, 자기의 정적을 기용할 만큼 이웃사랑을 실천했다. 우리의 소원도
달라져야 한다. 좀 더 거룩해져야 한다. 우리 자손도 그 거룩한 소원
을 날마다 메고 올라가 주님이 약속한 본향에 이르도록 해야 한다. 이
를 위해 우리 모두 출애굽을 해야 한다.

# 제 2 장

# 출애굽기

## 1. 출애굽기의 주요내용

유대인들은 출애굽기의 첫 히브리어 '웨엘레 쉐모스'(weelleh shemoth)를 따서 명칭을 삼았다. 이 뜻은 '이것들이 —의 이름들이다.' '이름들은 이러하니라'는 것이다. 단순히 이름들(쉐모스)라고도 하였다. 70인 역에서는 본서의 주제를 따라 Exodus(출19;1)라 하였다. 엑소두스는 '나가다.' '출발하다'는 뜻을 가지고 있다. 라틴어 성경(Vulgate)에서도 엑소두스라 하였다.

출애굽기의 기록목적은 애굽에서의 이스라엘이 압박 중에서 큰 민족으로 성장하여 하나님이 아브라함, 이삭, 야곱에게 주셨던 약속대로 애굽에서 구출되어 모든 민족의 구원을 상징하는 위대한 구속, 곧 출애굽과 시내산에서 하나님이 다스리는 새로운 세계의 성취를 부여주기 위한 것이다. 오경의 두 번째 책인 출애굽기는 창세기와 오경의 나머지 책들을 연결시키는 역할을 하고 있다. 출애굽기 제일 첫 글자에는 접속사 '와우'가 붙어 있는데 이것은 출애굽기가 창세기와 밀접한 관계가 있음을 나타낸다.

이스라엘 백성들은 그들에게 메워진 무거운 멍에를 통해 자유를 사

모하게 되었으며 결국 출애굽을 통해 하나님은 진실로 그들의 주가
되시며 언약을 성취하시는 구속자이신 하나님, 전능하신 하나님이심을
확신하게 되었다. 모세는 이스라엘이 하나의 민족으로서 국가를 형성
하게 된 가장 큰 기반이 하나님의 구원, 곧 애굽의 종살이에서 강하신
팔로써 구원해주신 하나님의 구원이 이스라엘의 가장 위대한 절기 유
월절로서 이루어진 사실을 역설한다.

### 출애굽기 내용

> 1. 애굽 탈출에서 시내산에 도착까지의 역사(출1:1-19:2)
>  1) 애굽인에게 압박당하는 이스라엘(출1:1-22)
>  2) 모세의 성장과 수련(출2:1-25)
>  3) 모세의 소명(출3:1-4:31)
>  4) 바로와 대결하는 모세와 아론(출5:1-7:25)
>  5) 애굽에 내린 재앙(출8:1-11:10)
>  6) 유월절의 제정(출12:1-13:16)
>  7) 애굽 탈출에서 시내산까지(출13:17-19:2)
>
> 2. 거룩한 법규와 이스라엘의 생활(출19:3-33:23)
>  1) 택한 민족 이스라엘과 십계명(출19:3-20:26)
>  2) 대인관계법과 하나님 섬기는 법(출21:1-31:18)
>  3) 이스라엘의 배교(출32:1-35)
>  4) 이스라엘의 회개와 모세의 태도(출33:1-28)
>
> 3. 죄에서 살아나올 하나님의 은사(출34:1-40:38)
>  1) 은혜계약의 재확인(출341-35)
>  2) 은사로 주신 안식과 성막제도(출35:1-19)
>  3) 이스라엘의 예배와 하나님의 열납(출35:20-40:38)

## 2. 모세의 출애굽과 광야생활

먼저 애굽에서의 이스라엘을 살펴보자. 이스라엘 사람들이 거주하던 전후의 애굽 역사는 크게 4시대로 나뉜다.

첫째, 제12왕조 기간(BC1991년경-1786년경)으로 남북통일국가의 바로 왕조시대다. 바로란 '큰 집'(great house), '궁전'을 뜻한다. 이 시대는 국수주의적이고 배타적이었다.

둘째, 힉소스(Hyksos) 왕조시대다. 셈계 아시아 사람으로 애굽을 장악했다. 요셉푸스 고대사에 따르면 히브리 혈통을 가졌다. 그래서 요셉을 등용할 수 있었다. 이것은 이스라엘을 보호하신 하나님의 경륜이 아닐 수 없다. 이 왕조는 애굽의 종교를 흡수하면서 약 1세기 반가량 통치할 수 있다. 이 왕조는 주로 북부, 곧 나일 강 하류 델타 동쪽에 집중했다. 따라서 남부에서 반대세력이 부각되었다.

셋째, 제18왕조시대다. 아모세(Ahmose, BC1584-1560)왕이 애굽을 통일했다. 힉소스는 죽지 않고 므깃도로 피난해 망명정부를 세웠다. 아모세는 국수주의 정책을 펴, 이방인 특히 히브리인을 학대했다. 성경에 '요셉을 알지 못한 새 왕'은 이 왕조를 가리킨다. 이 왕은 요셉의 업적을 말살함은 물론 과거 역사를 수정했다.

넷째, 제19왕조시대다. 람세스 2세(Ramses II, BC1304-1238)가 대표적이다. 도성을 확장하고 신축했다. 아모세와 람세스 2세는 애굽의 황금시기였다.

모세는 투트모세 1세(Thutmose I) 때인 BC1526년에 태어났다. 모세(Mose)라는 이름은 히브리어로 마시(Mash)이고, 애굽어로는 '모스'(Mos) 또는 '메스'(Mes)이다. '아이', '태어남' 그리고 '건져냈다' '끌어냈다'는 뜻을 가지고 있다.

모세를 거둬들인 바로의 딸은 아모세 왕의 손자 투트모세 1세의 딸
인 하트쉡수트(Hatshepsut)로 알려져 있다. 그는 무남독녀로 자식이
없었다. 왕위 계승권을 가졌지만 남편에게 물려주었다. 그러나 남편
투트모세 2세는 일찍 죽었다. 결국 하트쉡수트가 근 20년간 나라를 다
스렸다. 애굽 역사상 손꼽히는 인물이기도 하다. 모세는 그녀의 양자
로 교육도 잘 받고 권좌에 오를 수 있었던 인물이었다. 궁녀에게서 낳
은 아들이 왕이 되었다. 그가 바로 모세와 라이벌 관계에 있었던 투트
모세 3세로 유능한 왕이 되었다. 모세가 미디안으로 도피해 광야생활
40년을 하던 사이에 투트모세 3세가 죽었다.

모세가 미디안 광야에서 나와 맞서게 된 바로 왕은 투트모세 3세를
이은 아멘호테프 2세(Amenhotep Ⅱ, BC1448-1424)였다.[10] 이 왕이
출애굽을 반대함으로 인해 하나님은 애굽에 10가지 재앙[11]을 내리셨
다. 10가지 재앙은 크게 두 가지 의미가 있다. 첫째, 애굽 우상과 연결
되어 있다. 상대가 애굽의 신이었다. 출애굽기 12장 12절과 민수기 33
장 4절에 따르면 "모든 신에게 벌을 내리리라" 하였다. 소극적인 의미
에서 본다면 이것은 애굽 신들에 대한 징벌이다. 그러나 보다 적극적
인 의미에서 본다면 하나님의 이름이 온 천하에 전파되게 하기 위한
것이다. "온 천하에 나와 같은 자가 없음을 알게 하려" 함이다. 둘째,
농도가 짙어갔다. 재앙의 강도가 처음에는 약하게 시작하지만 끝내는
장자를 죽이는 등 강하게 이어진다.

출애굽에서 중요한 것은 유월절(passover)의 유래이다. 유월절은 히

---

10) 투트모세 1세는 아모세의 아들 아멘호테프 1세의 사위로 왕이 되었다. 투
   트모세 1세는 아멘호테프 1세의 딸과 결혼해 하트쉡수트를 낳았다.
11) 10가지 재앙은 나일강(우상), 개구리(우상), 이(빈대 또는 모기: 제물을
   멸하는 것), 파리 떼, 생축, 독종(피부병)/재, 우박, 메뚜기, 흑암(태양신
   몰락), 그리고 장자이다.

브리어로 '페사'(phesah)로 '지나감' '신성한 춤' '뜀'이라는 의미를 가지고 있으며, 출애굽 사건과 직결되어 있다. 애굽의 첫 태생을 죽이는 마지막 재앙에서 이스라엘사람들은 문설주에 양의 피를 뿌림으로써 재앙을 모면할 수 있다. 그 피를 보면 '넘어갔다'는 것이 바로 유월절이 가진 의미다. 유월절은 예수 그리스도의 피로 구속함을 받는 것의 예표다. 이스라엘에게 있어서 유월절은 그리스도를 바라보는 구원의 상징 또는 모형이 된다는 점에서 구속사의 새 출발점이다. 가나안에 들어간 날도 유월절이었다. 유월절이 있는 달은 연중 첫 달이 되고, 이스라엘의 신기원을 이루는 날이 되었다.

출애굽은 성경에서 창조와 함께 2대 절정의 사건이다. 두 사건 모두 하나님의 주권이 개입되었다는 점에서 이 사건의 중심에 하나님이 있다. 출애굽 때 이스라엘 사람들만 떠난 것이 아니라 '많은 잡족'(출 12:37, 38), 곧 이방인들이 함께 떠났다. 하나님께서는 섞여 사는 이방인들을 차별하지 않으셨다. 이스라엘의 이방화는 엄금했지만 이방인의 이스라엘화는 환영한 것이다.

출애굽 때 홍해를 마른 땅처럼 건너는 기적이 일었다. 홍해(red sea)를 '얌 수르프'(Yam Surp)라 하는데 이는 갈대의 바다(sea of reeds)란 뜻이다. 이것은 갈대, 해초, 바다풀이 많았던 깊은 바다 속이라는 의미이다. 70인경에서는 '붉은 바다'라 했다. 이것에는 해초 빛깔을 나타낸 것이라는 주장과, 석양에 붉게 물드는 것을 보고 부른 것이라는 주장이 있다. 이 경우 후자의 해석을 많이 택하고 있다.

출애굽 시기는 약 BC1446년으로 간주되고 있다. 이 연대를 통해 애굽에서의 이스라엘 정착 기간이 몇 년이었는가에 대해 두 가지 학설이 있다. 하나는 215년 설이고, 다른 하나는 430년 설이다. 출애굽기 12장 40절을 보면 이스라엘 자손이 애굽에 거주한 지 430년이라 되어 있다.

이것은 맛소라 사본에 따른 것이다. 문제는 70인경이 '애굽 땅과 가나안 땅에 거주한 지 430년'이라 한 것이다. 이 경우 그들이 가나안 땅에 거주한 것이 215년[12])이 되기 때문에 애굽 거주 기간은 자연 215년이라 할 수 있다. 215년 설은 여기서 나온 것이다. 430년 설은 맛소라 사본의 권위를 인정한 것이다. 맛소라 사본은 출애굽기 12장 40절에서 '애굽에 거주한 지 430년'이라 했고 출애굽기 12장 41절에서 '430년을 마치는 그날에'라고 기록하고 있다. 430년 설을 택할 때 출애굽 연대는 약 BC1446년이 된다. '아마르나의 편지'(The Amarna Letters)라 일컫는 고고학적 문헌은 가나안 지방 왕들이 애굽 왕에게 보낸 원군 청원 문서로 하비루(Habiru) 침입했으니 도와달라는 것이다. 이 청원문서는 약 1440BC로 추측되며, 하비루는 '멀리서 침입해 들어오는 자'로, '지나가는 자' '유리하는 자'라는 뜻을 가진 '히브리인'과 뜻을 같이한다.

이스라엘의 광야생활은 그저 광야를 통과하는 것으로 끝나지 않는다. 하나님은 광야를 지나면서 이스라엘이 앞으로 어떻게 신앙생활을 해야 하는지 말씀해 주었고, 그들이 따라야 할 각종 종교제도를 가르쳐 주셨다. 그러므로 광야생활은 그저 단조로운 광야생활이 아님을 알 수 있다.

애굽을 나온 이스라엘 백성은 스르 광야와 신 광야를 지난다. 여기서 쓴 물을 단물로 만든 마나의 이적과 만나의 이적을 맛본다. 광야의 모든 이적은 모세를 통해 나타나는데 이것은 신 현현 시대의 특성이 나타난다. 모세는 카리스마를 가진다. 르비딤에서 물을 얻지 못하자 모세는 반석을 쳐 생수를 마시게 했다. 또한 그곳에서 아말렉과 전쟁을 하

12) 아브라함이 가나안에 거한지 25년에 이삭을 낳았고, 이삭은 가나안에서 60년 되던 때 야곱을 낳았다. 그리고 야곱이 가나안을 떠나 애굽에 간 것은 130세 때이다. 이 경우 아브라함에서 야곱에 이르기까지 가나안 땅에 거한 연수는 215년이 된다.

게 된다. 르비딤에서 모세는 장인 이드로를 맞게 된다. 이드로는 모세에게 일상적인 것은 아랫사람들에게 위임하고 중요한 것만 직접 다루도록 하는 통치법을 일깨워주었다.[13] 이드로는 이방족속인 겐족의 제사장으로 여호와를 섬김으로써 이드로의 모든 가족이 히브리사람이 되었다. 이것은 여호와는 이스라엘 사람만의 하나님이 아님을 보여준다.

모세는 시내산에 도착한다. 시내산은 호렙산과 같다는 주장도 있고, 호렙산은 시내산의 한 봉우리라는 주장도 있다. 모세는 시내산에서 언약서와 십계명을 받는다. 언약서는 첫 3일 시내산에서 하나님의 말씀(십계명)을 자신이 받아쓴 것이다. 십계명은 단순한 율법이 아니라 언약임을 알 수 있다. 언약서를 기록한 그는 산 아래 단을 쌓고 백성들이 언약대로 준행하겠다 약속하자 피 뿌림의 서약을 하고, 그것을 언약의 피라 했다. 이로써 이스라엘 백성들은 언약의 백성이 되었다. 그 후 다시 시내산에서 40일을 머무르며 하나님이 친히 쓰신 계명(첫 번째 두 돌판)을 받았고, 성막의 제도 및 성막의 양식에 대한 가르침을 받았다.

그 사이 이스라엘 백성들은 금송아지 우상을 만드는 등 언약을 어겼다. 분노한 모세가 하나님이 주신 두 돌판을 던져 깨뜨렸고[14] 송아지를 가루로 만들었다. 그 죄로 인해 백성들 3,000명이 희생되었다. 하나님께서는 언약 전에는 사람을 죽이지 않았다. 경고하고 쳤다. 하지

---

13) 경영학적으로 볼 때 이것은 권한위임(delegation, empowering) 법칙과 예외(exception) 원칙의 원형에 속한다.

14) 이후 모세는 다시 40일 동안 시내산에 올라 새로운 두 돌판을 받았다. 두 번째 돌판이다. 왜 두 돌판일까? 두 돌판에 대해서는 두 가지 주장이 있다. 하나는 십계명 중 제1계명에서 제4계명까지를 종교적 계명, 제5계명에서 제10계명까지를 도덕적 계명 등 두 가지로 구분한 데서 나왔다는 주장이다. 다른 하나는 십계명 돌판 두 통을 만들었는데 하나는 모세가 가졌고 다른 하나는 법궤에 보관해 하나님의 것, 하나님의 임재로 삼았다는 주장이다.

만 언약을 주신 후에는 생명을 앗아 악을 제거하셨다.

그때 레위 자손들의 역할이 컸다. 그들은 하나님 편에 서서 모세를 도왔다. 그로 인해 그들은 디나 사건(창24:25-30)에서 잃었던 복을(창 49:5-7) 회복하는 첫 기회를(출32:29) 가졌다. 두 번째 기회는 발람의 꾀에 빠진 이스라엘이 하나님의 징벌을 받자 대제사장 엘르아살 아들 비누하스가 범죄 주모자인 시므온 지파 족장 시므리와 미디안 여인을 죽임으로 징벌이 끝났다. 이 기회로 레위 지파는 '영원한 제사장 직분' 을 얻는 언약(평화의 언약)을 얻었다. 레위 지파가 제사장 직분을 수 행할 수 있는 확실한 징표를 받은 것이다.[15]

모세가 하나님으로부터 받은 법은 도덕법, 시민법, 의식법으로 구분 된다. 도덕법(moral law)은 십계명으로 영원불변한 기본법이다. 첫 부 분은 예배 등 하나님에 대한 인간의 의무를 담고 있으며, 둘째 부분은 부모공경 · 간음 · 도적질 등 인간 상호 간에 대한 의무로 나누어 있다. 시민법(civil law)은 사회생활을 위해 주신 것으로 십계명에 바탕을 두 고 있다. 밭가는 소에게 망을 씌우지 말라든가 밭모퉁이의 것은 남겨 두라는 규례가 그 예이다. 이것은 주의 일꾼으로 하여금 먹게 하라, 고아와 나그네를 생각하라는 것으로 해석될 수 있어 사회나 시대가 달라지면 그 적용도 달라질 수 있다. 하지만 그 원리는 변하지 않는다. 의식법(ceremonial law)은 제사법, 성결에 관한 법 등 종교적이고 의 식적인 것이다. 제사나 성결에 관한 구약의 법은 그리스도의 대속으로 성취되었기 때문에 그리스도에 관한 예표로 볼 수 있고, 현재 우리를 문자적으로 구속하지는 않는다.

---

15) 디나 사건으로 시므온과 레위가 저주를 받았다. 혈기가 많았기 때문이다. 그러나 레위는 훗날 하나님 편에 서 그 혈기를 하나님 앞에 바침으로 저 주를 축복으로 바꾸었다. 이에 반해 시므온의 혈기는 계속 사람 쪽으로 기울어져 나빠졌다.

광야 생활 중 이스라엘은 불만은 늘어갔다. 모세는 이를 위해 70인 장로라는 새 제도를 만들었다. 장로들은 성령의 도움을 받아 문제를 해결해갔다. 그러나 그들이 모세와 같은 카리스마를 가진 것은 아니었다. 단지 모세를 도울 수 있는 정도에 그쳤다. 이에 비해 모세는 카리스마가 있었고, 그의 입에서 나오는 말이 법이 되었다. 모세 오경은 구약의 기초가 되었다.

이스라엘은 가데스에서 12정탐꾼을 보내 가나안을 정탐했으나 여호수아와 갈렙 외에는 부정적인 보고를 했고(민수기13장), 백성들은 실의에 빠졌다. 하나님을 신뢰하지 못한 결과 이스라엘의 가나안 입성은 실패했고, 38년간의 유리생활을 하게 된다. 애굽에서 나온 해 1년과 시내산에서의 1년을 합해 40년을 방황하게 된다. 유리생활 도중 모세와 아론을 반대한 고라사건, 반석을 쳐서 얻는 샘물사건, 불 뱀과 놋 뱀의 사건이 있었다. 반석사건은 모세가 "우리가 이 반석에서 물을 내랴"며 두 번씩이나 침으로써 모세의 혈기와 교만이 드러나게 된 사건을 말한다. 하나님의 영광을 드러내지 못한 이유로 모세마저 가나안에 입성하지 못하게 된다. 놋 뱀은 후에 숭배의 대상이 되자 영적인 사람인 히스기야가 그것을 부셔 놋 조각(느후스단)으로 만들었다.

이스라엘은 북진을 하면서 에돔과 암몬·모압을 피하면서 헤스본 왕 시혼과 바산 왕 옥을 정복한다. 모세는 에돔과 모압을 피하여 갔다. 에돔은 하나님이 에서 후손에게 준 세일지역이고, 모압은 롯의 후손에게 기업으로 준 아르지역이기 때문이다. 세일지역과 아르지역은 하나님께서 기업으로 지정해준 지계 표다. 하나님은 기업을 다치지 못하게 하셨다. 기업의 지계 표를 지키는 것은 하나님을 섬기는 사상과 직결되어 있다. 남의 기업을 침범해서도 안 되고 자기 것을 빼앗겨서도 안 된다. "지계 표를 옮기지 말라"는 것은 남의 기업을 침략하지 말라는 것이다. 빼앗겨서는 안 된다는 것은 생명을 걸고 지키라는 말이다. 우리에게도 영적 지계 표(영역)인 하나님이 있다. 이 지계 표를 넘으면 영적 간음이다. 믿음의 분수를 지켜야 한다.

헤스본 왕 시혼과 바산 왕 옥을 정복한 것은 지계 표와는 관계가 없기 때문이다. 이 땅은 가나안 관문으로 비옥했다. 시혼은 모세가 가나안 입성을 위해 통과를 도와주도록 요청했으나 오히려 이스라엘을 대항했다. 바산 왕 옥은 르바임 족속으로 거인이었다. 모세는 북쪽 트란스요르단의 길르앗에 이르기까지 여러 성을 점령했다.

그 후 발람과 바알브올의 사건이 일어났다. 모압 왕 발락은 이스라엘이 그들을 괴롭히던 헤스본 왕 시혼과 바산 왕 옥을 죽였으므로 오히려 이스라엘에 감사해야 했다. 그럼에도 이스라엘 존재에 대한 위협감을 느낀 모압 왕은 이제 히브리인이 없으면 잘될 것으로 생각하고 발람을 시켜 이스라엘을 저주케 하고, 시혼에게 빼앗긴 옛 영토 회복을 꿈꿨다.

발람은 메소보다미아의 브돌 사람으로 먼 지역의 발람을 오게 한 것은 발락이 얼마나 초급했는가를 보여준다. 그는 '한 별', 곧 메시아의 탄생을 예언하고 '그의 나라'의 최후 승리를 말함으로써 저주보다 오히려 예언적 축복을 내렸다.

바알브올 사건은 발람의 꾀 사건이다. 바알브올은 바알신과 브올 산을 합한 것으로 브올산의 바알이라는 뜻이다. 브올 산에 바알제단을 설치하고 이스라엘 백성, 특히 두령들을 초대해 모압 여인과 행음(성적 타락)하게 하고 우상의 제단에 절하게(우상숭배) 했다. 이로 인해 하나님으로부터 큰 징벌이 내려 하루에 염병으로 2만 4천 명이 죽었다. 대제사장 엘르아살의 아들 비느하스(레위 지파)가 주모자 시므리(시므온 지파 족장)와 미디안 여인을 죽여 축복을 받았다. 비느하스는

레위 지파로 영원한 제사장이 되게 하는 축복을 받은 반면 시므온 지
파는 저주를 받았다.

40년 광야 생활이 끝날 때 모세는 유언적 설교를 하게 되고 죽음을
맞는다. 그의 첫 번째 설교는 광야 40년 역사를 돌아보며 권면하는 것
이고, 두 번째 설교는 십계명을 중심으로 율법을 반복 정리한 것이며,
세 번째 설교는 언약을 새롭게 하며 언약에 충실할 것을 권면한 것이
며, 네 번째 설교는 송별의 설교와 함께 축복하는 것이었다. 그의 유
언적 설교가 바로 오경의 마지막인 신명기(deuteronomy)이다. 신명기
는 재명기(再命記)라 하는데 다시 정리해서 명령한 것이라는 뜻을 가
지고 있다. 신명기는 70인경에서 붙인 이름으로 '제2의, 반복된 법'으
로, 오경을 총 정리한 것이다. 그는 죽어 모압 땅에 묻혔다. 하지만 그
의 묘를 아는 자가 없어 부활체로 승천했을 가능성마저 제기되고 있
다. 신명기 마지막 부분은 그의 죽음에 관해 언급하고 있어 자유주의
자들은 신명기의 저자가 모세가 아니라는 주장을 한다. 그러나 이 부
분은 모세가 자기 사후 일을 예언할 가능성이 있고, 여호수아가 모세
의 기록에 첨가해 기록했을 가능성도 있다.

신명기의 중심 되는 두 번째 설교 첫 부분은 십계명으로 시작된다.
그는 십계명을 말하면서 "그들의 열조와 세우신 것이 아니요 오늘날
여기 살아 있는 우리 곧 우리와 세우신 것"임을 확실히 하였다. 역사
적으로 열조와 세운 것이나 여기서 '아니라' 하는 이유는 우리와 세운
것임을 강조하기 위한 것이다. 이것은 언약이 영원성과 보편성이 있음
을 말해준다. '오늘 날 살아 있는 자'는 영원성을 말하고, '우리, 너와
네 집'은 복수성, 곧 보편성을 담고 있다. 나와 우리가 혼용되고 있는
것은 개별적 유동(individual fluid)의 성격을 띠고 있음을 보여준다.
십계명은 모든 율법의 기초로 그 가운데 제1계명이 핵심이다. 제1계명

은 쉐마("들으라") 교훈이라 불린다. 4살 때부터 이마에 붙일 정도이고, 문설주나 옷깃에 매기도 한다. 제1계명으로 시작되는 십계명은 제10계명에서 "모든 탐심을 버리라"고 말한다. 이것은 제1계명의 확대이다. 탐심은 우상이라고 바울은 주장하기 때문이다. 제10계명이 다시 제1계명으로 돌아감으로써 십계명은 전체가 하나님 중심임을 보여주고 있다. 신명기는 십계명을 확대한 것으로, 오경의 모든 율법을 정리했다. 그리고 모세 오경은 구약은 물론 선지자들의 기초가 되었다.

## 3. 출애굽의 의미

출애굽은 단순히 애굽에서 억압받고 있던 이스라엘 민족이 그 억압으로부터 벗어나 해방이 되는 것만을 의미하지 않는다. 출애굽은 언약을 성취시키는 대사건이자 우리를 새로운 존재로 탄생시키는 창조의 대사건이며 앞으로도 주님 오시기까지 계속되어야 할 아직도 끝나지 않은 대사건이다. 인간은 언제나 출애굽이 필요하다. 지금 우리에게 절실히 요구되는 것은 바로 출애굽이다. 이 출애굽을 보다 현대적인 안목으로 살펴보면 다음과 같다.

### ▣ 언약을 이루심의 출애굽

출애굽은 우연히 일어난 사건이 아니라 이미 말씀하신 것의 성취이다. 성경은 언약을 중심으로 이루어져 있다. 성경의 구약과 신약의 약은 바로 언약을 의미한다. 이것은 성경이란 무엇보다 언약을 통해 이

해해야 함을 가르쳐 주고 있다. 언약이 성경신학의 기본이 됨은 이 때문이다. 신약은 구약의 성취이며 성경의 거의 모든 사건은 예언과 연관되어 있다. 이 예언은 하나님의 약속인 언약의 말씀에 근거를 두고 있다. 출애굽 사건도 예외는 아니다.

하나님께서는 출애굽 사건이 발생하기 수백 년 전에 아브라함에게 앞으로 이 사건이 있게 될 것을 예언적으로 말씀하셨다. 이 말씀을 주시던 때는 아브라함에게 아무 자손이 없었던 때였다. 이삭이 아니라 이스마엘도 낳기 전이었다. 창세기 15장은 하나님의 말씀을 다음과 같이 기록하고 있다.

"너는 정녕히 알라 네 자손이 이방에서 객이 되어 그들을 섬기겠고 그들은 사백년 동안 네 자손을 괴롭게 하리니 그 섬기는 나라를 내가 징치할지며 그 후에 네 자손이 큰 재물을 이끌고 나오리라 네 자손은 사대 만에 이 땅으로 돌아오리니"(창15:13-16).

당시 아브라함은 가나안을 기업으로 주시고 앞으로도 이끌어 주실 것을 감사하여 번제를 드리기 위해 바쁜 가운데 있었다. 암소, 염소, 양, 비둘기 등 번제로 드릴 제물을 쪼개어 놓고 하나님의 임재를 뜻하는 불이 내려와 그 재물이 태워지기를 기다리고 있었다. 솔개가 내려와 그 제물들 위에 앉으려 하면 그것을 쫓곤 하였다. 그는 너무 피곤한 나머지 깊이 잠이 들기도 했지만 이내 어두움이 찾아와 더욱 마음을 두렵게 만들었다. 그 사이에 하나님께서 그에게 이 말씀을 주시고 제물을 하나님의 불로 태우셨다. 동물이 쪼개지고 그 쪼개진 사이로 연기 나는 풀무 및 타는 횃불로 상징되는 하나님의 모습이 지나감으로써(창15:17) 하나님과 아브라함 사이에 확실한 언약이 세워지게 된 것이다. 이렇게 해서 세워진 언약은 변경할 수 없는 하나님의 약속이 되었다. 당시 아브라함은 단 하나의 자식도 가지지 못한 형편이었지만 하나님의 약속을 믿었다. 인간의 상식으로서는 도저히 믿을 수 없는 것을 믿었다는 점에 아브라함의 위대함이 있다. 그것은 하나님을 전적으로 신뢰하지 않고서는 전혀 불가능한 것이다. 그래서 그의 믿음이 큰 것이다.

출애굽은 아브라함에 대한 하나님의 약속과 그 약속을 믿는 믿음에서 출발한다. 언약이 출애굽의 출발점이 된 것이다. 하나님은 요셉을 애굽으로 팔려가게 함으로써 이 약속을 지키기 시작했다. 요셉의 애굽행은 단순한 사건이 아니라 언약을 이루시고자 하는 하나님의 뜻이 담겨 있다. 요셉이 애굽에서 형제들을 만났을 때 형제들은 그를 두려워했다. 그러나 요셉은 그들에게 이렇게 말한다.

"당신들이 나를 이곳에 팔았으므로 근심하지 마소서 한탄하지 마소서 하나님이 생명을 구원하시려고 나를 당신들 앞서 보내셨나이다 하나님이 큰 구원으로 당신들의 생명을 보존하고 당신들의 후손을 세상에 두시려고 나를 당신들 앞서 보내셨나니 그런즉 나를 이리로 보낸 자는 당신들이 아니요 하나님이시라."(창45:5-8).

성경의 모든 사건은 우연이 아니라 하나님의 오묘하신 뜻이 담겨 있다. 하나님은 이스라엘 백성들에게만 이렇듯 오묘한 뜻을 세우고 이루시는 것이 아니라 그를 믿는 백성 모두에게 이같이 뜻을 세우시고 섭리하신다. 우리는 모두 하나님께서 귀히 여기시는 그분의 백성이자 언약의 자손들이기 때문이다.

### ▣ 새로운 창조로서의 출애굽

출애굽은 새로운 창조이다. 구약을 연구하는 학자들은 구약에서 기본이 되는 가장 중요한 두 사건으로서 하나님의 천지창조와 출애굽을

꼽는다. 그들은 하나님께서 엿새 동안 천지를 창조하신 창조 사건을
'옛 창조'라 하고 출애굽을 가리켜 '새 창조'라 한다. 옛 창조는 죄악이
없는 창조이지만 새 창조는 죄로부터 벗어나는 창조이다. 새 창조가
가능한 것은 그리스도 때문이다. 그리스도가 유월절 어린양이 되었기
때문이다. 그러므로 새 창조는 기독론의 베이스를 깔고 있다. 옛 창조
에서 새 창조, 그리고 예수에 와서의 완성은 계시의 진전(발전)을 보
여준다.

- 옛 창조: 엿 새 동안 창조(출20:1), 창조 후 안식
- 새 창조: "애굽 땅에서 종이 되었더니……그러므로 너를 명하여
  안식일을 지키라"(신 5:12). 안식일 변천개념의 재해석.
- 신약: 예수님, "나는 안식일의 주인"이심의 선언. 하나님의 주권,
  하나님이 주인이심을 강조하신 것이다. 예수님은 안식일의 완성
  자시다. 7일(옛 안식일)+1일(안식일 다음날)=8일(새 안식일, 주
  일). 8일 만에 할례. 새것. "옛것이 지나가고 보라 새 것이 되었
  도다."

  출애굽을 가리켜 '엑소더스'(exodus)라 하는데 이것은 탈출, 벗어남
이라는 뜻도 있지만 출발이라는 뜻도 가지고 있다. 새로운 출발이라는
뜻이다. 이 속에는 지금까지의 죄악 된 상태를 벗어나 새로운 존재로
서 새롭게 출발한다는 의미를 내포하고 있다. 출애굽의 주제가 구속
(redemption)이 되는 것은 이 때문이다. 하나님의 구속 사역을 통해
옛 존재가 새로운 존재로 탄생하는 것이다.
  새로운 존재로의 탄생은 어린양의 피, 곧 예수님의 십자가의 피와
깊게 연관되어 있다. 하나님은 우리를 구속하시기 위해서 예수님을 이
땅에 보내셨다. 예수님이 유월절 어린양이 되신 것이다. 이 유월절 어

린양은 출애굽 사건에서 유래된 것이다. 이스라엘 백성들은 어린양의 피를 문설주에 바름으로써 죽음을 면할 수 있었다. 어린양의 피가 죽음의 위험을 넘게 해준 것이다. '유월'(passover)이란 '눈감아 주다, 간과하다, 넘어가다'는 뜻을 가지고 있다. 죽을 사람이 어린양의 피 때문에 죽임 당함을 면하게 되었다는 것이다. 이것은 하나님께서 눈감아 주셨음을 의미한다. 이스라엘 백성들이 출애굽 할 수 있게 된 것은 그들이 죄가 없고 깨끗해서가 아니라 죄인임에도 불구하고 여호와 하나님께서 그들의 조상 아브라함과 이삭과 야곱에게 거듭 약속하신 언약을 이루시기 위해 어린양의 피를 징표로 삼아 눈감아 주시기로 결정하셨기 때문이다. 그러므로 이스라엘 백성들이 그토록 출애굽 할 수 있었던 것은 유월절 어린양 때문이라는 것을 알 수 있다. 그 어린양은 그리스도로 더욱 구체화된다. 죄 때문에 죽을 수밖에 없었던 우리를 그리스도의 피로 구속해 주셨기 때문이다. 그러므로 출애굽 때의 어린양의 피는 기본적으로 그리스도의 피를 상징한다. 어린양의 피가 그들을 구속했듯이 예수 그리스도의 피가 우리를 구속하였다. 바울은 그리스도의 피의 구속으로 새로워진 우리를 향해 "옛 것이 지나가고 보라 새 것이 되었도다."라고 말씀하신다. 새로운 창조를 통해 새로운 피조물이 된 것이다. 출애굽은 이처럼 하나님의 구속 사역이자 새로운 창조 사역이다. 어린양의 피 없이 이스라엘의 구속이 있을 수 없듯이 그리스도의 피 없이 구속, 곧 새로운 창조란 있을 수 없다.

　우리가 새로워지기 위해 반드시 필요한 것은 예수 그리스도이다. 우리가 아무리 마음을 고쳐먹고 새로워지려고 해도 인간의 노력만으로는 결코 새로워질 수 없다. 우리의 체질을 이 세상의 체질로부터 하나님 나라의 체질로 바꾸지 않으면 안 되기 때문이다. 우리의 체질을 하나님 나라의 체질로 바꾸기 위해서는 우리의 모든 생각, 우리의 모든 것을 하나님 나라의 것으로 바꾸지 않으면 안 된다. 우리가 아무리 겉을 바꾼다 해도 속을 바꾸지 않는 한 소용이 없다. 문제는 속에 있는 것이지 겉에 있는 것이 아니기 때문이다. 우리가 근본적으로 새로워지기 위해서는 예수 그리스도의 도움이 필요하다. 인간이 아무리 노력한다 해도 그 근본은 바꾸어지지 않기 때문이다. 예수 그리스도께서 하나님 나라의 것을 가지고 우리 속에 임재하는 순간부터 우리는 달라지기 시작한다. 새로운 존재가 되는 것이다. 예수님께서는 기본적으로 우리를 새로운 존재로 만드는 데 목적을 두셨다.

출애굽은 새로운 창조이다. 과거의 삶을 모두 부정하고 분연히 일어서 새로운 삶의 영역으로 나아가는 것이다. 앞날이 비록 불투명하고 두렵다 해도 오직 하나님만을 의지하고 나아가는 것이다. 하나님은 우리가 오직 하나님을 의지하고 모든 것을 하나님께 맡기고 나아갈 때 기뻐하신다. 하나님은 우리를 새롭게 하심으로 그 기쁨을 더 하신다. 그런 의미에서 출애굽은 새로운 창조이자 기쁨의 창조이다.

## ▣ 아직도 끝나지 않은 출애굽

출애굽은 아직 끝나지 않았다. 출애굽은 아직도 계속되고 있고 또 계속되기를 주님은 바라고 계신다. 왜냐 하면 우리는 아직도 옛 삶을 그리워하고 있고 또 기회만 있으면 그리로 돌아가기를 계속함으로써 하나님께 계속 반역을 하고 있기 때문이다.

모세를 따라 애굽을 떠났던 이스라엘 백성들은 이내 홍해를 건너는 놀라운 체험을 했음에도 불구하고 불평하고 원망하는 사람들로 변하였다. "우리가 애굽 땅에서 고기 가마 곁에 앉았던 때와 떡을 배불리 먹었던 때에 여호와의 손에 죽었더면 좋았을 것을 너희가 이 광야로 우리를 인도하여 내어 이 온 회중으로 주려 죽게 하는도다."(출16:3).
"너희가 어찌하여 우리를 애굽에서 나오게 하여 이 악한 곳으로 인도
하였느냐 이곳에는 파종할 곳이 없고 무화과도 없고 포도도 없고 석
류도 없고 마실 물도 없도다."(민20:5). 이것은 그들이 비록 육신적으
로 출애굽은 했지만 영적으로는 출애굽을 하지 못한 것을 보여주고
있다. 불만과 원망으로 일관했던 사람들은 결국 가나안에 들어가지 못
하고 광야에서 인생을 끝내지 않으면 안 되었다. 그들은 참으로 출애
굽을 하지 못했기 때문이다.

하나님께서 요구하시는 출애굽은 단지 몸만의 출애굽이 아니라 몸
과 영 모두의 출애굽이다. 우리는 신앙생활을 한다고 하면서, 교회에
다닌다고 하면서 아직도 몸만 오고 마음은 오지 않은 모습을 보여주
고 있다. 광야의 이스라엘 사람들은 모세를 따라 이곳저곳을 옮겨 다
니기는 했지만 그들의 마음속에는 언제나 원망과 불만이 가득하였다.
신앙생활을 한다고 하지만 그들이 자꾸 애굽을 동경하듯 우리의 눈은
세상을 더 자주 바라보고 우리의 마음은 언제나 그곳을 떠나지 못하
고 있다. 세상 속에 들어가면 세상보다 더 세속적인 사람이 되어가고
있다. 그리스도인이란 참으로 출애굽한 사람을 가리킨다. 몸만 애굽을
떠나 있다고 해서 모두 출애굽한 것으로 생각한다면 그것은 참으로
잘못된 생각이다.

요한계시록 17장에서 19장은 큰 성 바벨론, 음녀 바벨론에 대한 심
판을 예고하고 이것의 멸망을 선언하며 그곳 심판에 대한 감사로 이
어지고 있다. 이 성은 믿는 자가 속해 있어서는 결코 안 될 또 하나의
애굽을 가리킨다. 하나님께서는 "내 백성아 거기서 나와 그의 죄에 참
예하지 말고 그의 받을 재앙들을 받지 말라."(계18:4)고 강력하게 호
소하고 있다. 그 성을 가리켜 음녀라 함은 그 성이 얼마나 사악했는가

를 보여준다. 그 성은 사치가 극치에 달했고 교만하며 선지자를 죽이는 등 하나님과는 거리가 먼 세속 도시이다. 우리는 지금 이 성에 살고 있으며 하나님은 우리를 향해 어서 빨리 그곳으로부터 나오라고 말씀하신다.

아브라함은 하란보다 하나님이 약속하신 땅에 묻히기를 원해 가나안 땅을 샀으며 야곱은 말년에 비록 애굽에서 살았지만 그의 마음은 항상 하나님께서 기업으로 주신 가나안 땅에 있었다. 그의 마지막 유언은 "내가 내 열조에게로 돌아가리니 나를 가나안 땅 마므레 앞 막벨라 밭에 우리 열조와 함께 장사하라."(창49:29-30)는 것이었다. 애굽의 총리까지 지냈던 요셉마저 자기가 묻힐 곳은 애굽이 아니라 가나안 땅임을 말하고 출애굽 때 자기의 뼈를 가져가 그곳에 묻도록 했다. 그는 그의 자손들에게 명령했다. "너희는 여기서 내 해골을 메고 올라가겠다 하라."(창50:25).

우리의 출애굽은 아직 끝나지 않았다. 우리가 주님 앞에 서는 마지막 순간까지 우리는 출애굽을 해야 한다. 우리는 원망보다 감사를 먼저 배워야 하고 불만하기보다 사랑하기를 먼저 해야 한다. 우리는 날마다 변화되어야 하고 날마다 출애굽해야 한다.

우리가 날마다 출애굽을 하기 위해서는 무엇보다 하나님을 전적으로 의지하며 살아가야 한다. 우리가 하나님을 의지하는 삶을 살 때 우리는 변화된다. 지금까지 세상을 바라보았던 우리들이 다시는 그것을 소망하지 않게 된다. 이 같은 변화는 우리가 우리 자신을 의지할 때 생기는 것이 아니라 우리가 하나님을 진정으로 의지할 때 하나님께서 여러 모로 부족하고 연약한 나와 함께 계심으로써 가능한 것이다. 우리는 이 질적인 변화를 통해 하나님 나라의 삶을 살 수 있게 된다. 하님의 나라. 이것이 바로 우리가 찾아가야 할 가나안이다. 이를 위해서는 단연코 우리의 몸과 마음을 꽁꽁 묶고 있는 애굽을 벗어나지 않으면 안 된다.

심리학자 윌리엄 제임스(William James)는 말했다. "금세기의 가장 위대한 발명은 전화나 전기나 텔레비전에 있는 것이 아니라 우리의 태도를 달라지게 한다는 데 있다." 위대한 것은 물질에 있는 것이 아니라 정신에 있다. 그 정신은 세상의 물질을 하나라도 더 소유하는 데 있는 것이 아니라 오히려 남은 하나라도 주 안에서 다른 사람들과 함께 나눌 수 있는 근본적으로 변화된 삶을 사는 데 있다. 이 변화는 그리스도를 통해 가능하다. 오직 그리스도를 통해 새로운 존재로 창조될 수 있기 때문이다.

부족한 우리를 지켜 끝까지 자기 백성으로 만드시고자 하는 하나님의 변할 수 없는 언약, 순간순간 우리를 새롭게 창조하시는 하나님의 놀라우신 은총, 그리고 지금도 출애굽 하도록 권고하시는 하나님의 질긴 사랑, 이 모두는 출애굽 사건 속에 담겨 있는 하늘의 깊은 비밀들이다. 이 오묘한 비밀을 주님은 지금도 믿음의 눈을 통해 보게 하신다. 출애굽 사건은 결코 과거의 사건만은 아니다. 지금도 출애굽은 계속되고 있으며 주님 오시는 그 순간까지 앞으로도 계속되어야 할 하나님 나라의 위대한 사업이다. 우리는 모두 하나님 나라의 건설을 위해 그 일에 적극적으로 동참해야 할 책임과 의무를 가지고 있다. 출애굽 하겠다고 나선 사람들이 자꾸만 뒤를 돌아보는 것은 하나님을 슬프게 만드는 일이다. 하나님은 롯의 아내와 같은 사람을 원치 않으신다. 푯대를 향해 앞만 보고 달려가는 바울과 같은 신앙을 기뻐하신다. 참으로 출애굽한 사람들은 심판 날에 어린양의 보좌 앞에 기쁨으로 서게 될 것이다. 그 이름이 생명책에 기록된 것을 보게 될 것이다. 우리는 모두 그 순간을 기다리며 믿음으로 열심히 살아야 할 하나님의 백성들이다. 우리 모두가 그 자리에 함께 서기를 기도한다.


## 4. 마라에서 엘림으로

이스라엘이 출애굽과정에서 거친 마라(Marah)와 엘림(Elim)은 신앙적인 측면에서 볼 때 매우 대조적인 성격을 띠고 있다. 마라가 고난을 상징한다면 엘림은 환희를 상징한다. 마라가 저주와 원망을 나타낸다면 엘림은 찬송과 기쁨을 상징한다. 그리고 마라가 미움을 상징한다면 엘림은 사랑을 상징한다. 출애굽기 15장 22절에서 27절까지는 마라와 엘림을 대조적으로 소개한 뒤 우리의 믿음생활이 마라의 상태에서 엘림의 상태로 나아가지 않으면 안 된다는 것을 보여주고 있다.


### ◙ 우리의 신앙에는 굴곡이 있기 마련이다

야곱의 식구들이 애굽에 정착하게 될 때는 기근의 어려움에서 해방되고 죽은 줄 알았던 요셉을 찾는 기쁨을 얻었다. 그러나 요셉이 죽고 난 후 야곱의 후손들은 노예로 전락하였다. 출애굽 홍해의 사건은 노예로부터 해방되는 과정에서 환희의 절정을 이루었다. 그 후 광야의 생활은 다시금 갈증, 먹을 것, 두려움, 그리고 적에 대한 공포의 연속이었다. 하나님을 의지하기보다 인간적인 공포에 휩싸였다. 그 최악의 상태를 나타내는 것이 바로 마라의 쓴물사건이다. 하나님은 최악의 상태에 있는 그들을 환희의 절정을 나타내는 엘림 동산으로 이끄셨다.

우리는 이 과정을 통해 그들의 신앙여정에 심한 굴곡이 있었다는 것을 발견할 수 있다. 그들이 굴곡의 나래로 떨어지는 것은 하나님에 대한 그들의 의뢰가 낮아질 때이며, 상승하는 기쁨을 가지는 것은 하나님에 대한 그들의 의뢰가 높아진 상태였다. 하나님에 대한 믿음이 약해질 때 그들은 어려움 속에 있었고, 믿음이 강해지면서 그 어려움으로부터 벗어날 수 있었다. 이것은 우리의 믿음생활에도 얼마든지 굴곡이 있을 수 있음을 보여주며 우리가 그 굴곡의 구렁텅이에 있을 때 누구를 향해야 하는가를 보여준다.

여기에서 우리가 잊지 않아야 할 것은 한 과정마다 하나님께서 개입하시며 우리의 잘못된 생각과 행동을 고치신 다음 그다음 과정으로 인도하신다는 사실이다. 신앙이 약해진 마라의 상태에서 그들을 고치신 다음 엘림으로 인도하신 것처럼 이스라엘이 광야에서 잘못을 할 때 그것을 고치신 다음 그의 세계, 곧 젖과 꿀이 흐르는 가나안으로 인도하셨다. 이것은 우리가 이 세상의 여정에서 잘못된 생각과 행동을 할 때 그것을 고치게 한 후 하나님의 나라에 인도하신다는 것을 보여준다.

## ▣ 사람들은 마라를 만날 때 원망했다

홍해를 건널 때 이스라엘은 구원을 받은 것에 감격하여 하나님께 감사와 찬송을 올렸다. 출애굽기 15장에는 모세의 노래 그리고 미리암의 노래가 소개되어 있다. 백성들은 소고 치며 노래했다. 그러나 그들의 노래는 광야에 다다르면서 식어지기 시작했다. 보이는 것은 완전한 사막과 요새처럼 보이는 험한 산지뿐이었다. 한 곳을 두고 이스라엘 사람들이 부르는 수르광야나 애굽사람들이 부르는 에담 광야는 모두 '요새의 벽'이라는 뜻을 가지고 있다. 그만큼 사람이 접근하기 어려운

험한 지역이라는 뜻이다. 홍해가 그리스도를 통해 절망의 땅에서 자유의 땅으로, 종살이에서 자유인이 되는 구원선을 뜻한다면 이 광야는 그리스도인이 이 세상에 살면서 보다 나은 그리스도인이 되기 위해 겪어야 할 고난의 길목에 해당한다. 그리스도인이 이 땅에서 걸어야 할 길목이 수르광야처럼 얼마든지 힘들고 험할 수 있다.

이스라엘 사람들은 수르광야에 들어와 사흘 동안 행군해 나아갔다. 남자만 60만, 여인들, 아이들까지 포함하면 백만이 넘는 데다 가축들 모두가 나아가는 대 행군이다. 그러나 물을 얻지 못하자 문제가 생겼다. 사람들의 마음속에 점차 의심이 찾아들기 시작했다. "이러다 가축도 죽고, 우리 모두 다 죽는 것이 아닌가?" 다툼이 일어나며, 급기야 하나님을 원망하기 시작했다. 물 때문에 낙심하다 못해 "하나님이 과연 이러실 수가 있는가?" 원망하기에 이른 것이다. 이것은 그들이 이미 홍해사건을 경험했음에도 불구하고 하나님에 대한 그들의 신뢰가 온전하지 못했음을 보여준다. 인간적인 걱정 때문에 하나님까지 잃어가고 있는 것이다.

이 모두는 광야의 생활이 기쁨만 있는 것이 아니라 문제도 있음을 보여준다. 이것은 우리가 주님을 영접한 뒤 주 안에 사는 기쁨만 가지고 살 수 있는 것이 아니라 어려움을 만날 수 있다는 것을 보여준다. 주님께서 우리에게 이 어려운 과정을 주시는 것은 우리의 믿음을 단련시키기 위함이다. 우리의 죄성, 우리의 연약함을 드러내 그것을 주님의 힘을 의지하여 극복하도록 함으로써 우리 자신이 아니라 하나님을 더욱 의지하도록 하기 위한 것이다.

그러나 불운의 연속은 아니었다. 어느 지점에 와서 물을 만나게 된 것이다. 하지만 그 물은 써서 마실 수 없는 물이었다. 사막에는 이처럼 쓴 물웅덩이를 흔히 발견할 수 있다고 한다. 그래서 그들은 이곳

이름을 마라라 했다. 마라는 쓰다는 뜻을 가지고 있다. 하나님은 먹을 수 있는 단물을 주실 수 있음에도 불구하고 쓴물을 줌으로써 그들의 믿음을 단련시키고자 하셨다. 즉 이것은 단순한 물이 아니라 하나님께서 그들의 약해진 믿음을 강하게 하시려는 연단의 물이었다. 칼빈은 이 부분을 해석하면서 그들의 쓴 부분을 드러나게 하셨다고 말한다. 주님이 그들의 쓴 부분, 곧 좌절과 과거에 대한 향수, 미움과 원망, 하나님에 대한 약한 의지 등 연약한 믿음의 부분을 고치시고자 이 같은 시험을 하셨다는 것이다. 그러므로 그리스도에게 있어서 고난은 보다 나은 내일을 위한 기회임을 알 수 있다.

그러나 그들은 물을 마실 수 없자 원망부터 하기 시작했다(24절). 이것은 그들의 심령상태가 얼마나 쓴 상태에 있는가를 단적으로 보여준다. 원망의 화살은 일차적으로 모세에게 돌아갔다. 그들은 모세에게 난폭하게 항의하였다. Living Bible에 따르면 "마실 것이 없어 이곳에서 죽다니."라고 항의한다. 칼빈은 그들이 "우리에게 마실 것을 주도록 하나님과 담판하라."고 다그치고 있다고 표현하고 있다. 그들이 하나님을 의지하고 직접 하나님께 간구해야 함에도 불구하고 모든 것을 지도자 모세의 책임으로 돌리고 자기들은 아무런 책임이 없는 것처럼 행동하고 있는 것이다. 추락하고 있는 자기들의 믿음에 대해서는 전혀 문제를 깨닫지 못하고 오히려 지도자를 책하고 있는 것이다.

심지어 그들은 과거 애굽 생활이 차라리 나았다고 말한다. 그들은 실제 모세를 대적하고 원망했지만 그것은 결국 하나님을 대적하고 원망한 것과 하등 다를 것이 없다. 하나님은 사람의 모든 행동을 보시고 들으시며 그 무게를 다시며 결과에 대해 책임을 물으신다. 우리가 세상의 삶을 동경한 것까지 아시고 물으신다. 때로는 강하게 심판하시기도 한다. 그래서 바울은 "저희 중에 어떤 이들이 원망하다가 멸망시키는 자에게 멸망하였나니 너희는 저희와 같이 원망하지 말라."(고전 10:10)고 하였다.

## ▣ 그러나 모세는 여호와께 부르짖었다

모세는 문제에 봉착하자 하나님을 찾았다. 그리고 하나님께 부르짖었다(cried, pleaded). 성경에서 부르짖었다는 것은 간절했음을 나타낸다. 문제가 있을 때 하나님을 간절하게 '찾는 그의 이러한 태도는 많은 그리스도인들에게 귀감이 되고 있다. 그만큼 하나님을 향해 있다는 것을 보여주고 있기 때문이다. 하나님께서 그에게 응답하셨음은 물론이다.

하나님은 그에게 한 나무(a tree, log)를 지시하셨다. '지시하셨다'는 말은 매우 의미가 깊다. 히브리어로 '야라'(yara)라 하는데 '교훈하다', '가르치다'는 뜻을 가지고 있다. 율법(토라)도 이 동사에서 나왔다. 하나님의 이 지시는 단순한 지시가 아니라 그 나무를 통해 하나님의 뜻을 배우라는 지시이기 때문이다. 하나님은 언제나 해답을 가지고 계신다. 모세가 그 나무를 물에 던지자 쓴물이 단물로 변했다. 마실 수 없는 물이 마실 수 있는 물로 변한 것이다. 그 나무는 하나님이 준비해 두신 나무요 능력의 나무였다. 그리고 하나님에 의해 초자연적인 기적이 일어난 것이다. 열왕기하에 보면 엘리사가 소금으로 여리고의 나쁜 물을 좋게 만들어 좋은 열매를 맺게 한 기록이 있다. 하나님이 우리에게 주시고자 하는 것은 이처럼 마실 수 있는 물, 좋은 열매를 맺게 할 수 있는 물이다.

우리가 가지고 있는 쓴물을 어떻게 단물로 바꿀 수 있는가? 이를 위해서는 예수 그리스도라는 나무가 필요하다. 예수님이 우리를 변화시키고 새 사람이 되게 하시기 때문이다. 예수님이 우리를 달라지게 한다. 미움이 사랑으로 바뀌고, 좌절이 소망으로 바뀌며, 죄악의 억압에서 자유와 해방으로 바뀐다. 하나님은 그리스도를 통해 우리의 생활이 이처럼 변화되기를 기대하신다.

## ▣ 하나님은 법도와 율례준수를 강조하셨다

25절 하반절과 26절을 보면 하나님께서 쓴물사건 이후 그들에게 법도와 율례를 주신 것을 알 수 있다. 이 법도와 율례는 쓴물사건 이전에 주셨지만 이 사건으로 백성을 시험하시고자 다시 강조하신 것으로 간주된다. 성경은 "하나님께서 그들을 위하여 법도와 율례를 정하시고 그들을 시험하실 새"라고 기록하고 있다. 법도와 율례를 주신 것은 그들이 하나님 안에서 바로 살기 위한 것으로 하나님 안에서 바로 살 때 복을 받을 수 있음을 보여준다.

어떻게 하면 바로 살 수 있는가? 그것은 하나님의 법도와 율례대로 사는 것이다. 즉 26절의 말씀과 같이 여호와의 말을 청종하고(listen, hearken), 의를 행하며, 계명에 귀를 기울이며, 규례를 지키는 것이다. 하나님께서는 이것의 준수 여부를 따지신다. 성경은 이를 가리켜 시험하신다고 적고 있다. 이 시험은 우리의 믿음 연단을 위한 것이자 우리를 축복하기 위한 것이다. 이 명령을 지킬 경우 하나님은 "내가 애굽인에게 내린 모든 질병의 하나도 너희에게 내리지 아니하리니 나는 너희를 치료하는 여호와임이니라."고 말씀하신다. 축복은 우리가 하나님을 얼마나 의뢰하고 그 말씀대로 사느냐에 따라 달라진다.

상당수 그리스도인들은 율법을 지키는 것은 형식적인 것이라고 말한다. 바울이 은혜의 중요성을 설명하다 보니 그렇게 된 것이지 그렇다고 주님이 율법을 격하시킨 적은 없다. 오히려 주님은 율법을 지킴에 있어서 우리의 의가 바리새인보다 낫지 못하면 천국에 들어올 수 없다고 하셨다. 이 말씀 속에서 주님은 율법을 온전케 하고자 하심을 읽을 수 있다. 그러므로 그리스도인이 되었다고 해서 율법이 필요 없는 것이 아님을 알 수 있다. 계명 하나 하나가 다 중요하다. 계명은 하나님의 뜻이 담겨 있기 때문에 그것을 준수하는 것은 실제적으로 중요하지 않을 수 없다. 성경은 주님의 법도와 율례를 준수하는 자가 참신자라 하였고(요14:15;15:10), 이러한 사람을 주님은 고쳐주신다(약5:14-16) 하였다.

계명은 그리스도인의 삶을 완전케 한다. 하나님과 이웃의 관계를 바로 가지도록 만든다. 하나님께서 마라사건 이후 법도와 율례를 강조하신 것은 더 이상 방황하지 말고 하나님과의 관계를 바로 가지고 살라는 의미를 가지고 있다. 하나님과의 관계가 바로 설 때 하나님 나라의 백성이 될 수 있고, 그렇지 않고서는 하나님의 동산, 곧 엘림 동산으로 들어갈 수 없기 때문이다.

## ▣ 엘림 동산에 영광스럽게 들어서라

27절에 보면 이스라엘 사람들은 엘림에 들어갈 수 있었다. 엘림은 마라에서 남쪽으로 약 11km 떨어져 있는 곳으로 우물이 많은 골짜기이다. 샘물이 넘쳐흐르는 곳이다. 성경은 12개의 샘물과 종려나무 70그루가 있었다고 기록하고 있다. 일반적으로 샘은 성령과 보혈의 샘을 상징하고, 종려나무는 승리와 개선을 상징한다. 특히 이 종려나무는 마른 땅에서는 자라지 못하고 물이 풍성해야 잘 자랄 수 있다. 에덴에는 물이 풍성하여 나무도 무성했다고 말한다. 엘림은 바로 나무들이란 뜻을 가지고 있다. 목자이신 주님은 우리를 시냇물로 인도하신다. 이것은 우리에게 물, 곧 성령의 샘이 얼마나 필요한가를 보여준다. 그 물을 충분히 공급받아야 살 수 있기 때문이다.

이 엘림은 한마디로 우리가 사모하고 바라는 곳의 모형이다. 이 동산에 아무나 들어갈 수 있는 것은 아니다. 우리의 쓴 부분, 죄악으로 물든 부분을 깨끗이 제거한 다음 들어갈 수 있다. 또한 주님은 우리가 하나님께 온전히 향하도록 한 다음에야 인도하신다.

그들은 그 물가에 장막을 쳤다. 우리가 장막을 쳐야 할 곳은 어디인가? 그곳은 예수 그리스도께서 계시는 곳, 예수 그리스도께서 통치하시는 곳이다. 그곳이야말로 영원히 마르지 않는 샘물이 있는 곳이며 우리가 종국적으로 승리의 개선가를 부르며 큰 기쁨과 환희를 가질 수 있는 곳이기 때문이다.

우리도 교회라는 공동체를 이루며 광야를 걸어가고 있다. 갈증 때문에 우리의 마음은 쓴물이 되어가고 있다. 미움, 질시, 시기, 좌절, 체념이 이 물을 더 쓰게 만든다. 이 쓴물을 단물로 바꾸어야 한다. 사랑과 용서, 격려와 위로, 소망과 기쁨으로 바꾸어야 한다. 이를 위해서는 예수 그리스도라는 나무, 곧 십자가의 보혈이 필요하다. 주님의 그 너른 사랑이 우리 안에 떨어지는 순간 우리의 생명은 새로워진다. 거듭나게 되고 그리스도 안에서 새로운 소망을 갖게 된다. 생활이 달라진다. 고집쟁이인 나로부터 벗어나 그리스도의 법, 하나님의 법에 충실하게 살려고 한다. 어지러운 이 세상에서 그리스도의 사람으로 나타나게 된다. 우리는 마라가 아니라 엘림에 장막을 쳐야 한다. 우리가 영원히 안식할 곳은 주님이 우리의 보장이 되시는 곳이다. 그곳에서 영원히 마르지 않는 샘물을 맛보게 되고 승리의 삶을 살 수 있다. 모세는 우리의 신앙이 마라를 벗어나 엘림에 이르도록 강한 메시지를 보내고 있다. 우리가 영광스럽게 입성해야 할 곳은 바로 엘림 동산이다.

# 5. 십계명

출애굽기 20장에는 10계명 10개가 자세히 소개되어 있다. 반면 예언서인 예레미야 7장 6-9절에는 5개가 소개되어 있다. 비평가들은 원래 5계명이 주어졌는데 포로생활을 거치며 후대에 10개로 발전했다고 주장한다. 그러나 십계명은 모세 때부터 있었다.

십계명은 율법의 가장 중심부를 차지하고 있으며 성도들의 신앙생활에 있어서 규범적 역할을 하고 있다. 하나님께서 직접 주신 십계명은 두 개의 돌판에 기록되어 있었다(출 31:18). 첫 번째 돌판에는 하나님에 대한 인간의 의무가 기록된 것으로 간주되고 있으며 두 번째 돌판에는 사람들 사이의 의무가 기록된 것으로 간주되고 있다. 십계명을 살펴보고 몇 가지 교훈을 찾고자 한다.

## ▣ 십계명의 유래

십계명(ten commandments)이라는 단어는 클레멘트(Clement)가 맨 처음 사용했으며 히브리어 원문에는 이 단어가 나타나지 않는다. 한글성경은 출애굽기 34장 28절에 십계, 신명기 10장 4절에 십계명으로 번역하기는 했지만 원래는 열 가지 말씀(ten words)이라는 뜻을 닮고 있다. 열 가지 말씀은 헬라어 음역을 따라 데카로고스(decalogue)라 하는 것이 보다 원전에 충실하다. 성경은 십계명을 지칭할 때 종종 '증거'(testimony)라는 말을 사용했다(출 25:16, 21). 따라서 돌판을 증거의 돌판이라 하며, 이 돌판을 담고 있는 법궤를 가리켜 증거 궤라 하고(출25:22), 이 법궤를 성막 안에 두었으므로 성막을 증거 막(민

1:50)이라 한다. 십계명을 증거라 함은 십계명은 이스라엘에 대해 하나님의 뜻을 나타낸 하나님의 증거가 되기 때문이다.

십계명은 시내산에서 모든 이스라엘 백성이 듣는 가운데 하나님께서 친히 말씀하시고 두 돌판에 쓰신 다음 모세에게 주신 것이다(출 31:18;32:15). 성경은 두 돌판에 어떤 말씀이 어떻게 나뉘어 조각되었는지 언급하지 않고 있다. 요세푸스는 맨 처음으로 구분을 시도했으며 4세기까지 교부들은 부모공경을 종교적 의무로 간주하여 5-5 구분법을 사용했다. 어거스틴은 3(삼위일체)과 7(안식)을 완전 성수로 간주하고 하나님에 관한 것과 사회공동체의 책임을 구분하여 3-7 구분법을 내세웠다. 오리겐과 칼빈은 예수님께서 대신법(신6:4-5)과 대인법(레19:18)으로 구분함을 내세워 4-6 구분법을 주장했다. 장로교, 감리교, 성결교 모두 4-6 구분법을 따르고 있다. 십계명은 루터의 교리문답, 하이델베르크요리문답, 웨스트민스터요리문답 등에서 해설되고 기독교적 기본의미로서 수용되고 있다.

웨스트민스터 대요리문답 제 95-97문은 십계명의 목적을 다음과 같이 적고 있다. "만인을 위한 목적으로는 하나님의 거룩한 성품과 뜻과 이를 따라 행할 의무를 알게 하고 이를 지키는 데 무능함과 본성과 마음과 생활이 죄로 더러움을 확신시켜 죄와 비참을 느껴 겸손하게 함으로 그리스도를 영접해야 할 필요성과 완전 순종을 명백히 깨닫게 하기 위함이다. 불신자를 위한 목적으로는 이들의 양심을 깨우쳐 올 진노를 피하여 그리스도께로 인도하거나 죄악 상태를 계속할 때는 최후심판 때 핑계하지 못하게 하고 저주 아래 두기 위함이다. 중생자를 위한 목적으로는 만인을 위한 목적 외에 특별히 그리스도께서 이들을 위해 율법성취와 이들의 축복을 위해서 대신 저주를 참으신 것을 깨달아 매이게 하며 더욱 감사 감격하여 순종생활의 규범으로 삼아 더욱 조심하여 따르게 하기 위함이다."

## ▣ 십계명에 대한 이견들

십계명은 성경에 분명하게 언급되어 있다. 그러나 십계명이 기록된 곳은 여러 군데가 아니어서 사람에 따라 십계명에 대한 의견이 각각 다르다. 다름의 내용을 살펴보면 다음과 같다.

첫째는 계명의 수에 관한 것이다. 출애굽기 20장에는 열 계명 모두 소개되고 있으나 예언서인 예레미야 7장 6-9절에는 다섯 계명이 소개 되어 있다. 따라서 어떤 비판가들은 십계명은 원래 5계명으로 되어 있 었는데 포로생활을 거치면서 후대에 십계명으로 발전한 것으로 주장 한다. 그러나 십계명은 모세 때부터 있었기 때문에 비판가들의 이러한 생각은 잘못된 것으로 판단되고 있다.

둘째는 계명구분에 대한 의견의 차이이다. 개혁교회들은 출애굽기 20장 4-6절을 제2계명으로, 17절을 제10계명으로 간주한다. 그러나 유 대인들은 출애굽기 20장의 2절을 제1계명으로, 3-6절을 제2계명으로 간주한다. 또한 루터교인들은 3-6절을 제1계명으로, 17절의 상반부를 제9계명으로, 그 하반부를 제10계명으로 간주하고 있다.

셋째는 문체상의 차이에 따라 모세 기원을 부정하는 주장이다. 십계 명의 본문은 출애굽기 20장 1-17절과 신명기 5장 6-21절에 자세히 기 록되어 있고 두 본문 모두 모세가 받아 기록한 것이다(신5:4,22). 비 평가들은 두 본문 사이에 문체상 차이가 있어 모세가 기록한 것이 아 니라고 주장하는가 하면 출애굽기의 십계명을 선지시대나 포로시대의 것으로 간주함으로써 신명기의 십계명을 출애굽기의 것보다 앞선 것 으로 보기도 한다. 그러나 모세가 신명기에서 그의 고별사를 말할 때 하나님께서 전에 말씀하셨던 내용을 약간 변화시키시거나 수사적으로 가미할 자유를 가지고 계신다는 신명기 자체의 전제(신 5:1)를 통하여 반박할 수 있을 뿐 아니라 1902년 애굽 파윰(Fayyum)에서 발견된 주전 2세기의 네쉬 파피루스(Nash Papyrus) 4장에 기록된 십계명과 신명기 6장 5절의 계명에서 그 조화를 볼 수 있다.

끝으로 비평가들은 출애굽기 20장의 십계명에는 유일신 사상이 나타나 있기 때문에 그것은 주전 8세기 이후의 것이라고 말한다. 왜냐하면 구약성경을 보면 이스라엘 백성이 종종 십계명이 요구한 것보다 더 저속한 생활을 했기 때문이다. 그들은 이러한 법전이 사사시대나 훨씬 더 후대에까지도 존재하지 않았을 것으로 보고 있다. 이러한 주장은 성경에 십계명이 시내산에서 주어졌다는 것과 우상숭배와 같은 죄들이 정죄되었음을 부정하는 것이다.

### ▣ 십계명의 내용

십계명의 각 내용은 다음과 같다.

제1계명은 "너는 나 외에(내 앞에) 다른 신을 두지 말라"는 것이다. 1계명은 다른 신들의 존재를 인정하는 것 같아 유일신 사상이 아닌 일신교 사상을 나타내는 것으로 오해되기도 하지만 제2계명에서 우상숭배를 엄격히 금지하고 있고 제4계명에서 천지만물을 다 지으셨음을 밝힌 것을 미루어 일신교 사상이 아닌 유일신 사상만이 주장될 수 있다. 제1계명은 하나님과 피조물과의 관계에서 피조물에 대한 창조주 하나님의 주권을 확실히 하고 창조주 하나님의 주권을 인정하도록 하고 있다. 우상은 일종의 투영(projection, 가짜)으로, 우상을 하나님인

양하여 거기서 자기이익을 도모하는 것은 죄로 간주한다.

제1계명은 큰 의미를 가지고 있기 때문에 유대인들은 이 계명을 미간, 문설주, 옷깃에 붙여 '쉐마'(들으라는 의미)의 교훈으로 삼았다. 제1계명을 '쉐마의 교훈'이라 한다.

제2계명은 "너를 위하여 우상을 만들지 말라"는 우상금지에 관한 계명이다. 이 계명은 하나님을 형상으로 나타내면 잘못임을 강조한 것이다. 가톨릭교회에서는 제2계명을 삭제하고 다른 계명을 늘렸다.

### 가톨릭의 십계명

1. 하나이신 천주를 흠숭하라.
2. 천주의 이름을 헛되이 부르지 말라.
3. 주일을 거룩히 지내라.
4. 부모에게 효도하라.
5. 사람을 죽이지 말라.
6. 간음하지 말라.
7. 도둑질을 하지 말라.
8. 거짓증언을 하지 말라.
9. 남의 아내를 탐내지 말라.
10. 남의 재물을 탐내지 말라.

제2계명은 예배의 대상이 되는 우상을 만들지 말 것과 아무 형상이든지 만들지 말 것을 명령하고 있다. 다른 말로 말하면 초사언적이거나 신적인 존재로 경배의 대상이 될 수 있는 사람이나 사물의 형상을 만들지 말라는 것이다. 그러면 보기를 들어 지성소 내의 두 그룹의 형상, 성소 벽에 새긴 종려나무와 핀 꽃 형상과 그룹의 형상들과 같이 장막과 성전을 그림이나 장식품들로 치장하라는 하나님의 명령은 어떻게 이 계명과 조화될 수 있는가라는 의문을 제기할 수 있다. 그러나 이것들은 경배의 대상이 되지 않았으므로 이 계명과 대립되는 것이 아니다.

제3계명은 "너는 하나님 여호와의 이름을 망령되이 일컫지 말라"는 명령이다. 하나님의 이름을 망령되이 하는 것은 스스로 실족케 하는 일이다. 서기관들은 여호와 명칭이 등장할 때마다 몸을 깨끗이 하고 붓을 옮겼으며 여호와의 이름을 감히 부를 수 없어 '아도나이'(주)라 읽었다. 여기서 여호와의 이름은 하나님의 인격, 속성, 권위를 가리키는 것으로 이것이 남용 또는 오용되거나 그분의 영광이 훼손되는 일이 있어서는 안 된다는 것을 의미한다.

제4계명은 "안식일을 기억하여 거룩하게 지키라"는 안식일에 관한 명령이다. 출애굽기 20장 1절의 안식은 엿새 동안 창조에 따른 창조안식이다. 그러나 신명기 5장 12절의 안식은 애굽 땅에서 해방됨으로 인한 해방안식이다. 두 장절은 40년 차이를 두고 쓰인 것으로서 안식 명령의 성격이 이처럼 바뀐 것은 계시의 전진적 발전으로 해석되고 있다. 계시가 그만큼 진전한 것이다. 예수님은 "나는 안식일의 주인"이라 하셨다. 안식일의 주인이라는 것은 하나님의 주권을 나타낸 것이다.

이 안식일은 예수님의 부활 사건 이후 주일(Lord's Day)을 안식일로 삼게 되면서 주일이 기독교의 안식일(Christian Sabbath)로 자리 잡게 되었다. 즉 예수님이 죽으시고 안식일 다음날 부활하심으로 7일째 옛 안식일은 지나가고 8일(7+1)째 주의 날(Lord's day, 주일)이 새로운 안식일이 되었다. 새 안식일은 안식 후 첫날 부활하신 것을 기념한 것이다. 안식일의 주인이신 예수님의 부활을 기념하여 이 날을 안식일로 삼은 것은 안식일의 완성자이신 예수님께서 우리의 모든 죄를 대속하시고 죽음으로부터도 승리하신 위대한 날의 기념이라는 점에서 이 안식일은 죄로부터의 해방을 기념하는 인류의 날이기도 하다. 따라서 칠일 째 되는 주간의 마지막 날 안식일은 옛 안식일로, 그리고 새 안식일은 그 주간의 첫째 날로서 새롭게 태어나는 기쁨의 날, 부활의 영광의 날로 인식되고 있다.

그러나 안식교는 이 새 안식일에 대해 반대의견을 가지고 있다. 반대이유는 주후 132-135년 로마의 하드리아누스 황제가 유대반란을 진압하고 그 보복조치로 유대인들로 하여금 토라사용 금지, 할례금지, 안식일 예배금지 등 삼대 금지조처를 내렸으며 유대인들은 핍박을 피하기 위해 일요일에 예배를 드리게 되었다는 것이다. 이제 이러한 금지조치가 하등 장애가 없는 지금에 이르기까지 일요예배를 드리는 것은 계속 계명을 어기는 것이므로 제 칠일을 안식일로 지켜야 한다고 주장한다.

안식교는 또한 보기를 들어 광복절이 8월 15일인데 그날이 원래 일요일이었다 해서 계속 일요일을 광복절로 지킨다는 것은 잘못된 것처럼 안식일을 일요일로 삼는 것은 잘못이라고 주장한다. 안식교는 또한 선데이(Sunday)란 원래 미신인 태양신을 섬기는 날로서 이 날을 안식일로 삼는 것은 우상을 섬기는 것과 다름이 없으므로 이 날을 안식일로 삼는 자는 짐승의 표를 받아 하늘나라에 들어가지 못한다고 주장한다. 안식교의 이러한 주장은 예수님의 부활과 그 이후 사도들이 드린 주일예배에 대한 의미를 무시하고 있는 것이다.

제5계명은 "네 부모를 공경하라"는 부모공경에 관한 계명이다. 부모공경은 가족의 위계를 중시해야 건전하다는 것을 가르쳐 준다. 출애굽기 20장은 부모공경의 결과 생명이 길리라 하였다(70인 역에서는 복을 첨가하였다). 신명기 5장은 생명이 길고 복을 누리리라고 말함으로써 장수와 복을 아울러 말하고 있다. 이것은 계시가 점점 분명해짐을 나타낸다. 신명기 16장은 부모를 단순히 육신의 부모만에 한정시키지 않고 제사장, 선지자, 왕, 방백 등 윗사람 및 스승 모두를 포함시키고 있다. 부모공경은 모든 공경의 시작이요 기초이다.

제6계명은 "살인하지 말라"는 계명이다. 살인은 미움에서 출발한다. 그러므로 예수는 마음속으로 미워하면 이미 살인한 것이라 하셨다. 살인이나 사랑은 모두 결정적인(decisive) 성격을 띠고 있다. 그러나 미움이 개입되지 않은 사고 살인이 발생할 수 있다. 이 경우 성경은 도피성에 피하여 고의성 여부에 대한 판단을 받게 되어 있다.

제7계명은 "간음하지 말라"는 계명이다. 간음의 뿌리는 음욕이다. 예수님은 그 마음에 음욕을 품은 자마다 간음한 것으로 보셨다. 옛 규범은 간음죄를 엄히 다스려 당사자를 죽이는 벌에 처했으나 지금은 간음죄를 죄로 보지 않으려는 성향이 늘고 있다. 이것은 우리가 죄에 대하여 얼마나 관대해졌는가를 보여주고 있다. 간음의 한계가 분명치 못해 어디까지를 간음으로 보아야 하는가에 대한 논의가 계속되고 있는데 빌리 그래햄(B. Graham) 목사는 길을 가다가 두 번 쳐다보면 이미 간음한 것으로 간주하였다.

제8계명은 "도적질하지 말라"는 계명이다. 도적질을 한 경우는 도적질한 물품의 몇 배를 더하여 갚도록 하였다. 도적질은 날로 그 수단이 교묘하게 발달하고 있다. 단순히 남의 물품을 훔치는 경우뿐 아니라 부정직으로 인한 각가지 절취행위, 협박, 위협, 도박, 사치, 남용, 과장까지도 포함시켜야 한다는 주장이 늘고 있다.

제9계명은 "네 이웃을 해하려고 거짓증거하지 말라"는 거짓증거에 관한 계명이다. 사람들은 날로 이기적으로 변하여 자기의 유익을 위해서는 이웃에게 해가 되리라는 것을 뻔히 알면서도 악의에 찬 거짓말을 한다. 남을 모함하고 나쁜 말을 퍼뜨리며 함정을 판다. 이웃을 해하고자 하는 마음을 가지는 것부터 잘못이다. 거짓증거는 스스로 양심을 속이는(cheating) 일이다. 하나님은 이러한 자들을 결코 간과하지 않으신다.

제10계명은 "네 이웃의 것을 탐내지 말라"는 계명이다. 모든 탐심(desire)을 버리라는 것이 중심주제이다. 자기의 것보다 남의 떡이 커보이고 자기의 사과보다 남의 사과가 맛있어 보이는 것이 인간의 심리이다. 탐심은 이웃의 것을 인정하고 존중하기보다 자기의 욕심을 내세우는 동물적 욕심에 근거를 두고 있다. 하나님의 나라는 이러한 동물적 삶을 허용하지 않는다. 바울은 탐심을 우상과 같은 것으로 보았다. 이 계명을 제1계명의 확대로 간주할 수 있을 것이다.

지금까지 10가지 계명을 살펴보았다. 이 계명들은 서로 분리되어 있는 것이 아니라 서로 관련을 맺고 있다. 모든 계명이 원 속에 담겨 있다는 말은 이러한 뜻을 담고 있다. 제1계명을 지키는 자는 제5계명을 지켜야 한다. 눈에 보이는 부모를 공경하지 못하면서 보이지 않는 하나님을 공경한다는 것은 있을 수 없기 때문이다.

십계명의 내용을 분석해 보면 세 가지 관계성에서 인간이 지켜야할 것들이 있음을 알 수 있다.

1) 하나님과의 관계(출 20:2-7): 나는 너의 하나님 여호와로라 라는 계시와 신앙의 근거 위에 하나님과 올바른 관계를 확실히 수행하도록 하였다. 여호와 외에 다른 신이 없다, 경배를 위해 어떤 우상도 만들지 말라, 하나님의 이름을 망령되이 말라는 세 가지 계명은 이것의 관계를 분명히 하고 있다.

2) 예배와의 관계(출 20:8-11): 안식일을 기억하여 거룩히 지키라는 명령은 주권을 가진 하나님께서 천지창조와 출애굽을 통해 안식과 예배라는 두 가지 기능 면에서 인간을 향해 권리를 가지신 분임을 선포하고 있다.

3) **사회와의 관계**(출 20:12-17): 네 부모를 공경하라는 계명에서 이웃의 것을 탐내지 말라는 계명에 이르기까지 모든 계명은 사회구조의 기본단위인 가족관계에서부터 이웃에 이르기까지 상호 간의 존경, 생명의 경외, 재산의 존중, 진실, 내적 성결을 이루도록 요구하고 있다.

이러한 관계들의 충실한 완성은 하나님 사랑과 이웃사랑으로 집약되고 있다.

## ▣ 십계명의 원리

십계명은 다음과 같은 여섯 가지 원리들을 담고 있다.

1) **동기적 원리**: 살인하지 말라는 계명은 분노, 모욕, 증오 등의 동기도 포함되어 있다(골3:5; 딤전6:10).

2) **대구(對句)원리**: 말라는 금지는 하라는 권고를 포함한 제유법(提喩法 synecdoche)형태로 주어졌다.

3) **포괄대표원리**: 직접이든 간접이든, 내적이든 외적이든, 구체적이든 추상적이든 비슷한 범주에 속한 모든 것은 다 포함된다. 보기로서 살인하지 말라는 계명에는 분노, 모욕, 증오 등도 포함된다. 따라서 다윗이 우리아를 최전선에 서게 한 것이나(삼하12:9), 모의한 죄나(삼하16:21), 동조하는 행위나(행8:1) 모두 한가지다.

4) **일체원리**: 계명 모두는 서로 연관되어 있다. 온 율법을 지키다가 어느 하나에 거치면 모두 범한 자가 된다(약2:10-11).

5) **선후 우열원리**: 제1계명은 나머지 모든 계명의 열쇠이며 대신법이 대인법의 원인이 된다.

6) **오직 성경으로**(sola scriptura)**의 원리**: 성경은 성경으로 해석해야 한다. 보기를 들어 부모공경의 경우 신명기 21장 18-21절, 마태복음 15장 4-8절, 에베소서 6장 1-3절 등을 연관시켜 해석해야 한다.

지금까지 십계명의 여러 가지를 생각해 보았다. 십계명의 중요성과 그 영구적인 권위는 "네 마음을 다하고 목숨을 다하고 뜻을 다하여 주 너의 하나님을 사랑하라 네 이웃을 네 몸과 같이 사랑하라 이 두 율법이 온 율법과 선지자의 강령이니라."(마22:37-40)라는 예수님의 말씀에서 잘 지적되고 있다. 십계명은 버려야 할 옛 법이 아니라 지금 노 그리고 앞으로도 모든 법의 근간이 된다.

# 제 3 장

# 레위기

## 1. 레위기의 주요내용

오경의 세 번째 책인 레위기의 히브리 명칭은 '와이크라'(wayyiqra)로서 '그리고 그가 부르셨다'는 뜻을 가지고 있다. 탈무드의 일부인 미쉬나에서는 '제사장들의 율법'(torath kohanim), '제사장의 책' 등으로 불렀다. 70인 역에서는 이 책의 주요 사역자들인 레위 지파인을 따라 '레위티콘'이라 했고, 필로 등도 '레위인의 책'이라 했다. 라틴어 성경은 'Leviticus'라 불렀다.

레위기는 70인 역과 미쉬나에서 알 수 있는 것처럼 레위인들, 곧 제사장의 사역을 위해 기록된 것이다. 레위기는 조직된 하나님의 백성을 종교적으로 그리고 사회적으로 통치하는 데 필요한 율법들을 포함하고 있다. 레위기는 율법시대에 있어서 사람이 하나님 앞에 어떻게 나아가느냐 하는 문제를 취급하고 있다. 나아가 하나님께 나아간 자가 거룩한 하나님의 면전에서 어떻게 계속하여 살 수 있느냐 하는 것을 보여준다. 히브리서는 율법시대의 인간이 하나님께 나아갈 수 있는 방편은 레위기에 나타난 예배의식을 통해서이지만 은혜시대의 인간은 레위기 제사의식의 성취로 오신 그리스도의 보혈로 영원히 하나님께 나아갈 수 있음을 가르쳐 주고 있다.

## 레위기의 내용

1. 제물에 대한 법(레1:1-7:38)
 1) 번제물에 대하여(레1:1-17)
 2) 소제물에 관한 법(레2:1-16)
 3) 화목제에 관한 법(레3:1-17)
 4) 죄를 속하는 제물들(레4:1-5:13)
 5) 속건 제물에 대하여(레5:14-6:7)
 6) 계속적으로 드리는 번제와 제사장의 제물(레6:8-23)
 7) 제물처리법, 속건제물, 화목제물, 요제물, 그리고 거제물(레6:24-7:38)

2. 제사장의 성별법(레8:1-10:20)
 1) 아론과 그의 자손들(레8:1-36)
 2) 아론의 대제사장직(레9:1-24)
 3) 나답과 아비후에 대한 심판(레10:1-20)

3. 성결법과 속죄일(레11:1-16:34)
 1) 식물의 정·부정(레11:1-47)
 2) 산모의 정결법(레12:1-8)
 3) 나병에 대한 법규(레13:1-14:57)
 4) 유출병의 정결법(레15:1-33)
 5) 속죄일의 규정(레16:1-34)

4. 하나님과 교제를 지속하는 방편(레17:1-27:31)
 1) 희생제물과 피의 귀중성(레17:1-16)
 2) 부정(不貞)과 부정(不淨), 그리고 우상숭배에 대한 법규(레18:1-20:27)
 3) 제사장의 거룩함과 의무(레21:1-22:33)
 4) 거룩한 절기들: 안식일 유월절 무교병 오순절 나팔 속죄 성막(레23: 1-44)
 5) 신성모독에 대한 벌(레24:1-23)
 6) 안식년과 희년(레25:1-55)
 7) 순종의 축복과 불순종의 저주(레26:1-46)
 8) 서원과 십일조에 대한 금액(레27:1-34)

레위기는 제사와 절기를 어떻게 지킬 것인가에 대해 자세히 기록되어 있다. 모세는 하나님으로부터 제사과 절기에 관한 규례를 받았고 이것은 이스라엘의 중요한 종교제도로 자리 잡았다. 제사는 성소에서 집행되며 그 방법은 율법에 규정되어 있다. 제사 가운데 번제 · 소제 · 속죄제 · 속건제 · 화목제는 5대 제사라 하며 그 밖에 위임제가 있다.

번제(燔祭)는 완전한 헌신을 상징한다. 다른 제사의 것은 먹지만 번제의 것은 남김없이 태워 먹지 못한다. 번제에는 상번제, 일반번제, 그리고 특별한 경우가 있다. 상번제는 매일 아침과 저녁에 계속 드린다. 집단적인 번제로 어린양을 드린다. 일반번제는 개인이 기회를 따라 소 · 양 · 염소 · 새 등을 드린다. 특별한 경우로는 제사장 위임식, 산후 결례, 문둥병환자 성결, 서원이 끝날 때 등에 드린다.

소제(素祭)는 자기의 소산물(농작물)을 온전히 하나님 앞에 헌납하는 것(meal offering)으로, 피 없는 유일한 제사이다. 독립해서 드리지 못하고 번제 드릴 때 끼워 드린다. 고운 가루, 구운 것 등으로 양식으로 사용된다.

속죄제(贖罪祭)는 하나님과 사람과의 관계에 관한 것으로, 하나님 앞에 지은 모든 죄를 대속하기 위한 제사이다. 고범 죄, 곧 고의적인 죄나 하나님을 훼방한 죄가 아니어야 한다. 수송아지 · 숫염소 · 암염소 · 어린양 암컷 · 비둘기 새끼를 드린다. 고운 가루를 피에 곁들여 드린다. 누구나 속죄제를 드릴 수 있으며, 제물은 빈부의 차이를 고려해 택한다. 돈 없는 자들도 드릴 수 있도록 배려한 것이다. 수송아지는 제사장의 범죄나 이스라엘 온 회중의 범죄의 경우 드린다. 제사장의 범죄의 비중을 온 이스라엘 온 회중의 범죄와 같이 두었다는 것은 제사장의 범죄는 일반 범죄와 다르다는 것을 보여준다.

속죄제는 매 절기 때마다 집단으로 드리기도 한다. 1년에 한 번 드

릴 때 대속죄제라 한다. 7월 10일 속죄일에 드린다. 두 마리 염소를
택하되 하나는 아사셀 양으로 삼아 광야로 보낸다. 이것은 우리의 죄
를 담당하고 영원히 처치한다는 의미가 있다. 양이나 염소는 방향감각
이 없어 다시 길을 못 찾고 잃게 된다. 다른 하나는 안수하고 번제로
드린다. 이것은 십자가를 지신 어린양 그리스도를 상징한다. 그 피를
백성에게 뿌려 백성의 죄를 속죄한다. 그 피의 절반은 지성소에 가지
고 들어가 속죄 소에 뿌린다.16) 지성소에서는 제사장 옷에 달린 방울
소리가 들려야 한다. 소리가 들리면 제사장이 살아 있음을, 소리가 안
들리면 제사장이 죽었다는 것을 의미한다. 이것은 하나님의 역사하심
이 현존한다는 것을 가르쳐 준다. 지성소에서 죽은 제사장은 아직 없
었다. 아론의 두 아들은 지성소가 아닌 번제 단에서 죽었다.

속건제(贖愆祭)는 인간 대 인간의 죄, 곧 집단이 아닌 개인의 죄를
속하기 위해 드리는 제사다. 성물에 대한 탐심 죄, 남의 물건을 늑탈
한 죄를 속하기 위한 것이다. 남의 물건을 범했을 때 5분의 1을 더해
돌려 준 뒤 속건제를 드린다. 레위기 5장 6절의 경우처럼 속죄제와 속
건제를 구별하기 어려운 경우도 있다. 같이 드려질 경우가 많았기 때
문이다. 70인경에는 속건제가 본문에 빠져 있다.

화목제(和睦祭)는 하나님과 사람과의 화평을 위한 것으로, 인간 대
인간의 화평을 상징하기도 한다. 개인적으로 드리는 경우 감사제, 서
원제, 자원(낙헌)제가 있다. 감사제와 서원제는 자발적으로 드린다. 자
원제, 곧 낙헌제(樂獻祭)는 감사나 서원의 경우가 아닌 때 하나님께
대한 자기의 사랑을 표시하여 제물을 드리는 제사이다. 집단의 경우
오순절과 같은 즐거운 절기나 집단적 경사 때 드린다.

---

16) 속죄소는 법궤를 덮는 뚜껑이나, 이것은 별도의 성구이다. 회막과 제단을
속죄하기 위한 것이다.

위임제(委任祭)는 제사의 종류라기보다 제사장을 세우는 위임식의 제사를 말한다. 제사장 위임식 때 여러 제사를 한데 묶어 드린다. 7일 간 계속되며, 제사장은 7일 동안 회막에서 나오지 못한다.

제사를 드리는 방법으로 화제, 거제, 요제, 전제가 있다. 화제(火祭) 는 모든 것을 불에 태워 드리는 것이고, 거제(擧祭)는 짐승의 다리나 각을 제단에 올렸다(동서남북) 먹는다. 요제(搖祭)는 식물을 드릴 때 흔드는 것을 말한다. 전제(奠祭)는 포도주·기름·피를 부어 드리는 것으로 신약에서는 관제(灌祭)라 했다. 사도 바울은 순교의 죽음을 의 미하는 것으로 이 단어를 사용했다.

현대의 유대인들은 이 같은 제사를 못 드리는 이유를 성전이 없기 때문이라고 한다. 그러나 주님이 성전이요 우리 각자가 움직이는 교회 이다. 그러므로 과거처럼 제사를 드릴 수는 없지만 영적으로, 예배로 경건한 제사는 드릴 수 있다.

절기로는 크게 유월절·오순절·초막절 등 3대 절기가 있고, 그 밖 에 안식일·안식년·희년·나팔절·속죄일 등이 있다.

3대 절기는 추수기의 농사와 깊게 연관되어 있다. 이스라엘에서 추 수기는 3번이다. 첫째, 보리추수이다. 이때는 무교절 및 유월절과 연관 된다. 유월절은 출애굽을 기념하는 것으로 빵을 만들 때 누룩을 제거 해야 한다. 둘째, 늦보리와 밀 추수이다. 이때는 맥추절과 연관된다. 칠 칠절(7x7), 그 다음날이 오순절(50)이다. 시내산에서 말씀(계명) 주신 것을 축하하는 절기다. 셋째, 올리브와 포도추수이다. 이때는 수장절이 다. 장막절, 초막절이라기도 한다. 나아가 이 절기는 모두 그리스도에 관한 케루그마(말씀)의 예표이기도 하다.

유월절(逾越節)은 7일간 누룩 없는 떡(무교병)을 먹는다 하여 무교 절(無酵節)이라 한다. 이 떡은 고난의 떡으로, 애굽에서의 고난, 십자가에서의 그리스도의 대속의 죽음을 상징한다. 그리스도의 순결한 몸을 상징하기도 한다. 보리를 추수할 때 수확의 첫 열매를 드린다는 점에서 초림을 상징한다. 초림은 구속을 예표한다. 애굽으로부터 해방의 새 출발이라는 점에서 첫 달(니산월—3, 4월)에 해당하며 7일간 번제와 속죄제를 드린다.

오순절은 묘맥(밀) 추수와 연관되어 있어 맥추절이라 하기도 하고, 오순절에 성령이 강림했다 하여 성령강림절 등 여러 명칭이 있다. 오순절은 유월절에 거둔 보리의 첫 이삭을 제단에 드린 날부터 50일째 되는 날이다. 7x7=49에 1을 더한 날이다. 단 하루만 지키며 칠칠(七七)절이라 하기도 한다. 부활 후 50일째 되는 날 성령이 강림했다. 성령강림은 구속받은 성도들의 새로운 교회 출발을 상징하는 것이어서 교회창설과 깊은 관계가 있다. 오순절에는 누룩 있는 떡(유교병) 2개를 소제로 드린다. 누룩이 있는 것은 이방구원이라는 큰 추수를 나타내기도 하고, 교회는 죄인이 모이는 곳이라는 의미가 있기도 하다.

초막절(草幕節)은 광야에서 초막(장막)을 짓고 살았던 것을 기념하기 위한 것이다. 7월 15일에 시작하여 7일간 계속된다. 초막절은 또한 1년 동안 수고한 모든 곡식을 다 추수하고 난 후 지키는 절기로 수장절(收藏節)이라 불리기도 한다. 모든 추수의 종결이라는 점에서 종말, 예수 재림, 구원의 완성과 연관된다. 유월절이 과거(십자가)의 고난에 초점을 맞추었다면 초막절은 예수 재림으로 이뤄질 미래의 일에 초점을 맞추었다.

안식일은 창조 후 제7일에 안식한 것을 기념하는 날이고, 인간 탄생 후 첫날이자 안식의 복된 날이다. 창조의 기념일(출20:11), 구원을 기억케 하는 날(신5:15)로 소개되기도 한다.

안식년은 7년마다 땅을 한 해 쉬게 하는 것으로, 그해에 자생하는 소출은 가난한 자와 들짐승의 식물로 삼게 했다. 하나님은 제6년에 3년 먹을 복을 주셨다.

희년은 7번 안식년이 지난 후(7x7) 제50년째 되는 해다. 이해에는 땅을 쉬게 함은 물론 잃은 기업을 회복하게 했고, 종 되었던 자는 자유를 얻었다.

나팔절은 7월 초하루(첫날) 1년에 한 번 지킨다. 7월 새달(월삭), 큰 절기의 달(7월) 첫날이다. 보통 월삭보다 더 많은 번제물과 속죄제물을 드린다. 그 제물 위에 나팔을 분다. 이 나팔은 예수, 피의 복음을 상징한다.

속죄일은 7월 10일이다. 대제사장이 속죄의 피를 들고 지성소에 들어갈 수 있는 유일한 날이다. 백성은 안식하지만 금식 등으로 스스로 몸을 괴롭게 해야 하는 날이다. 속죄일은 그리스도 십자가의 예표이다.

## 2. 번제의 영적인 의미

하나님께서는 여러 종교적 제도를 세우시고 그것을 지키도록 하셨는데 제사나 절기, 안식일 등은 대표적인 보기에 속한다. 제사 가운데도 번제, 소제, 속죄제, 속건제, 화목제는 5대 제사에 속한다. 이 글에서는 번제를 중심으로 생각해 보고 그것의 영적인 의미를 살펴보고자 한다.

### ▣ 번제란 무엇인가?

번제(burnt offering)는 이스라엘 백성들이 상번제 때나 특별한 절기 때 가장 많이 사용하던 제사 양식으로 완전한 헌신을 상징하고 있다. 번제에는 이스라엘 전체를 위해 드리는 집단적인 번제가 있고 개인적으로 기회를 따라 드리는 번제가 있다.

집단적인 것은 매일 아침과 저녁에 어린양 한 마리씩 드리되 이것은 그치지 않아야 한다. 그래서 이것을 상번제(常燔祭) 또는 늘 드리는 번제라 한다(출29:38-46;민28:3-29). 단, 안식일에는 매일 보통 드리는 상번제의 어린양 두 마리 외에 두 마리를 더 드려야 하고(민28:9) 또 절기에는 더 많은 수의 제물을 번제로 드려야 한다(민28:11-39).

개인적으로 드리는 번제는 일반 번제라 한다. 일반 번제의 번제물로 흠 없는 수송아지, 어린 숫양, 어린 숫염소 또는 산비둘기나 집비둘기를 제물로 택하여 하나님께 드린다(레1:1-17). 소의 번제, 양(염소)의 번제, 새의 번제는 이것을 뜻한다. 이처럼 번제물에 차이가 있는 것은 하나님께서 백성들의 빈부차이를 고려한 때문이었다. 가난한 사람들은 비둘기 새끼를 제물로 드렸다. 그 어느 것이나 자기의 힘이 미치는 대로 드리지만 그 결과는 다 같이 하나님 앞에 향기로운 제사가 되었다(레1:9, 13, 17).

이 밖에도 특별한 경우에 번제를 드리도록 했다. 제사장들의 위임식 제사 때나(레8:18) 제사장의 헌신을 위한 제사 때(레9:12), 여인이 산후 결례를 위한 때(레12:6-8), 문둥병자를 정결케 하는 경우(레14:19), 유출병이 깨끗해진 후(레15:14-15, 30), 그리고 나실인의 서원이 끝날 때(민6:11, 14) 속죄제와 더불어 번제를 드려야 했다.

성도는 언제나 하나님을 향해 자신을 번제로 드리는 마음으로 영적 생활을 하는 태도가 필요하다. 번제의 영적인 의미를 살펴보면 다음과 같다.

## ▣ 번제의 영적 의미

### 1) 하나님께 자원해 드리는 제사

히브리 사람들은 번제의 번을 가리켜 '올라'라 부른다. 그 뜻은 우리의 발음과 매우 유사하게 '올라가는'이라는 뜻을 가지고 있다. 번제를 드릴 때 희생제물의 모든 것이 연기를 타고 하나님께 올라간다는 데서 연유한 것이다(삿13:20). 번제의 제는 제사(offer)로서 히브리어로 '히크리브'라고 하는데 이것은 하나님께 '가까이 가져온다.'는 뜻을 가지고 있다. 한글 개역성경은 이것을 하나님께 '드리다'라고 표현하고 있다. 번제를 드리기 위해서는 먼저 자기가 드릴 희생동물을 자원해서 성막 문 앞으로 가까이 가져와야 한다. 봉헌자가 제물을 성막 문 안으로 가까이 가져와 드리는 것은 바로 하나님을 기쁘시게 하고 하나님 앞에 자신을 온전히 드리겠다는 뜻이 담겨 있다(창22:3, 6-14;출18:12;욥1:5, 42:8).

지금은 제사형식의 변경으로 동물을 가져오지는 않지만 우리는 그 대신 연보를 하든가 주님을 위해 자신을 드린다. 연보를 가리켜 'offering'이라 함은 이 안에 자신을 하나님께 드리는 제사 성격이 있음을 나타내고 있다. 그렇다고 연보만이 우리의 모든 것을 대신하는 것은 아니다. 더 중요한 것은 우리 자신이 얼마나 자원해서 하나님께 더 가까이 나아가고 있으며 자기의 몸과 마음, 곧 자기의 모든 것을 기꺼이 하나님께 드리고자 하는가 하는 헌신의 자세이다. 주님의 일은 자원하는 사람만이 감당할 수 있다. 누가 시켜서가 아니라 구원받은 은혜가 너무나 고맙고 감사한 마음을 스스로 누를 길 없어 드리는 제사여야 한다.

하나님에 대한 우리의 사랑은 우리 마음 가운데서 스스로 우러나온 것이어야 한다. 우리는 때로 하나님보다 사람을 의식해서 연보도 하고 봉사도 하는 잘못을 범하고 있다. 체면 때문에 하는 것, 사람의 인기를 얻기 위해서 하는 것, 누구의 눈치를 보아 할 수 없이 하는 것 그런 것들은 하나님께 드리는 것이 아니라 사람에게 드리는 것이다. 하나님은 하나님과 전혀 상관이 없는 가식적이고 형식적인 제사를 원치 않으신다. 제사는 하나님께 자원해 드리는 것이지 인간을 보고 드리는 것이 결코 아니다.

### 2) 흠 없는 것을 드리는 제사

봉헌자가 희생제물을 바칠 때 유념해야 할 것은 그 제물이 흠이 없는 것이어야 한다는 것이다(레22:20; 말1:8; 히9:14; 벧전1:19). 하나님은 제물을 드리고자 할 때 그 제물에 흠이 있는 것을 드리는 것을 금하셨다. 좋은 것을 따로 놔두고 다리가 부러진 것, 상처가 나 볼썽사나운 것, 병든 것, 처진 것 등을 드리는 것은 그만큼 제사를 소홀히 하고 있음을 입증하고 있는 것이다. 제사만 소홀히 할 뿐 아니라 그만큼 하나님을 소홀히 여기고 있다는 것을 나타낸다. 하나님은 온전한 제사를 원하신다.

우리는 신앙생활을 하면서 흠 없는 제물을 온전히 드리고 있는가를 반성해야 한다. 부모들이 만약 자식 가운데 어느 하나를 하나님께 드리고자 했을 때 공부도 잘하고 가장 귀하다고 생각되는 자식을 드리기보다 대학에 갈 능력도 없고 앞날이 불투명하며 집안에서 포기한 사람을 골라 마지막으로 "너 신학교나 가라."고 말한다면 그것은 흠 없는 제사를 드리는 것이 아니다. 한국 교인들은 목회자의 질에 문제가 있다고 말한다. 그러나 실상 그렇게 만든 장본인들은 바로 한국 교회 교인들이다. 그들이 흠 없는 자녀를 신학교에 보내고 그들로 하여금 신학을 바로 공부하여 교회를 바로 섬기도록 기도하고 배려했다면 이러한 탄식 소리는 보다 줄었을 것이다. 한국 교인들은 흠 있는 제물을 드림으로써 결국 흠 있는 교회를 만들고만 셈이다. 자업자득일 수밖에 없다.

신문에 난 토지사기 사건을 보면서 놀란 일은 사기라는 부정직한 방법으로 가로챈 거액의 돈을 연보했다는 기사 내용이다. 기독교인이 이런 일에 연루되었다는 것만으로도 슬픈 일인데 그중에 일부를 하나님께 드렸다는 것은 참으로 하나님을 모독하는 행위라 아니할 수 없다. 연보는 작더라도 열심히 땀 흘려 번 것을 감사한 마음으로 드리는 것이지 부정한 돈을 드려서는 안 된다.

이것은 주님의 일을 함에 있어서도 마찬가지이다. 귀한 시간을 내기보다 미루고 마지못해서 하는 일은 흠 없는 제물이 아니다. 번제는 남고 쳐지는 것을 드리는 것이 아니라 가장 귀한 것을 드리는 것이다. 성의 없이 드리는 것이 아니라 온 마음과 정성을 다해 드려야 한다. 이 땅의 부모님에게 효도를 하는 것은 당연한 일이다. 생명의 근원이신 하나님 아버지께 정성을 다하는 것은 더더욱 당연한 일이다.

## 3) 대속의 제사

번제란 번제물의 머리에 안수함으로써(레1:4) 자기의 죄를 그 짐승에게 전가한 후 그 제물을 자기를 대신한 헌신의 제물로 하나님께 드리는 것이다. 봉헌자의 죄가 희생 제물에 옮겨져서 그 제물이 그를 대신하여 죽게 되는 것이다. 짐승이 자기 대신 피를 흘리며 죽어갈 때 자신의 교만과 죄악이 함께 죽어지고 짐승이 불살라 바쳐질 때 자신이 주님께 바쳐지는 제물이 됨을 결단하는 의식, 이것이 바로 번제가 갖는 의미이다.

번제는 대속의 제사이며 이것은 예수님을 통해 잘 나타나 있다. 예수님은 우리를 대신한 속죄제물이 되셔서 우리의 죄를 대신하여 피를 흘리며 돌아 가셨다. 예수 그리스도의 죽음과 그분의 피가 우리를 죄에서 자유하게 하며 우리를 영생으로 인도한다. 우리는 예수님의 피 공로로 인해 살아가는 주님께 빚진 자들이다.

그럼에도 불구하고 우리는 지금 그 피에 대해 감각을 잃어 가고 있다. 주님은 피로써 우리를 구속하셨는데도 우리는 아무런 의미 없이 형식적인 예배를 드리고 있다. 예배 속에 구속의 감격이 점차 사라지고 예배 자체마저 늘 드리는 예배일 뿐이라는 생각이 지배적이다. 설교자의 설교 속에도 그리스도의 피 대신 감미로운 말들의 성찬으로 바뀌고 있다. 교인들도 그리스도의 피보다는 감미로운 말을 선호하고 있다. 이 감미로운 말들은 우리에게 자만심을 채워준다. 죄를 생각나게 하기보다 멀리하게 하고 자신을 쳐 겸손하게 만들기보다 교만을 키운다. 이것은 우리가 얼마나 본질적 속성으로부터 멀어져 가고 있는가를 보여준다. 바울은 우리를 향해 "우리 몸을 하나님이 기뻐하시는 산제사로 드리라"(롬12:1)라고 말씀하신다. 하나님은 죽은 우리의 형식적인 제사가 아니라 오늘도 자신을 쳐 주께 복종시키는 살아 있는 제사를 원하신다.

## 4) 완전 헌신의 제사

번제는 제물 전체를 완전히 불살라 드린다. 다른 제사의 것은 먹을 수 있지만 번제의 것은 먹을 수가 없다. 남김없이 완전히 태우기 때문이다. 희생제물의 모든 것을 완전히 태우는 것은 봉헌자의 죄를 완전히 소멸할 뿐 아니라(레1:9, 13) 자기를 주님께 완전히 헌신한다는 상징적인 의미를 담고 있다.

봉헌자가 제물을 회막 제사장에게 가져와서 그 머리에 안수한 후 그 제물을 잡는다. 봉헌자는 죽인 제물의 가죽을 벗기고 율법의 규례대로 각을 뜬다. 각을 뜬다는 것은 여러 조각으로 쪼갠다는 것이다(출 29:17; 겔24:4). 각 부분으로 쪼개진 조각들을 번제단 위에 올려놓는다. 큰 동물의 경우는 봉헌자가 그 내장과 다리를 물로 씻는다. 그 사이에 제사장은 봉헌제물의 피를 받아 제단 사면에 바르고 제단 불을 정리한 후 제물의 머리와 기름을 먼저 태우고 나중에 제물 전체를 올려놓고 불살라 번제를 드린다. 제사장은 제물의 가죽을 제외한 모든 것을 다 태워 바친다(레1:9, 13). 가죽만 봉사의 대가로 제사장이 가져간다(레7:8). 이것은 번제가 단순한 제사가 아니라 하나님을 향한 자신의 전적인 포기와 전적인 복종과 전적인 헌신임을 보여주고 있다.

예수님께서는 철저하게 자신의 삶 전체를 하나님께 드리는 삶을 사셨다. 그분이 성육신하여 오신 사건, 이 땅에서의 낮고 천한 삶, 겟세마네 동산에서의 기도, 십자가에서의 죽음, 이 모든 것은 그분이 어떠한 삶을 사셨는가를 일깨워 준다. 그분은 자신의 가장 귀한 생명까지도 우리에게 주셨다. 우리는 그분의 삶을 본받아야 한다. 그럼에도 불구하고 우리는 지금 무엇인가를 남겨 놓고 있지는 않는가? 아직도 스스로의 자존심과 고집 등을 내놓지 못하고 있지는 않는가? 제물은 결코 자기를 내세우지 않는다. 찍히고 조각을 내도 온몸이 불에 타도 아무 말을 하지 않는다. 제물을 드릴 때는 이처럼 전적으로 자기를 부인하고 주님께 온전히 복종하고 헌신하고자 하는 마음으로 드렸건만 한 시간도 가지 못해 자기를 내세운다. 이제 과거의 잘못된 버릇일랑 과감히 고치겠다고 다짐했으면서도 다시금 별수 없는 자신으로 돌아가고 만다. 우리는 눈물을 뿌리며 주 앞에 자신의 각을 떠야 한다. 말로만의 각이 아니라 진정으로 쪼개지고 나누어진 참모습으로 다시 태어나야 한다.

나 자신뿐 아니라 이 세상의 모든 것은 다 주님의 것이요 주님이 주신 것이다. 번제는 이러한 기본적인 태도를 일깨우고 확인하도록 만드는 중요한 방법이다. 번제는 주님의 것인 우리 자신을 사랑의 주님께 모두 드리는 헌신의 표이다. 우리가 스스로 우리의 삶 전체를 주님께 기꺼이 드려 헌신하는 삶을 살 때 하나님은 기뻐하시고 우리에게 약속하신 축복을 모두 내려 주신다. 번제의 결과는 축복인 것이다. 우리가 우리를 주님께 맡기고 사는 만큼 더 행복한 삶은 없다. 하나님의 뜻에 복종하는 것만이 참기쁨을 소유할 수 있는 유일한 길이다. 하나님께서 우리를 향해 번제를 드리라고 말씀하실 때는 이 축복을 주시기 위한 것임을 인식할 필요가 있다. 하나님은 항상 우리에게 좋은 것을 주시고자 하고 우리가 조금만 잘해도 복을 부어 주신다.

그러나 우리가 자신의 복만을 얻기 위해 신앙생활을 한다면 그것은 잘못된 것이다. 기복신앙은 이런 점에서 잘못되었다. 신앙생활을 모범적으로 하니까 하나님께서 복을 주시더라 하는 것이 바른 순서이다. 그런데 우리는 순서를 뒤바꿔 사는 잘못을 범하고 있다. 주님으로부터 복을 받는다는 것은 그만큼 주님으로부터 인정을 받았다는 것을 의미한다. 번제는 이기적인 기복신앙을 가르쳐 주는 것이 아니라 먼저 자신을 하나님께 온전히 헌신하도록 가르쳐 주고 있다. 무엇보다 자신을 주님께 드릴 때 주님으로부터 참다운 복을 받을 수 있다는 것이다. 기독교는 돈 놓고 돈 먹기 식의 투기적인 종교가 아니다. 우리가 이기적인 기복신앙에 매일 때 신앙의 본질은 오히려 퇴색한다. 기복신앙은 기복이 심하다는 말처럼 우리의 신앙에 안정을 주기보다 심한 흔들림을 주어 넘어지게 한다.

무엇보다 자신의 교만함과 죄악 된 생각 모두를 죽이고 각을 떠 온전히 주 앞에 태울 때 주님은 우리를 기뻐 받으신다. 올바른 번제는 우리를 살린다. 주님은 지금도 우리의 산제사를 원하신다. 하나님께 자원하는 마음으로 드리는 제사, 흠 없는 것을 드리는 제사, 주님이 우리의 죄를 대신하여 죽으셨음을 언제나 기억하는 제사, 그리고 자신을 주님께 완전히 드리는 제사, 각을 떠 자기의 교만과 고집을 완전히 태우는 제사, 이것이 바로 산제사이다. 하나님은 그러한 제사를 기뻐하신다.

## 3. 화목제와 그리스도인의 행복

구약에는 번제, 소제, 속죄제, 속건제, 화목제 등 5대 제사가 있다. 번제는 완전한 헌신을 상징하는 제사다. 이스라엘 전체를 위한 집단적인 번제와 개인을 위한 번제가 있다. 소제는 자기의 소산물을 온전히 하나님 앞에 헌납한다는 것을 상징하는 것으로 5대 제사 중 유일하게 피 없는 제사에 속한다. 속죄제는 부지중에 하나님 앞에 지은 모든 죄를 대속하기 위한 제사다. 속건제는 사람과 사람 사이에서 발생한 인간의 죄를 속하기 위한 제사다. 그리고 화목제는 하나님과 인간, 사람과 사람 사이의 모든 관계를 새롭게 회복하기 위한 제사다.

이 제사 가운데 화목제는 모든 관계의 회복을 통해 화평을 가져온다는 점에서 제사의 최고봉을 이루고 있다. 예수님이 우리를 위해 십자가를 지심으로 화목제물이 되사 하나님과 우리의 관계를 회복시키셨다. 주님이 우리를 위해 제물이 되셨던 것처럼 우리 그리스도인들도 하나님과 이웃과의 관계를 회복하기 위해 날마다 화목제물이 되어야 한다. 그리스도인이 화목제물이 되고자 하지 않는 한 행복은 없다. 많은 사람들은 행복을 물질적인 것, 세속적인 것에서 찾는다. 그러나 그리스도인은 행복을 하나님과 이웃의 관계가 바로 서는 것에서 찾는다. 관계가 바로 섬으로부터 행복은 시작되기 때문이다. 화목제를 통해 제사정신을 밝히고, 그리스도인의 행복이 과연 어디에 있는가를 살펴보고자 한다.

## ▣ 화목, 그리스도인이 추구해야 할 행복의 조건

화목제(peace offering)는 히브리어로 '쉘렘'(schelem)으로 친교제 (fellowship offering, communion offering)라 불리기도 한다. 제물을 드리는 목적이 의식적 식사에서 하나님과 제사 드리는 자 사이의 화해와 친교에 있기 때문이다(레7:15-18;19:5-8).

화목제는 일차적으로 하나님과 인간, 그리고 사람과 사람 사이의 화해와 만남을 위해 드려지는 제사다. 신약에서 화해나 화목을 나타내는 헬라어 '카탈라게'(katallage)는 일반적으로 소원한 관계나 적대관계에 있던 두 당사자가 그들 사이에 있어 왔던 그 소원과 적대감의 원인이 제거되고 해소됨으로써 그 이전의 관계를 다시 회복하거나 서로 다시 연합하는 것을 말한다. 이로 미루어 화목제에는 만남, 화해, 해소, 연합, 회복이 있음을 알 수 있다.

하나님은 예수님을 이 땅에 보내고, 또 우리를 위해 십자가를 지게 함으로써 화목제물이 되게 하셨다. 그의 제물 되심은 우리의 죄를 대신하여 치러 주신 것이므로 화해가 거저 이뤄지는 것이 아님을 알 수 있다. 우리는 말할 수 없이 큰 은혜지만 주님은 큰 희생을 치르셨다. 이 모든 것은 죄의 값을 치르기 위한 하나님의 공의와 우리를 향하신 하나님의 사랑에서 비롯된 것이다. 이로 인해 하나님 앞에 나갈 수 없

었던 죄인들이 담대히 하나님 앞에 나갈 수 있게 되었다. 그리스도의
피로 화해가 이루어진 것이다. 지금도 예배와 그리스도적 삶을 통해
친교가 이뤄지고 있다.

하나님과의 친교는 하나님에만 국한되지 않는다. 그것은 그리스도
공동체 안에서 하나님의 사랑을 나누고 공의로운 삶을 삶으로써 보다
발전적으로 나타난다. 교회에서 코이노니아를 강조하는 것은 교회가
바로 화해와 친교의 장소가 되어야 한다는 것을 가르쳐 주고 있다. 이
웃과의 관계에서 화해와 용서가 펼쳐져야 한다. 주님으로부터 받은 은
혜를 우리의 이웃들에게 갚아야 하는 것이다. 그러므로 하나님과의 화
목, 그리고 이웃과의 화목은 행복을 추구하는 그리스도인 모두가 추구
해야 할 필수조건이다.

## ▣ 자발적 제사

성경은 우리가 먼저 하나님을 사랑한 것이 아니요 하나님이 우리를
먼저 사랑하셨다고 기록하고 있다. "사랑은 여기 있으니 우리가 하나
님을 사랑한 것이 아니요 오직 하나님이 우리를 사랑하사 우리 죄를
위하여 화목제물로 그 아들을 보내셨음이라."(요1서4:10). 그러므로
이 문제에 관한 한 우리에게는 자랑할 것이 아무것도 없다.

우리가 주목해야 할 것은 성경 어느 곳에서도 하나님이 화해되었다
고 말하지 않는다는 사실이다. 바울은 항상 하나님이 인간과 세상을
자기에게 화해케 했다고 말한다. "모든 것이 하나님께로 났나니 저가
그리스도로 말미암아 우리를 자기와 화목하게 하시고―이는 하나님께
서 그리스도 안에 계시사 세상을 자기와 화목하게 하시며."(고후
5:18-21). 화해에 있어서 하나님은 항상 화해시키는 주도자로 나타나

고 인간과 세상은 하나님께 화해되는 대상자로 나타난다. 따라서 우리는 하나님과 인간 사이에는 하나님의 주권적 우위와 자발성이 있음을 인정하지 않으면 안 된다.

하나님이 우리를 사랑하여 자발적으로 그 아들을 화목제물로 삼음같이 화목제를 드리는 사람은 항상 자발적 의사가 있어야 한다. 남이 어떻게 해줄 것을 기대하는 것이 아니라 내가 먼저 해야 한다. 억지로 해서도 안 된다. 제사를 드리는 자가 억지로 드린다면 그 제사는 기뻐받을 수 없다.

구약의 경우 화목제는 세 가지 형태로 드려졌다. 즉 감사제와 서원제와 자원(낙헌)제가 그것이다(레7:15, 16). 그 모두 자발적이라는 특성이 있다. 감사제는 제사장 위임식 기간에(레9:4, 18, 22), 오순절과 같은 즐거운 절기에(레23:19), 집단적인 경사가 있을 때, 그리고 하나님께 특별히 감사할 때 자발적으로 드렸다. 서원제는 나실인의 서원의 날이 끝나는 때(민 6:14, 17), 어떤 특별한 의무를 면하는 헌신의 목적과 고통의 때에 약속한 맹세를 자발적으로 이행할 목적에서 드려졌다(레7:16;22:21). 자원제는 하나님에 대해 자기의 사랑을 자발적으로 표시하기 위해 드리는 것이다. 이 모든 화목제는 자발적인 성격을 띤다. 따라서 이웃을 향한 우리의 화목제사도 감사한 마음으로, 기쁨으로, 자발적으로 드려져야 한다.


## ▣ 화목은 자기 낮춤에서 출발한다

화목제물은 소, 양, 염소로 수컷이든 암컷이든 모두 드릴 수 있지만 흠이 없는 것으로 드려야 한다(레3:1, 6). 흠 없는 것을 드린다는 것은 제사의 순수함을 보장하는 것이며 제물뿐 아니라 제사 드리는 자 모두가 순수함을 유지해야 한다. 특히 제사 드리는 자는 순수한 마음 모두를 묶어서 드려야 한다. 화목제사는 순수함이 있어야 하고, 그 제사를 드리는 자는 무엇보다 순수해야 한다.

제물의 피는 제단 사면에 뿌려진다. 그 피가 어느 한쪽에만 뿌려지는 것이 아니라 사면 모두에 뿌려진다는 것에 주목하지 않으면 안 된다. 어느 한 부분, 한쪽만 화해하는 것이 아니라 모든 부분에 걸쳐 화해함으로써 완전한 화해를 이룬다. 또한 그 피는 동물의 피지만 나의 피가 뿌려진다는 심정으로 드려져야 한다. 그래야 진정한 화해가 이뤄진다. 내가 아닌 동물의 피가 뿌려진다고 생각한다면 그 제사는 단지 형식적인 제사로 끝날 수밖에 없다.

내장이나 그와 연관된 부위에 있는 희생제물의 기름 모두는 불로 태운다. 고운 가루도 화목제의 희생과 함께 드린다. 제단 위에서 이것을 불태우는 것은 나를 없애는 것이다. 나의 고집, 나의 교만 모두를 태움으로써 완전히 나를 죽이고 하나님 앞에서 나를 철저히 낮추는 것이다. 화목을 위해서는 무엇보다 하나님 앞에서, 그리고 이웃 앞에서 철저히 낮아지는 삶이 필요하다. 우리는 예수님이 제자들을 향해 제자가 되기 위해서는 왜 자기를 부인하라고 하셨는가에 주목할 필요가 있다.

그리고 동물의 나머지는 제사장과 이웃들이 함께 나눈다. 오른쪽 넓적다리와 가슴은 제사장의 몫으로 그들에게 돌려졌다. 화목은 나눔에 있다. 화목하는 자는 무엇보다 자신의 것을 다른 사람과 함께 나눌 수 있어야 한다. 교만한 자는 나눌 수 없다. 낮아진 자만이 나눌 수 있다.

## ▣ 화목제는 먼저 하나님과의 관계를 회복하는 것

화목제는 무엇보다 하나님과의 사랑의 관계(love fellowship)를 회복하기 위한 것이다. 아담이 타락한 이후 하나님과 인간 사이에는 담이 막히게 되었다. 담이 막히게 되었다는 것은 하나님과 인간 사이에 교통이 끊어지게 되었음을 의미한다. 인간은 하나님을 떠나 계속 범죄했다. 돌아올 줄을 몰랐다. 수렁 속에 빠진 짐승이 움직이려 할수록 더 깊게 빠지는 것처럼 인간은 죄악이라는 수렁 속에서 허둥대고 있을 뿐이었다. 스스로 빠져나올 수 없다는 것을 아신 하나님은 우리를 구원하시기로 작정하셨다.

하나님과 인간 사이에 막힌 담을 허신 분이 바로 예수님이시다. 십자가에서 피를 흘리심으로 우리가 죄악의 수렁에서 해방될 수 있었다. 화목제물을 가리켜 헬라어로 '힐라스타리온'(hilastarion)이라 한다. 이 말은 속죄소라는 뜻을 가지고 있다. 주님이 우리를 위해 화목제물이 되심으로 우리의 죄가 용서받게 되었다. 하나님은 우리의 죄를 용서하셨지만 우리는 죄로부터 해방되었다. 죄에서 해방되었다는 것은 하나님과의 관계가 새롭게 회복되었다는 것을 의미한다. 이로 인해 하나님을 향한 인간의 두려움이 제거되고 하나님께 나올 수 있는 길이 마련되었다.

예수님 자신이 화목제물이 되셨기 때문에 지금 우리는 그를 통해서 하나님에게 나아갈 수 있게 되었다. 거룩한 자가 아니면 우리가 하나님 앞에 나갈 수 없다. 우리는 죄인이지만 예수 그리스도의 피가 우리의 모든 죄를 씻음으로 거룩하게 되었다. 단 한 번의 속죄로 거룩하다고 칭함을 받을 수 없던 우리가 거룩하게 된 것이다. 이것을 가리켜 '칭의'(dikaiosune)라 한다. 칭의가 존재하기 위해서는 하나님과 우리 사이의 화해가 먼저 있어야 한다. 예수님이 피 흘려 우리를 구원하심으로 우리가 하나님과 화목할 수 있게 된 것이다.

힌두교인들은 강물로 몸을 씻거나 사원의 우물에서 한 바가지의 물을 끼얹는다. 이것을 가리켜 '거룩한 목욕'이라 한다. 그들은 사람이 물에서 왔고 물로 돌아가며 물로 죄가 씻어지고 복을 받는다고 생각한다. 사람은 78%가 물로 되어 있다. 물이 부족하면 물을 채우기 위해 물을 마시게 된다. 물을 마심으로 갈증이 해결되고, 물로 씻음으로 몸이 깨끗해질 수는 있지만 그 물이 우리의 죄까지 깨끗하게 하는 것은 아니다. 성경은 십자가의 피가 우리를 정하게 하고 화평을 가져온다고 말한다. "그의 십자가의 피로 화평을 이루사."(골1:20). 주님이 십자가에서 피를 흘리심으로 인해 평화를 가져오게 되었고, 그를 통해 우리가 하나님과 참된 평화를 유지할 수 있게 된 것이다. 그리고 그동안 잃었던 하나님의 형상을 회복할 수 있게 되었다.

### ▣ 이웃과의 관계 회복으로 발전해야

하나님과의 관계를 회복한 인간은 하나님의 형상을 회복한 자이자 참인간성을 회복한 자이다. 따라서 하나님과의 관계뿐 아니라 인간과 인간 사이의 관계도 회복시켜 나가야 한다. 화목제는 한마디로 이웃과의 관계회복이 필요하다는 것을 가르쳐 준다. 인간이 서로 만나 사랑으로 그리스도의 뜻을 성취하는 것이다.

바울은 하나님께서 그리스도인에게 화목케 하는 직책을 주셨고, 아울러 화목하게 하는 말씀을 부탁하셨다고 하였다. 이 말씀은 화목제사를 드려야 할 우리의 지위와 책임이 얼마나 큰가를 보여준다. "저가 그리스도로 말미암아 우리를 자기와 화목케 하시고 또 우리에게 화목하게 하는 직책을 주셨으니."(고후5:18). 그리스도인에게 맡겨진 직책은 우리가 세상에서 하나님의 사랑을 나누며 화목하게 사는 직책이다. 우리는 그리스도의 대사들이다. 이 대사에게는 화목을 가져오게 하는 책임이 주어져 있다. "이는 하나님께서 그리스도 안에 계시사 세상을 자기와 화목하게 하시며 화목하게 하는 말씀을 우리에게 부탁하셨느니라."(고후 5:19). 화해의 대사는 말이 달라야 한다. 대사다운 말씨와 행동을 통해서 화해를 가져오도록 해야 한다.

많은 사람들은 하나님을 기쁘시게 하기 위해 노력하면서도 이웃을 소홀히 하는 것을 볼 수 있다. 그것은 화목제 정신에 어긋난다. 하나님을 사랑하는 자는 마땅히 이웃을 사랑할 줄 알아야 한다. 하나님 사랑과 이웃 사랑이 십자가를 완성한다. 이것이 율법의 대강령이기도 하다. 우리 주변에는 사랑으로 목말라 하는 사람들이 의외로 많다. 우리는 하나님을 진정으로 사랑하는 사람은 우리 이웃에게 그 사랑을 보여주어야 한다는 것을 기억하지 않으면 안 된다. 교회가 성장하기 원한다면 우리 속에 형제를 사랑하는 마음이 많아야 한다. 형제사랑의 정신이 교회성장과 발전의 열쇠가 된다.

주님은 "인자가 온 것은 섬김을 받으려 함이 아니라 도리어 섬기려 하고 자기 목숨을 많은 사람의 대속물로 주려함이라."(마 20:28) 하셨다. 자기 목숨을 대속물로 준다는 것은 사랑의 행위는 실제적이며 고통이 따른다는 것을 보여준다. 그리스도인의 사랑은 말로만이 아니라 행동으로 나타나야 하고 고통이 수반되어야 한다. 하나님의 큰 사랑이 우리의 삶 속에 나타나야 한다.

이웃과의 관계회복과 사랑의 나눔은 무엇보다 하나님과의 관계회복에 바탕을 두어야 한다. 하나님과 관계가 회복되지 않고 이웃과의 관계만 회복되기를 바란다면 그것은 근본부터 잘못된 것이다. 현대신학이나 철학에서 일부는 하나님과 인간과의 관계회복은 무시한 채 단지 인간과 인간, 인간과 사회, 인간과 자연 등 세속적 관계의 회복만을 강조하고 있다. 세속적 관계회복에는 그리스도의 대속적 죽음을 통한 하나님과 죄인의 새로운 관계회복인 성경적 화해개념을 찾아볼 수 없다. 회복된 그리스도인의 인간관계 속에는 무엇보다 그리스도의 피가 살아 있어야 한다. 그 십자가의 사랑을 우리가 서로 나눌 수 있어야 한다.

## ▣ 화목은 기쁨을 가져다준다

화목제는 하나님과 인간 사이에, 인간과 인간 사이에 평화와 기쁨과 축복을 가져오기 위해 드려지는 제사이다.

하나님은 신명기 12장을 통해 장차 가나안에 들어가서 그들이 어떻게 화목제를 기쁨으로 드려야 하는가를 말씀하셨다. 화목제물은 오직 하나님께서 택하실 곳에서 하나님 앞에 드려지고, 자녀와 노비와 성중에 거하는 레위인과 함께 먹으며 즐거워한다. 하나님과 인간 사이에 화평이 있고, 사람과 사람 사이에 화평이 존재하기를 소원하는 참된 화목제에는 언제나 기쁨이 충만하다.

이 제사정신은 오늘의 예배에 반영되어 있다. 신령과 진정으로 드리는 예배를 통해서 우리는 항상 최고의 것을 하나님께 드린다. 메시지가 선포될 때 우리는 하나님의 뜻을 알게 된다. 우리가 서로 사랑을 나눌 때 하나님의 사랑을 또한 나눈다. 예배를 통하여 우리는 하나님으로부터 오는 참된 축복, 기쁨, 그리고 평화를 경험하게 된다. 주님을 향한 우리의 온전한 예배가 마귀의 올무를 부순다. 그렇지 않으면 마귀는 우리를 묶어 하나님으로부터, 이웃으로부터 떼어 놓으려 애쓴다.

예배에는 하나님을 향한 감사, 그리고 이웃과의 나눔이 있어야 한다. 이 모두에는 기쁨이 충만해야 한다. 느헤미야 8장을 보면 포로생활에서 돌아온 백성들이 성을 쌓은 후 예루살렘 수문 앞 광장에 모인 성회에서 학사 에스라의 말씀을 듣고 우는 장면이 나온다. 하나님의 말씀을 접한 기쁨과 말씀에 따른 회개의 눈물이었다. 백성은 울었지만 느헤미야의 마음은 기뻤다. 하나님 앞에 엎드린 백성들의 모습이 너무나 아름다웠기 때문이다. 그는 백성들을 향하여 외친다. "오늘은 주의 성일이니 근심하지 말라 여호와를 기뻐하는 것이 너희의 힘이니라." (느8:10). 그리고 가지고 온 것을 서로 나누어 먹도록 했다. 백성들은 나누어 먹으면서도 크게 기뻐했다. 이것이 기쁨으로 충만한 참예배의 모습이자 화목의 모습이다. 예배 속에는 이렇듯 만남의 기쁨과 나눔의 기쁨이 있어야 한다.

## ▣ 화목제와 그리스도인의 행복

하나님께 드리는 제사가 다 귀한 것이지만 화목제는 그 가운데서도 빼어나게 귀한 제사이다. 예수님이 이 제사의 완성을 위해 이 땅에 오셨고, 십자가에 달리심으로 하나님과 우리를 화해시키셨다. 그 화해로 인해 우리는 하나님은 물론 인간도 행복해질 수 있게 되었다. 그러므로 화목제사는 그리스도인에게 행복을 가져오는 가장 중요한 제사임을 알 수 있다.

많은 사람들이 행복에 대해 얘기한다. 그들은 조사를 통해 기혼자가 미혼자보다 행복하다느니 행복해지기 위해서는 자긍심, 절제심, 낙관적 태도, 외향적 태도를 가져야 한다고 말한다. 심지어 항우울제를 맞으며 약물로 행복해지기를 바라는 사람도 있다. 술과 마약에 의존하여 행복해지기를 바라는 사람도 많다. 그러나 이 모두는 진정한 행복이 아니다.

우리 그리스도인이 영적으로 진정한 행복을 누리려면 하나님과의 관계가 바로 서고, 아울러 이웃과의 관계가 바로 서야 한다. 하나님과의 관계를 바로 하지 않은 채 오로지 선행만으로 자신의 죄책감을 해결하며 그것을 참된 신앙이라고 믿는다면 그것은 착각이다. 그러면서도 자신의 소망이 이루어지면 하나님을 믿어 주고, 그렇지 못하면 하나님을 원망한다. 이것은 하나님중심이 아니라 자기중심으로 생활을 하는 것이다. 이것은 자기의 의존욕구일 뿐 신앙은 아니다. 진정 신앙생활을 하려고 한다면 우리의 생활이 하나님중심으로 바꿔져야 한다. 하나님과의 관계를 화목한 관계로 만들어 놓지 않고 신앙생활을 한다는 것은 모래 위에 집을 짓는 것과 같다. 그 속에는 진정한 행복이 있을 수 없다. 두려움과 불안이 있을 뿐이다.

하나님과 관계를 바로 세운 사람은 이웃과의 관계도 바로 세워야 한다. 그래야 이 땅에서 참된 평화를 누릴 수 있다. 십자가는 하나님과 인간의 관계, 그리고 인간과 인간 사이의 관계가 어떠해야 하는가를 상징적으로 가르쳐 준다. 그 십자가 모형이 '그릭 크로스'든 '라틴 크로스'든 간에 하나님과의 관계를 바로 세우고 이웃과의 관계를 바로 가지는 삶의 태도가 필요하다. 주님이 우리를 위해 친히 화목제물이 되셨듯이 그리스도인인 우리가 이웃을 위해 화목제물이 되어야 한다. 그래야 진정한 행복이 이 땅에 실현될 수 있다.

# 제 4 장

# 민수기

## 1. 민수기의 주요내용

　유대인들은 민수기를 두 가지로 불렀다. 하나는 제일 첫 글자인 '와예다벨'(wayedhabber), 곧 '그리고 그가 말했다'이며 다른 하나는 민수기 초두에 나타난 다섯째 글자, '베미드발'(bemidhbar), 곧 '광야에서'이다. 미쉬나 탈무드에서는 '호메쉬 하피쿠딤', 즉 '계수하는 오경'이라 했다. 70인 역에서는 '아리트모이'(arithmoi), 즉 '계수'라 했고 라틴어 성경에서는 70인 역을 따랐다.

　민수기는 이스라엘 백성이 시내산에서 출발하여 광야의 방랑생활을 보여주며 이스라엘 자손이 약속의 땅 가나안에 가까이 가기까지의 여정을 보여주기 위한 것이다. 민수기는 시내산에서 요단강 접경까지의 여정을 말해주고 있으므로 레위기와 신명기 사이에 있는 것이 순서에 맞다. 민수기는 이스라엘이 38년간의 광야생활에서 여러 모양으로 실패한 것과 하나님의 간섭하신 형편을 보여준다. 이러한 실패와 구원의 기록은 하나님이 그의 전능하심과 구원의 섭리를 통해서 자신의 구원사역을 이루고야 만다는 것을 보여주고 있다. 민수기의 교훈은 하나님과 자기 백성의 관계이다. 하나님은 자기 백성을 친히 간섭하시고 구원하시며 배교에 빠지지 않도록 경계하신다.


## 민수기의 내용

1. 시내산에서 떠날 준비(민1:1-10:10)
 1) 백성을 계수하고 각 지파의 인도자 선택(민1:1-4:49)
 2) 부정방지법, 나실인법 등 각종 법규(민5:1-6:27)
 3) 제단 봉헌 시 드릴 제물(민7:1-89)
 4) 레위인 성별법과 봉사에 관한 규율(민8:1-26)
 5) 제2차 유월절, 이스라엘 진의 인도, 나팔신호 제정(민9:1-10:10)


2. 시내산에서 모압 평지까지(민10:11-21:35)
 1) 여행의 시작과 백성의 불평, 70인 장로제도(민10:11-11:35)
 2) 모세를 대적한 아론과 미리암을 벌하심(민12:1-16)
 3) 12정탐꾼의 보고와 백성의 반응(민13:1-14:45)
 4) 제물과 신앙생활에 대한 법규(민15:1-41)
 5) 고라 일파의 반역과 아론 제사장직(민16:1-17:13)
 6) 제사장과 레위 지파의 의무(민18:1-32)
 7) 정결에 대한 법(민19:1-22)
 8) 미리암과 아론의 죽음(민20:1-29)
 9) 구리 뱀 교훈, 시온과 옥을 이김(민21:1-35)


3. 모압 평지에서 일어난 일들(민22:1-36:13)
 1) 발람의 행위(민22:1-24:25)
 2) 바알 포엘의 범죄(민25:1-18): 이스라엘의 우상숭배와 비느하스의 열심
 3) 가나안 정복을 위한 준비와 토지분배(민26:1-27:23)
 4) 제물에 대한 법규와 여인의 맹세에 관하여(민28:1-30:16)
 5) 미디안에 대한 복수(민31:1-54)
 6) 요단강 동편에 정착하는 지파(민32:1-42)
 7) 이스라엘의 포진과 가나안 토지분할 계획(민33:1-36:13)

## 2. 레위인의 정결의식

민수기는 레위인에 대한 언급을 특별히 하고 있다. 성막을 중심한 하나님의 일이 무엇보다 중요하기 때문이다. 3장에서는 레위인에 대한 인구조사가 있었고, 4장에서는 회막에서 봉사할 레위인들이 누구인지를 밝혀 주었으며, 8장에서는 그 레위인들이 이제 각자 일을 수행하기 전에 어떻게 정결의식을 행하고 제사장들을 도와야 하는가를 기록하고 있다. 이 글에서는 민수기 8장 5-26절을 통해 성막봉사를 시작하기에 앞서 갖는 레위인들의 정결의식을 생각해 보고 믿음 생활에 있어서 매너리즘과 안일주의 그리고 세속주의에 빠진 우리가 어떻게 변화되어야 하는가를 살펴보고자 한다.

### ▣ 레위인을 택하신 하나님

하나님께서는 아론과 그 자손을 제사장 직분을 수행하게 하시고 이스라엘 12지파 가운데 특별히 레위인을 선택하여 그들의 일을 돕도록 하였다. 레위인들 가운데 고핫 자손, 게르손 자손, 므라리 자손에게는 회막 봉사라는 중대한 임무를 맡겼다. 레위인들은 그들의 나이 25에서 시작하여 50에 이를 때까지 외무적으로 회막 봉사를 했다. 젊음을 하나님께 바치도록 한 것이다. 하나님께서 이처럼 레위인들을 구별하신 것은 모든 이스라엘 자손 가운데 초태생, 곧 모든 처음 난 자를 대신하여 택하신 것이다.

하나님께서는 레위인들로 하여금 제사장 아론과 그 자손을 도와 성막의 직무가 빈틈없이 수행되도록 하셨다. 오늘날로 말하면 레위인은 모든 성도들 가운데 특별히 교회에서 봉사하도록 택하여진 직분자들을 가리킨다. 레위인들은 아론과 그 자손들이 성소의 일을 수행할 때 그들이 그 직분을 잘 수행할 수 있도록 도와줄 책임과 의무가 주어져 있다. 아론이나 레위인들이 그 책임을 다하지 못하면 하나님으로부터 진노를 당하게끔 되어 있었다. 교회는 이처럼 서로 역할을 분담하고 협조하면서 하나님의 일을 성실히 수행해 나가야 할 책임이 있다. 하나님은 아론과 그 자손에게 책임을 물을 뿐 아니라 레위인들에게도 책임을 물었다. 그들이 잘못을 했을 때 하나님께서는 심지어 그들의 생명을 취하실 만큼 엄히 그 책임을 물으셨다. 이것은 하나님의 일을 매우 안이하게 하려는 우리들에게 경종이 되지 않을 수 없다. 아울러 레위인에게는 성결과 함께 하나님에 대한 전적인 헌신이 강조되고 있다. 우리는 이것을 그들의 정결의식을 통해 알 수 있다.

## ▣ 레위인의 정결의식

레위인의 정결의식은 제사장의 위임식과 구별된다. 제사장은 위임식을 통해 거룩하게 되지만 레위인은 정결의식을 통해 깨끗하게 된다. 제사장은 기름부음을 받고 물로 씻지만 레위인은 물을 뿌린다. 제사장은 새로운 제사장 의복을 받아서 입지만 레위인은 자기들의 옷을 빨아서 입는다. 그리고 제사장의 위임에는 제물의 피가 사용되지만 레위인의 정결에는 요제가 적용된다. 레위인의 정결의식이 제사장의 위임식과 다른 것은 수에뿐 아니라 그리고 일의 속성에서 그 성격이 다르기 때문이다. 그러나 제사장도 레위족속이자 성막봉사를 하는 레위인들도 같은 레위족속으로서 모두 하나님의 명령을 수행하고 그 일에 대해서 책임을 진다는 점에서 차이는 없다.

레위인에게 실시되는 정결의식 속에는 다음과 같은 것이 포함되어 있다. 이것들은 모두 레위인이 하나님의 일을 함에 있어서 얼마나 깨끗하고 순결하며 헌신적이어야 하는가를 보여준다.

## 1) 속죄의 물

하나님은 레위인들을 정결케 하기 위해 그들에게 속죄의 물을 뿌리도록 했다(7절). 정결케 한다는 것은 문자적으로 죄를 없앤다는 뜻을 담고 있다. 따라서 정결을 위한 속죄의 물은 죄를 깨끗이 씻어 주는 물, 죄를 없애주는 물임을 알 수 있다. 이 물은 나병환자가 회복되었을 때 깨끗하게 하는 물이나 시체를 만져 부정하게 된 자를 정결하게 하는 물과는 속성이 다르다. 이것은 죄를 깨끗하게 하기 위한 거룩한 물이다. 하나님께 속한 사람들은 먼저 죄 씻음을 받아야 한다. 제사장들도 제사를 드리기 위해 성소에 들어가기 전에 성소에 마련된 놋그릇에서 물을 떠 씻었는데 이것은 자신들의 죄를 정결케 한다는 의미를 가지고 있다. 마찬가지로 하나님의 명령을 수행하는 레위인들은 성전에서 일하기 전에 하나님 앞에서 자신을 정결케 할 필요가 있었다.

이것은 죄의 문제를 해결하지 않고 하나님의 일을 할 수 없음을 나타낸다. 교회에서 교사로, 성가대원으로, 집사로, 장로로 직분을 수행할 때 속죄의 물 뿌림, 곧 그리스도를 통한 보혈의 속죄 없이 교회의 일을 한다는 것은 있을 수 없음을 보여주고 있다. 요사이 교회가 세속화되고 그 직분마저 세속적 직위 못지않게 인식되어 교회 직분이 세속적인 권위와 군림의 틀로 변해가고 있고 심지어 교회마저도 돈이면 안 될 것이 없다는 식으로 돈이 모든 것을 지배하는 시대로 변해가고 있다. 그리스도의 보혈보다는 돈이 더 중시될 만큼 타락하고 있는 것이다. 교회는 하나님의 일을 하는 곳이지 세상일을 하는 곳이 아니다.

교회는 죄로 밥 먹듯 하는 세상이 아니라 죄를 거부하고 주님을 통해 그것을 깨끗이 하는 곳이다. 적어도 더러운 마음과 죄를 가지고 일할 수 없는 곳이 바로 하나님의 성전이다.

### 2) 전신삭도

하나님께서는 레위인들을 정결케 하기 위해 온몸을 삭도로 밀게 했다(7절). 구약을 보면 나병환자 등 피부질환을 가진 자가 나았을 때 그 몸이 깨끗해졌다는 의식으로서 전신을 삭도로 밀었다(레14:8). 이러한 의식을 거친 자라야만 진중에 돌아와 식구들과 함께 살 수 있었다. 레위인들에 대한 전신삭도 의식은 그들이 피부질환을 가졌기 때문은 결코 아니다. 하나님의 일을 하는 사람은 온몸을 정결케 해야 하며 정결한 자만이 하나님의 집에서 일을 할 수 있다는 상징적인 의미가 담겨 있다. 즉 앞에서 언급한 속죄의 물 뿌림이 영적인 속죄의식이라면 전신삭도는 육적인 정결의식에 속한다. 이 모두는 우리의 몸과 마음 모두가 주님 앞에 깨끗해야 함을 나타낸다.

불교에서는 세속의 욕심으로 얼룩진 자신을 버리고 오직 성불의 길을 가기 위해 머리를 민다. 머리를 미는 순간 그는 세상과 멀어진다. 레위인의 전신삭도는 단순히 머리만을 미는 것이 아니라 몸의 모든 것을 밀어 자기 속에 자리 잡은 모든 육적인 생각과 욕심을 깨끗이 떨쳐 버리도록 하고 있다. 하나님은 이처럼 완전한 정결을 원하신다. 그런데 우리는 하나님의 일을 하면서도 한쪽 발은 세상에 두고 다른 발은 교회에 두면서 이중적인 생활을 하고 있다. 하나님은 완전한 헌신을 요구하신다. 교회 일을 하면서 그 일을 통해서 세속적 출세를 바란다든지 인기를 끌고 사람들로부터 인정을 받고자 한다면 그것은 온몸을 삭도로 민 것이 아니다. 우리는 이러한 세상욕심들을 완전히 밀

어내야 한다. 우리가 몸의 일부만 삭도로 민 채 하나님께 나아온다면 하나님은 결코 우리를 용납하지 않으신다. 주님이 우리를 향해 차든지 덥든지 하라고 하신 것은 완전히 밀든지 말든지 하라는 뜻이다. 하나님은 이처럼 우리의 몸 모두를 삭도로 밀어 완전히 깨끗한 몸과 마음으로 깨끗한 봉사를 하기를 원하신다.

### 3) 의복세척

하나님은 레위인 모두로 하여금 그들의 의복을 빨도록 했다(7절). 의복을 빠는 것은 신학적으로 볼 때 의식적이든 무의식적이든 자기가 지었을지도 모를 여러 형태의 죄로부터 스스로를 깨끗하게 하여 하나님 앞에 일체 자신의 정결함을 유지하는 것을 의미한다. 레위인들은 성막을 세우고 장비를 철거하고 짊어서 운반하는 등 힘겨운 일을 담당하였다. 그러므로 그들의 의복을 깨끗하게 유지한다는 것은 여간 힘들지 않았다. 그럼에도 불구하고 정결의식에서 그들의 옷을 빠는 것은 자신들에게 주어진 임무가 정결을 요할 만큼 거룩하고 막중한 것임을 인식하고 자신의 의복을 깨끗케 함으로써 하나님의 일을 더욱 거룩하게 수행할 것을 다짐하는 또 다른 뜻을 담고 있다.

우리는 교회에 나올 때 깨끗한 옷을 입고 온다. 깨끗한 옷을 입고 오는 것은 하나님과 교우에 대한 예의이기도 하다. 그만큼 예배에 정성을 기울인다는 뜻이 담겨 있기 때문이다. 그러나 요즈음 교회는 화려한 옷들의 경쟁 마당으로 변해가고 있다. 옷을 통해 자신의 신분을 나타내고 자기의 부함을 과시하려 든다. 이것 때문에 상처를 입는 교인들이 있다면 그것은 잘못된 것이다. 의상 때문에 상처를 입는 사람들이 있다는 것을 인식하지 않으면 안 된다. 교회는 압구정이나 명동이 아니라는 사실을 기억해야 한다. 우리 주변에는 지금도 가난한 사람들이 많고 교인들의 화려함을 지탄하는 목소리가 높다는 것을 알아야 한다.

레위인이 자기 의복을 깨끗이 빨아 입는 것은 결코 의복의 화려함에 있지 않다. 옷을 빨면서 자기의 죄까지 깨끗이 씻어달라고 간구하는 심령이 깊고 그 옷을 깨끗하고 단정하게 그리고 감사하는 마음으로 입는다면 그 옷이 비록 낡고 오래된 것이라 할지라도 그렇지 않은 옷보다 더 깨끗이 빤 옷임에 틀림없다. 하나님은 죄로 물든 자기의 의복을 얼마나 깨끗이 빨았는가에 관심이 있으신 분이시지 겉보기에 얼마나 화려한 옷인가에 관심이 있으신 분이 결코 아니다. 주님은 중심을 보는 분이시지 외관을 보는 분이 결코 아니시기 때문이다. 우리는 옷을 더 깨끗이 빨기 위해 주님께 나아가지 않으면 안 된다. 나아가 교회의 직무를 수행하면서 아무리 그 일이 고되고 힘들다 할지라도 레위인들이 옷을 빨며 자기 직무의 중요함을 인식했던 것처럼 우리도 하나님의 일이 얼마나 중요하고 막중한가를 인식하고 하나님의 일에 최고의 우선권을 두어야 한다.

### 4) 요제헌신

하나님은 레위인을 요제로 드려 하나님 앞에 헌신하도록 하였다(11절). 요제란 제물의 뒷다리나 가슴 부분을 좌우로 흔들어 하나님께 드리는 제사방법을 가리킨다. 사람을 제물로 드리는 것은 구약에 엄하게 금하고 있으므로 요제로 드린다 해서 레위인을 제물로 드린다고 생각하면 잘못이다. 레위인 대신 제물을 잡아 요제로 드리는 것이다. 제단을 향해 제물을 흔들기 때문에 요제라 한다. 흔드는 것은 자신을 오직 여호와 하나님께 바친다는 뜻을 담고 있다. 원래 요제는 제사장이 제물 가운데 자기 몫을 치켜들고 흔드는 것으로 먼저 예물을 여호와께 드리고 그 예물이 다시 여호와를 통해 제사장에게 되돌아오는 것을 상징하고 있다. 따라서 레위인을 요제로 드리는 것은 먼저 레위인을 구별하여 하나님께 바침으로써 레위인들이 전적으로 여호와께 속하였음을 의미하며, 이 레위인을 아론이 요제로 드림은 그들이 앞으로 아론의 몫이 되어 회막 안에서 아론과 그의 아들, 곧 제사장을 도와 하나님을 섬기게 된다는 뜻을 담고 있다.

요제의 제물은 희생제물로서 하나님 앞에서 흔들림을 당한다. 희생 제물은 완전히 바쳐진 제물이기 때문에 반항을 하거나 자신을 내세우지 않는다. 쪼개고 나뉜 제물은 주 앞에서 완전히 깨어진 자신을 나타낸다. 제물이 흔들릴 때 마지막 순간까지 자리를 자지하고 있던 자신의 교만과 더러움과 나쁜 생각과 악의 찌꺼기들이 떨어져 나간다. 레위인들은 이처럼 하나님 앞에 완전히 바쳐진 제물이 되었다.

나는 우리에게 전해진 베드로의 최후의 모습을 이 요제의 모습과 연결시키곤 한다. 그는 십자가에 달릴 만큼 주 앞에 바쳐진 제물이 되었으며 그것도 십자가에서 거꾸로 매달리고 흔들림을 당함으로써 자기의 욕심과 자만과 위신 모두를 버렸다. 그리스도인들은 자기의 모든 것을 십자가 밑에 묻는 사람이 되어야 한다.

그런데도 우리는 그리스도인이라 말하면서 아직도 하나님과 사람 앞에 자기를 내세우고자 한다. 자존심 상하는 말 한마디 들으면 그것 때문에 잠 못 이루고 다시 안 볼 사람들처럼 미워한다. 이러한 모습들은 자신이 아직도 희생 제물로 헌신되지 못하였음을 보여주는 것이다. 레위인들이 하는 일이란 결코 편한 일이 아니었다. 성막의 무거운 장비를 나르고 세우고 지는 일들이었다. 그럼에도 불구하고 그들은 자신의 생애를 바쳐 이 일을 기쁨으로 감내했다. 우리는 교회 일을 하면서 조금만 불편하고 불만스러워도 얼마나 불평하고 서운해하며 돌아서

욕했는가. 우리 속에 자신을 내세우려는 교만이 자리 잡고 있다면 하나님 앞에서 요제의 제물이 되어 힘껏 흔들림을 당해야 한다. 그때야 비로소 하나님의 일군으로 다시 태어날 수 있기 때문이다. 주님은 지금 이 순간도 우리의 가슴팍과 다리가 완전히 들리고 흔들려 새롭게 거듭나기를 바라신다. 적어도 교회의 일을 하는 사람들은 자신이 요제로 바쳐진 제물이라는 생각을 언제나 잊어서는 안 된다.

레위인들은 이스라엘 자손 가운데 구별된 사람들이다. 교회에서 레위인으로서 직분을 맡은 사람들은 무엇인가 다른 사람들이어야 한다. 속죄의 물을 뿌리고, 전신을 삭도로 밀고, 의복을 빨고, 자신을 요제로 드림으로써 일체 깨끗함을 하나님께 드려야 한다. 추악하고 더럽고 부정한 모습으로 하나님의 일을 할 수 없기 때문이다.

우리가 하나님의 일을 온전히 수행하는 레위인이 되고자 한다면 자신을 죄로부터 멀리하고 몸과 마음 모두를 일신하여 오직 한 분이신 하나님께 자신을 깨끗이 헌신하는 자로 다시 태어나야 한다. 주님은 이 순간도 이렇듯 질적으로 변화된 우리의 모습을 고대하신다.

# 3. "우슬초로 나를 정결하게 하소서"

그리스도인은 정결한 삶을 원한다. 구약에는 정결의식에 사용되는 우슬초가 있다. 다윗은 "우슬초로 나를 정결하게 하소서" 기도했을 정도로 정결한 삶을 사모했다. 우슬초를 통해 정결케 하는 삶의 모습을 찾아보기로 한다.

구약과 신약에서 이따금 언급되는 우슬초는 성도에게 신비로운 식물이자 여러 의미를 지니고 있다. 성경에는 레바논의 백향목, 포도나무, 감람나무와 같은 상징적인 것도 있지만 우슬초와 같은 보잘것없는 풀을 통해서도 우리의 삶을 변화시킨다. 우슬초에 관한 여러 특성을 점검하고 이것이 주는 의미를 살펴보자.

## ▣ 식물학적 명칭과 용도

우슬초(hyssop)는 입술 모양의 나물과에 속하며 마조람(marjoram), 타임(thyme), 박하(mint), 사르비아(sage) 등 여러 별칭도 갖고 있다. 이것은 우슬초의 종류가 다양하다는 것을 보여준다. 마조람은 제과류에서 맛을 내는 데 사용된다. 타임은 박하과에 속하며 양념과 수프에 사용되는데 그 잎은 향기와 자극적인 매움이 어려 있다. 박하는 향기 때문에 맛을 내는 조미료로 이용되고 있고, 사르비아는 육류 등을 양념하는 데 이용된다.

학명으로 보면 우슬초는 대개 두 가지 경우로 대별된다. 하나는 요한복음 19장에 나오는 Origanum maru의 우슬초이다. 이것은 아라비아 야생풀로서 사타르에 해당한다. 그 잎과 머리 부분은 맵고 향이 있어 예로부터 감미료로 사용되고 있으며 가루를 내어 빵 위에 뿌려 먹기도 한다. 이 우슬초는 박하와 같이 매운 맛이 삼노나 곧 시원스럽고 상쾌한 감을 주며 침을 내게 하여 갈증을 해소시킨다. 이 우슬초는 시내반도, 시리아, 팔레스타인 지역에 많다. 다른 하나는 남부 유럽에 주로 많은 유럽산 박하 Hyssopus officinalis이다. 이것은 꽃이 하늘색이며 주산지가 성지가 아니기 때문에 성경의 우슬초와는 거리가 있어 보인다. 따라서 성경의 우슬초는 전자의 우슬초라는 주장이 우세하다.

우슬초는 작은 덤불 같은 풀로 이스라엘 여러 곳에서 야생으로 자라고 있다. 이 야생풀이 성지에서는 천하게 널려 자라고 있는 것이다. 그러나 유럽에서는 정원에서 가꿀 정도로 대접을 받고 있다. 이 우슬초가 어떻게 사용되고 있는지 살펴보자.

첫째, 맛을 내는 데 사용되고 있다. 우슬초가 박하의 일종으로 빵과 같은 여러 제과, 수프, 육류 등에 맛을 내는 양념으로 사용되고 있다. 이것은 우슬초의 잎, 머리 부분이 가지고 있는 향긋하고 매운 맛을 활용한다.

둘째, 상처의 치료에 도움을 준다. 요사이도 유럽에서는 정원에서 가꾸는 우슬초를 이용하여 타박상 등 상처치료에 사용되고 있다. 우슬초의 다른 명칭인 사르비아가 병을 고치는 '살부스'(salvus)에서 유래되었다는 것을 보아도 우슬초가 민간요법으로 병을 고치는 데 활용되었음을 보여준다.

셋째, 갈증을 해소한다. 우슬초는 타액의 분비를 도와 해갈을 하고, 박하의 작용으로 상쾌한 느낌을 갖게 한다. 이 작용은 두 번째의 경우와 유사한 성격을 띠고 있다. 요사이 껌이나 담배에도 이러한 박하 향을 가미시켜 상쾌한 느낌과 갈증 해소를 돕는다. 또한 코가 막히거나 감기 초기 증상에서도 이 성분이 가미된 박하를 이용한 약으로 상쾌한 느낌을 갖게 하여 코 막힘(sinus) 현상을 제거한다.

넷째, 성수채(aspergillum)로 사용되고 있다. 이는 우슬초가 성수(holy water)를 뿌리는 채(brush)로 이용되어온 전통과 연관된다. 성수는 성수식(asperges) 과정에서 제단, 성직자, 그리고 교인들에게 뿌려져 성결케 한다는 의미를 가지고 있다. 이러한 전통은 모세의 출애굽 당시 행해졌던 피 뿌림의 성결의식에서부터 유대전통으로 면면히 이어져 온 것이다. 초기에는 우슬초를 묶어 그 묶음을 채로 하여 피를 적셔 뿌렸지만 이제는 피 대신 성수, 우슬초 대신 성직자의 거룩한 손으로 대치

되고 있다. 이러한 종교적 의식 속에서 "주여 나를 정결케 하소서"(Asperges me Domine)와 같은 다윗의 기도를 들을 수 있다면 얼마나 좋겠는가. 이처럼 우슬초는 성결과 연관된 의미를 가지고 있으며, 우슬초 묶음은 성결의 도구로 이용되어 왔다는 것에 주목할 필요가 있다.

## ▣ 우슬초의 성경적 의미

성경을 통해 우슬초의 의미를 살펴보면 다음과 같다.

첫째, 우슬초는 가장 보잘것없으나 겸손하고 검박하다. 이것이 그리스도의 성격과 비견되는 것도 이 때문이다. 예수 그리스도는 이스라엘 사람들이 가장 비천하다고 생각하는 갈릴리 나사렛 사람으로 가장 겸손하고 검박한 인물로 묘사된다. 우슬초가 보잘것없다는 것은 팔레스타인 야지 어느 곳에서도 얻을 수 있는 흔한 식물이기 때문이다. 그 우슬초는 가장 검박한 덤불로 친다.

열왕기상에 따르면 솔로몬의 지혜가 뛰어나 초목을 논하되 레바논의 백향목으로부터 담에 나는 우슬초까지(왕상4:33) 논하였다. 이때 백향목은 나무 가운데 가장 위대한 나무의 상징임에 반하여 우슬초는 바위 틈새나 낡은 성벽의 틈바구니에서도 자라는 보잘것없는 풀을 대표한다. 백향목이 성전을 건축하는 데 요긴히 사용되지만 우슬초도 성전에서 의식을 행하는 데 요긴하게 사용된다는 점에서 중요하다. 예수님이 제자를 삼을 때 비천한 어부나 세리를 들어 사용하는 것처럼 하나님은 약하고 우둔한 자를 쓰시어 강하고 지혜로운 자를 부끄럽게 만드는 섭리를 우리는 우슬초를 통해서 배울 수 있다.

둘째, 우슬초는 성결을 위한 도구이다. 우슬초는 성결의 도구이다. 출애굽 과정에서 모세는 유대의 장로들을 불러 가족대로 어린양을 취하여 유월절 양을 잡되 '우슬초 묶음을 취하여 그릇에 담은 피에 적시어서 그 피를 문인방과 좌우설주에 뿌려'(출12:22) 그 화를 면하도록 하였다. 이 우슬초 묶음은 우슬초가 한 뿌리를 가진 줄기로 이루어져 물이나 피를 적셔 뿌리기에 적당했기 때문이다.

또한 모세는 시내광야에서 하나님과 이스라엘 사이에 세워진 모든 계명을 선포한 후 언약의 피를 뿌리는 형식을 취하였다(출24:8). 히브리서 기자에 따르면 그때 모세는 '송아지와 염소의 피와 물과 붉은 양털과 우슬초를 취하여 그 책과 온 백성에게 뿌리고…… 거의 모든 물건이 피로써 정결케'(히9:19-22) 될 뿐 아니라 피 흘림이 없는, 즉 사함이 없다. 어린양이나 여러 짐승들의 희생의 피 대신 예수 그리스도가 화목제물이 되었다. 십자가의 피가 우리의 죄를 속량하고, 우리를 성결케 하였다. 그리스도의 피 뿌림, 곧 피 흘림이 없으면 우리는 결코 죄로부터 용서받을 수 없다. 우리의 마음을 우슬초처럼 겸손하게 묶어 그리스도의 피를 우리의 문지방과 좌우 설주에 뿌리는 생활 없이 그리스도 앞에 나아갈 수 없다. 더욱이 그리스도를 통한 피 뿌림이 없어서는 안 된다. 이러한 역할은 우슬초의 역할이 얼마나 큰가를 함께 보여준다.

성결작용은 레위기 14장과 민수기 19장에서 아주 자세하게 우슬초와 연관시켜 설명되고 있다.

레위기 14장의 우슬초는 문둥병자를 정결케 하는 예식에서 부정한 문둥병을 씻는 역할을 맡고 있다. 병자가 나았을 경우 그는 산새 두 마리를 희생으로 그 피를 우슬초 묶음에 적셔 자신뿐 아니라 그 집에 일곱 번 뿌려 깨끗하게 되었음을 선포한다. 이때 우슬초 묶음은 백향목에 홍색실로 묶는다. 예식 후 이 모든 것을 제물과 함께 태운다(레 14:4, 6, 49:51-52).

민수기 19장은 부정을 깨끗하게 하는 우슬초 역할을 자세히 설명해

주고 있다. 부정한 자 가운데는 시체를 만진 자(민19:11-16), 시체가 있는 장막에 들어간 자(민19:14), 사람의 뼈나 무덤을 만진 자(민19:16, 18)까지 포함된다. 부정한 자는 이 부정을 깨끗하게 하기 위해 우슬초에 물을 적셔 물 뿌림을 받아야 한다. 물 뿌리는 자는 반드시 깨끗한 자가 우슬초를 뿌려야 하며 그는 장막과 그 안의 기구와 부정한 자들에게 뿌려 정결케 할 수 있다(민19:18). 물을 뿌린 자는 그 옷을 빨아 스스로 부정을 면하고 그 물을 만지는 자는 부정하게 된다(민19:21).

율례에 따른 성결의식은 이처럼 엄하고 격식이 있다. 이것은 죄로 부정하게 된 우리가 하나님의 엄한 계율 아래 정죄되고, 피 뿌림 내지 물 뿌림의 세례과정을 거쳐 그리스도 안에서 성결하게 되는 것과 같다. 즉 구약의 성결의식은 구속신학(redemptive theology)의 상징성을 가지고 있다. 이의 대표적인 표현이 바로 다윗의 간구이다. 다윗은 "우슬초로 나를 정결케 하소서 내가 정하리이다 나를 씻기소서 내가 눈보다 희리이다"(시51:7)라는 구속적 신앙을 시로 표현하였다. 이것은 다윗 신앙의 정수이자 우슬초의 성결작용을 예리하게 나타냈다. 구약의 사람들은 우슬초를 이용하여 피 뿌림 내지 물 뿌림으로 성결을 대신했지만 신약에서는 그리스도의 피와 성령의 세례를 통하여 이루어진다. 그러므로 구약의 우슬초는 신약에서 그리스도의 역할로 그 상징이 바뀐다.

셋째, 우슬초에 관련된 십자가 사건의 중요성이다. 십자가상의 예수님으로 하여금 그 고통을 잊게 하기 위해 사람들이 신포도주를 머금은 해융(sponge)을 우슬초에 매어 예수의 입에 대었다(마27:48;막15:36;요19:29). 이때 우슬초 묶음은 신포도주를 적신 해융을 맨 막대로 이해하기 쉽다. 그러나 우슬초는 풀이지 막대로 쓸 수 있는 정도의 나무가 아니다. 구약에서는 오히려 백향목 가지에 우슬초를 맨 것으로 전해지고 있다. 신약의 십자가 사건에서는 막대에 대한 언급이 없다. 따라서 우리는 쉽게 우슬초가 단순히 막대 역할을 한 것으로 생각할 수 있다. 그러나 우슬초가 단지 막대 역할을 한 것으로 생각되지는 않는다.

성경에는 언급되지 않았지만 십자가 위의 예수님 입가에까지 닿을 수 있는 막대가 따로 있었을 것이고, 식초나 신포도주를 해융에 적시되 우슬초와 함께 섞은 것을 고통 받으시는 예수님의 입에 댄 것으로 보인다. 십자가 형벌은 크고 고통스러운 것이어서 사람들은 그 고통을 잊게 하기 위해 처음에는 몰약(myrrh)을 탄 포도주를 주었다. 그러나 주님은 그것을 보시기는 했지만 마시려 하지 않으셨다(마27:34;막15:23). 이 몰약은 향료로 쓰이지만 고통을 더는 마취제 역할을 하여 약제로도 쓰인다. 사람들은 다시금 신포도주를 예수님의 입가에 대어 그 고통을 잊게 하고자 했다. 이것은 십자가의 고통을 몸소 이겨내는 예수님의 모습과 그 고통을 애석해하는 사람들의 노력일 수 있다. 따라서 신포도주에 우슬초를 섞을 수도 있다. 왜냐하면 우슬초는 상처의 치료뿐 아니라 입술의 갈증을 잠시나마 잊게 하는 데 도움을 주기 때문이다.

그러나 십자가 사건 속의 우슬초는 고통을 잊게 하는 단적인 면보다는 우슬초의 뿌림을 받은 예수님 사건의 중요성이다. 이 뿌림은 우리의 죄를 대속하시는 예비 된 죽음의 거룩함을 나타낸다. 그리스도의 죽음은 자신의 죄로 인한 속된 죽음이 아니라 우리의 모든 죄, 곧 세상 죄를 몸소 지고, 그 죄를 거룩하게 빠는 정결 행위이다. 그리스도의 고난 속에 나타난 우슬초는 단순한 등장이 아니라 그 배후에 성결로 나타나는 중요한 의미를 내포하고 있다.

민수기 19장에 보면 성결에 사용된 백향목, 우슬초, 홍색실은 암송아지를 사르는 불에 던져 함께 태우고 그 재를 모아 부정을 깨끗하게 하는 물을 만드는 데 사용하도록 하였다(민19:6-9). 우슬초는 부정을 깨끗하게 하는 물을 만드는 작용을 한다. 민수기 저자는 이것이 바로 속건제임을 말하고 있다. 예수 그리스도는 십자가에서 세상 죄를 지고 가는 겸손한 어린양으로 스스로 자기 모든 것을 태워 우리의 죄를 속량하기 위한 제물이 되었다. 우슬초가 자신을 태워 남을 정결하게 하듯 그리스도는 십자가상의 죽음을 통해 남을 정결케 했다. 그리스도의 삶을 따르는 우리도 주님의 삶을 닮아 남을 정결케 하는 충실한 우슬초 역할을 감당해야 할 것이다.

지금까지 우슬초라는 단순한 풀을 통하여 언약의 역사를 검토할 수 있게 되었고, 그 우슬초의 정신이 그리스도인의 생활 속에서 그리스도의 향기로 나타나야 할 것도 알게 되었다. 이 땅에 그리스도인은 많다. 그리스도인이 이 사회의 어디서나 발견되기 때문에 세상 사람의 눈에 그리 귀해 보이지 않을 수도 있다. 그러나 이 땅의 그리스도인은 오늘도 그리스도의 겸손을 배워가며 우슬초처럼 어느 구석에서든지 굳건히 살아가고 있다.

그리스도인은 오늘도 이 땅에서 사회를 정화시키는 우슬초의 역할을 실현하고 있는지 스스로 점검할 필요가 있다. 갈증 난 사회에 그리스도인이 있음으로 인해 더욱 문제가 되고, 그리스도인이 많은 사회임에도 부정이 떠나지 않는다면 우리가 그리스도의 삶을 실현하지 못하고 있음을 보여주는 것이다. 그리스도인은 말없이 그 사회에 심어져 향기를 발하고 사회의 상처를 아물게 하며 그 사회를 더욱 상쾌하게 해줄 뿐 아니라 궁극적으로 그 사회를 정결케 하는 우슬초들이다. 자신은 이러한 향기 있는 우슬초인가 아니면 향기 없는 모양만의 우슬초인가 스스로 판단하고 매일매일 결단하는 삶이 필요하다.

# 제 5 장

# 신명기

## 1. 신명기의 주요내용

신명기의 히브리 명칭은 '엘레에 하데바림'(elleh haddevarim)으로 '이것들이 말씀들이라'는 뜻을 가지고 있다. 이 말은 본문 초두에 나타나며 모세가 백성에게 전하는 말을 서론적으로 소개하는 어구이다. 유대인들은 이것을 줄여 '데바림'(말씀들)으로 부르기도 한다. 아울러 신명기 17장 18절의 말씀에 따라 '율법의 반복'이라고도 한다. 신명기는 또한 '훈계의 책'이라 불리기도 한다. 70인 역은 헬라어의 두 번째라는 '데우테로스', 그리고 율법이라는 '노오모스'를 합쳐 'Deuteronomion'이라 번역하여 사용했다. 라틴어 성경은 70인 역을 따라 'Deuteronomium'이라 했다. 이것은 어의 상 '둘째의 율법'이지만 '율법의 반복' 개념으로 이해되어야 한다.

신명기는 모압 평지에서 모세가 백성을 향하여 행한 최후의 강론으로 교훈을 주기 위한 책이다. 신명기의 율법은 앞서의 율법을 새롭게 다시금 권고하는 형식을 취하고 있다. 따라서 이 책은 엄격한 의미에서 새로운 율법을 제정하는 입법서가 아니고 주어진 율법을 다시금 가르치고 권면하며 경고를 주고자 하는 목적을 가지고 있다.

신명기 34장은 모세의 죽음과 매장기사를 취급했는데 이 부분은 모세가 성령의 감동으로 사전에 미리 기록했다기보다 모세의 후계자인 여호수아나 모세가 율법서를 기록하도록 위탁한 레위인 가운데 한 사람이 기록한 것으로 간주되고 있다.

## 신명기 내용

1. 하나님의 사역을 설명하는 첫 번째 설교(신1:1-4:43)
 1) 시내산에서 모압까지 하나님의 인도하심(신1:1-3:29)
 2) 광야에서 출생한 새 세대에게 하나님의 법을 준수하도록 권고함(신4:1-40)
 3) 요단강 동편에 위치한 도피성의 지정(신4:41-43)

2. 율법에 대한 모세의 두 번째 설명(신4:44-26:19)
 1) 기본적인 계명들(신4:44-11:32)
   가. 서론(신4:44-49)
   나. 십계명과 하나님의 사랑에 대한 설명(신5:1-6:25)
   다. 신정국의 생활원리(신7:1-11:32)
 2) 예배의 규례와 성별의 생활(신12:1-16:22)
   가. 진정한 예배와 우상숭배에 대한 경계(신12:1-13:18)
   나. 안식일과 절기에 대한 법규(신14:1-16:22)
 3) 각종 범과에 대한 벌칙과 규정(신17:1-26:19)
   가. 우상숭배에 대한 벌(신17:1-7)
   나. 고소절차(신17:8-13)
   다. 국왕 선택에 대하여(신17:14-20)
   라. 제사장, 레위인, 선지자에 대하여(신18:1-22)
   마. 형법(신19:1-21)
   바. 전쟁에 대한 법규(신20:1-20)
   사. 흉악범과 일반사회윤리에 대한 법규(신21:1-22:30)
   아. 회중에 있어서 시민의 권리(신23:1-25)

자. 이혼, 극빈자, 이삭 줍는 일에 관한 법(신24:1-22)
차. 레위인의 결혼과 사회질서에 관한 법(신25:1-19)
카. 감사의 제물과 십일조에 관한 법(신26:1-19)

3. 하나님과의 계약(신27:1-30:20)
 1) 에발산에서의 율법 인준(신27:1-26)
 2) 축복과 저주(신28:1-68)
 3) 순종에 대한 교훈(신29:1-29)
 4) 시내산 계약의 재확인에 관한 결론(신30:1-20)

4. 결론적인 기사들(신31:1-34:12)
 1) 모세의 마지막 교훈과 여호수아의 임명(신31:1-20)
 2) 모세의 노래와 권고(신32:1-47)
 3) 모세가 가나안 땅을 바라봄(신32:48-52)
 4) 모세의 축복(신33:1-29)
 5) 모세의 죽음과 매장(신34:1-12)

## 2. 맥추절의 의미

현재 기독교의 3대 절기로 성탄절, 부활절, 추수감사절을 꼽는다. 그러나 구약의 경우는 다르다. 출애굽기 23장과 신명기 16장에 따르면 하나님은 이스라엘 민족에게 3절기를 정하시고 이 날에 모든 남자는 하나님이 택하신 곳, 곧 여호와의 전에 나아와 여호와께 보이도록 하셨다. 이 절기가 바로 무교절, 맥추절, 그리고 수장절이다. 무교절은 보리농사, 맥추절은 밀농사, 그리고 수장절은 과수 및 연말의 밭농사와 연관되어 있다. 이 절기 모두 농경절기로 감사절과 같은 성격을 가지고 있다. 또한 무교절은 유월절, 맥추절은 오순절, 그리고 수장절은 오늘날의 감사절과 연관되어 있다. 그 가운데 맥추절이란 무엇이고, 그 속에 어떤 정신이 있으며, 그 정신을 지키면 어떤 결과가 있게 되는가를 살펴보기로 한다.

### ▣ 맥추절이란 무엇인가?

출애굽기 23장 16절은 맥추절에 대해 다음과 같이 기록하고 있다. "맥추절을 지키라. 이는 네가 수고하여 밭에 뿌린 것의 첫 열매를 거둠이니라." 이 절기는 이스라엘 백성이 출애굽한 뒤 가나안에 들어가 첫해의 농사를 지어 첫 열매를 거둔 데 대하여 하나님께 감사하는 절기임을 알 수 있다.

맥추절(feast of wheat harvest)은 오순절, 칠칠절, 초실절로 불린다. 맥추절을 오순절(pentecost)이라 말하는 것은 구약과 신약의 경우 약간 의미가 다르다. 오순절이란 원래 '50번째'(pentekostos)라는 뜻을 가지고 있다. 구약에서 오순절은 유월절 후 50일째 되는 날을 가리킨다. 출애굽 후 50일(출애굽기 19장 1절의 '제 3월'은 애굽을 떠나온 지 3개월째 또는 3개월의 첫날로 해석되기도 한다)에 모세에게 언약을 주셨기(출19:5-6) 때문에 유대인들은 이 날을 언약기념일(anniversary of the covenant)로 지켰다. 랍비들의 글과 쿰란문서들은 유대인들이 이 날을 언약기념일로 함께 지켰음을 보여주고 있다. 그러나 신약의 경우 예수님 부활 후 50일째 되는 날을 가리킨다. 맥추절을 기념하는 이 기간에 예수님께서 예루살렘을 떠나지 말고 약속하신 성령을 기다리라 하신 말씀대로 성령님이 강림하셨기 때문에 맥추절은 오순절 성령강림절로 지킨다.

칠칠절이라 함은 맥추절이 무교절이 끝난 뒤로부터 7주, 곧 49일 (7x7＝49)이 지난 후 50일째 되는 날 지키기 때문이다. 흔히 오순절을 '주일들의 절'(feast of weeks)이라 함은 유월절이 지난 후 7주 또는 부활절 이후 7주에 오순절이 오기 때문이다.

초실절(feast of first wheat)이라 함은 밀 추수의 첫 열매를 드린다는 점에서 초실절이다. 이 절기는 밀 추수를 마치고 드리게 되어 있다. 즉 니산월 16일 추수한 보리의 첫 열매를 드리는 무교절로부터 49일째 되는 날, 곧 스완월 6일이 되는 날에 밀 추수의 첫 열매를 기념하여 드리는 것이다. 보리추수를 감사하기 위해서는 무교절로 지키고, 밀 추수를 감사하기 위해서는 맥추절로 지킨다. 밀은 그들의 주식에 해당하므로 그만큼 의미가 크다 하겠다.

### ▣ 맥추절은 무슨 의미를 가지고 있는가?

### 1) 하나님 앞에 서는 삶을 살라

하나님은 세 절기를 세우시고 "여호와 앞에 보이라."고 명령하셨다. 이 명령은 문자적으로 볼 때 절기를 지키기 위해 주님의 전으로 올라오라는 것이지만 영적으로 볼 때는 우리가 신앙생활을 할 때 하나님 앞에 서는 자세로 임해야 한다는 것을 의미한다. 하나님 앞에 선 사람은 이 땅에서 하나님의 명령에 순종하고, 그분이 기뻐하시는 삶을 살아야 하기 때문이다.

하나님이 명한 3절기에 이스라엘의 모든 남자들은 하나님의 전에 올라와야 하므로 다른 이름으로 순례절기라 부르기도 한다. 바벨론에서 귀환한 후에도 순례절기 때만 되면 로마제국 내에 머나먼 곳에서 살고 있던 수많은 유대인들이 예배하러 예루살렘을 방문하곤 했다(행

20:16). 베드로가 방언으로 담대히 전도하게 된 것도 그들이 맥추 절기에 예루살렘을 방문했기 때문이었다. 맥추절은 역사적으로 이만큼 각지에 흩어져 살던 유대인들을 하나님 안에서 하나로 연합시키고 그들의 역사와 뿌리를 찾게 하는 역할을 하였다. 우리가 이 절기를 지키는 것도 이 전통의 흐름과 맥을 같이한다.

우리는 그 명령이 절기에 관련된 명령이므로 절기에만 하나님 앞에 보여도 되는 것처럼 생각할 수 있다. 그러나 이 말씀은 절기에만 하나님을 생각하고 그분을 찾는다는 것을 의미하지 않는다. 절기는 일회성, 일과성처럼 인식되지만 우리의 믿음생활이 일회성이나 일과성이 아니라 계속되어야 한다는 것을 일깨워주는 상징적인 의미를 지니고 있다. 이 절기를 이스라엘 모두가 매년 강조해서 지키는 것은 이 때문이다.

그럼에도 불구하고 우리 가운데는 이른바 ETC교인이 상당수 있다. 구미에는 더 말할 필요도 없다. 절기에만 보이는 것으로 성도의 의무를 다한 것이라고 생각한다면 문제다. 우리는 안식일을 거룩히 지켜 매 주일 하나님 앞에 보이는 생활을 해야 한다. 나아가 매일매일 하나님 앞에 보이는 생활을 해야 한다. 종교개혁시대 때 신앙의 사람들은 '하나님 앞에서'(Coram Deo)를 모토로 삼고 생활했다. 언제나 하나님 앞에서 살아야 한다는 것이다. 왜 하나님 앞에 나아가고 보이기를 명령하시는가? 그것은 하나님 앞에 나아가면 나아갈수록 우리가 하나님과 가까워지고 하나님이 기뻐하시는 삶을 살며 우리의 생활이 근본적으로 달라지기 때문이다. 하나님은 그만큼 우리의 변화된 모습을 원하신다.

## 2) 회개하는 삶을 살라

맥추절은 회개하는 마음으로 지킨다. 첫 곡식을 먹기 전에 우리는 그동안 묵은 곡식을 먹어왔다. 신앙적으로 볼 때 우리 안에 많은 묵은

곡식들이 있다. 하나님과 사람 앞에 교만했던 것, 약한 형제를 돕지
않은 것, 그리고 형제를 괴롭힌 것 등 우리의 묵은 곡식은 너무도 많
다. 그 모두가 회개의 대상이다. 사실상 이 모두는 하나님의 법대로
살지 않은 데서 나온 것이다. 그러므로 법대로 살지 않은 것을 철저히
회개해야 한다. 우리 안에 이처럼 묵은 곡식이 많은 것은 교만하고 완
악하고 욕심이 많기 때문이다. 이런 것이 많을수록 신앙의 건물은 붕
괴될 수밖에 없다. 새 곡식을 묵은 곡식과 함께 섞어 먹을 수는 없다.
새 포도주는 새 부대에 담아야 하는 것처럼 새 곡식을 먹는 우리는
회개하고 새로워져야 한다. 우리는 예수님의 제자들이 함께 모여 열심
히 회개기도를 하는 가운데 성령님이 임재하셨다는 것을 잊어서는 안
된다. 진정으로 회개하는 자에게 변화가 있을 수 있다.

### 3) 기뻐하는 삶을 살라

　이스라엘 백성들이 애굽에서 나와 긴 광야생활을 거친 뒤 가나안에
들어가 약속하신 땅에서 첫 수확의 열매를 하나님께 드릴 때 그들 속
에는 무한한 기쁨과 감격이 넘쳤다. 이래서 맥추절은 기쁨과 희락이
넘치는 축제가 되었다.

　이 기쁨과 희락은 맥추절에만 해당되는 것이 아니다. 우리가 주님을
생각할 때마다 그리고 그 주님 앞에 나아올 때마다 기쁨이 넘쳐야 한
다. 항상 기뻐하는 삶이 바로 그리스도안의 바른 삶이다. 맥추절은 농
경축제이다. 맥추절만 축제가 아니라 그리스도인으로서 사는 것 자체
가 축제이다. 주님을 믿는다고 하면서 내 안에 기쁨이 없다면 그것은
무엇인가 잘못되어 있음을 보여주는 것이다. 그러므로 우리의 예배도
기쁨이 넘치는 축제가 되어야 한다. 주 안에 사는 행복과 기쁨을 예배
속에, 그리고 우리의 삶 속에 나타내야 한다. 다윗은 이렇게 노래하였

다. "주께서 내 마음에 두신 기쁨은 저희의 곡식과 새 포도주의 풍성할 때보다 더하니이다."(시4:7) 우리는 이처럼 여호와로 인한 기쁨이 생활 속에 충만해야 한다.

### 4) 감사하는 삶을 살라

감사(thankfulness)라는 말은 원래 생각(thinkfulness)이라는 말에서 나왔다. 그래서 박애주의자인 몬테피오레(M. Montefiore)는 "생각하라, 그리고 감사하라"(think and thank)는 말을 사용했다. 그리스도인은 모든 것이 하나님으로부터 오는 것이라고 생각하고 감사해야 한다. 나의 나된 것은 오직 하나님의 은혜이기 때문이다.

감사에 관한 한 두 종류의 사람이 있다. 하나는 모든 것을 당연히 받을 것으로 생각하는(take things for granted) 사람과 다른 하나는 모든 것을 감사하게 받는(take things with gratitude) 사람이다. 전자의 경우는 감사할 줄 모르지만 후자의 경우는 감사할 줄 아는 사람이다. 바른 그리스도인이라면 무엇이든지 당연히 받을 것으로 생각하기보다 모든 것을 감사하게 생각하며 받는 태도를 가져야 한다. 그럼에도 불구하고 우리 주변을 살펴보면 당연히 받아야 하는 것처럼 생각하고 주님을 향해 막무가내로 행동하는 사람이 의외로 많다.

하나님은 여호와 앞에 나올 때 빈손으로 나오지 않도록 하셨다. 하나님께서 이스라엘을 지켜주시고 인도하셨을 뿐 아니라 각자에게 여러모로 은혜를 주셨는데 그것을 감사할 줄 모르는 것은 배은망덕한 일이 되기 때문이다. 하나님께서 주신 은혜를 감사하는 의미에서 수확한 물질 가운데 첫 열매를 구별하여 하나님께 정성으로 드리는 것이다. 이것은 우리의 드림의 신앙생활에서도 감사와 정성이 넘쳐야 함을 의미한다. 바칠 때도 기쁜 마음으로 바쳐야 한다. 억지로 드리는 것은 하나님의 바라시는 태도가 아니다. 어렵사리 취직을 한 사람이 받은 첫 월급을 하나님께 또는 부모님께 정성스럽게, 기쁜 마음으로 드리는 모습을 볼 수 있다. 기쁨과 감사가 크기 때문이다. 우리는 연보나 물질뿐 아니라 자신을 하나님께 드림에 있어서도 감사와 기쁨이 넘쳐야 한다.

그리스도인의 감사는 어느 한 가지에 국한되지 않는다. 어떤 상황에서든지 모든 일에 감사하는 태도를 가져야 한다. 바울은 거의 모든 서신의 머리에서 감사와 찬송을 잊지 않았다. 감사는 바울의 편지에만 나타나는 것이 아니라 그의 삶의 스타일이었다. 그리고 여러 성도들에게 범사에 감사하는 생활을 하라고 하였다. 범사에 감사하라는 그의 권고는 인간적으로는 도저히 감사할 수 없는 그러한 환경에서의 감사까지 포함되어 있다. 바울은 도무지 감사할 수 없는 환경에서도 감사했다. 어떤 환경에서든지 하나님의 은혜를 생각하면 감사할 수밖에 없기 때문이다. 그리스도인들은 감사할 조건에서만 감사하는 사람이 아니다. 그렇지 않은 조건에서라도 언제나 감사하는 삶을 살아야 한다. 이 점에 있어서 그리스도인은 보통사람과 다르다.

## 5) 나누는 삶을 살라

하나님은 우리가 바친 것 하나라도 가져가시지 않는다. 오히려 그것을 우리에게 다 내놓으시고 합당하게 사용하시도록 하신다. 하나님은 항상 자신이 가장 아끼고 좋아하는 것을 우리에게 주시고자 하신다. 독생자 예수를 우리에게 주신 것도 우리에 대한 사랑 때문이었다. 하나님은 이처럼 나눔의 삶을 사신다.

하나님은 맥추 절기를 지킴에 있어서 나눔의 삶을 중시하셨다. 사람들이 정성스럽게 가져온 곡식을 가난한 자와 함께 나누며 감사하고 기뻐하는 것이다. 이 감사 잔치는 하루로 끝나는 것이 아니라 대개 일

주일 동안 계속되었다. 이때 모두 함께 모여 즐거워하면서 생업에 주신 하나님의 은총이 얼마나 큰가를 생각하고 하나님께 경배를 드렸다. 맥추절이 근본적으로 구제와 화목의 절기임을 알 수 있다.

이것이 사도시대에 교회 안에서 음식을 나누어 먹는 만찬으로 발전하였다. 처음에는 잘 시행되는 듯했으나 없는 자를 생각해야 할 있는 자들이 먼저 먹고 취하는 이기심을 보임으로써 바울의 분노를 사기도 했다(고전11:20-22). 나의 것이 나의 것이 아니라 사실은 주님의 것이다. 그러므로 우리가 주님의 것을 나눔에 있어서는 사랑이 있어야 하고 주님의 마음을 소유해야 한다. 그것을 실질적으로 가르쳐주기 위해 바울은 성찬의 의미를 강조하여 말씀하였다(고전 11:26). 성찬을 통해 주님의 고통에 참여하고 이웃의 고통에 참여함으로써 우리 모두가 그리스도 안에서 하나가 되는 것이다. 맥추절에 성례식을 하는 것은 이렇듯 깊은 의미가 있다.

### 6) 성령 충만한 삶을 살라

기독교회에서는 오순절을 성령강림절(feast of the gift of the Holy Spirit)로 지킨다. 예수께서 부활하신지 50일째 되는 날(승천하신 지 10일째) 약속하신 성령이 임했기 때문이다(행2:1-13). 주님이 승천하시면서 제자들에게 위로부터 능력을 입히올 때까지 예루살렘에서 기다리라고 지시하셨는데 부활 후 50일째 되는 날 120명의 무리가 예루살렘의 한 다락방에서 함께 기도하고 있을 때 성령께서 큰 바람소리와 함께 강림하셨고 불의 혀 같은 것이 그들 위에 머물러 방언이 터지기 시작했다. 그들은 나아가 그리스도의 이름으로 담대히 전도하여 3천 명을 회개시키는 놀라움을 체험했다. 신학자들은 성령강림을 구약의 '신의 현현'(theophany)와 유사한 것으로 해석하기도 한다. 이와 같이 하나님의 능력이 놀랍게 나타남으로써 교회가 시작되었고, 교회는 이 오순절을 언제나 생일로 여겨왔다. 그러므로 맥추절은 교회생일날인 셈이다.

교회에서는 오순절 주일날 자체를 절기로 지킬 뿐 아니라 세례 등 성례를 행한다. 영국교회는 성령강림일로부터 한 주간, 특히 첫 3일간을 성령강림절(whitsuntide)로 지킨다. 영국교회는 맥추절, 성령강림 일에 흰옷을 입도록 했으며 이 관례에 따라 이 날을 whitsunday라 부른다.

맥추절을 오순절로 지킨다는 것은 의미가 깊다. 우리가 아무리 신앙이 좋다 해도 하나님 앞에서는 너무나 부족한 존재들일 뿐이다. 내 힘으로는 안 되므로 성령님이 도와주셔야 한다. 성령의 도우심을 받은 성도들은 달라진다. 하나님이 함께하시기 때문이다. 감사와 감격이 넘치고, 헌신적인 삶을 살며, 삶의 모든 면에서 변화가 있다. 이것은 전적으로 성령의 열매이다. 감사와 감격, 그리고 기쁨이 넘치지 않을 수 없는 것은 성령이 충만하기 때문이다. 바울은 항상 기뻐하라 범사에 감사하라고 하였다. 이것은 우리를 향하신 하나님의 뜻일 뿐 아니라 성령 충만한 삶을 사는 사람이 마땅히 해야 할 일이라고 하였다. 그러므로 오늘을 사는 성도는 성령 충만한 가운데 변화된 신앙생활을 할 필요가 있다.

### ▣ 맥추정신을 지키면 하나님은 보호의 그늘을 펴신다

하나님은 맥추절을 지키는 이스라엘을 하나님께서 보호하실 것을 약속하셨다. 이것은 오늘날 맥추절 정신으로 사는 모든 성도들을 하나님이 보호하신다는 의미를 가지고 있다. 출애굽기 34장 23-24절에 따르면 하나님이 명하신 이 세 절기에 이스라엘의 모든 남자들이 일시에 하나님의 전으로 모이게 되면 국방문제가 발생한다. 그러나 하나님은 매년 세 번씩 그리할지라도 "아무 사람도 네 땅을 탐내어 엿보지 못하게 하시겠다."고 약속하셨다. 실제 그 일 때문에 국방이 약화되거나 침략을 당한 적은 없었다. 원수가 손을 대지 못하도록 하나님이 강한 팔로 보호하시기 때문이다.

주님은 주 안에 살고자 하는 백성을 이처럼 강하게 보호하신다. 주님은 우리의 완전한 보장이 되시고 피난처가 되신다. 위험에서 지켜주시고, 자손이 잘되게 하는 복도 주시고, 성령의 은혜를 한없이 주시어 이 땅에서 영적인 복을 누리게도 하신다. 문제는 우리가 주님에 대해 그러한 확고한 신앙을 가지고 있느냐 하는 것이다. 다윗은 다음과 같이 고백한다. "내가 평안히 눕고 자기도 하리니 나를 안전히 거하게 하시는 이는 오직 여호와시니이다."(시 4:8).

시편저자는 "여호와께서 내게 주신 모든 은혜를 무엇으로 보답할꼬."(시116:12)라 했다. 감사는 구속받은 성도의 마땅한 본분이다. 성도는 하나님의 은혜에 보답하는 삶을 살아야 한다. 그 삶을 살기 위해서는 먼저 회개하고, 하나님 앞에 나오는 것이 중요하다. 그리고 그 감사와 기쁨을 주님과 함께, 이웃과 함께 나누는 삶을 살아야 한다. 나누는 가운데 기쁨이 더 넘치게 된다. 이것이 바로 성령 충만한 사람들의 삶이다. 하나님은 이러한 삶을 사는 자기 백성을 기뻐하시고 오늘도 성실히 보호하신다.

맥추절은 지켜져야 한다. 특히 그 정신을 살려 지켜야 한다. 절기니까 매년 할 수 없이 지킨다는 식의 형식적인 것이라면 문제가 아닐 수 없다. 절기를 애써 지킨다 하면서도 궁극적으로 우리의 내면에 변화가 없다면 그 절기를 천 번 만 번 지킨다 한들 아무런 소용이 없다.

영적인 변화가 있어야 한다. 쭉정이가 아니라 알곡이 되고, 부실이 아니라 충실로, 외식이 아니라 참된 삶의 모습으로 변화되어야 한다. 그렇지 않으면 영적인 붕괴를 가져올 수밖에 없다. 주님은 이 맥추 절기에 형식적으로 바쳐진 제물보다 진정으로 변화된 우리의 향기로운 제물을 더 기뻐 받으신다는 것을 잊어서는 안 된다.

# 가나안 정복에서 사사시대까지

제
2
부

# 제 1 장

# 가나안 정복과 토지분배

## 1. 가나안 정복

모세가 죽은 후 여호수아가 새 지도자가 되었다. 여호수아는 르비딤에서 아말렉과 전쟁을 할 때 처음 등장했다(출17:8이하). 모세가 십계명을 받기 위해 시내산에 오를 때 그를 데리고 갔던 인물이며 가나안 정탐 후 갈렙과 더불어 가나안 점령을 주장했다. 그가 모세를 이은 지도자로 세움을 받은 것이다.

가나안에 들어가기 전 먼저 여리고에 정탐꾼을 파견했다. 이때 기생 라합이 믿음으로 이들을 영접했다. 행위로 의롭다 함을 받은 그는 훗날 예수님 족보에 등장하는 인물이 되었다.

이스라엘이 가나안으로 입성하기 위해 제사장이 법궤를 앞세우고 요단강을 건너기 시작했다. 제사장들의 발이 넘치는 물에 잠기자 물이 갈라지기 시작했다. 요단강의 기적이 일어난 것이다. 홍해를 건널 때는 법궤가 중간에 위치해 있어 하나님의 능력이 앞장섰다. 반면 요단강을 건널 때는 여러 지파가 볼 수 있게 법궤를 앞세웠다. 이것은 하나님을 의지한 그들의 신앙이 얼마나 앞서 있는가를 보여준다.

요단강을 건너자 그들은 길갈에 진을 쳤다. 정월 10일이었다. 가나안에 입성한 그들은 두 가지 중요한 예식을 거행했다. 하나는 할례이고, 다른 하나는 첫 유월절을 지킨 것이다. 할례 받은 후 3일 동안은 움직이지 못했을 것이고, 그 기간 적에게 당할 우려가 있었음에도 불구하고 안전했다. 하나님이 지켜주신 것이다. 이것은 기적이다. 14일에 첫 유월절을 지켰다. 가나안 입성이 유월절과 결부되었음을 보여준 것으로, 이스라엘은 입성해 가나안 곡물을 먹게 되었다. 그들이 진을 쳤던 지역이 훗날 길갈로 불리었는데, 길갈은 '굴러갔다'는 뜻을 가지고 있다. 옛것은 물러가고 새것을 얻게 되었다는 것으로, 이로써 애굽의 수치를 영원히 굴러버렸다는 것이다. 가장 은혜로운 이 장소에 훗날 이스라엘은 우상을 세우는 우를 범한다.

이스라엘은 점차 가나안을 정복해나갔다. 먼저 여리고를 점령했다. 여리고는 '종려의 성읍'이라는 뜻을 가지고 있어 그곳이 오아시스지대였음을 읽을 수 있다. 여리고는 이스라엘이 6일간 6번 돌고 제7일에 7번째 돌 때 무너졌다. 영국인 가르스탱(J. Garstang)이 처음 발굴을 했고, 그다음 케년(K. Kenyon)이 발굴을 했는데 8에이커 정도의 너비를 가진 작은 성이었다. 성은 2중으로 되어 있어 직접 공격이 불가능했는데 외부성벽 파괴가 심하고 경사로 무너져 파괴흔적이 분명했음을 보여주었다.

그다음 아이 성에 대한 공격은 먼저 실패했다가 그다음 성공을 거두었다. 아이성을 정탐한 후 다 갈 것이 아니라 2, 3천 명만 올라가도 충분할 것으로 보았다. 3천 명을 보냈는데도 패배했다. 실패의 원인은 크게 두 가지다. 하나는 여리고 승리에 도취해 교만해졌다는 것이다. 그들의 마음이 교만해져 "그들은 소수니 2, 3천만 올라가서 치게 하소서. 모든 백성을 그리로 보내어 수고롭게 마소서"하며 협력하는 마음이 식어 있었다. 다른 하나는 이스라엘 회중에 죄악이 침입했다는 점이다.

이른바 아간의 죄 때문이다. 아간이 죄를 지음으로 이스라엘이 고통을 당했다. 대표의 원리가 적용된 것이다. 이스라엘은 결국 아간의 가족을 돌로 치고 그 소유를 불살랐다. 그리고 아골 골짜기라 불렀다. '괴로움'의 골짜기라는 뜻이다. 죄의 값을 치른 것이다. 아간의 죄를 청산한 후 용사 8만을 뽑아 이겼다. 그런데 문제는 첫 번과는 달리 모든 지략을 짰다는 점이다. 이스라엘은 성 후방에 일부 잠복해 있다가 거짓 도망을 쳤다. 아이 성 사람들이 이스라엘을 공격해오자 성을 비운 사이 성을 점령한 것이다. 이로써 적군은 "우리도 연합하면 싸워 이길 수 있다" "전술에 졌다"는 생각을 갖게 해주었고, 그 후 가나안으로 하여금 동맹을 하게 하는 촉진제가 되었다. 결국 하나님보다 자신의 지략을 의지했던 이스라엘은 가나안을 점령하는 데 7년이 걸렸다.

그 후 벧엘을 점령했다. 벧엘 점령기록은 없지만 이스라엘에게 죽은 열 왕 가운데 벧엘 왕이 포함되어 있는 것을 미루어 짐작할 수 있다.

이스라엘은 에발산과 그리심산을 찾았다. 언제 이 산들을 찾았는가에 대해서는 두 가지 주장이 있다. 성경은 '때에'라고 했는데 한 주장에 따르면 그것은 상당한 기간이 지난 후를 의미한다는 것이고, 다른 한 주장은 아이 성을 점령한 바로 직후라는 주장이다. 이 산들은 세겜 북쪽에 있는 산들로, 아이에서 세겜까지는 30마일 거리였다. 세겜의 저항이 없었다 가정해도 어렵게 당도했을 것이다.

돌산이 에발산에서는 저주를 선포했고, 수목이 울창한 그리심산에서는 축복을 선포했다. 이 의식은 이제부터 하나님의 백성이 되겠다는 예식이다. 이스라엘의 미래를 결정할 가장 중요한 의식인 것이다. 이스라엘이 역사적으로 언약을 선포하고 서약을 한 것은 시내산에서 언약을 받을 때와 가나안에 와서 에발산과 그리심산에서였다. 언약의 선포는 가나안이 새로운 언약의 땅이며 하나님 율법이 시행되어야 하는 하나

님 나라의 모형으로, 이스라엘이 하나님 나라를 건설하기 위해 가나안
에 들어왔다는 새 출발의 의미가 강하다. 언약의 선포는 가나안이 복된
땅으로 선포되면서 앞으로 이스라엘의 생활 근거지가 될 것을 말한다.
나라의 기초는 언약에 있다. 하나님의 법, 언약의 선포는 매우 중요하
다. 율법에 있는 축복과 저주의 말씀을 낭독했다. 율법을 준행하면 복된
길이 되지만 불순종하면 저주의 길을 가게 될 것이라는 것이다. 복된
길은 가나안에서 그들의 날이 장구할 것을 말하며, 저주의 길은 가나안
은 더러워지고 백성은 유리하게 되리라는 것이다. 하나님은 결코 저주
를 하시는 분이 아니다. 길은 하나님이 제시하지만 복과 저주의 선택은
사람에게 있다. 하나님은 '복 주신' 분이시지 '복 주실' 분이 아님을 알
수 있다. 이로써 이스라엘은 언약을 성취하기 위한 백성이 되었다.

　나아가 그들은 에발산에 언약의 돌단(십계명을 중심으로 한 언약
비)을 세우고 번제와 화목제를 드리며 하나님 앞에서 즐거워했다. 왜
그랬을까? 이것은 감사 표시 이상의 신앙적인 뜻이 담겨 있다. 갈보리
산 십자가의 예표요 상징이 아닐까.

　이스라엘은 사신이 "원방에서 왔다"는 말에 속아 기브온과 화평조
약을 맺었다. 기브온은 히위 족속이었다. 3일 후 속은 줄 알았지만 맹
약한 일이므로 그들을 치지 않고 온 회중을 위해 나무 패며 물 긷는
자로 삼았다. '온 회중을 위해'란 개인의 종이 아닌 하나님의 집을 위
한 종이 되게 했다는 의미다. 기브온 사람들은 이스라엘이 맹세를 어
기지 않는다는 것을 잘 알고 있었다. 이 같은 기브온의 신앙이 자신들
을 살리게 한 것이다. "하나님이 모세에게 이 땅을 다 당신들에게 주
고 모든 거민을 당신들 앞에서 멸하라 하신 것이 당신의 종에게 들리
므로"라고 한 것은 라합의 말과 흡사하다. 훗날 사울이 기브온 사람을
멸하려 했을 때 하나님께서 진노하시고 3년간 큰 기근을 겪게 하셨다.

약속을 지키시는 하나님임을 알 수 있다.

중부 가나안을 정복한 이스라엘은 남북 가나안을 정복하기에 이른다. 남방연합군이 기브온을 공략하자 여호수아군대가 적군을 섬멸했다. 이 승리는 기적이었다. 성경은 "해와 달이 중천에서 운행을 멈추었고 하늘에서 큰 덩이의 우박이 내려"라고 기록하고 있다. 하나님을 의지해 싸울 때 하나님께서 도우신 것이다. 우박의 원문은 돌이라는 의미를 가진 '에벤'이다. 돌 같은 우박이 내렸다는 것이다. 이스라엘은 나아가 북방연합군까지 섬멸했다. 모두 31왕을 쳐 이긴 것이다. 싸운 지는 '여러 날'이라 했지만 6-7년이 걸린 전쟁이었다. 하루하루가 전쟁인 날들이 계속되었다는 뜻이다. 갈렙이 헤브론 산지를 점령한 나이가 85세였는데, 40세에 가나안을 정탐했고 그 후 광야에서 39년을 보냈고 79세에 가나안에 입성했다. 이로 보아 6년 정도는 가나안 전쟁에서 보낸 것을 알 수 있다. 가나안 점령이 오래 걸린 것은 아이 성의 실패가 그 원인이다. 가나안을 정복한 이스라엘은 토지를 분배하기에 이른다.

## 2. 토지분배

르우벤, 갓, 므낫세 반 지파는 흔히 '요단 저편' 또는 '요단 건너편'으로 불리는 트랜스요르단(transjordan)지역을 먼저 분배받았다. 이곳은 역사적으로 '킹스 하이웨이'(King's Highway)라 할 만큼 교통의 요지였고, 무역로로 각광을 받았다. 길르앗을 비롯해 바산을 포함하고 있는 아주 기름진 땅이다. 바산은 목초지로, 바산의 암소는 귀부인을 상징할 정도다. 하지만 다메섹의 남하정책과 암몬의 북상정책으로 인해 전쟁이 빈번하게 발생하는 지역이었다. 그러나 이 지파 사람들이 이곳을 지켰기 때문에 이스라엘이 평안할 수 있었다.

유다, 에브라임, 므낫세 지파의 분배가 있었다. 유다지파는 맨 처음 제비를 뽑아 남방 큰 지역을 차지했다. 이곳은 갈렙의 기업이 포함된 곳이다.

갈렙은 스스로 헤브론 산지를 점령하겠다고 했다. 갈렙은 그나스 사람으로 유다의 지도자도 된 인물로서 가나안정탐 사건 때 하나님을 철저하게 신뢰하고 순종한 것으로 인정을 받아 제비뽑지 않고 우선적으로 특권을 사용할 수 있었다.[17] 그러나 그는 특권을 사용하기보다 개척할 것을 주장했다. 그는 85세의 나이에도 불구하고 견고한 성읍 헤브론을 자신에게 달라고 했다. 이곳은 아낙 사람들이 살고 있는 곳으로, 가장 점령하기 어려운 곳이었다. 아낙 사람들 가운데서도 가장 크고, 철병거까지 가진 아르다 사람이 사는 곳이었다. 이곳을 정복한 후 그는 헌신과 봉사의 정신을 실현했다. 기업의 중심부를 도피성으로 만들었고, 큰 도성과 주변 땅을 레위 자손에게 바쳤다. 자신과 자기 후손은 변두리의 산지와 촌락만을 차지했다.

에브라임 지파는 여호수아가 속한 지파로, 유다 지파와 함께 가장 영향력이 큰 지파이다. 이 지파는 요셉의 둘째 아들 후손으로 야곱의 축복을 받았다. 야곱은 이 지파에서 "목자가 나리라"고 함으로써 번영을 약속했다. 목자는 지도자를 말하는 것으로, 에브라임 지파는 요셉 계통에서 목자가 날 것으로 믿는 '메사야 벤 요셉'(요셉의 아들 메시아) 사상을 갖게 했다. 그러나 요셉에서 날 목자는 여호수아를 의미하는 것으로 해석되고 있다. 이에 반해 유다 지파는 다윗 계통에서 목자가 날 것으로 믿는 '메사야 벤 다윗'(다윗의 아들 메시아)을 가지고 있었다. "실로(예수)가 오시기까지 홀(왕권)이 떠나지 아니하리니"는 말씀에서 실로는 예수, 홀은 왕권을 의미하는 것으로 해석한다. 이 생

---

17) 여호수아는 따로 기업을 받지 못했으나 갈렙만 받았다.

각은 에브라임 지파냐 유다 지파냐 하는 것으로 두 지파가 라이벌 관계에 있었음을 알 수 있다. 유대인들은 유다 지파의 목자가 먼저 오고, 에브라임 지파의 목자가 나중에 오는 것으로 믿기도 했다.

에브라임 지파는 유다 지파보다 작은 지역을 기업으로 분배 받았다. 이로 인해 토지분배에 대한 불만이 있었다. 이 불만으로 인해 에브라임 지파는 훗날 이스라엘이 남북으로 갈라질 때 북쪽 10지파를 규합하는 등 주도적인 역할을 했다. 유다 지파에 대한 다윗의 편애가 남북 분열의 원인이 되었다는 주장도 있다.

에브라임의 토지분배 작업은 진지 이동과 함께 중단되었다. 이유는 크게 두 가지다. 하나는 보다 안정된 곳에 기지를 정하고 성소를 세우고자 하는 욕망 때문이다. 진지가 길갈에서 실로로 옮기게 되었는데 실로는 교통의 요충지이자 사사시대까지 이스라엘 정치와 종교의 중심지가 되었다. 다른 하나는 므낫세와 에브라임 등 라이벌 관계에 있는 요셉의 두 지파가 그들의 기업이 유다 지파보다 작다며 토지분배에 불만을 표시하자 불만 해소 기간을 가질 필요가 있었기 때문이다. 이때 여호수아는 "너희는 힘이 있으니 남은 산지들을 개척하라"고 권고한다. 이는 갈렙을 본받으라는 말과 같다. 여호수아는 지파 개념보다 이스라엘 전체 목자로서의 입장을 지켰다.

토지 분배가 계속되어 베냐민, 시므온, 스불론, 잇사갈, 아셀, 납달리, 단 지파에 대한 분배가 이루어졌다. 베냐민 지파는 여리고와 예루살렘을 얻었다. 시므온 지파는 레위 지파와 형제로, 같이 저주를 받았었다. 레위는 제사장 지파로 승급되었지만 시므온은 레위와는 달리 갔다. 시므온은 디나 사건으로 인해 "야곱 중에서 나누이며 이스라엘 중에서 흩으리라"는 저주를 받았다. 시므온 지파는 유다 지파 일부 기업을 받았으며, 북쪽으로 이주했다. 세일산 에돔 쪽으로 합류했다는 설도 있다.

시므온 지파는 바알브올 사건 때 많이 희생되었다. 납달리 지파는 갈릴리 북쪽 예수님 고향 지방을 분배 받았다. 길르앗에 가까워 전쟁의 영향을 많이 받았다. 이사야서 9장 1절은 '멸시 받은 땅'으로 언급되었다. 하지만 이 지방이 예수의 고향이 되었다. 단 지파는 12지파 중 두 번째로 큰 지파였지만 얻은 땅은 작고, 블레셋과 연접해 있어 꾸려가기 힘들었다. 결국 자기 기업을 지키지 못하고 라이스(레센)를 점령하고 '단'이라 했다. 이 단은 이스라엘의 북단이다. 이스라엘을 말할 때 흔히 '단에서 브엘세바까지'라 하는데 이것은 북에서 남까지를 일컫는 말이다.

## 3. 레위 지파와 도피성

레위 지파 중 아론의 장남은 계속 대제사장 직을 수행했고, 다른 레위인은 성전 일을 도왔다. 레위 지파는 기업은 없고 지정 장소에 살며 종교적 직무를 수행했다. 이 지파는 여러 지파 가운데 흩어져 살았다. 매 지파마다 3, 4개 성읍을 공출해 48성에 거했다. 그 가운데 6성을 도피성으로 삼았다. 6성은 요단 동편에 3, 요단 이편에 3개를 두었다.

도피성은 부지중에 살인한 자(과실치사 자)가 구원을 받는 곳이며, 고의적 살인자는 제외된다. 이 성에 도피하면 제3자가 잡지 못한다. 그곳에서 제사장 보호를 받으며 농사를 짓고 살다가 대제사장이 죽을 때 자유를 얻는다. 대제사장의 죽음은 예수 그리스도의 죽음을 상징하며 죄인의 완전한 구원과 해방은 그리스도의 죽음으로 인한 구원과 해방을 의미한다. 도피성은 물어 찾아가는 곳이 아니라 누구나 알아볼 수 있는 곳에 있었다. 요세푸스의 글에 따르면 매 1년마다 모든 백성이 나와 도로를 정비했으며 이 과정에서 이곳에 이르는 길을 쉽게 익혔다.

# 제 2 장

# 하나님만 섬긴 여호와의 종, 여호수아

여호수아(Joshua)는 모세를 이어 이스라엘을 지도한 위대한 인물로 그에게 '여호와의 종'(수24:29)이라는 칭호를 붙여줄 만큼 하나님 편에 선 사람이었다. 여호와에 대한 그의 끊임없는 열심, 사랑과 겸손의 지도력은 후대의 사람들에게 많은 교훈을 주고 있다. 그는 누구이며, 신앙적으로 어떠한 점에서 모범이 되는가를 살펴보자.

## ▣ 여호수아, 그는 누구인가?

여호수아는 '여호와는 구원이시다'는 뜻을 담고 있다. 그는 자신의 삶 모두를 통해 여호와께서 이스라엘을 어떻게 구원하시는가를 직접 체험한 인물이었다. 그는 에브라임 지파의 사람으로 눈의 아들(민13:8, 13)이다. 7의 본 이름은 호세아(민13:16)인데 모세가 그를 여호수아라 부름으로써 일반적으로 여호수아로 알려지게 되었다. 호세아는 '구원자'라는 뜻을 가지고 있다. 그가 여호수아로 불림으로써 '여호와의 구원'을 더욱 사모했을 것으로 생각된다. 이 히브리어 이름을 희랍어로 바꾸면 '예수'(Jesus)이다. 그래서 여호수아는 하늘의 약속한 땅으로 그의 백성을 인도하는 예수님의 원형으로 인식되고 있다.

여호수아는 모세의 충실한 부하였다. 모세가 시내산에 오를 때 "그의 종자 여호수아와 함께 일어나 하나님의 산으로 올라"(출24:13) 갈 만큼 모세로부터 신임을 받았다. 그는 광야 40년 동안 모세를 수행할 정도로 모세의 최측근이었다. 아말렉과 전쟁을 할 때도 모세는 여호수아로 하여금 직접 나가 싸우도록 지시하는 한편 자신은 산꼭대기에 올라 여호와를 향해 손을 들었다. 피곤한 모세의 손을 아론과 훌이 붙들어 올려 해가 지도록 내리지 않았다. 여호수아는 그 전쟁에서 승리할 수 있었다(출17:13). 아말렉과의 전쟁은 하나님 · 모세 · 여호수아를 잇는 믿음의 승리였다. 그는 가나안을 정탐한 12명 가운데 하나(민 13:8, 16)였고, 정탐 후 믿음의 보고(민14:6-10)를 한 신실한 사람이었다. 그는 모세의 후계자(민27:18-23)로 지목되었고, 하나님의 신에 감동된 인물(민27:18; 신34:9)이었다.

그의 나이 85세쯤 모세를 이은 그는 25년 동안 이스라엘을 지도하였다. 첫 6년은 가나안 정복에 소요되었다. 백성의 신임을 받은(수1:10-18) 그는 결국 하나님의 인도하심에 따라 법궤를 앞세우고 요단을 건넜고(수3:1-17), 여리고를 공략(수6:1-27)하고 가나안을 정복(수10:1-12:24)한 뒤 이스라엘 모든 지파들에게 기업을 분배(수13:1-19:51)하였다. 그는 110세에 임종하여 에브라임 딤낫 세라에 묻혔다(수24:29-30).

## ▣ 여호수아의 신앙적 모범

성경은 여호수아에 대하여 여러 면모를 소개하고 있다. 담대하다(민 14:6-10)든가, 감정이 풍부하다(수7:6-10)든가, 지혜롭다(수8:3-29)든다, 남을 잘 믿는다(수9:3-27)든가 하는 것들은 그 보기에 속한다. 그러나 신앙적인 면에서 볼 때 우리가 본받아야 할 점들이 많다. 그 보기를 들면 다음과 같다.

### 1) 하나님 뜻에 온전히 순종한 사람

여호수아는 죽은 마지막 순간까지 백성의 신앙을 걱정하고 하나님의 명령을 전적으로 순종하며 여호와만을 섬길 것을 권면하고 기도한 지도자였다. 그는 평생 하나님의 뜻에 온전히 순종하는 사람이어서 여호수아가 사는 날은 물론이고 그의 교육을 받은 장로들이 사는 동안 백성들이 여호와만을 섬길 만큼 여호수아의 영향력은 대단했다.

그는 사람들이 두려워하고 있을 때 하나님을 의지하고 나가 싸웠다. 거인족인 아낙 자손과 철병거, 그리고 굳건한 성벽에 도전하여 이겼다. 그는 아말렉과의 전쟁을 비롯해서 여리고·아이·벧엘·기브온 등 수많은 전투에서 승리했다. 자신의 힘으로는 할 수 없었지만 하나님의 말씀에 생명을 걸고 순종하여 하나님의 영광을 드러내었다. "네가 어디로 가든지 네 하나님 여호와가 너와 함께하시리라"(수1:9)는 약속을 믿고 나아갔으며, 어려움이 있을 때마다 하나님을 찾아 기도했다.

여러 남방 왕들이 연합하여 기브온을 쳤을 때 여호수아는 이 소식을 듣고 길갈에서 기브온까지 24마일의 거리를 하룻밤 사이에 군대를 끌고 가 기브온에서 적군을 물리치고 벧호른까지 추격하여 적군을 완전히 섬멸했다. 이것은 참으로 큰 격전이었다. 그러나 여호수아의 기도(수10:12)를 들으신 하나님은 그를 도우셨다. 하늘의 해와 달이 중천에서 운행을 멈추었고 하늘에서는 돌 같은 우박이 내려 적군을 쳤다. 성경은 하나님께서 사람의 목소리(여호수아의 기도)를 들으신 이 같은 일은 전에도 없었고 후에도 없었다(수10:14)고 기록하고 있다.

이 사건들은 여호수아가 얼마나 하나님을 온전히 따랐으며 하나님께서 얼마나 그를 사랑하셨는가를 보여준다. 성경은 곳곳에서 우리로 하여금 하나님을 온전히 따르라고 권면하고 있다. 우리가 하나님께 전적으로 의지할 때 여호수아에게 이김을 주신 하나님께서 우리와 함께 하사 우리에게도 이김을 주신다.

## 2) 결단의 신앙인

흔히 여호수아 23장을 가리켜 이스라엘 지도자들에 대한 고별사요, 24장은 이스라엘 백성들에 대한 여호수아의 고별사라고 말한다. 그러나 그 모두에게 공통된 것은 "너희는 여호와만 섬기라"는 것이다.

신앙생활은 결단의 연속이다. 하나님과 세상 사이에 양다리를 걸치고 살 수 없다. 왜냐하면 하나님은 두 주인을 섬기는 것을 허용하지 않으시기 때문(왕상18:21)이다. 여호수아는 아브라함이 갈대아 우르를 떠나게 된 것은 신앙의 결단이었으며, 그리하여 그가 믿음의 조상이 되었음을 백성들에게 가르쳤다. 또한 그는 애굽에 재앙을 내리고 홍해를 건너 가나안 땅으로 온 것 모두는 칼로나 활로 이같이 한 것이 아니라 하나님의 도우심이었음을 명확히 하였다. 그리고 너희는 여호와만 섬기라 권면하였다. 여호수아는 이것이 이스라엘의 생사화복에 직결되는 것을 알고 있었다. 그리하여 그는 이스라엘을 에발산과 그리심산에 세우고 이제부터 하나님의 백성이 되겠다는 예식을 치렀고, 임종을 앞두고서도 여호와만 섬길 것을 다짐하였다.

그는 이스라엘 백성이 전쟁을 끝내고 축복을 누리게 되면 세상과 혼합할 가능성이 있음을 알고 두 번씩이나 이 문제를 심각하게 말하고 결단을 촉구했다.

"만일 너희 중 여호와 섬기기가 좋지 않게 보이거든 무슨 신이든 너희 섬길 자를 오늘 택하라 나와 내 집은 오직 여호와만 섬기겠노라"(수24:15).

자신은 이미 하나님 쪽으로 신앙적 결단을 한 사람임을 밝히고 백
성들로 하여금 신앙적 결단을 하도록 촉구한 것이다. 백성들도 모두
하나님을 택했다. 백성들이 결단을 내리자 즉시 증거의 돌을 세우고
맹세케 했다. "보라 이 돌이 우리에게 증거가 되리니 너희가 하나님을
배반치 못하리라"(수24:27). 우리에게도 이러한 신앙적 결단이 필요하
다. 우리 주위에는 우리의 삶을 유혹하는 죄의 요소들이 너무 많다.
이러한 때일수록 여호와만이 나의 하나님이요 예수 그리스도만이 나
의 구주임을 고백하고 믿음으로 사는 삶을 살아야 한다. 많은 우상과
죄의 유혹을 거부하며 오직 하나님만을 섬기기로 작정할 때 하나님이
주시는 축복이 크기 때문이다.

### 3) 백성을 사랑할 줄 아는 지도자

여호수아는 사랑과 이해가 깊은 사람이었다. 공동체 가운데 문제가
발생하면 감정을 내세우지 않고 신중한 자세로 먼저 이해하려 들었고,
공평과 사랑으로 문제를 해결하였다. 두 지파 반이 사는 이스라엘 동
편에 큰 돌단이 세워진 것을 보고 그 사람들이 하나님을 거역하는 것
으로 판단하여 싸우고자 했지만 여호수아는 대표를 보내어 진실을 알
아본 후에 하나님 앞에 패역한 단이 아님을 확인토록 하였다. 이 과정
에서 그들의 사는 곳이 적절치 못하여 이방신이라도 의지할 수밖에
없어 그리된 것이라면 차라리 그 땅을 버리고 함께 살자고 권유할 정
도로 여호수아의 지도력은 사랑과 양보가 있었다.

그의 사랑은 땅에 대한 공평한 분배에서도 나타났지만 무엇보다 백
성이 하나님을 떠나지 않도록 하는 권면에서 잘 보여주고 있다. 백성
에 대한 그의 진실한 사랑이 하나님을 섬기는 것으로 나타난 것이다.
그들의 영혼을 사랑한 때문이다. 기독교에서의 사랑은 단순히 상대방

을 생각하고 그를 좋게 해주는 행복감의 차원에서 벗어나 그들의 영혼이 하나님 앞에서 인정을 받도록 그들의 영혼을 사랑하는 것이다. 왜냐하면 우리는 이 세상의 삶으로 끝나는 것이 아니기 때문이다. 그러므로 영혼에 대한 사랑을 가지고 선교하고 헌신하는 것만큼 위대한 사랑은 없다. 여호수아가 이것을 백성에게 보여주었고, 예수님이 우리를 위해 몸소 이 사랑을 실천하였다. 성도는 바로 이러한 사랑을 실천하는 사람들이다.

### 4) 겸손한 인격자

여호수아는 아주 인격이 높은 겸손한 지도자로 손꼽히고 있다. 그는 이스라엘의 지도자였으므로 땅을 분배할 때 얼마든지 가장 먼저 그리고 가장 좋은 것을 취할 수 있었다. 자기가 실권자라며 얼마든지 누릴 수도 있었다. 그러나 그는 마지막까지 지도자로서 아름다운 모습을 보여주었다. 그는 제일 마지막으로 그리고 백성들로부터 분배를 받았다. 좋은 것을 가장 먼저 챙기는 오늘날의 지도자와는 너무나 다른 모습을 여호수아에게서 찾아볼 수 있다. 분배받은 땅도 좋은 땅이 아니라 산지이며 파괴되어 중건해야 할 곳(수19:50)이었다. 그는 가장 좋지 않은 땅을 받았지만 그곳에서 새롭게 역사를 일으키고자 한 개척정신을 잃지 않았다. 백성들로부터 땅을 분배받은 여호수아의 겸손과 마지막으로 좋지 않은 땅을 가져서 개척하려는 개척정신은 온 이스라엘을 숙연케 했을 것이다. 그는 그곳에 성읍을 다시 세우고 그곳에서 살았다. 그리고 그곳에 장사되었다. 그곳이 바로 그의 기업인 딤낫 세라이다.

하나님은 여호수아를 세우시고 위대한 이스라엘의 지도자가 되게 하셨다. 자기의 연약함을 내세워 두려워하고 있을 때 하나님은 그의

마음을 강하고 담대하게 하셨다. 그를 통해 이스라엘을 가나안에 정착
하고, 그를 통해 땅 분배를 마치게 하셨다. 여호수아는 주님을 온전히
믿고 따른 위대한 지도자요, 결코 자신을 내세우지 않은 지도자였다.
그는 백성들에게 "비록 삼림이라도 네가 개척하라"(수17:18)고 말함
으로써 백성들에게 개척의 정신과 소망을 심어준 지도자였다.

"하나님의 약속을 믿고 나아가 싸우라." 그는 백성들이 안일주의나
게으름에 빠지는 것을 결코 좌시하지 않았다. 그는 말만 한 것이 아니
라 자기 스스로 그 개척정신을 보여주었다. 그는 모세와 똑같이 '여호
와의 종'이라는 칭호를 얻게 되었다. 참지도자가 없는 시대에 하나님
은 여호수아와 같은 한 사람의 지도자를 찾고 있다. 참인격자가 없는
시대에 하나님은 여호수아와 같은 한 사람의 인격자를 찾고 있다. 그
한 사람이 바로 당신일 수 있다. 여호수아와 같은 믿음과 진실함을 하
나님은 요구하고 계신다.

# 제 3 장

# 위기에서 강한 믿음의 지도자, 갈렙

갈렙은 신앙의 사람이요 여러 두려운 환경과 자신의 한계까지 초월한 입지전적인 인물이다. 이 갈렙이 하나님과 어떤 관계를 가졌고, 아울러 갈렙에게 역사하셨던 하나님이 바로 우리의 하나님임을 밝히고자 한다. 먼저 갈렙을 소개하고, 그에게 있었던 두 가지 큰 사건을 통해서 그의 믿음을 배우고자 한다.

## ◼ 갈렙의 성경적 위치

모세는 출애굽을 한 뒤 가나안을 눈앞에 둔 바란 광야에 이르렀을 때 이스라엘 각 지파 가운데 족장이자 이스라엘 자손의 두령 되는 12사람을 뽑아 그 땅을 정탐케 했다. 그 가운데 유다지파의 대표로 갈렙이 있었다.

유다지파를 대표했던 갈렙(민13:6)은 그니스 사람 여분네의 아들(수14:14)로 원래 이스라엘 지파에 속하지 않는 그니스 족속(Kenizzites)의 사람이었다. 그니스 족속은 에서의 후손인 에돔 족속 가운데 하나(창36:11, 15, 42; 대상1:36, 53)로 가나안의 초기 원주민들에 해당하는 그나스 족속(Kenaz)이다. 이로 보아 갈렙은 야곱의 혈통을 이은, 이른

바 이스라엘 12지파에 속할 수 있는 인물이 아니다.

그러나 그가 유다지파를 대표하는 인물로 부각될 수 있었던 것은 하나님의 놀라운 섭리가 아닐 수 없다. 그것은 죄인 된 우리가 하나님의 자녀라 칭함을 받고 의인이라 칭함을 받는 섭리와 같은 성격을 지닌 놀라운 것이다. 그는 비록 이스라엘의 혈통을 가지고 있지는 않지만 할례를 받음으로써 믿음의 혈통에 따라 이스라엘에 속했다. 이것은 이방인인 우리가 그리스도를 구주로 모시는 믿음의 고백에 따라 하나님 나라의 백성이 되는 것의 그림자와 같다. 구약교회에서는 이방인이라도 할례를 받으면 누구나 이스라엘 사람과 같이 인정을 받고 이스라엘 민족의 일원이 되어 그들과 함께 살 수 있었나. 그들에게 있어서 할례는 혈통 이상의 의미를 지니고 있는 것이었다. 이것은 이스라엘이 혈통사회라기보다 신앙사회임을 입증하는 것이다. 그리스도를 믿는 사람 모두가 신앙 안에서 한 형제가 되는 것과 마찬가지이다.

교회가 세상 모든 사람을 위해 문을 열고 있는 것처럼 이스라엘도 원칙적으로 신앙에 관한 한 개방적이었다. 열린 사회관은 하나님이 그들뿐 아니라 우리에게 내려주신 원칙이다. 역사적으로 보아 이스라엘이 폐쇄성을 띠었을 때 하나님은 그들에 대해 진노하셨다. 그리스도인 된 우리가, 그리고 그리스도의 몸 된 교회가 폐쇄성을 띤다면 바람직하지 않다.

이스라엘에서 최초로 사사가 된 갈렙의 동생(조카?) 옷니엘(삿3:9)도 그니스 족속에 속했음은 물론이다. 갈렙뿐 아니라 그 식구들은 비록 이방족속에 속했지만 이스라엘의 여호와가 참하나님이라는 굳건한 신앙에 따라 할례를 받았고 이 신앙을 굳게 지킴으로써 그들은 이스라엘의 역사에서뿐 아니라 구속사적인 면에서 위대한 인물들이 될 수 있었다.

이스라엘의 역사는 한 민족의 역사가 아니라 온 민족을 위한 구속사이다. 그것은 믿음으로 난 자들의 역사이다. 출애굽 당시 장정 60만 가운데 잡족이 중다했다(출12:37-38)는 것은 바로 여호와를 그들의 하나님으로 모셨던 이방족속들이 많았음을 보여준다. 우리는 믿음으로 난 자들이 구속사를 통해 면면이 이어져왔음에 주목할 필요가 있다. 하나님께서는 환란 가운데서도 남은 자, 곧 믿음으로 난 자들을 통해서 믿음의 씨앗을 보존하셨고 그들을 통해서 구원을 성취하셨다. 그러므로 이방인으로서의 갈렙은 우리에게 많은 의미를 주고 있다.

## ▣ 갈렙의 신앙과 사건들

우리는 신앙인으로서의 갈렙을 두 가지 사건 속에서 찾아볼 수 있다. 그 하나는 가나안 입성 전 있었던 가나안 정탐 사건 후에 그가 보여준 하나님을 향한 전적인 신뢰였고, 다른 하나는 가나안에 입성한 후 그가 보여준 하나님을 향한 또 하나의 용기 있는 신앙이다. 첫 번째는 40세의 젊은 나이였고, 두 번째는 85세였다. 이것은 그가 젊어서나 늙어서나 오직 하나님을 전적으로 의지하는 삶으로 일관했음을 보여준다. 모세의 표현을 빌리면 그는 여호와 하나님을 온전히 좇은 사람(수14:9)이었다. 첫 번째 사건에서 보여준 그의 온전한 신앙심은 다른 대표 열 사람을 부끄럽게 만들어 주었으며, 두 번째 사건을 통해서도 그는 다른 지도자들을 부끄럽게 만든 하나님의 사람이었다.

### 1) 가나안 정탐사건

먼저 정탐사건을 통해 그의 신앙을 살펴보자. 모세가 각 지파의 두령 12사람을 뽑아 정탐꾼으로 파송한 일은 이스라엘이 가나안 남쪽

가데스라는 접경지역에 들어섰을 때였다. 이 지역은 헤브론에서 약 70 마일 떨어진 광야지대(시29:8)로 이스라엘은 그렇게도 갈망했던 가나안 입성을 눈앞에 두고 있었다.

우리는 정탐꾼을 보낸 일이 과연 하나님의 뜻이었을까 하는 질문을 던질 필요가 있다. 민수기 13장 1-2절을 보면 가나안 탐지는 하나님의 지시에 따른 것임을 알 수 있다. 하나님의 지시에 따랐으므로 정탐 자체는 결코 잘못이 아니다. 그러나 신명기 1장 22절 이하를 보면 정탐은 이스라엘의 불신앙에서 나온 것이었음을 알 수 있다.

신명기에 따르면 모세는 가데스 바네아에 도달하자 백성들에게 "너희 하나님 여호와께서 너희에게 이르신 대로 올라가서 얻으라 두려워말라 주저하지 말라"(신1:21)하며 하나님의 말씀만 믿고 가나안으로 진군할 것을 강력하게 주장했다. 그들이 하나님의 말씀만 믿고 나아갔더라면 낮에는 구름기둥으로, 밤에는 불기둥으로 인도하시던 하나님께서 그들을 붙드시어 편안히 가나안에 들어갈 수 있었다.

그러나 백성들은 가나안에 들어가기를 두려워했다. 왜냐하면 가나안에는 그들을 대적하는 많은 민족들이 살고 있었기 때문이다. 그들은 하나님의 전능하심을 잊어버리고 눈앞에 보이는 사람을 두려워했다. 그들은 애굽을 떠나온 후에도 계속 마음이 완악해져 10번이나 하나님을 시험(민14:22)한 불신앙적인 태도를 보였다. 그들은 하나님을 향한 신앙을 계속 붙들지 못하고 거듭 과거를 생각하며 애굽으로 돌아가고자 했다. 가나안을 앞두고도 그들은 "우리가 사람을 우리 앞서 보내어 우리를 위하여 그 땅을 정탐하고 어느 길로 올라가야 할 것과 어느 성읍으로 들어가야 할 것을 우리에게 회보케 하자"(신1:22) 하였다. 이 말은 합리적이지만 하나님을 전적으로 의지하는 신앙과는 거리가 먼 것이었다. 그들이 온전히 하나님의 전능하심과 함께하심을 확신했다면 정탐을 제안하지 않았을 것이다.

그래도 모세는 그들의 제의를 선히 여겨(신1:23) 받아들였다. 모세는 이것을 하나님께 간구했고 하나님께서는 불신앙적인 태도에도 불구하고 청원을 허락하셨다. 따라서 정탐 그 자체가 잘못은 아니었다 하더라도 그들이 정탐을 원했던 배경에 하나님을 향한 그들의 신앙 자세가 바르지 못했음을 알 수 있다. 그들이 해야 할 일은 의심 없이 하나님을 믿고 전진하는 것이었다. 그러나 그들은 이 믿음의 원칙을 어기고 인간적인 생각을 앞세웠다. 그들의 신앙은 결코 담대한 것이 아니었다.

12정탐꾼들은 가나안에 들어가 40일 동안 정탐했다. 그들은 하나님의 보호 아래 정탐임무를 완수할 수 있었다. 이 일은 하나님의 도움 없이 할 수 있는 일이 아니다. 성경에 따르면 그들은 북쪽 하맛 어구 르홉(Rehob, 민13:21)에까지 가서 정탐을 했다. 르홉은 후일 '단'이라 불렸던(삿18:28-29) 라이(Laish)성 근처를 말한다. 훗날 하나님께서 그 지역까지 이스라엘 백성으로 차지하게 해주신 것을 보아 하나님은 12정탐꾼들로 하여금 그들이 차지할 가나안 땅 모두를 미리 보여주고 밟아보게 하셨음을 알 수 있다. 그들은 두 눈으로 그 땅을 직접 보았고 두 발로 그 땅을 밟았다. 그들은 이스라엘의 누구보다 먼저 가나안을 먼저 체험한 영광을 누렸다. 이것은 하나님이 그들에게 베푸신 은혜였다. 그들은 모세의 지시대로 가나안 땅이 과연 좋은지 나쁜지, 그 성읍이 진영인지 산지인지, 토지가 후박한지, 수목이 있는지 없는지(민13:19-20) 살폈다. 그리고 한 골짜기에서 포도 한 송이 달린 가지를 베어 둘이서 막대기에 꿰어 멨고 석류와 무화과도 가지고 왔다. 그 골짜기는 그들이 포도송이를 베었다 해서 '송이 골짜기', 곧 에스골 골짜기라는 이름을 얻었다. 포도 한 송이를 두 사람이 메고 왔을 정도라면 그 열매가 얼마나 풍성했는가를 보여준다.

모세는 백성들로 하여금 그 열매를 직접 보게 함으로써 가나안 입성에 대한 꿈과 비전을 갖도록 했다. 바란 광야에 모인 이스라엘 백성들은 실과를 보면서 그들의 보고를 들었다. 보고 가운데 대체로 일치한 것은 땅이 비옥하고 산물이 풍성하여 젖과 꿀이 흐르지만 그 땅 거민은 강하고 성읍은 견고하여 점령하기는 매우 어려울 것(민13:27-29)이라는 것이었다. 이 같은 보고는 회중의 마음을 크게 흔들어놓았다. 그들은 불안해지기 시작했다. 그들의 마음속에 하나님을 의지하는 신앙은 찾아볼 수 없었다.

이 순간 갈렙은 담대하게 모세 앞에 나아와 백성을 안정시키면서 "우리가 곧 올라가서 그 땅을 취하리라 능히 이기리라"(신13:30) 주장했다. "능히 이길 수 있으라"(yakol), 이 야콜의 신앙은 오직 하나님만을 의지하고 나아가자는 불굴의 신앙정신을 나타낸 것이다.

그러나 다른 정탐 대표들은 오히려 크게 반발했다. 그들은 말을 바꾸어 그 땅은 그 거민을 삼키는 땅이라며 악평하였다. 또한 그곳 사람은 크고 힘센 장부라서 그들 보기에 우리는 메뚜기와 같았을 것(신13:33)이라며 자기들을 비하시켰다. 갈렙의 야콜 신앙과 다른 대표들의 메뚜기 신앙은 얼마나 다른가.

이 말을 들은 백성들은 밤새 통곡하면서 원망하기 시작했다. 그들은 한결같이 모세와 아론을 비난하고 그들 가운데서 지도자를 새로이 세워 애굽으로 돌아가자고 했다. 애굽으로 돌아가자고 하는 것은 습관적으로 그들이 내세운 불신앙의 구호였다.

이때 여호수아와 갈렙은 자기들의 옷을 찢으며 만류했다. 그 두 사람이 만류하는 가운데 외친 말씀은 오직 하나님 중심 그것뿐이었다. 그들은 첫째, "여호와께서 우리를 기뻐하면 우리를 그 땅으로 인도하여 들이시고 그 땅을 우리에게 주시리라"(민14:8) 하였다. 둘째, "오직 여호와를 거역하지 말라 또 그 땅 백성을 두려워하지 말라 그들은 우리 밥이라 그들의 보호자는 그들에게서 떠났고 여호와는 우리와 함께하시느니라 그들을 두려워하지 말라"(민14:9) 하였다. 이 주장은 하나님께서 그들과 함께하실 것이라는 확신과 결국 가나안 거민은 이스라엘의 밥이 될 것이라는 두려움 없는 신앙의 표현이었다. 백성들은 이 같은 신앙을 가져야 했다.

그러나 백성들은 가나안 입성을 주장하는 여호수아와 갈렙을 돌로 치려했다. 우리도 이처럼 세속적인 것과 이기적인 것에 눈이 가려 자주 돌을 들지 않았는가. 자기교회 중심으로 양적으로 성장하고 재정을 늘리려는 욕구에 눈이 어두워 하나님의 말씀 위에 교회를 바로 세우지 않는 것도 돌을 든 것이나 다름이 없다. 그들이 돌을 든 것은 전적으로 하나님을 무시한 처사였다. 우리가 돌을 들 때도 마찬가지다.

그들이 돌을 들어 치려는 순간 여호와의 영광이 그들 가운데 나타나셨다. 여호수아와 갈렙을 보호하고, 불순종하고 패역한 이스라엘의 무리들을 치고자 임재하신 것이다. 이때 모세는 하나님께 백성을 위해 중보의 기도(민14:13-19)를 드렸고, 하나님은 그 기도를 들어주셨다. 길이 참으시는 하나님은 그 백성들이 당장 죽임을 당하지 않도록 하셨다. 그 대신 40년간 광야에서 유리하게 되리라 하셨고, 이 기간 동안 말씀을 거역한 세대가 광야에서 죽은 다음 말씀에 바로 선 새로운 세대가 가나안에 입성하게 될 것(민14:26-35)을 약속하셨다. 40년 광야생활은 그들이 가나안을 탐지한 날수 40일의 하루를 1년으로 환산한 것(민14:34)이다.

하지만 정탐했던 인물 가운데 그 땅을 악평하여 백성들로 하여금 낙담케 했던 사람들은 그 자리에서 재앙을 받아 죽임을 당했다. 오직 여호수아와 갈렙만 이 재앙에서 살아남을 수 있었고, 40년 광야생활

후에 다시금 가나안을 밟게 되는 영광을 얻었다. 하나님 나라는 바로 힘써 신앙을 지킨 자들의 나라임을 알아야 한다. 성경에 따르면 갈렙은 그의 마음에 성실한 대로 보고하였지만 다른 형제 정탐자들은 백성의 간담을 녹게 하였다(수14:7-8). 형제의 믿음을 떨어뜨리게 하는 말이나 행위는 하나님을 기쁘시게 하지 못한다.

갈렙은 하나님을 온전히 믿고 좇아 돌에 맞아 죽을 위기에 달했지만 결코 자세를 흩지 않았다. 하나님은 그의 순종적 믿음을 보고 "오직 내 종 갈렙은 그 마음이 그들과 달라서 나를 온전히 좇았은즉 그 갔던 땅으로 내가 그를 인도하여 들이리니 그 자손이 그 땅을 차지하리라"(민14:24) 축복하셨다.

이 사건을 통하여 우리는 갈렙의 신앙이 오직 하나님 중심이었음을 알 수 있다. 갈렙은 말씀을 떠난 형제 정탐자의 편에 서지 않고 하나님만을 택했으며, 하나님을 떠난 백성들 편에 서지 않고 오히려 그들이 하나님께 돌아오도록 옷을 찢으며 권고했다. 우리도 믿지 않은 형제들을 위해 옷을 찢는 마음이 있어야 한다.

결국 하나님을 무시한 백성들은 구속함을 받은 자, 곧 남은 자의 대열에 끼이지 못하고 광야에서 모두 죽었다. 우리가 하나님을 따른다고 하면서 도중에 하나님을 시험하고 하나님을 무시하게 된다면 결국 광야에서 죽을 수밖에 없다. 하나님으로부터 저주 받은 그들이 오히려 가나안으로 전진한다고 혈기를 냈지만 그 결국은 패망뿐이었다. 처음 가졌던 순수한 신앙을 지킨다는 것이 얼마나 귀한 것인가를 이 교훈을 통해서 배울 수 있다. 환난에 처했을 때 하나님을 거역한다면, 어려움이 있다고 해서 교회를 떠난다면, 모두 위태로운 상황에서 자기만을 생각한다면 우리가 그들과 무엇이 다르겠는가.

## 2) 헤브론 산지 점령

두 번째 사건은 가나안에 들어가 토지를 분배할 때 일어났다. 가나안에 들어서자 이스라엘 각 지파는 땅을 분배하는 일에 관심을 나타냈다. 분배방법은 제비를 뽑아 정하는 것이었지만 누구나 더 넓고 비옥한 땅, 문제가 없는 땅을 원했다. 그러나 갈렙은 점령하기 어려운 요새요 견고한 성읍으로 강한 아낙자손들이 살고 있었던 헤브론 산지를 요구했다. 아낙 자손은 거인들로 침략자, 또는 패권자라 하던 느비림 또는 네피림(창6:4)의 후손들이었다. 그 가운데서도 아르다 사람은 철병거를 가진 족속이었다. 아낙 자손은 이스라엘 백성들이 그들에 비해 자기들을 메뚜기 같다고 표현할 만큼 이스라엘의 간담을 녹게 한 대표적인 족속이었다. 그러므로 헤브론 산지는 가나안에서 가장 점령하기 어려운 곳이자 어느 누구도 쳐들어가겠다는 엄두를 내지 못하는 곳이었다.

원래 갈렙은 가나안 정탐 사건 때 하나님을 온전히 순종한 상급으로 제비를 뽑지 않고 그가 밟은 땅은 어디든지 그가 요구하는 대로 받게 되어 있었다. 그는 이스라엘의 어느 누구보다 가장 좋은 곳을 얻을 수 있는 특권이 부여되어 있었다. 여호수아는 따로 기업을 받지 못했으나 갈렙만 기업을 따로 받을 수 있도록 한 것을 볼 때 얼마나 큰 축복이 약속되어 있었는가를 알 수 있다. 그러나 갈렙은 그 특권을 주장하지 않았다. 오히려 그의 나이 85세 고령에도 불구하고 "이 산지를 내게 주소서", "그곳에는 아낙 사람이 있고 그 성읍들은 크고 견고할지라도 여호와께서 혹시 나와 함께하시면 내가 필경 여호와의 말씀하신대로 그들을 쫓아내리이다"(수14:12) 말했다. 갈렙의 이 말속에는 일사각오의 신앙이 있다.

그의 말 가운데 '혹시'라는 말에는 3가지 뜻이 담겨 있다. 첫째는 강한 소망과 신념이 담겨 있고, 둘째는 '반드시'(surely)라는 뜻을 가지고 있으며, 셋째는 그 싸움에서 죽을 수 있다는 어떤 가능성을 배제하지 않고 있다. 그는 하나님께서 반드시 그와 함께하실 것을 믿었으며 하나님이 그와 함께하시면 아낙과의 싸움에서 꼭 승리할 수 있다는 확신을 가지고 있었다. 어쩌면 그가 죽을 수도 있을 그 싸움에서 그는 하나님만을 신뢰하는 믿음으로 나아갔고, 하나님은 그를 의지하는 갈렙 편에 서시어서 그로 하여금 헤브론 산지를 점령할 수 있도록 보호해주셨다. 이것은 하나님이 그와 함께하셨음을 보여준 신앙의 산 표본이다. 하나님이 나이 어린 다윗과 함께하셨을 때 골리앗을 무너뜨릴 수 있었음 같이 하나님만을 믿고 나갈 때, 그리고 하나님께서 함께하실 때 우리는 승리할 수 있다.

갈렙은 에브라임 지파처럼 토지분배를 놓고 불평하지 않았다. 그는 산지들을 개척하고자 했다. 개척하는 신앙은 그만큼 값진 것이다. 우리는 갈렙의 신앙을 헤브론 산지 점령으로 마무리 지울 수는 없다. 그는 그가 싸워서 얻은 기업의 가장 중심부 되는 기럇아르바, 곧 헤브론을 이스라엘의 도피성으로 바쳤고(수20:7), 큰 도성들과 그 주변의 좋은 땅을 레위 자손에게 주었으며(수21:11), 자기와 자기 후손들을 위한 기업으로는 오직 변두리에 있는 산지와 촌락들을(수21:12) 가졌을 뿐이었다. 그는 참으로 헌신적인 인물이었다. 그는 그가 가진 특권을 결코 사욕을 위해 사용하지 않았으며 힘써 빼앗은 산지를 이스라엘을 위해 바쳤다. 그는 헌신과 봉사로 일관한 신앙의 인물이었다. 이 신앙을 본받는다는 것은 매우 귀한 일이다.

### ▣ 갈렙을 갈렙 되게 하신 하나님

우리는 갈렙을 통해서 그의 신앙을 볼 수 있지만 다른 한편으로는 그 모든 것이 하나님의 섭리 가운데서 이루어질 수 있었음을 알아야 한다. 하나님은 인간의 교만을 물리치기 위해서 강한 자보다 약한 자를 세우시어 그의 뜻을 나타내고자 하셨다. 그는 이방족속으로서 유다 지파의 두령으로 세움을 입었고, 85세라는 노년의 나이에 헤브론 산지를 점령할 수 있었다. 하나님의 은혜와 도우심이 없었다면 어느 한 가지도 불가능한 일이다.

하나님은 무엇보다 이스라엘 족속이 아닌 그를 세우셔서 할례를 받게 하고 유다지파의 두령으로까지 성장케 해주셨다. 지파의 두령이 될 수 있었다는 것은 하나님의 은혜를 빼놓고 설명할 수 없다.

그가 가나안 정탐꾼으로 갔지만 하나님은 그를 보호하시어 적들의 위험으로부터 보호해주셨다. 그가 정탐을 마치고 이스라엘 회중 앞에서 가나안으로의 행군을 주장했을 때 회중들은 그를 돌로 쳐 죽이려 했다. 하지만 오히려 하나님이 간섭하셔서 그들의 행패를 꺾고 갈렙을 축복하셨다. 하나님을 떠난 이스라엘 회중은 가나안에 들어가지 못하고 광야에서 40년을 유리하며 죽어가야 했지만 하나님께서는 말씀하신 그대로 갈렙을 생존케 하셨고(수14:10) 그로 하여금 가나안에 들어가게 하셨다. 이것은 하나님 은혜 없이 설명될 수 없다. 마찬가지로 우리의 삶도 하나님의 은혜 없이 설명될 수 없는 귀중한 것이다.

가나안에 들어가서도 하나님은 갈렙을 도와서 헤브론 산지를 점령케 해주셨다. 85세의 노구를 붙들어 힘을 주신 분은 바로 하나님이셨다. 그러므로 하나님은 무시될 수밖에 없었던 그나스 사람 갈렙을 세우심으로써 자만하던 이스라엘 백성들을 오히려 부끄럽게 만들었다. 약한 자를 세워 강한 자를 부끄럽게 하시는 하나님께서 갈렙을 세우사 그에게 은혜를 베풀고 능력의 옷을 입히신 것이다. 갈렙이 갈렙될 수 있었던 것은 오직 하나님의 은혜와 능력 때문이었다.

그러므로 우리는 갈렙의 사건을 통해서 갈렙이라는 한 인간을 볼 것이 아니라 그 배후에서 역사하시는 하나님의 온전하심과 전능하심, 그리고 그분의 한결 같은 뜻을 바라보아야 한다. 그리고 갈렙에게 역사하신 바로 그 하나님이 지금 우리를 향해 말씀하고 계시고, 그 말씀은 살아서 우리 안에서 작용하고 있음을 인식해야 한다.

갈렙과 함께하시고 갈렙을 온전케 하신 하나님께서 우리와 함께하시고 우리를 온전케 하실 것이다. 우리의 믿음이 그리스도의 머리에 이르기까지 장성하려면 우리는 갈렙이 이스라엘 백성들에게 호소했던 바와 같이 오직 여호와를 거역하지 말아야 할 것이다. 우리가 여호와 편에 굳게 서 있을 때 여호와는 우리에게 힘이 되어 주실 것이다

# 제 4 장

# 사사시대

사사시대는 옷니엘에서 사울 왕이 세워질 때까지의 342년간을 말한다.[18] 이스라엘에게 있어서는 혼란과 고통의 시기였으며 성령이 잠깐 있다 떠난 것으로 이해되고 있다. 이 시기는 더 이상 신의 현현 시대가 아니었다.

사사시대의 특징은 무법과 암흑, 종교적 위기, 그리고 전란기라는 특징이 있다. 무법과 암흑시대임은 "각각 그 소견이 옳은 대로 행하였더라."는 말씀이 입증하고 있다. 종교적 위기는 그들이 가나안 종교에 오염되어 우상을 숭배하고 이방족속과 잡혼 한 것을 들 수 있다. 후세대들은 하나님을 알지 못해 출애굽사건까지도 잊어버렸을 정도였다. 이것은 역사를 잊어버린 후세대에 대해 교육에 책임이 있는 장로들(전시대)의 책임이 크다는 것을 보여준다. 구약은 언약 아래 있는 사람들을 교육하기 위한 것이었으므로 후세 교육은 매우 중요했다.[19] 이 시대는 약 100년간 각국의 침략을 받았을 만큼 전란에 휩싸였다.

하나님은 이 시대에 사사들을 세워 이스라엘을 보호하셨다. 하나님은 약한 자를 사사로 택했지만 이스라엘을 지키게 하셨다. 이것은 사

---

18) 410년이라는 설도 있다.
19) 이에 비해 신약은 이방, 곧 언약밖에 있는 사람들에게 복음을 전파하기 위한 목적이 크다.

사의 능력이 아니라 하나님의 능력으로 승리했음을 보여준다.

1) 옷니엘은 메소보다미아와 전쟁을 했고, 이 전쟁에서 하나님은 이스라엘을 도와 이기게 하셨다. 옷니엘은 그나스 사람 갈렙의 동생(조카?)이자 사위이다.

2) 베냐민 지파의 에훗은 모압 연합군을 이겼다. 하나님은 왼손잡이 에훗을 세우셨다. 왼손잡이란 '바른 손이 불구된 자'라는 의미로, 활을 쏠 수 없고 전쟁 참가 능력이 없음을 보여준다. 당시 전쟁에 나갈 수 있는 자는 좌우 손을 놀릴 수 있는 자여야 했다(대상12:2). 이런데도 하나님은 왼손잡이 700명을 뽑아 이기게 하셨다(삿20:16).

3) 삼갈은 블레셋을 이겼다. 삼갈이 사사라는 말은 없다. 그는 소 모는 막대기로 혼자서 600명을 죽였다. 소 모는 막대기는 끝이 날카로운 철물장식 막대기, 밭가는 보습, 찌르는 채찍으로 사용되던 것이었다.

4) 드보라는 하솔 왕 야빈을 이겼다. 여성이나 가정주부는 전장 일선에 나서지 않았지만 하나님이 그를 택했을 때 순종하지 않을 수 없었다. 드보라는 랍비돗의 아내이다. 바락이 장군역할을 맡았는데 랍비돗이 '횃불'이고, 그 뜻이 같아 부부가 아닌가 생각하기도 한다.

4) 기드온은 미디안의 침략을 물리쳤다. 3만 2천 명에서 300만 뽑아 이겼다. 군사의 수를 줄인 것은 하나님의 능력으로 이겼음을 알게 하기 위한 것이다.

5) 아비멜렉의 반역이 있었다 기드우우 세슘 왕을 반대했으나 그의 첩의 아들 아비멜렉이 스스로 왕이 되었다. 마지막 이복동생 요담만 살아남았다. 요담의 저주대로 되었다.

6) 돌라와 야일 때는 태평성대를 이뤘다. 그리고 입다는 암몬의 침략을 이겨냈다. 입다는 기생이 길르앗에게서 낳은 아들로 형제들에서 쫓겨나 가난한 하류 배와 같이 살았다. 가난한 하류 배는 가난하고 유

리하는 자로, 도덕적으로는 타락하지 않았다. 이들은 신앙의 인물들로 하나님을 두려워했다.

입다 시대에 궁금한 점은 무남독녀인 그의 딸을 번제로 드렸는가 하는 것이다. 이것에 대해 두 가지 설이 있다.

하나는 번제로 드린 것이 아니라 결혼 안한 처녀의 몸으로 성전 봉사자로 하나님 앞에 바쳐졌다는 설이다. 사사기 11장 31절의 '올라'는 '높인다, 올린다, 바쳐 올리다'는 뜻으로 반드시 불에 태워 바치는 것이 아니다. 사람을 바치는 번제가 율법에 금지되어 있었으므로 입다가 모를 리 없다. 사사기 11장 37절의 '처녀로 죽음을 인하여'에서 원문에는 죽음이라는 말이 없다. 이 경우 '처녀로 인하여'는 남자를 알지 못함을 의미한다. 처녀로 하나님께 바쳐졌다는 의미다.

다른 하나는 문자 그대로 번제로 드렸다는 설이다. 첫째, 처녀만 성전 봉사해야 한다는 규례가 없다는 점이다. 예를 들어 안나는 결혼한 여성이었다. 입다가 그의 딸을 슬퍼하며 처녀 성전 봉사자로 바쳤다는 말은 사실과 다르다. 둘째, 인간 제물을 서원한 것은 율법이 시행 안 된 사사시대의 암흑에 산 때문이다. 셋째, 동물 제물에 만족치 않고 더 큰 것을 드리려는 지나친 열심 때문이었다. 암몬 사람이 자식을 몰렉에게 바치는데 이에 질 수 있겠느냐는 감정에서 솟아난 열심이 비극을 불렀다. 몰렉의 원뜻은 '왕'으로 우상을 왕으로 간주했음을 보여준다. 이것은 성경에 입각한 것이 아닌 실수이다. 이 실수는 우리가 찾아야 할 방향은 그리스도여야 한다는 것을 가르쳐준다. 끝으로 번제라는 술어는 반드시 불에 태우는 것을 의미한다는 점이다.

7) 삼손은 블레셋 침략을 이겨냈다. 삼손은 모태 교육을 받아 허물 없이 출생했다. 동족에게는 온유하고 겸손했으나 원수에게는 강했다. 그는 따르는 부하 없이 고독했다. 드릴라에게 집착한 것도 이 때문이

다. 삼손은 해학적인 인물로 무조건 나쁘다고 매도할 인물은 아니다. "먹는 자에게서 먹는 것이 나오고 강한 자에게서 단 것이 나온다."는 수수께끼가 그 보기이다. 그는 여우 3백의 꼬리를 서로 맞매 횃불 달아 원수의 밭을 태웠다. 성문 매복 원수 앞에서 문설주와 빗장을 빼 싸우지 않고 간담을 녹게 했다. 성문은 국방의 상징이다. 잘린 머리가 '자라더라.'는 말은 하나님께 몸을 바친 나실 인으로 힘이 생겼음을 의미한다. 그는 자기의 힘이 아닌 하나님의 힘으로 원수를 갚았다. 그는 집이 무너져 죽었다. 히브리서는 이를 가리켜 영광적인 죽음(히11)이라 묘사했다. 그가 죽었을 때 죽인 자가 살았을 때 죽인 자보다 더 많았다.

8) 사사시대에는 동족상쟁도 있었다. 이것은 무법, 타락했음을 보여준 것으로 율법에 어긋난다. 길르앗과 에브라임의 내전의 경우 입다의 암몬 전쟁 후 에브라임이 비협조적이고 불평이 많아 생긴 사건이다. 베냐민 자손과의 내전은 에브라임에 사는 레위인 첩의 불륜과 기브아 성내 비류들의 패륜적인 행동으로 첩이 죽은 사건에서 유발되었다.

9) 단 지파의 라이스 이민 점령 사건이 있었다. 단 지파는 가나안 서부 산간지대에서 해변에 이르는 비옥한 땅을 기업으로 얻었으나 블레셋의 압박으로(삼손이 일시 활동했음에도 불구하고) 새로이 살 길을 찾아 가나안 최북방인 라이스로 옮기고, 그곳을 단이라 불렀다. 라이스는 고립된 지역이어서 쉽게 점령이 가능했다. 단 지파 전체가 라이스로 이주한 것은 아닌 듯하며 일부는 남방에 남아 유다와 베냐민 지파에 흡수된 것으로 보인다. 앗수르의 침략으로 맨 먼저 이산을 맞보게 되어 후에 이스라엘 계보 중에 그들의 이름이 빠져 있기도 하다.

왕국시대

제 3 부

# 제 1 장

# 왕국의 시작과 사울왕의 통치

## 1. 왕국의 시작

엘리 제사장 때 법궤를 블레셋에게 빼앗겼다. 법궤는 승리의 상징이었으나 이를 빼앗긴 것은 충격적인 일이었다. 구속사적으로 볼 때 이는 시대가 법궤지상주의에서 떠나 영적 종교로 들어갔음을 의미한다. 즉 제사중심에서 말씀 순종으로 바뀐 것이다. 제사가 법궤 지상주의를 반영한다면 말씀 순종은 영적 종교를 반영한다. 이는 영적 계시의 발전을 의미한다. 이 변화의 중심에 사무엘이 있다.

사무엘은 모든 선지자의 조상으로 선지학교를 세웠다. 그는 왕 세우는 것을 싫어하고 하나님 말씀만 통치하기를 바랐다. 그는 미스바 부흥운동을 일으켰다. 이는 새 영적 종교로 진입을 의미한다.

사울은 자기가 제사를 지낼 만큼 순종하는 왕이 아니었다. 사울 마음에는 제사가 있었다. 이는 옛 종교, 의식종교에 매어 있었음을 보여준다. 사울은 사무엘의 마음과 맞지 않았다. 이에 반해 다윗은 사무엘의 마음에 맞는 인물이었다. 다윗은 '제사보다 상한 심령을 원하신다.'고 할 만큼 영적 종교를 추구했다.

사무엘은 레위의 후손으로 '그의 이름은 하나님이다'는 뜻을 가지고 있다. 이 이름은 '내가 여호와께 그를 구하였다'는 뜻을 가진 '사알 메엘'과 발음이 비슷하다. 그는 사사시대와 왕정시대를 연결하는 과도기의 주역으로서 역할을 수행했다. 그는 사사시대의 최후의 사사요 왕정시대의 최초의 선지자로 간주되고 있다. 그는 사울과 다윗에게 기름을 부었다. 자신은 신정정치(Theocracy)를 주장했다.[20] 이스라엘이 다른 이방 나라처럼 왕 세우기를 고집하므로, 하나님은 왕을 허락했다. 하나님이 왕을 허락한 것은 이스라엘에 대한 하나의 징계였다.

## 2. 사울왕의 통치

사울은 베냐민 지파 출신이다. 당시 이 지파는 가장 미약했지만 미약했기 때문에 지파 간의 시기와 질투의 기회가 줄어 백성을 연합하는 데는 유익했다.

사울이 버림받은 이유는 크게 두 가지다. 첫째, 블레셋과 전투 때 사무엘을 기다리다 지쳐 제사장만이 할 수 있는 번제를 집행했다. 제사장직을 침범한 것이다. 둘째, 불순종했다. 아말렉과 전투 때 모든 소유를 진멸하라는 말씀에 순종하지 않았으며, 또 아각 왕을 살려주었다. 아각은 후에 사무엘에게 죽지만 에스더서에 나오는 그 후손 하만이 이스라엘을 멸하려고 계획했다.

사울이 미친 자가 되기도 했고 사위인 다윗을 죽이고자 했다. 이 모두는 악신의 역사다. 미친 것은 우울증 내지 정신착란증세가 있었던 것으로 보인다. 그는 다윗을 죽이고자 했지만 다윗은 달랐다. 다윗은

---

20) 이스라엘 역사에 왕정시대가 있다 해도 그 근본은 신정정치였다.

사울을 죽일 수 있는 기회가 와도 "내가 어찌 여호와의 기름부음을 받은 자를 치리이까?" 하며 놓아주었다. 엔게디 굴속에서 사울의 겉옷 자락만 벤 사건이나 머리 곁에 있는 창과 물병만 가져오게 한 사건이 그 보기다.

블레셋이 침투하자 사울은 결국 엔돌의 신접한 여인을 찾을 만큼 영적으로 타락했다. 이 여인은 가나안 후예이다. 사울은 블레셋과의 전투에서 패했다. 길보아 산에서 패전한 그는 세 아들과 같이 죽음을 맞았다. 그 가운데 요나단이 있었다. 다윗은 사울과 요나단의 죽음을 슬퍼해 슬픈 노래를 지었다. 제목은 '활 노래'로 싸움터에서의 노래에 해당한다.

사울의 죽음과 관련해 아말렉 소년의 보고에 대한 논란이 있다. 사울이 자기의 칼에 엎드려 자결했다는 구절(삼상31:4, 5)과 아말렉 소년이 사울의 요구에 따라 그를 죽였다는 구절(삼하1:9, 10)이 서로 모순되기 때문이다. 그러나 두 구절은 모순이 되지 않는다. 그 이유의 첫째는 아말렉 소년은 사울의 자결을 보고 자기의 공로를 나타내기 위해 거짓말을 하여 자기가 죽였노라고 할 수 있다는 것이다. 그가 면류관과 손의 고리를 가져온 것을 보면 알 수 있다. 둘째는 사울이 자기의 칼 위에 엎드려졌으나 그때에 죽지 못하고 아말렉 청년에게 죽여주기를 청하였다는 점이다.

# 제 2 장

# 다윗의 통치와 그 역사

다윗은 30세에 등극하여 헤브론에서 7년, 예루살렘에서 33년, 모두 40년간 통치했다. 다윗은 통치 기간 중 3번 기름부음을 받았다. 처음에는 사무엘로부터 받았지만 공식적인 것은 아니었다. 두 번째는 헤브론에서 유다족속만의 왕으로 기름부음을 받았다. 그는 헤브론을 수도로 정하고 7년 6개월 동안 통치했다. 그가 유다의 왕이 된 것은 블레셋의 도움이 있었다. 당시 블레셋은 이스라엘 양분 정책을 추구했으며, 사울의 집과 다윗의 집 사이의 전쟁 장기화를 노렸다. 세 번째는 이스라엘의 왕으로 기름부음을 받았다. 수도를 예루살렘으로 정하고 여기서 33년간 통치를 했다. 예루살렘은 '평화의 도성(보존, 근원)'이라는 뜻을 가지고 있으며 다윗성, 시온성, 살렘, 여부스 등 다양한 명칭을 가지고 있다.

하나님은 "네 집과 네 나라가 네 앞에서 영원히 보존되고 네 위가 영원히 견고하리라"(삼하7:16)며 다윗과 언약을 맺었다. 이 언약은 '확실한 언약,' '내 언약'이라 불린다. 이것은 나타날 메시아에 관한 것으로 아담의 씨(여자의 후손), 아브라함의 씨, 다윗의 자손으로 구체화되었다.

## 로벗슨이 본 다윗, 왕국의 계약

로벗슨(O. Palmer Robertson)은 백성을 구원하려는 하나님의 목적은 구약의 경우 다윗 계약에서 최고의 실현단계를 맞게 된다고 주장하고 다윗왕권은 그리스도의 메시아적 왕권을 전형적으로 예언한 것으로 보았다. 특히 시편 2:7에서 "너는 내 아들이라 오늘날 내가 너를 낳았도다."라는 다윗 자신의 시적인 선언은 다윗계약의 수립에서 '다윗의 아들'과 '하나님의 아들' 사이에 세워진 관계이며 이것은 메시아가 올 때 완성을 보게 된다. 예수 그리스도는 육신으로는 다윗의 혈통에서 나셨으므로 다윗의 아들이요 죽음 가운데서 부활하여 능력으로 하나님의 아들로 인정되셨으니(롬1:3, 4) 또한 하나님의 아들이다.

하나님은 "네가 어디를 가든지 내가 너와 함께 있음"(삼하7:9)으로써 그 계약 속에 임마누엘 되시는 하나님임과 그 하나님이 다윗의 집을 지으실 것을 확실히 하셨다. 물론 왕국의 계약이 공식적으로 수립되기 위해서 헤브론에서 7년을 기다리고 하나님의 법궤를 예루살렘으로 가져오는 등 어떤 다른 발전을 기다려야 했지만 하나님은 다윗의 왕위를 굳게 하시고 안식을 주셨을 뿐 아니라 그리스도가 실제로 나타나기 이전에 성취의 그림자로서 구속역사에 있어서 최고의 완성적인 면을 보여주셨다.

따라서 이스라엘의 왕은 계약관계에서 독특한 역할을 유지한다. 즉 이스라엘의 왕이 되는 것은 여호와의 계약관계에 들어가며 이 관계는 왕이 계약의 중재자로서의 역할을 수행한다는 사실을 보여준다.

다윗계약에는 두 가지 약속을 중심으로 하고 있다. 하나는 다윗계열에 관한 것이고, 다른 하나는 예루살렘 땅에 관한 것이다. 다시 말하면 백성을 구원하는데 있어서 하나님의 목적은 다윗의 계열과 예루살렘의 왕권, 이 두 가지에 모이게 된다. 하나님이 이스라엘을 몹시 경계하면서도 다윗과 예루살렘과는 은혜롭게 관계하시는 이유는 바로 여기에 있다. 솔로몬에게 죄가 있었지만 하나님이 그의 종 다윗을 위하여(왕상11:34) 솔로몬의 손에서 그 나라를 빼앗지 않은 자비를 보이신 것은 그 보기이다. 하나님은 계약에 근거한 약속에 따라 혈통과 지역을 유지하신다. 뿐만 아니라 불순종하는 자손에 대해서는 징계를 하신다. 그러나 다윗왕조와의 영원한 계약의 그 핵심은 왕권의 혈통이 깨지지 않는 데 있다. 다윗혈통은 그리스도 통치의 영원한 성격을 그림자 형태로 예언되어 있기 때문에 다윗자손의 왕위는 적어도 하나님 자신의 왕위요 이스라엘 왕권과 하나님의 왕권은 실제적으로 동일한 것이다. 다윗혈통과 예루살렘 지역은 하나님 자신의 주권과 서로 관계가 있다.

> 다윗계약의 역사성을 나타내는 구절은 사무엘하와 열왕기상하에서 볼 수 있으며 하나님이 다윗에게 하신 계약의 말씀이 얼마나 진실한가는 이 말씀들의 실례 속에서 구체적으로 나타난다. 계약의 말씀이 역사과정을 통해서 증명된다는 점은 주목할 가치가 있다.
>
> 로벗슨은 이 같은 설명을 통해 예언의 본질에 관한 어떤 결론은 성경에서 나오며 특히 열왕기서의 주제에서 계약에 대한 성경적 본질이 설명된다고 보았다. 그는 하나님의 구체적인 말씀이 역사를 통해 작용하고 있으며 계약의 말씀에 바탕을 둔 심판의 역사가 다윗혈통을 통해 충실히 유지되어온 점에 주목하였다. 이것은 로벗슨이 얼마만큼 계약신학에 입각해 있는가를 보여준다.

다윗은 블레셋, 모압, 에돔, 소바, 다메섹, 하맛, 암몬 등 여러 족속과 전쟁을 벌여 승리했다. 모압과 암몬과의 전쟁에서 승리함으로써 트랜스요단의 무역 로를 확보했다. 다윗왕국의 판도는 '유브라테강에서 홍해에 이르기까지'로 하나님이 아브라함에게 약속한 전 지역을 망라한다. 그는 상비군·관장(행정)·재산관리자·왕 고문단을 두어 새 질서를 확립했으며, 종교적으로는 사독과 아히멜렉 등 두 제사장을 두어 새로운 종교제도를 확립하고 레위족속을 조직화했다.

다윗은 선행도 했지만 악행도 행해 양면성을 가지고 있다. 선행으로는 요나단의 아들로 절뚝발이 므비보셋에 대해 친절과 사랑을 베푼 일이다. 친구 요나단을 생각하여 그를 왕자와 같이 대우했다. 이 일이 개인적인 선행이라면 공인으로서 선행을 한 것으로 기브온 사람들에게 공의를 베푼 일을 들 수 있다. 가나안을 정복했을 당시 여호수아는 기브온 사람들을 결코 멸하지 않겠다는 약속을 한 바 있다. 그들은 성전의 물 긷는 자들로 생활했다. 그들은 동화되지 않았다. 종족주의가 강한 사울은 그들을 학살하려 했다. 이스라엘은 개방사회지만 사울은 달랐다. 이 일로 하나님은 이스라엘에 3년 동안 기근이 있게 했다.

다윗의 대표적인 악행으로는 밧세바와의 불륜과 그의 남편 우리아를 죽게 한 죄, 인구조사의 실시를 들 수 있다. 다윗은 불륜과 죄악을 회개했지만 하나님은 밧세바와의 불륜으로 나은 아이를 죽게 하셨고, 칼이 떠나지 않을 것과 가정이 어려워질 것을 예언하셨다. 이 같은 예언은 다윗으로 하여금 사죄의식을 갖게 되었고 계속 그를 겸손케 만들었다. 인구조사는 하나님의 백성을 자기 소유로 알았고 권력과 무역으로 나라를 세우려 했다는 점에서 동기가 악했다. 어거스틴에 따르면 모세의 인구조사와 다윗의 인구조사는 차이가 있다. 모세는 20세 이상 남성을 대상으로 2번 인구조사를 했는데 그 목적은 '하나님의 나라'(Kingdom of God)를 위한 것이었다면 다윗의 인구조사는 군사강국을 만들어 자신의 '세계의 왕국'(Kingdom of World)을 세우려 했다는 것이다.

다윗의 말년에는 여러 차례 반역이 있었다. 이것은 그의 범죄에 대한 하나님의 징계였다. 첫 번째 반역은 다윗의 3째 아들 압살롬에 의해 일어났다. 압살롬이 죽었고, 다윗은 그의 죽음을 슬퍼했다. 자기의 죄 때문이라는 것을 알았기 때문이다. 그의 눈물 속에는 회개의 심정이 담겨 있다. 두 번째 반역은 베냐민 사람 세바에 의해 일어났다. 이것은 다윗의 파벌주의에 대한 하나님의 심판이었다. 압살롬이 죽자 피신해 있던 다윗을 다시 궁으로 모시는 문제가 발생했다. 다윗은 유다 지파를 향해 "너희는 내 형제요 내 골육이 아니냐"는 발언을 하며 앞장서도록 재촉했다. 그의 종파적인 발언은 결국 종족을 분열시키고 종파주의를 초래했다. 환영행사에 유다 지파는 많았고, 이스라엘 지파는 적었다. 이스라엘 사람들은 왜 상의를 하지 않았느냐며 불만을 터뜨렸다. 이 와중에 세바가 일어나 기업이 다르다며 이스라엘을 선동해 다윗을 배반하도록 한 것이다. 세 번째는 그의 넷째 아들 아도니야에 의해 일어났다. 이 반역에 대제사장 아비아달과 군대장관 요압이 협조했다. 아비아달은 대제사장 사독에 대한 불만이, 그리고 요압은 기회주의적 태도가 작용한 것으로 판단된다. 나단 선지는 밧세바로 하여금 다윗을 찾아가 솔로몬이 태어날 때 계승자로 정한 사실을 다시금 확인케 했으며, 다윗은 솔로몬을 왕의 계승자로 인정한다. 솔로몬은 대제사장 사독 성막에서 기름부음을 받는다. 솔로몬이 태어날 때 하나님은 나단을 통해 '여디디야'란 이름을 준 바 있다. 이 이름은 '제비 뽑힌 (선택 된) 자'라는 뜻을 가지고 있다.

# 제 3 장

# 여호와만 목자로 삼은 왕, 다윗

다윗은 아브라함과 함께 손꼽히는 인물이다. 그는 하나님의 택하심을 받아 사울을 이어 왕이 되었고, 영토를 넓혔다. 그는 사울의 끈질긴 추적을 받았고, 여러 어려운 과정을 거쳤다. 그러나 그는 언제나 하나님께 나아가는 삶을 살았다. 그의 심정이 가장 잘 나타나 있는 것이 시편이다.

그 가운데 시편 23편은 하나님을 신뢰하는 노래이자 가장 아름다운 시로 알려져 있다. 이 시는 그가 어느 정도 나이 들었을 때 인생을 돌이켜 보면서 그간 하나님의 인도하심에 감사하여 쓴 시이다.

그는 하나님을 가리켜 '나의 목자', '산성', '피할 바위', '방패', '힘' 등 여러 가지 표현을 사용했다. 이 같은 표현은 그가 어려움을 당했을 때 하나님은 그가 의지할 수 있었던 마지막 보루였음을 의미하고 있다. 그는 장인인 사울의 살인계획, 블레셋의 공격, 아들 압살롬의 반역 등 여러 어려움을 겪었다. 겉으로 그는 완벽해 보이는 사람처럼 보였시만 내적으로는 깊은 좌절과 실패와 낙심으로 얼룩져 있었다. 이 시가 낭패와 실망 그리고 고뇌에 찬 모든 시대의 사람들에게 위로와 새 힘을 주고 있는 것은 이 때문이다.

그는 시 23편을 통하여 여호와가 나의 목자이심은 어떠한 의미를 가지고 있으며 그러므로 나는 어떠한 삶을 살아야 하는가를 결심하고 있다.

## ▣ 여호와는 나의 목자시니 내가 부족함이 없으리로다

여기서 여호와는 '아도나이'로 표시되어 있다. 아도나이는 우리의 구원자 하나님, 신실하신 하나님을 강조할 때 사용된다. 다윗은 하나님을 아도나이라 부름으로써 항상 변치 않고 우리를 꾸준히 도와주시는 하나님이심을 부각시키고 있다.

그는 그 여호와를 나의 목자라 불렀다. 목자는 양들을 위해 존재한다. 양보다 앞서 가고, 양을 인도하고, 풀을 먹이고, 보호한다. 이렇듯 양을 보호하는 목자가 있는 한 부족함이나 불편함이 없다. 다윗은 하나님을 목자로, 성도(그 자신 포함)를 양으로 표현하였다. 하나님과 우리의 관계는 목자와 양의 관계라는 것이다. 이것은 하나님이 우리의 삶과 아무런 관계가 없는 것이 아니라 지금도 우리 속에 역사하시고 섭리하신다는 것을 보여준다.

목자는 안내자, 보호자, 영원한 동반자 역할을 수행한다. 목자는 양들이 가야 할 곳을 미리 알고 안내한다. 성도들이 가야 할 곳은 하나님의 나라이다. 미리 아는 것은 하나님의 전지성을 나타낸다. 안내한다는 것은 하나님의 사랑을 의미한다. 목자는 양들을 위험으로부터 보호한다. 목자는 양들이 약하다는 것을 잘 알고 있다. 하나님은 성도들이 사단의 궤계로부터 보호를 받도록 섭리하시며 하나님의 나라 안에서 살도록 하신다. 목자는 영원히 양들과 함께한다. 목자는 양이 있는 한 한 마리의 양도 버리지 않고 사랑으로 감싼다. 하나님은 '내가 너희와 영원히 함께하겠다'는 약속을 주셨다. 이것이 바로 하나님이 우리에 주신 영원한 언약이다. 성도는 하나님의 나라에서 그의 보호하심 아래 영원히 그와 함께 살 자들이다. 성도는 주님을 따르는, 오직 주님을 모시고 사는 하나님 나라의 백성들이다.

양은 목자의 안내와 보호를 받아야 한다. 하나님은 우리의 목자이시다. 양은 한마디로 방어능력이 전혀 없는 동물(defenseless animal)이다. 이가 강하지 못해 다른 동물을 물어뜯을 수 없다. 다른 동물을 움켜 쥘만한 발톱도 가지고 있지 않다. 다른 동물로부터 당할 수밖에 없는 존재이다. 그 양 치던 들판에서 1000년 후 천사들이 예수님의 탄생을 선포했다. 그 주님이 우리의 목자가 되셨다.

다윗은 "여호와는 나의 목자시니 내가 부족함이 없으리로다."(I shall not want)라고 고백하였다. 원문은 "지금부터 영원토록 부족함이 없을 것이다"로 되어 있다. 이것은 부족함을 느낄 수 있는 것이 아무 것도 없다 또는 아무 불만이 없음을 뜻한다. 절대만족, 절대행복을 나타낸다. 왜 부족함이 없는가? 그것은 한마디로 하나님이 나의 목자이시기 때문이다. 하나님이 우리 목자가 되시는 한 우리는 염려할 필요가 없다.

## ▣ 푸른 초장에 나를 누이시며

다윗은 원래 목동이었다. 그러므로 양과 목자가 어떤 관계를 가지고 있는가를 누구보다 잘 알고 있었다. 그는 부족함이 없을 정도로 행복한 이유를 시편 전체를 통해 자세히 풀어 말하고 있다. 하나님이 좌절 가운데 있는 그를 푸른 초장에 누이고, 쉴 만한 물가로 인도하며, 지친 영혼을 소생시키고, 의의 길로 인도하며, 안위하고, 기름을 머리에 바르신다. 그에 대한 주님의 선하심과 인자하심은 영원히 변함이 없었다.

초장이란 꼴이 많은 곳으로 양들이 가장 선호하는 곳이다. 성도들에게는 하나님의 나라를 가리킨다. 푸름은 그곳에 영의 양식 및 하나님의 은혜가 풍성함을 의미한다. 누이심은 가장 편안한 자세로 그 꼴을 먹는 것으로서 주 안에 평안과 참으로 자유함이 있음을 나타낸다.

양을 치다 교역자가 된 필립 켈러(P. Keller)가 있다. 그는 팔레스타인의 목자의 삶을 8년간 산 경험을 바탕으로 「목자가 본 시편 23편」을 썼다. 그는 이 책을 통해 시편 23편 다윗의 고백이 어떤 의미인지 한 문장 한 문장을 실제 양의 생태와 몸 구조, 습성에 비추어 실감나게 표현하고 있다. 그에 따르면 양이 초장에 눕기 위해서는 적어도 다음과 같은 네 가지 요건이 충족되어야 한다.[21]

첫째, 불안하게 만드는 것이 주변에 없어야 한다. 양은 겁이 많은 동물이다. 따라서 평소에 보지 못한 것이 옆에만 있어도 불안해한다. 양을 마음 편하게 눕게 하려면 목자는 불안요소를 제거해 주어야 한다.

둘째, 양들은 자신을 귀찮게 하는 것이 있으면 눕지 못한다. 양들은 보기보다 신경질이 많은 동물이다. 벌레나 곤충이 주위만 맴돌아도 눕지 못한다. 따라서 목자는 이것들을 열심히 쫓아내야 한다.

셋째, 배가 고프지 않아야 한다. 배가 고프면 눕지 못한다. 따라서 목자는 영양이 있는 좋은 꼴을 먹일 수 있도록 해야 한다.

끝으로 양들 자체 안에서 평화가 유지되어야 한다. 양들 속에서도 약육강식이 존재한다. 힘센 양이 다른 양들에게 군림한다. 군림하는 양이 못살게 굴면 양들은 눕지 못한다. 따라서 목자는 힘센 양이 못살게 굴지 않도록 함으로써 그 안에 평화를 가져오게 해야 한다.

목자가 이런 요건을 충족시키지 못하면 양이 초장에 평안히 누울 수 없을 뿐 아니라 혼란스럽고 통솔하기 어렵다. 그러므로 목자 되신 주님이 우리를 그의 초장에 누이신다는 것은 얼마만큼 우리를 보호하시고 섭리하시는가를 알 수 있다.

쉴 만한 물가는 쉼과 안식, 평안을 주는 곳, 안전한 곳을 의미한다. 물가로 표시한 것은 양의 모든 염려와 걱정, 스트레스를 풀어버릴 수

---

21) P. Keller, (1995). *A Shepherd Looks at Psalm 23.* 양과 목자, 생명의말씀사.

있는 곳이 그곳이기 때문이다. 물은 생명을 가리키고 물가는 생명의 강가를 의미한다. 그곳은 하나님의 나라이다. 하나님은 우리가 그 안에서 안식하도록 하신다. 물소리를 들으며 온갖 스트레스를 풀 듯 생명의 강가에서 우리의 모든 걱정을 푼다. 양들은 특히 이슬 물을 좋아한다. 그러므로 목자는 새벽에도 양들을 이끌고 나가야 할 만큼 헌신적이어야 한다. 이스라엘이 광야 길에 있을 때 하나님은 앞서 그들의 쉴 곳을 찾으셨다.

"그들이 여호와의 산에서 떠나 삼 일 길을 행할 때에 여호와의 언약궤가 그 삼 일 길에 앞서 행하며 그들의 쉴 곳을 찾았고"(민10:33).

### ▣ 내 영혼을 소생시키시고 의의 길로 인도하시는도다

"내 영혼을 소생시키시고," 이 말씀은 주님이 생명을 공급하신다는 것을 강조하고 있다. 소생(bring back, restore)이란 말은 "슈브"로 다음과 같은 의미를 가지고 있다

- 정도를 이탈해 가던 자리에서 돌이켜 제 길로 돌아오게 한다. "여호와와 우리를 돌이키시고 주의 얼굴빛을 비추소서 우리가 구원을 얻으리이다"(시80:19).
- 잃었던 것을 회복시킨다. 하나님이 우리의 회복자(룻 4:15), 보수하는 자, 고치는 자(사58:12)가 되심은 이 때문이다.
- 죽었던 생명을 되살아나게 한다. 사르밧 여인의 아들을 살리기 위해 "나의 하나님 여호와여 원컨대 이 아이의 혼으로 그 몸에 돌아오게 하옵소서"(왕상17:21-22) 부르짖었다.

양들은 조금만 잘못 걸어도 넘어지고 나뒹굴기를 잘한다. 넘어져 네

발이 땅에 닿지 않고 배가 하늘을 향한 채 레위 지파 몇 시간이 흐르면 죽고 만다. 위에 가스가 차서 혈액순환을 방해하고 결국 질식사하게 된다. 선한 목자라면 빨리 달려가 양을 바로 세우고 전신 마사지를 해준다. 1분 1초가 급하기 때문이다.

자신의 양이 어디에선가 레위 지파 있을 경우 반드시 찾아내 일으켜 준다. 왜냐하면 그 양은 자신의 양이기 때문이다. 목자는 자기에게 아무리 아흔아홉 마리의 양이 있다 할지라도 한 마리 잃은 양을 찾아 헤맨다. 어디선가 뒤집힌 채로 고통을 당하며 죽음만 기다리는 그 양을 생각하면 가만있을 수 없다. 그 선한 목자가 바로 예수 그리스도시다. 주님은 절망에 빠진 우리를 일으켜 소생케 하신다. 양은 세 가지 경우에 잘 뒤집힌다.

첫째, 양은 우묵하고 푹신한 곳에 눕는 습성이 있다. 이때 발을 헛디며 구르게 되면 뒤집어지고 만다. 이것은 편안하고 안락한 삶만을 추구하는 우리가 얼마나 잘 뒤집어질 수 있는가를 교훈적으로 보여준다.

둘째, 털이 너무 길게 자라면 이물질, 곧 풀이나 엉겅퀴, 흙과 각종 오물 등이 붙고 이로 인해 헛디며 뒤집어 진다. 양의 털은 흡입력이 있어 좋은 것이든 나쁜 것이든 닥치는 대로 묻히고 다닌다. 세상의 온갖 욕심과 정욕, 교만한 생각이 많이 붙으면 붙을수록 쉽게 넘어진다. 털의 이런 속성 때문에 구약의 제사장이 지성소에 들어갈 때 양털로 짠 옷을 입지 않도록 했다.

끝으로 살이 많이 찐 뚱뚱한 양은 쉽게 뒤집어진다. 잘 먹어서 뚱뚱해진 양은 모든 일이 잘되어지기만 해서 무디어진 우리의 삶의 모습을 보여준다.

이 세 가지 경우는 이처럼 영적으로도 매우 중요한 의미를 가져다준다. 선한 목자라면 양을 너무나 편하지 않은 초장으로 인도할 것이다. 치렁치렁하게 늘어진 털이나 더럽게 붙어 있는 풀들이 있으면 빨리 깎아줄 것이다. 그리고 너무 뚱뚱한 양이 있으면 그 양에 대해서는 거칠고 맛없는 식사를 주어 체중을 줄이도록 할 것이다. 이런 모든 과정은 양에게는 고통이다. 그러나 이 모두가 양에게 유익하다.

항상 목자의 보살핌 속에서도 한순간 눈을 팔면 뒤집어지고 마는 우리, 뒤집혀 허우적거리는 우리를 지금도 일으켜 주시는 주님. 그 주님은 언제나 내 영혼을 소생시키신다. 다윗은 위험에 처한 자신을 날마다 일으켜 세우시는 주님을 생각하며 '내 영혼을 소생시키시며'라고 고백하고 있다. 순간순간 넘어지는 우리에게도 그 목자의 손길이 필요하다.

하나님은 우리를 의의 길, 곧 바른 길로 인도하신다. 의의 길이란 바른 길, 하나님의 길, 우리가 가야 할 길, 살아야 할 길을 가리킨다. 목자가 양을 이끌고 가는 길은 양을 위해 좋은 길이다. 다른 길로 가면 위험이 도사리고 있다. 하나님이 우리를 도우시고 의의 길로 인도하시는 모든 것은 양뿐 아니라 자기의 이름, 곧 하나님을 위한 것임을 강조하고 있다. 하나님의 이름이 땅에 떨어지지 않도록 하기 위함이다. 하나님이 출애굽 때나 그 이후에 이스라엘을 보호하신 것은 그들이 잘해서가 아니다. 주의 이름을 위해서다.

"내 이름을 위하여 내가 노하기를 더디 할 것이며 내 영예를 위하여 내가 참고 너를 멸절하지 아니하리라"(사 48:9).

이것은 또한 우리도 주님의 영광을 위한 삶을 살아야 한다는 것을 의미한다. 양이 목자를 위해 존재하듯이 우리가 주님 안에서 살 때 그것이 바로 그의 영광을 위한 삶이 된다.

## ▣ 내가 사망의 음침한 골짜기로 다닐지라도

사망의 음침한 골짜기는 암울한 곳, 죽음의 위험이 있는 곳이다. 우리는 사망의 음침한 골짜기로 내려갈 수 있다. 우리의 실수, 못된 습관, 불순종, 또는 자기도 모르는 사이에 죽음의 일보직전까지 갈 수 있다.

사망의 음침한 골짜기란 인간이 마지막으로 생각할 수 있는 어려움의 처지를 가리킨다. 양들에게 있어서는 작은 골짜기라도 사망의 음침한 골짜기가 될 수 있다. 우리에게 있어서 사망의 음침한 골짜기는 하나님의 힘이 도저히 미치지 못할 곳으로 생각되는 곳이다.

다윗은 비록 그러한 곳일지라도 하나님의 보호하심은 확실하다는 믿음을 보여주고 있다. 주의 힘이 미치지 않는 곳이 없기 때문이다. 사망의 음침한 골짜기로 다닐지라도 해 받을 두려움이 없다. "주께서 나와 함께하심이라." 우리가 아무리 어둡고 그늘진 땅, 아무도 돌보지 않는 곳에 있다 할지라도 그 자리에 주님은 우리와 함께 계신다. 아직도 그 자리에 하나님이 우리와 함께하신다. 우리를 평안케 하는 것은 목자 되신 하나님이 나와 함께하기 때문이다. "주께서 나와 함께하심이라." 이 말씀은 우리를 절망에서 소망으로 옮겨주는 말씀이다. 이 시대에 하나님이 우리와 함께하심을 어떻게 알 수 있는가? 크게 두 가지로 생각할 수 있다.

- 성령님이 우리와 함께하시고 우리를 도우시는 것으로 알 수 있다. 성령님은 우리를 안내하고 보호하심으로 주의 막대기 역할을 하신다.
- 예수님의 중보기도를 통해 우리와 함께하신 것을 알 수 있다. 주님은 지금도 우리를 위해 기도하신다. 주님의 중보기도는 우리를 지원하는 지팡이 역할을 하신다.

주님이 함께하심을 그는 주의 지팡이와 막대기가 나를 안위하신다는 말로 다시 표현하고 있다. 지팡이와 막대기를 구분하기도 하지만 지팡이는 막대기의 또 다른 표현일 수도 있다. 지팡이의 용도는 다양하다. 첫째, 지팡이는 길 잃은 양을 인도할 때 사용한다. 둘째, 골짜기에 빠져 있을 때 목을 걸어 끌어올린다. 특히 구덩이에 빠진 양은 목을 걸어서 건져낸다. 우리가 다른 위험 상황에 처했을 때 주님은 지팡이를 이용해 우리를 구덩이로부터 이끌어내신다.

막대기는 주로 상수리나무로 만들었고, 그 길이는 보통 1.5미터에서 1.8미터 정도이다. 막대기는 여러 용도로 사용했다.[22]

첫째, 목자들이 양을 셀 때 사용했다. 레위기 27:32에 따르면 소와 양의 십분의 일은 여호와의 거룩한 것으로 구별하여 드렸다. 막대기 아래로 통과하면서 열 번째 것에 물감을 찍어 구별하였다.

둘째, 저녁이 되어 흩어진 양을 우리에 모을 때 양을 막대기 아래 지나가게 했다. 점검도 되지만 그 막대기 아래로 지나는 양은 목자의 보호를 받는다. 에스겔서의 '내가 너희를 막대기 아래로 지나게 하며'(겔20:37)는 이것을 뜻한다. 열방 중에 흩어진 이스라엘을 모아 보호하시겠다는 말씀이다.

셋째, 목자에게 있어서 막대기는 무기와 같다. 막대기 끝에 날카로운 뼈나 못을 박아 무기로 사용해 사나운 짐승을 쫓아냈다. 목자는 막대기를 잘 사용할 수 있도록 훈련을 받으며 훈련이 잘된 목자에게 비로소 양들을 맡긴다. 따라서 철저한 연습이 필요하다. 아무리 힘센 양이라도 늑대를 이길 수는 없다. 위험에 처한 양을 본 목자는 막대기로 늑대를 공격해 보호한다. 막대기로 보호한다는 것은 죽을 수밖에 없는 우리를 주님께서 보호하신다는 의미를 갖고 있다. 주의 지팡이와 막대

22) 최명덕, (1997). 최명덕 교수가 새롭게 들려주는 유대인 이야기, 두란노.

기는 하나님의 적극적인 개입, 그의 사랑, 그의 전능하심을 나타낸다.

"나를 안위하시나이다." 나를 안위한다 함은 하나님만이 궁극적으로 우리의 보호자가 되심을 입증하고 있다. 주님이 주관하시는 영역은 광대하여 우리가 가장 위험스런 상황에 처해 있을지라도 주님은 우리를 보호하신다. 누가 감히 하나님을 이기겠는가? 그래서 주님은 나의 산성, 방패, 피할 바위, 힘이 되신다. 주님이 이처럼 우리를 안위하심으로 우리는 잘될 수밖에 없다.

## 말테우리

제주도에는 말테우리라는 말목장의 목자들이 있다. 그들은 양을 몰듯 말을 몰며 키운다. 말들은 말테우리의 목소리를 알아듣고 모이기도 하고 흩어져 풀을 뜯기도 한다. 말테우리들은 때로 창 비슷한 목소리를 내기도 하고 휘파람 비슷한 소리를 내기도 한다. 흩어져 풀을 뜯다가도 그 목소리를 알아듣고 금방 그 목소리에 따른다. 양이 그 주인의 음성을 알아듣듯이 말들도 주인의 음성을 알아듣는 것이다. 주님께서는 말씀하신다. "내 양은 나의 목소리를 듣는다."(요10:27).

때로는 이 말테우리의 가슴을 아프게 하는 사건이 일어난다. 말이 잘못하여 길을 잃거나 도망한 말이 생겨나기 때문이다. 그럴 때마다 말테우리의 마음은 자식을 잃은 듯 슬픔에 빠진다. 말테우리는 시간을 내어 그 말을 찾으려고 온 한라산 중턱을 뒤지고 다닌다. 다리도 아프고 피곤하기 그지없다.

어디에 있는지도 모르는 말을 향해 말테우리는 말이 알아들을 수 있는 음성을 내며 이리저리 다닌다. 그 말을 찾을 수 있다는 한 가닥 희망을 안고 그 고생을 하는 것이다.

그러나 마침내 그 말을 찾아냈을 때 말테우리의 피곤은 금방 사라지고 온통 기쁨에 가득 차 우리로 데려온다. 마치도 잃은 양 한 마리를 찾은 목자의 기쁨이 크듯, 주님은 지금도 목자가 되어 잃은 양 한 마리를 찾고 계신다. 말테우리가 되어 우리를 찾고 계신다. 그분에게 있어서 우리가 그처럼 소중하기 때문이다.

## ▣ 원수의 목전에서 상을 베푸시고

"상을 베푸시고"의 상은 잔치밥상(table)을 의미한다. 원수의 목전에서 상을 베푸시는 것은 원수에 대한 한을 우리 자신이 푸는 것이 아니라 주님으로 하여금 풀게 하는 것을 의미한다. 우리가 복수하는 것이 아니라 주님을 신뢰하고 문제의 해결을 주님께 맡길 필요가 있다. 따라서 우리가 해야 할 것은 복수가 아니라 용서이다.

"아무에게도 악으로 악을 갚지 말고 모든 사람 앞에서 선한 일을 도모하라 내 사랑하는 자들아 너희가 친히 원수를 갚지 말고 진노하심에 맡기라 내 원수가 주리거든 먹이고 목마르거든 마시우라 그리함으로 네가 숯불을 그 머리에 쌓아 놓으리라"(롬 12:17, 19, 20).

5-6절은 하나님이 나와 함께하심을 다시금 확인시켜 주는 말씀이다. 이 말씀에 나오는 상, 기름, 잔치는 근동에서 언약을 맺는 풍습과 연관되어 있다. 언약의 마지막에 잔치를 베푸는 순서가 있다. 이때 상을 베푸는 것은 언약을 함께 지킨다는 의미를 가지고 있다.

하나님과 그의 백성과의 언약은 하나님이 나와 함께하신다는 것이다. 주님이 언약을 맺으면서 원수 앞에서 잔칫상을 베푼 것은 기쁜 일이 아닐 수 없다. 이 잔치 자리는 풍요로운 자리요 기쁨의 자리이다. 하나님은 한 번 맺은 언약을 바꾸지 않으신다. 상황에 바뀐다 할지라도 결코 약속을 변개하신 적이 없다.

"기름을 내 머리에 바르셨으니." 기름을 머리에 바르는 것은 고통을 덜어주고(soothe) 치료하기(heal) 위한 것이다. 유대인들은 낮의 뜨거운 햇볕과 밤의 추위를 견디어야 한다. 이 때문에 피부도 거칠어지고 몸도 많이 상한다. 귀한 손님이 방문하면 올리브유나 향유를 머리에 부어준다. 그러면 그 기름이 머리에서부터 얼굴을 적시며 피부에 스며들어 거칠어진 피부나 상처 난 피부가 부드러워진다. 언약의 잔치에서 기름을 상대의 머리에 바르는 것은 당신을 귀한 손님으로 대우하겠다는 존경의 의미를 담고 있다. 그리고 상처를 고치겠다는 뜻을 담고 있다. 이것은 하나님의 특별한 호의가 없다면 불가능한 일이다. "상심한 자를 고치시며 저희 상처를 싸매시는도다"(시146:3)

벌레들은 양의 콧구멍에 알을 깐다고 한다. 애벌레들이 콧구멍 속 깊이 들어가면 양들은 어쩔 줄 몰라 한다. 심하면 실명 위기에 빠진다. 양들은 그럴 때마다 바위에 코를 찧는다. 코가 상하고 피를 흘린다. 그때 목자가 상한 양들의 코에 기름을 발라 낫게 해준다.

다윗은 주께서 내 원수의 목전에서 내게 상을 베푸시고 기름으로 내 머리에 바르심으로 내 잔을 넘치게 하셨다고 고백하고 있다. 상을 베풀고 머리에 기름을 부으심은 주님을 따르는 백성을 온전히 낫게 하고 영화롭게 하심을 의미한다. 연약한 우리를 강하고 완전케 하신 것이다.

"내 잔이 넘치나이다." 내 잔을 넘치게 하심은 나의 필요를 완전히 채우고도 남음이 있음을 의미한다. 완전한 만족(total satisfaction) 상태에 있음을 보여준다. 더 이상 목마르지 않다. 구원의 잔치자리(banquet of salvation)에는 언제나 기쁨이 넘친다는 것이다. 깊으신 주님의 사랑은 감히 헤아릴 수 없다. "내가 너와 함께하겠다"는 사실을 언약으로 다시금 확인시켜 주셨으니 더 이상 바랄 것이 없다.

우리는 늘 부족함에도 불구하고 주님은 우리 안에 주님의 사랑과 은혜를 가득 가득 부어주신다. 이것은 주님만 온전히 충성스럽게 따르는 자들에게 상급이 클 것을 가르쳐 주고 있다. 주님이 통치하시는 나라 속에 살려는 사람들에 대해 주님은 이처럼 확고한 보장이 되신다. 하나님은 은혜의 주로서 우리가 필요로 하는 모든 것을 풍성히 공급해 주신다. 다윗은 자기의 지난 모든 것을 돌이켜 볼 때 이렇듯 도우심이 컸음을 고백하고 있다.

## ▣ 나의 평생에 선하시고 인자하심이 정녕 나를 따르리니

"나의 평생에"라는 말은 앞으로도 계속될 영원성을 말한다. 주님의 사랑과 인자하심은 단지 하루 동안만 우리에게 주어지는 것이 아니다. 그의 언약은 영원하다. 주님은 우리가 하나님의 집에 이를 때까지 영원히 우리를 지키신다.

"내가 너희에게 분부한 모든 것을 가르쳐 지키게 하라 볼지어다 내가 세상 끝 날까지 너희와 항상 함께 있으리라"(마28:20).

목자는 양을 위해 헌신한다. 양을 위해 자기의 목숨을 버릴 만큼 자기의 책임을 다한다. 죄인 된 우리를 영원히 그의 나라에 초청하여 영적으로나 육적으로나 풍성케 하신다. 이것이 바로 목자의 '선하심과 인자하심'이다. 다윗은 그 선하심과 인자하심이 정녕 나를 따를 것이라 하였다. '정녕'이란 확실히(certainly) 그렇다는 것이다. '나를 따른다.' 함은 주의 인자하심이 영원히 그리고 확실히 우리와 함께 있음을 다시금 강조하고 있다. 목자와 양은 이처럼 서로 깊은 생명의 관계를 유지하고 있다.

이스라엘 민족의 가장 깊은 신앙의 표현 가운데 하나는 하나님께서 나와 함께하신다는 임마누엘 신앙이다. 하나님은 모세와 여호수아에게 "내가 너와 함께 있으리라" 하심으로써 그들에게 용기를 주셨다. 다윗은 목자이신 주께서 이처럼 나와 함께하신다고 고백함으로써 확신에 찬 신앙을 보여주었다. 주께서 나를 온전히 보호해 주시니 겁낼 것 없고, 더 이상 바랄 것 없이 만족하다는 것이다.

## ▣ 내가 여호와의 집에 영원히 거하리로다

시편 23편의 끝은 "그러면 이렇듯 목자 되신 주님을 우리는 어떻게 대해야 하는가?"에 초점이 맞춰져 있다. 답은 목자를 절대적으로 믿고 따라야 한다는 것이다. 다윗은 여호와의 집에 영원히 거하겠다고 고백하기에 이른다. "여호와의 집에 영원히 거하리로다."는 말은 여호와의 집에 영원히 거하겠다는 자신의 결의와 함께 그러므로 마지막까지 자기를 보호해 달라는 의미를 담고 있다.

여호와의 집은 성전, 하나님이 계신 곳, 하나님의 나라를 가리킨다. 그 나라에서 주님과 동행하는 삶을 살겠다는 것이다. 다윗은 평생 여호와를 나의 목자로 모시고 살아온 사람이다. 주님의 보호와 인도하심 아래 살아왔다. 성도로서 모범이 되는 바른 삶을 산 것이다.

우리도 다윗과 같이 여호와를 나의 목자로 모시고 사는 확신 있는 믿음을 가져야 한다. 아무리 가는 길이 험하다 해도 목자가 인도하는 길로 가야 보호를 받을 수 있다. 유대광야는 나무도 그늘도 물도 보이지 않는 구릉의 연속이다. 그러나 양들은 목자를 따라 그 길을 갔다. 목자는 풀 있는 곳, 물 있는 곳, 그늘이 있는 곳을 누구보다 더 잘 알고 있기 때문이다. 양들은 그 목자를 전적으로 신뢰하며 따라갔다. 우리가 이 세상에서 믿음으로 지나가야 할 이 광야가 너무 험하고 어렵고 짜증난다 해도 오직 우리의 목자 되신 주님을 전적으로 믿고 따라갈 때 샘에 이르고 초장에 이를 수 있다. 그 과정에서 주님으로부터 완전한 보호를 받고, 육적으로나 영적으로나 부족함이 없을 정도로 만족을 얻을 수 있다.

그리스도인은 하나님이 우리를 보호하시고 인도하신다는 섭리의 신앙을 가지고 살아야 한다. 다윗은 목자의 경험을 통해서 주님이 얼마나 자기의 양을 돌보고 사랑하시는가를 체험했다. 그 체험적 신앙을 통해 그는 어느 누구의 집보다 여호와의 집에 영원히 거하겠다는 고백을 하게 된다. 그 고백적 신앙이 바로 우리의 신앙이 되어야 한다.

"나의 평생에 선하심과 인자하심이 정녕 나를 따르리니 내가 여호와의 집에 거하리로다."라는 말씀은 "나는 왜 미래에 대해 자신 있게 도전할 수 있는가?"에 대한 근거를 제시해준다. 왜 그럴까?

첫째, 하나님이 나를 보호하시기 때문이다. 여호와께서 자기를 사랑하는 자는 다 보호하시고 악인은 다 멸하신다(시145:20). 하나님을 사랑하는 자 곧 그 뜻대로 부르심을 입은 자들에게는 모든 것이 협력하여 선을 이루신다(롬8:28).

둘째, 주의 은혜가 내 안에 작용하기 때문이다. 하나님이 우리에게 은혜를 주심은 우리를 긍휼히 여기신 것(사60:10) 때문이다. "그러므로 우리가 긍휼하심을 받고 때를 따라 돕는 은혜를 얻기 위하여 은혜의 보좌 앞에 담대히 나아갈 것이니라."(히4:16).

셋째, 하나님의 나라가 나를 기다리고 있기 때문이다. 만일 땅에 있는 우리의 장막집이 무너지면 하나님께서 지으신 집 곧 손으로 지은 것이 아니요 하늘에 있는 영원한 집이 우리에게 있음을 알자(고후5:1). 그곳에서 하나님은 모든 눈물을 그 눈에서 씻기시며 다시 사망이 없고 애통하는 것이나 곡하는 것이나 아픈 것이 다시 있지 않다. 처음 것들이 다 지나갔기 때문이다(계21:4). 베드로는 "사랑하는 자들아 나그네와 행인 같은 너희를 권하노니"(벧전2:11)라고 한다. 이 말씀은 우리는 다만 이 땅을 방문한 사람들이며 우리의 진정한 집은 하늘에 있다는(LB) 것을 말해준다.

솔로몬은 왕이 되자 대제사장 아비아들을 파면하고, 요압, 시므이, 아도니야 등 불순세력을 제거했다. 아도니야는 동녀 아비삭을 달라고 청원한 바 있는데 궁녀를 갖겠다는 것은 임금 행세를 하겠다는 것을 의미하기 때문이다.

그의 왕국은 번영했다. 애굽 바로의 딸, 두로의 시돈 여인(히람 왕의 딸이었을지도 모른다) 등과 정략결혼을 해 주변국가와 평화를 유지했다. 정략결혼은 국제적 역학관계를 고려한 것이지만 자기 신들을 가져와 분향제사를 하게 만들어 하나님께 끝까지 충성치 못한 결과를 빚었다. 역군을 일으키고 병거 성, 마병 성을 두는 등 국방도 강화했다. 나라가 강성해짐에 따라 외국의 조공도 받고 외국과의 무역도 활발해 경제적으로 나아졌으나 과도한 소비성향으로 공물과 과중한 세금을 징수하고, 왕실과 국가를 위해 백성들에게 과중한 부역을 요구해 백성들의 불만을 샀다.

솔로몬은 성전과 왕궁을 건축한 것으로 유명하다. 다윗이 성전건축을 위해 많은 물자를 준비했으며, 7년간의 공사 끝에 모리아 산에 성전을 건축했다. 성전에 있는 두 개의 놋 기둥, 곧 야긴과 보아스는 각각 '그가 세우시다', '그 안에 능력이 있다'는 뜻을 가지고 있으며 이것은 성전의 영원무궁성과 능력을 상징한다. 솔로몬은 13년간 왕궁을 건축했으며 성전보다 4배의 규모를 자랑했다.

솔로몬은 활발한 문서 활동으로 황금시대를 열었다. 그는 궁중행적을 기록하게 했고, 많은 시(시서 및 지혜서)를 썼으며, 악기 등 음악 발달에도 기여했다. 이러한 문화의 꽃은 성(聖)문학의 전성기를 맞게 했다.

그러나 솔로몬이 타락하자 하나님은 그를 징계의 회초리를 들었다. 그의 타락은 하나님의 율법을 어기고, 백성들의 원한증가, 그리고 우상숭배로 나타났다. 그는 '아내를 많이 두지 말라, 은금을 쌓지 말라, 말을 많이 두지 말라'는 율법의 금령을 어겼다. 또한 높은 세금과 과중한 부역, 그리고 국토의 새로운 구분 분할로 일부 원성을 샀다. 왕비들을 통해 들어온 우상숭배가 죄임은 말할 것도 없다. 하나님은 그 징계로 그에게 세 원수를 일으키셨다. 에돔 사람 하닷은 이스라엘 남방을 괴롭혔고, 다메섹 수리아 사람 르손은 북쪽에서 솔로몬에 대항했으며, 여로보암으로 하여금 10지파로 북방 이스라엘을 건설하게 했다. 선지자 아히야는 용사이자 무너진 다윗성 축성에 감독을 맡았던 여로보암에게 '열 조각 난 옷'을 주었다. 여로보암은 솔로몬의 아들 르호보암을 대적하여 북방 이스라엘을 건설하고 초대 왕이 되었다. 남북분단 시대를 연 것이다.

# 제 5 장

# 솔로몬이 구한 하나님의 지혜

솔로몬은 왕이 되자마자 하나님께 일천번제를 드렸다. 하나님께서는 그의 정성을 갸륵히 여겨 꿈을 통해 그에게 나타나셨고 그를 향해 "무엇을 줄꼬 너는 구하라" 말씀하셨다. 그는 먼저 하나님께 자신을 가리켜 '작은 아이'라 말하는가 하면 '출입할 줄도 알지 못하는' 자라고 일체 겸비함을 나타냈으며 "지혜로운 마음을 주사 주의 백성을 재판하여 선악을 분별하게 하옵소서."(왕상3:9) 하며 무엇보다 지혜를 구했다. 성경은 그의 구함이 주님의 마음에 맞았다고 기록하고 있으며 하나님께서는 그가 구하지 않았지만 필요하다고 생각되는 부와 영광을 더하여 주셨다고 말하고 있다. 아울러 장수의 축복이 '하나님의 법도와 명령을 잘 지키면'이라는 조건 아래 제시되었다.

우리는 솔로몬이 하나님께 지혜를 구했다는 사실은 익히 알고 있다. 그러나 솔로몬이 구한 지혜는 무엇인가, 그리고 그 지혜는 어떤 성격을 지니고 있는가에 대해서는 별로 생각지 않고 있다. 우리는 이 지혜에 대해 보다 깊은 이해가 필요하다. 왜냐하면 우리도 솔로몬 못지않게 이 지혜를 필요로 하고 있으며 이 지혜를 적용시켜야 할 책임이 있기 때문이다.

## ▣ 하나님의 지혜를 구한 솔로몬

당시 왕은 선악을 판가름할 수 있는 지혜가 필요했다. 왕이 백성의 모든 사건들에 개입하는 것은 아니었지만 개인의 지혜로 판가름하기 어려운 문제는 종종 왕 앞에 제시되고, 그때마다 왕은 현명한 판결을 내려야 했다. 판결을 내릴 때 때로 공정성을 잃기도 한다. 인간은 완전할 수 없기 때문이다. 공정성을 잃거나 합리성이 결여된 재판은 재판자 자신의 실수나 편견으로 끝나는 것이 아니라 재판을 위임한 하나님의 일을 그르치는 것이므로 엄정해야 할 필요가 있다. 그러므로 솔로몬이 구한 지혜는 단지 인간의 영리함이나 인간의 지식이 아니라 하나님의 공의를 구한 것과 같다. 솔로몬이 구한 지혜는 하나님의 지혜라는 점에서 세속적 지혜와는 다르다.

솔로몬의 지혜로운 재판의 보기는 열왕기상 3장에 나타나 있다. 아이를 가진 두 창기가 잠을 자다 그중에 한 여인이 아이 위에 누우므로 아이가 눌려 죽게 되었다. 여인은 그 아이를 다른 여인의 품속에 안기고 상대방의 아이를 자기 아이인 양 안고 잤다. 다른 여인은 이것도 모른 채 미명에 아이에게 젖을 먹이려고 일어나 보니 아이가 죽어 있었다. 그러나 자세히 보니 그 아이는 자기 아이가 아니었다. 두 여인은 살아 있는 아이를 서로 자기 아이라며 싸우게 되었다. 결국 이 문제가 솔로몬에게까지 오게 된 것이다.

여인들은 왕 앞에서까지 서로 자기 아이라 우겼다. 왕은 칼을 가져오라 한 후 아이의 반을 각각 나누어주라 명령했다. 그러자 진짜 어미는 아이를 위한 마음이 불붙는 것 같아 차라리 아이를 우기는 여인에게 주라 했다. 반면에 아이를 죽인 가짜 어미는 "내 것도 되지 말고 네 것도 되지 말게 나누어 달라" 하였다. 왕은 아이를 죽이지 않도록 애걸하는 여인이 바로 아이의 어미로 판결하고 아이가 진짜 엄마의 품에 돌아가도록 했다.

성경은 이 판결에 대한 자초지종을 소개하면서 이렇게 말하고 있다. '온 이스라엘이 왕의 심리하여 판결함을 듣고 왕을 두려워하였으니 이는 하나님의 지혜가 저의 속에 있어 판결함을 봄이더라.'(왕상3:28). 이 판결에 있어서 솔로몬이 보인 지혜는 세상지혜가 아니라 하나님의 지혜였다는 사실에 주목할 필요가 있다. 백성들도 그가 이 지혜를 가지고 있었다는 것에 놀라고 더욱 그를 두려워하고 존경하게 되었음을 성경은 보여주고 있다.

## ▣ 탈무드에 소개된 솔로몬의 또 다른 재판 보기

탈무드에는 솔로몬의 또 다른 재판에 관한 내용이 소개되어 있다.[23] 어느 안식일에 유대인 세 사람이 예루살렘에 갔다. 당시는 은행이 없었기 때문에 세 사람은 가지고 있던 돈을 어느 조용한 곳에 함께 묻어 두었다. 그런데 그들 세 사람 중에 한 사람이 그곳에 몰래 가서 돈을 모두 꺼내 가버렸다. 다음날 세 사람은 솔로몬을 찾아와 누가 도둑인가를 가려달라고 진정했다. 그러자 왕은 "당신들은 대단히 영리한 사람들이니 내가 지금 당면하고 있는 어려운 문제부터 해결해주면 당신들의 문제를 해결해 주겠소." 제안했다. 왕이 제안한 문제는 다음과 같다.

한 젊은 아가씨가 어떤 남자에게 시집을 가기로 약속을 했는데 얼마 후 그 아가씨가 다른 사내와 사랑에 빠지게 되어 약혼자를 찾아가 파혼을 요구했다. 그녀는 원한다면 위자료를 줄 수도 있다고 했다. 그러나 그 약혼자는 위자료는 필요 없다며 그녀의 파혼 제의에 순순히 응해 주었다. 그런데 그녀가 돈이 많다는 소문을 듣고 어떤 노인이 그

---

23) 마아빈 토케이어, 탈무드, 임대선 옮김. 연지사, 1988. 9-91쪽.

녀를 유괴했다. 그녀는 "내가 결혼하기로 약속한 남자에게 약혼을 취소해 달라고 요구했더니 그는 위자료 한 푼도 받지 않고 나를 놓아주었소. 당신도 그렇게 해주실 바라오."라며 설득했다. 그러자 그 노인은 몸값을 요구하지 않고 그대로 놓아주었다.

이 이야기를 한 솔로몬은 세 사람에게 물었다. "그러면 이들 가운데 누가 가장 칭찬을 받을 만한 사람이요?" 그러자 첫 번째 사람이 말했다. "위자료 한 푼 안 받고 파혼을 승낙해준 약혼자입니다. 그는 그녀의 의사를 존중해주었고 위자료도 안 받았습니다." 두 번째 사람은 "처녀가 칭찬을 받아야 합니다. 처녀는 용기를 가지고 약혼자를 찾아가 소신껏 파혼을 요청했고 진심으로 사랑하는 사람과 결혼하고자 했습니다. 그것이야말로 칭찬을 받을 일입니다."라고 말했다. 그러나 세 번째 사람은 "이 이야기는 좀처럼 갈피를 잡을 수 없습니다. 무엇보다 유괴한 사람은 돈 때문에 유괴를 했으면서도 돈도 뺏지 않고 놓아주었다는 것이 이해가 되지 않습니다."라고 말했다.

이때 왕은 세 번째 사람을 가리키며 큰소리로 잘라 말했다. "바로 네가 진범이다. 다른 두 사람은 애정이나 처녀와 약혼자와의 인간관계의 갈등과 고뇌 등에 마음을 쏟았는데 너는 돈밖에 생각하지 않았으니 네가 범인임에 틀림없다." 인간은 돈을 중시한다. 그러나 하나님은 돈보다는 사랑과 관용과 용서를 중시한다. 왕은 인간보다 하나님 쪽을 택한 것이다.

### ▣ 솔로몬이 택한 주의 판단력

시편 72편은 솔로몬의 시를 소개하고 있다. 솔로몬은 그 시를 통해 "주의 판단력을 왕에게 주시고 주의 의를 왕의 아들에게 주소서" 간구했다(1절). 이것은 솔로몬이 구한 지혜는 다름 아닌 하나님의 지혜, 곧 하나님의 판단력임을 알 수 있다. 그는 이 지혜를 가지고 백성을 의로 판단하여(2, 3절) 의인이 흥왕하도록 하고(7절) 백성에게 평강을 가져 다주며(3절) 가난한 자를 공의로 판단하여(2절) 그들로 하여금 가난 때문에 억울함을 당하지 않도록 신원하고(4절) 가난한 자와 궁핍한 자를 긍휼히 여겨 저희 생명을 압박과 강포에서 구원하도록(13, 14절) 하였다. 하나님의 지혜가 이처럼 살아 작용함으로 저희가 해 있을 동안에 주를 두려워하게 된다(5절).

이 시편에 나타난 '주의 판단력'은 히브리어로 '미쉬파팀'이라 한다. 이것은 하나님이 주시는 판결이나 통치권을 의미한다. 이것은 인간의 지혜나 경험으로 말미암은 판단력이 아니고 주의 선물로 주어진 신적인 능력을 가리키는 말이다. 그러므로 솔로몬은 바른 재판을 통해 자신의 통치가 아니라 하나님의 통치를 바라고 있었고, 하나님께서 원하시는 방법과 길로 나아가기를 바라고 있었음을 알 수 있다. 하나님께서 원하시는 것은 하나님의 공의가 이 땅에서도 그대로 나타나는 것이다.

### ▣ 잠언에 나타난 솔로몬의 지혜 찾기

솔로몬이 쓴 잠언은 한마디로 하나님의 지혜를 찾고 그 지혜를 우리의 삶 속에서 어떻게 적용하며 살아야 하는가를 극명하게 보여주고 있다. 그는 여호와를 경외하는 것이 지식의 근본(잠1:7)임을 명확히 했다. 여호와께서 우리 각자에게 무엇을 원하는가를 알아야 그분이 원하시는 삶을 살 수 있기 때문이다.

오직 여호와께서 지혜를 주시며 지식과 명철을 그 입에서 내신다(잠2:6). 솔로몬은 자기 자신뿐 아니라 우리를 향해서도 귀를 지혜에 기울이며 마음을 명철에 두며 지식을 불러 구하며 명철을 얻으려고 소리를 높이면 여호와 경외하기를 깨달으며 하나님을 알게 될 것이라(잠2:2,5) 말한다.

그의 잠언 속에는 모두 이러한 정신이 담겨 있다. 이것은 우리가 왜 지혜를 찾아야 하는가를 가르쳐 준다. 그는 이 지혜를 은을 구하는 것 같이 구하고 감춰진 보화를 찾는 것같이 찾으라(잠2:4) 말한다. 지혜가 너무나 귀하고 값지기 때문이다.

### ▣ 우리는 어떤 지혜를 찾고 있는가?

우리는 지혜를 추구한다고 말한다. 그러나 그 지혜는 자기를 나타내기 위한 것이 대부분이다. 솔로몬은 자기를 나타내는 지혜가 아니라 하나님의 공의와 사랑이 나타나는 지혜여야 한다고 말한다. 하나님의 뜻이 바르게 나타나도록 해야 궁극적으로 바르기 때문이다.

우리의 기도와 간구 가운데 대부분은 자신과 식구들의 유익에 한정되어 있다. 이것은 우리의 기도와 간구가 얼마나 이기적인가를 보여준다. 이에 비해 솔로몬은 하나님의 의를 구했다. 하나님의 의가 바르게 펴질 때 나라와 국민이 바로 그리고 평안 속에 살 수 있기 때문이다. 하나님의 나라는 하나님의 의가 지배하는 나라이다. 그곳은 나의 이기적 욕망이 기필코 달성되어야 하는 곳이 아니라 나의 이기적 소원이 비록 이뤄지지 않는다 해도 하나님의 의가 바로 서고, 그래서 모두가 함께 감사하고 찬송할 수 있는 곳이 되어야 한다.

우리 교회, 우리 주변, 그리고 우리나라 속에 하나님의 나라가 이뤄지려면 무엇보다 우리는 하나님의 지혜를 사모하고 그 지혜가 바로 실현될 수 있도록 노력하지 않으면 안 된다. 지금은 그 어느 때보다 솔로몬과 같이 하나님의 지혜를 구하는 기도가 절실한 때이다.

# 제 6 장

# 하나님 중심의 삶을 살도록 권고한 왕, 솔로몬

솔로몬은 그의 생애 가운데 말기를 제외하고 하나님의 중심의 생활을 했다. 그의 세대의 영화는 바로 그 믿음의 바탕 위에 있었다. 이러한 사실을 열왕기상 8장을 중심으로 살펴보고자 한다.

열왕기상은 비교적 히브리민족의 전성기를 기록하고 있으며, 열왕기하는 히브리민족의 몰락기를 묘사하고 있다. 히브리 성경에는 상하 한 권으로 되어 있었으나 히브리어 번역자들이 편의상 둘로 나눈 것이다. 솔로몬이 성전을 건축하고 난 다음 큰 감사의 제사를 하나님께 드리고, 하나님께 무릎을 꿇고 간구의 기도를 드리며, 하나님 중심으로 살아갈 것을 다짐하고 확인하는 이 순간의 기록은 히브리 민족뿐 아니라 온 성도의 큰 기쁨이 있는 날이기도 하다. 열왕기상하의 저자는 알 수 없지만 탈무드는 예레미야를 저자로 지칭하고 있다. 예레미야가 이 글을 쓸 때 마음에 감동함이 컸으리라 생각한다.

'히브리'라는 말은 '(유브라데) 강을 건너온 자들'이란 뜻이다. 강을 건너온 자들이 유목생활로 전전하다가 자리를 잡아 농경민으로 탈바꿈을 하고, 이제 나라를 이루어 성전을 짓고, 역대에 가장 태평한 솔로몬시대를 맞이하게 되었으니 그 기쁨의 크기는 실로 표현할 수 없을 정도일 것이다. 솔로몬 시대가 히브리 민족 역사에 있어서 전성기 가운데 가장 전성기, 영화 중의 영화를 맞이한 시대라 할 때 열왕기상

8장은 그 시대에 가장 감격적인 순간을 기록하고 있는 것이다.

솔로몬은 누구이며, 성전을 건축한 후 그가 어떤 기도를 했으며, 온 백성과 함께 다짐한 그의 신앙고백은 어떠했는지를 차례로 살펴보고자 한다.

## ▣ 솔로몬, 그는 누구인가?

솔로몬(Solomon)은 다윗이 밧세바를 통해 낳은 둘째 아들이다. 다윗이 밧세바, 곧 우리아의 아내와 불륜의 관계로 낳은 아들은 죽었고, 그가 하나님 앞에 철저하게 회개하고 낳은 아들이 바로 솔로몬이다.

솔로몬이란 '평화로운'이라는 뜻을 가지고 있다. 예루살렘을 약해서 부를 때 '살렘'이라 하고, 또 살렘이 본래 이름이라고도 하는데 이 살렘도 바로 '평화롭다'는 뜻을 가지고 있다. 이스라엘 사람들이 즐겨 사용하는 '샬롬'도 평화이며, 주님이 이 땅에 오셨을 때 천사들이 목자들에게 전해준 기쁜 소식과 함께 "지극히 높은 곳에서는 하나님께 영광이요 땅에서는 기뻐하심을 입은 사람들 중에 평화로다"했을 때 그 평화가 바로 샬롬이다. 평화는 히브리인이 가장 사랑하고 귀하게 여기는 단어이다. 하나님이 함께하실 때 평화가 넘친다는 사실을 알기 때문이다. 솔로몬이 이 이름을 가졌다는 것은 매우 의미가 깊다.

다윗이 생전에 성전을 짓고자 하는 마음이 있었다. 그러나 하나님은 "너는 내 앞에서 땅에 피를 많이 흘렸은즉 내 이름을 위하여 전을 건축하지 못하리라"(역상22:8) 하셨다. 하지만 "한 아들이 네게서 나리니 저는 평강의 사람이라 내가 저로 사면 모든 대적에게서 평강하게 되리라 그 이름을 솔로몬이라 하리니 이는 내가 저의 생전에 평안과 안정을 이스라엘에게 줄 것임이니라 저가 내 이름을 위하여 전을 건축할지라."(역상22:9-10) 하셨다. 그는 하나님의 말씀에 순종했다. 하나님께서 평강을 약속하고, 솔로몬이 날 것과 그가 다윗의 위를 이어 성전을 짓게 될 것을 말씀해 주셨으므로 솔로몬이라 이름 한 것, 솔로몬이 다윗을 이어 왕이 된 것, 솔로몬이 성전을 건축한 것, 그리고 그의 세대에 여러 나라와 함께 평화와 안전을 누리게 된 것은 모두 하나님의 도우심이었음을 알 수 있다.

다윗은 솔로몬 앞서도 여러 아들을 두고 있었기 때문에 솔로몬은 서열상 왕위계승권에 들지 않았으나 하나님의 말씀과 다윗의 선택으로 후계자가 될 수 있었다. 하나님께서 솔로몬을 택하여 주지 않았더라면, 다윗이 하나님의 말씀을 순종하지 않았더라면, 솔로몬이 솔로몬으로서 존재할 수 없었을 것이다.

신앙적으로 볼 때 솔로몬의 신앙은 전기와 후기에 있어서 상당히 다른 양상을 보이고 있다. 전기는 그가 하나님만을 의지하는 삶을 살았기 때문에 하나님께서 그와 함께하시고 다윗에게 약속하셨던 모든 것을 마음껏 허락하셨다. 그러나 후기에는 그가 결혼한 수많은 왕비들의 우상을 숭배함으로써 하나님의 진노가 그에게 임하는 결과를 초래하였다. 즉 그가 하나님 여호와를 진심으로 섬겼을 때는 하나님이 솔로몬에 대해 다윗에게 약속하신 것처럼 "저는 내 아들이 되고 나는 저의 아비가 되어 그 나라 위를 이스라엘 위에 굳게 세우게"(역상22:10) 하셨다. 그러나 솔로몬이 교만하여져 그 평안을 자신의 공로로 돌리고 사치하며 마음을 돌이켜 하나님 여호와를 떠날 때 하나님께서 진노하셨다. 하나님은 그에게 두 번이나 나타나셔 다른 신을 좇지 말라 하였으나 그는 듣지 아니했다. 하나님은 다윗에게 약속한 것 때문에 이스라엘을 당대에 분열시키지 않으셨으나 솔로몬이 죽은 후 그 죗값을 물어 둘로 나누었으며, 솔로몬 생전에 에돔 사람 하닷 등 대적을 일으켜 솔로몬을 괴롭게 하셨다. 이것은 그를 회개시키기 위한 것이었다.

솔로몬이 부친 다윗의 마음과 같이하여 하나님을 온전히 좇았을 때에는 하나님께서 그에게 뛰어난 지혜와 명철을 허락하시어 나라를 잘 다스리도록 했을 뿐 아니라 다윗이 그토록 사모했던 성전을 건축할 수 있는 영광을 얻을 수 있었다. 그러나 열왕기상 11장에서와 같이 바로의 딸을 비롯하여 많은 이방여인을 사랑하여 후비 700명과 빈장 300명을 두게 됨으로써 솔로몬이 나이 들었을 때 왕비들이 그의 마음을 돌이켜 다른 이방신들을 좇게 만들었다. 그가 세상을 사랑하게 됨으로써, 이방여인에 빠짐으로써 하나님과 멀어지게 된 것이다. 성경은 안타깝게 솔로몬의 마음이 "그 부친 다윗의 마음과 같지 아니하여"(왕상11:4), 그리고 그가 "그 부친 다윗이 여호와를 온전히 좇음같이 아니하여"(왕상11:6)라고 적고 있다.

그의 성전 건축은 솔로몬의 전기신앙을 대표하고 있다. 하나님은 그의 후기신앙의 잘못됨을 낱낱이 드러내 그의 전기신앙을 더욱 돋보이게 하고 있다. 성경은 그가 왜 실패를 했는가를 기억하도록 교훈하고 있으며 전기신앙, 곧 그의 부친 다윗의 마음과 같이했던 그 신앙으로 돌아오도록 우리를 권고하고 있다.

## ▣ 성전 건축과 솔로몬의 기도

이스라엘 자손이 애굽에서 나온 지 480년, 솔로몬이 왕이 된 지 4년째 되는 해에 시작된 성전 건축은 7년 걸려 완공을 보았다. 솔로몬이 즉위한 지 11년 되는 해였다. 그토록 성전을 짓고자 염원했던 다윗은 솔로몬이 성전을 짓도록 생전에 물질적으로 정신적으로 후원해 주었다. 비록 그가 성전의 돌을 쌓는 기회를 갖지는 못했다 할지라도 성전을 지을 수 있는 터전을 마련해준 셈이다. 솔로몬이 7년이라는 시일에 마무리 지을 수 있었던 것은 부친 다윗의 힘이 컸었다. 뿐만 아니라 다윗을 평소에 따랐던 두로 왕 히람도 솔로몬을 도왔다. 이렇게 건축된 것이 바로 이른바 솔로몬 성전이었다. 역대하 3장 1절에 따르면 이 성전이 건축된 곳은 아브라함이 이삭을 하나님께 제사 드리려 했던 모리아 산이자 하나님이 다윗에게 나타나신 곳이요 여부스 사람 오르난의 타작마당에 다윗이 정한 곳이다. 아브라함이 드리려 했던 제단에 놋 제단이 선 것은 결코 우연이 아니다. 그것은 믿음이 제단이요 결단의 제단이었기 때문이다.

이스라엘 역사에 성전이 세 번 선 것으로 기록되어 있다. 솔로몬 성전은 BC970경에 세워져 BC589년까지 약 400년간 유지되었고, 스룹바벨 성전은 BC520년경에 세워져 BC20년까지 약 500년간 유지되었으며, 헤롯 성전은 BC20년에 세워져 AD70년까지 90년간 유지되다가 티투스(Titus)에 의해 파괴된 후 그곳에 성전을 세우지 못했다. 지금은 이곳에 회교사원이 세워져 있고, 옛 성전 자리에는 폐허의 돌들이 통곡의 벽으로 남아 있다. 이스라엘이 하나님과 함께할 때 성전이 바로 유지될 수 있었지만 그들이 하나님을 떠났을 때 하나님도 그들을 떠나 성전은 폐허로 남아 있을 수밖에 없었다. 그러므로 우리가 성전을 짓고, 성전을 유지한다는 것은 얼마나 큰 축복인지 알 수 있다. 그러나 우리가 하나님께 속해있지 않는 한 하나님은 그 축복을 거두신다.

솔로몬은 왕으로 즉위하자 하나님의 이름을 위하여 전을 건축하고자 했다. 그것은 솔로몬의 표현대로 "여호와께서 말씀하신 대로" 이루고 여호와의 허락하심(역하6:10)에 따라 이루어진 것이다. 하나님은 솔로몬에게 "네가 이제 이 전을 건축하니 네가 내 법도와 율례와 계명을 그대로 지켜 행하면 내가 다윗에게 한 말을 확실히 이루며 내가 또한 이스라엘 자손 가운데 거하여 내 백성 이스라엘을 버리지 아니하리라"하셨다.

성전 건축은 단순한 건물의 섬이 아니라 주를 따르고자 하는 믿음을 세움이며, 주를 향한 굳건한 믿음 위에 하나님의 축복이 따름을 하나님께서 약속하시는 언약의 발생과 보존과 이행이 있는 것이다. 백성들이 믿음을 지킬 때 하나님도 "이 전을 택하여 거룩하게 하고 그의 이름을 이곳에 영영히 있게 하며, 하나님의 눈과 마음이 항상 이 성전에 있게 될 것"(역하7:16)이며, 하나님의 법도를 지켜 행하여 다른 신을 섬기지 아니할 때 네 나라의 위가 견고하게 될 것(역하7:17-18)을 약속하셨다. 성전을 짓고 유지됨도, 나라가 잘되고 왕권이 보존됨도 하나님에 대한 그들의 신앙이 어떠냐에 달려 있는 것이다.

성전을 완공하고 난 다음 다윗성에 있던 하나님의 언약궤를 메어 성전으로 옮겼다. 이 언약궤는 지금까지 이스라엘을 지키시는 하나님, 이스라엘과 함께하시는 하나님의 약속과 그 상징이 들어 있는 궤였다. 하나님의 약속, 곧 언약의 불변함이 성전으로 이어지는 순간이었다. 언약궤가 성전 안으로 옮겨지고 제사를 드릴 때 하나님의 영광이 전에 가득하였다. 하나님께서 그 제사를 기뻐 받으신 것이다. 왕과 모든 백성이 한마음이 되어 제사를 드릴 때 솔로몬뿐 아니라 모든 백성의 마음도 기뻤다.

그때 솔로몬은 무릎을 꿇고(왕상8:54) 하나님께 기도를 드렸다. 스스로 겸비한 자의 기도를 들어주시는 하나님은 솔로몬의 기도에 응답해 주셨다. 솔로몬의 기도 내용은 너무나 귀한 것이어서 성경은 열왕기상 8장과 역대하 6장 두 곳에서 그 내용을 자세히 소개하고 있다. 그것은 언약에 대한 재확인이었다. 그 내용을 요약하면 다음과 같다.

첫째, 주님은 온 마음으로 주의 앞에서 행하는 주의 종들에게 언약을 지키시고 은혜를 베푸시나이다(언약의 영원함).

둘째, 주께서 주의 종 내 아비 다윗에게 말씀하시기를 네 자손이 자기 길을 삼가서 하나님의 도를 행하면 이스라엘 위에 앉을 사람이 하나님 앞에서 끊어지지 않으리라는 말씀을 확실하게 하소서(언약의 연속성).

셋째, 주께서 다윗에게 말씀하신 바 네 몸에서 낳은 아들이 전을 건축하리라 하신 말씀을 이루었나이다(말씀의 성취).

넷째, 주의 이름이 있는 이 전을 향해 기도할 때 들으소서. 이스라엘이 주께 범죄 했을지라도 회개하여 주께 돌아와 이 전에서 빌면 용서하여 주소서. 먼 지방의 이방인이라 할지라도 주의 이름과 능력의 소문을 듣고 이 전을 향해 기도하거든 들어 주시사 이 전이 주의 이름으로 일컫는 줄 알게 하소서(주님 중심, 성전 중심의 기도생활).

이 기도는 한마디로 주님 중심의 삶이 언약의 기본임을 다시금 확인하면서 성전 중심의 기도생활도 주님 중심이어야 함을 가르쳐 주고 있다. 주님은 신실하사 주님의 말씀을 따르는 자들에게 말씀을 이루신다. 그 언약의 말씀은 아브라함에게도, 모세에게도, 다윗에게도 있었다. 상황은 각각 다르지만 그 내용은 한결같이 하나이다. 그것은 바로 하나님 중심의 믿음생활을 똑바로 할 때 하나님께서 그 기도를 들으시고 응답하시겠다는 것이다. 범죄 했을지라도 주께 돌아오면 주님은 그를 돌아보시겠다는 것이다. 이것은 예수께서도 한결같이 약속하신 것이며, 바울 신앙의 기본이 되고 있다. 우리가 주 안에 있을 때 주님도 우리 안에 계신다. 이것이 바로 주 안에 사는 삶의 기본이다.

솔로몬이 이 기도를 마쳤을 때 불이 하늘에서 내려와 그 번제물과 제물들을 사르고, 하나님의 영광이 전에 가득하여 제사장이 전에 들어갈 수 없었다. 백성들은 그저 땅에 엎드려 경배하고 감사하여 "하나님은 선하시고 그 인자하심이 영원하도다."(역하7:1-3) 외쳤다.

## ▣ 솔로몬의 권면: 하나님 중심의 삶을 살라

솔로몬은 이 기도를 마친 다음 여호와의 단 앞에서 이스라엘 온 백성을 향해 큰소리로 다음과 같이 권면하였다. 이것은 축복의 권면이었다. 열왕기상 8장 54-61절은 그 내용을 다음과 같이 소개하고 있다. 이 내용은 하나님 중심의 삶을 백성들에게 당부하고 있다. 이것은 우리가 하나님의 언약과 불가분의 관계에 있음을 뚜렷하게 밝혀주고 있다.

첫째, 하나님은 말씀을 이루신다. 솔로몬은 하나님께서 모세에게 약속하신 태평을 주심으로 그의 말씀이 하나도 빠짐없이 이루어졌음을 고백하였다. 여기서 태평이란 히브리어로 '메누하'이다. 이것은 '안심할 수 있는 장소'라는 뜻을 가지고 있다. 이곳이 가나안 땅임은 말할 필요도 없다.

출애굽 이후 여호수아의 영도 아래 가나안을 정복한 후 얼마동안 평안의 기간을 누리기도 했지만 아직도 정복해야 할 땅들이 많이 남아 온전한 태평을 누릴 수가 없었다. 그러나 다윗의 승전을 통해 가나안을 정복함으로써 다윗시대에야 온전한 안식을 누릴 수 있게 되었다. 솔로몬은 지금 모세에게 말씀하신 약속이 완전히 이루어졌음을 선포하고 있다. 그는 "하나님의 선한 말씀이 하나도 이루지 않음이 없도다."(56절)며 기뻐하였다. 솔로몬은 말씀의 성취가 기쁨이자 축복이 된다는 것을 깊이 인식하였다. 말씀이 이루어졌으므로 주님의 백성들은 여호와를 찬송하지 않을 수 없다. 주님은 오늘도 신실하셔서 주를 성실히 따르는 자들에게 그 약속의 말씀을 지키신다.

둘째, 하나님은 우리와 함께하신다. 하나님께서 열조들과 함께하신 것처럼 우리와 함께 계시고, 우리를 떠나지 않으시고, 우리를 버리시지 않음을 믿은 것은 바로 하나님과의 언약이 끊이지 않고 계속되고 있다는 것을 의미한다. 그는 이 언약신앙에 입각하여 하나님께서 우리와 함께 계시기를 간구하였다(57절).

셋째, 하나님은 우리를 지켜 그의 뜻대로 살게 하신다. 하나님은 우리가 주님과 함께하심을 믿고 나아갈 때 우리의 모든 것을 지켜 그의 뜻대로 살게 하신다. 무엇보다 우리의 마음을 하나님께 향하게 하여 그 길로만 다니게 하시고, 주님이 원하는 뜻대로, 곧 그의 법대로 살게 하신다. "우리의 마음을 자기에게로 향하여 그 모든 길로 행하게 하옵시며 우리 열조에게 명하신 계명과 법도와 율례를 지키게 하시기를" 원하는 것(58절)이 바로 이것이다.

넷째, 하나님은 우리를 날마다 돌아보신다. 주님은 우리가 주 안에 살면서 드리는 간구의 말씀을 잊지 않으신다. 이 간구의 말들을 주야로 하나님 가까이 두어 주의 백성이 날마다 당하는 일을 돌아보신다(59절). 주님은 이와 같이 주의 백성의 기도를 들으시고 응답하신다. 솔로몬은 주님께서 이렇게 하신다는 확신을 갖고 있었다. 우리의 도움은 바로 천지를 지으신 여호와에게서 오는 것(시121:2)이다.

다섯째, 이 모든 것을 통해 하나님만이 참이신 것을 알아야 한다. 다시 말하면 여호와만이 참하나님이다. 엘리야 선지자도 갈멜산에서 이와 같은 고백을 하였다. 60절에 여호와는 '아도나이'로 발음되기도 한다. 이것은 매우 중요한 의미를 가지고 있다. 하나님의 명칭으로 스스로 계신 분이라는 뜻을 가진 엘로힘이 있다. 이 엘로힘이 이스라엘 하나님에 대한 고유명칭인데도 히브리 성경을 보면 이 명칭을 그모스 신이나 아스다롯 신 또는 바알세블 신에게도 사용(삿11:25;왕상11:5;왕하1:2)하였다. 따라서 여기서 여호와(아도나이)만 하나님이다(60절)는 말씀은 이 세상의 다른 모든 신들은 우상에 불과하며 여호와만 참신이라는 뜻을 가지고 있다. 우리와 함께하사 말씀을 이루시고, 우리를 지켜 돌아보시는 하나님이야말로 살아 있는 참하나님이시다.

여섯째, 우리의 마음을 하나님 여호와와 온전히 합하여 그분의 뜻대로 살아야 한다. "너희 마음을 우리 하나님 여호와와 화합하여 온전케 하여 오늘날과 같이 그 법도를 행하며 그 계명을 지키라"(61절)고 당부하고 있다. 성전을 봉헌하며 온전히 주님 뜻대로 살기를 다짐하고 헌신하는 이 순간의 감격을 일생동안 간직하면서 하나님 말씀대로 살라는 것이다. "완전케 하여"라는 말은 히브리어로 '샬롬'이다. 샬롬의 원뜻은 평안이지만 여기서 샬롬을 사용한 것은 하나님과 맺은 언약을 어기지 않고 온전하게 지켰을 때 참평안을 누릴 수 있다는 뜻을 가지고 있다. 하나님과 화해하지 않고서는 참평안이 있을 수 없고, 하나님과 온전히 합하지 않고서는 평안을 기대할 수 없다. 솔로몬은 이처럼 하나님 중심의 삶을 강조하였다.

열왕기상 8장에 솔로몬의 성전봉헌 기도와 함께 백성에 대한 권면의 말씀이 실린 것은 그 기도와 말씀이 하나님 보시기에 합당한 것이었기 때문이다.

솔로몬은 그의 생애 말기에 이족 왕비들의 꼬임에 빠져 하나님의 뜻을 져버리기까지 믿음을 지키려 애쓴 인물이었다. 솔로몬은 하나님 앞에서 성공과 실패를 함께 가진 인물이 되었다. 우리는 지금 주로 하나님 앞에서 성공했던 삶을 중심으로 그의 신앙이 얼마나 하나님 중심이었는가를 살펴보았다.

성경의 여러 곳에서 그의 노력의 흔적이 드러나 있다. 역대하 8장을 보면 솔로몬이 자기 아내를 한때 다윗 궁에 거하지 못하도록 했는데 이것은 하나님의 궤가 이른 곳은 다 거룩하다고 여겼기 때문이다. 그는 잠언이나 시를 통해 하나님 중심의 삶을 노래하고 가르쳤다. "여호와께서 집을 세우지 아니하시면 세우는 자의 수고가 헛되며 여호와께서 성을 지키지 아니하시면 파수꾼의 경성함이 허사로다"라는 시편 127편의 시도 바로 솔로몬의 신앙을 나타내고 있다. 그는 아가서를 써 하나님 중심의 삶이 얼마나 아름다운가를 기록했고, 또한 전도서를 써 하나님 중심의 삶 이외에는 헛된 것으로 보았다. 그의 중심은 바로 하나님에 있었다. 그가 하나님과 합하여 이렇게 온전한 삶을 살 때에 하나님은 그를 축복하여 역사상 유례를 찾아볼 수 없는 평안을 누리도록 만들어 주셨다. 그러나 그가 만년에 유혹을 받아 하나님을 떠났을 때 하나님은 그에게 고통을 주셨다. 평안을 주거나 고통을 주는 것은 모두 하나님의 신실하신 뜻을 나타내기 위한 것이다.

그가 믿음에 있어 뛰어난 자리를 확보했을 때 그는 언제나 하나님 중심의 삶을 강조하였다. 하나님은 언약을 지키시는 분이기 때문이다. 우리가 온 마음으로 주 앞에 나아가고, 주님과 온전히 합할 때 그는 의로우셔서 우리에게 평안을 주신다. 이 언약은 영원부터 영원까지 변함없이 지켜지는 하나님의 약속이다. 하나님은 이 약속을 믿음의 선조들에게 주셨고, 이 약속은 우리에게도 유효하다. 그 약속은 과거로부터 영원까지 오고 오는 세대의 모든 사람들을 포함하는 영원한 약속이기 때문이다.

솔로몬은 이 언약의 신앙을 우리에게 이렇게 가르쳐 주고 있다. 하나님은 말씀을 이루시는 분이다. 하나님은 우리와 함께하신다. 하나님은 우리를 지켜 그의 뜻대로 살게 하신다. 하나님은 날마다 우리를 돌아보신다. 하나님은 참으로 살아 역사하는 유일한 분이다. 하나님은 우리가 온전히 그와 합할 때 평안을 주신다. 주의 이름이 있는 이 성전에서, 그리고 이 전을 향해서 기도할 때 주님은 응답하신다. 우리가 범죄했을지라도 회개하고 주께 돌아오면 주님은 용서하고 받아주신다.

# 제 7 장

# 북 왕국 이스라엘

이스라엘이 북 왕국 이스라엘과 남 왕국 유다로 갈라지게 된 것은 유다 지파에 대한 에브라임 등 10지파의 종파적 감정이 작용한 것이다. 북 왕국 이스라엘은 19왕에 8번 혁명이 있었다. 그만큼 정상적인 정권 승계가 어려울 정도로 살벌했다. 북 왕국에 살육의 원리가 적용된다는 것은 이 때문이다.

북 왕국 이스라엘은 크게 여로보암 왕가, 바아사 왕가, 시므리 왕, 오므리 왕가, 예후왕가, 살룸왕, 므나헴 왕가, 베가왕, 호세아왕 등 9개 왕조로 이어진다. 모두 금송아지를 숭배해 하나님께 돌아온 왕은 없었다.

북 왕국 이스라엘 왕

| 왕 | 통치 기간 | 악함의 정도* | 번영 | 활동한 선지자 |
|---|---|---|---|---|
| 여로보암 왕가 | | | | |
| 1. Jeroboam I | 22년 | x | | |
| 2. Nadab | 2년 | x | | |
| 바아사 왕가 | | | | |
| 3. Baasha | 24년 | x | | |
| 4. Elah | 2년 | x | | |
| 시므리 왕 | | | | |
| 5. Zimri | 7일 | x | | |

| 왕 | 통치 기간 | 악함의 정도* | 번영 | 활동한 선지자 |
|---|---|---|---|---|
| **오므리 왕가** | | | | |
| 6. Omri | 12년 | XX | 번영 | |
| 7. Ahab | 22년 | XXX | | 엘리야 |
| 8. Ahaziah | 2년 | X | | 엘리사 |
| 9. Jehoram(Joram) | 12년 | X | | |
| **예후 왕가** | | | | |
| 10. Jehu | 28년 | X | 쇠퇴 | 요엘 |
| 11. Jehoahaz | 17년 | X | 쇠퇴 | |
| 12. Joash(Johoash) | 16년 | X | | |
| 13. Jeroboam II | 41년 | X | 가장 번영 | 요나 |
| 14. Zechariah | 6개월 | X | | 아모스 |
| **살룸 왕** | | | | |
| 15. Shallum | 1개월 | X | | 호세아 |
| **므나헴 왕가** | | | | |
| 16. Menahem | 10년 | X | | 이사야 |
| 17. Pekahiah | 2년 | X | | |
| **베가 왕** | | | | |
| 18. Pekah | 20년 | X | 무정부상태 | 미가 |
| **호세아 왕** | | | | |
| 19. Hoshea | 9년 | X | | |

\* X=악함, XX=더 악함, XXX=최고로 악함. 이 기준은 '여호와 보시기에' 있다.

여로보암 왕가에는 여로보암 1세와 나답이 있다. 여로보암 1세는 백성들의 마음이 다윗의 집(예루살렘)에 돌아가는 것을 두려워 해 두 금송아지를 만들어 하나는 남쪽 벧엘에, 다른 하나는 북쪽 단에 두어 제사하도록 했다. 금송아지를 만든 다음 "이것은 너희를 애굽에서 인도해낸 너희 신이라" 한 것을 보아 금송아지가 애굽 여신 하토르(Hathor)를 가리키는 것으로 보이지는 않는다. 그들은 하나님의 형상으로 금송아지를 만들어 숭배하게 함으로써 하나님의 임재를 형상화

하고자 했다. 하지만 여호와의 형상으로 금송아지를 만든 것은 문제가
있다. 여로보암은 하나님을 섬기는 동시에 바알 신도 함께 섬기게 함
으로써 혼합적 제사(syncretism)를 부추긴 왕이 되었다. 그를 이어 왕
이 된 나답은 바아사의 반란으로 피살되었다.

　바아사 왕가의 왕은 바아사와 엘라가 있다. 바아사는 여로보암의 길
(죄악)을 답습했고, 유다 왕 아사와 전쟁을 계속했다. 라마 성 건축을
시도했는데 이는 전략적 요충지를 확보하는 동시에 북쪽 사람들이 남
으로 내려오므로 유다와의 단절을 시도하는 데 목적이 있었다. 유다
왕 아사가 다메섹의 도움을 얻어 건축을 못하게 하고, 라마 성을 획득
했다. 뒤를 이은 엘라는 군대장관 시므리 반란으로 피살되었다. 시므
리가 왕이 되어 7일간 통치했으나 군대장관 오므리의 공격을 받고 자
살함으로써 이스라엘 역사상 최단명 왕이 되었다.

　오므리 왕가의 왕은 오므리, 아합, 여호람 등이 있다. 이 시기는 북왕
국에서 가장 강성했으나 종교적으로는 암흑시대였다. 오므리는 트랜스
요르단 지역을 장악하고 모압을 속국으로 삼을 만큼 강력한 국가가 되
었고 번영했다. 트랜스요르단은 요단 계곡 동쪽 땅[24]으로 토지가 비옥
하고 목양지가 있어 산업요충지이자 아랍국가 남진정책에 필요한 군사
요충지이다. 아합은 실리외교를 추구하여 두로와 시돈을 중심으로 한
북방 베니게, 그리고 남방 유다와 동맹을 맺음과 동시에 정략결혼을 했
다. 베니게를 통치한 엣바알 왕의 딸 이세벨을 아내로 맞았고, 자신의
딸 아달랴를 유다의 여호람에게 시집보냈다. 이세벨은 바알선교의 총수
로 북 이스라엘에 혼합주의를 가져온 장본인이다. 종교적으로는 암흑시
대라 할 수 있다. 그러나 하나님은 선지자 엘리야를 보내 암흑시대에
맞서 싸우게 했다. 여호람은 다메섹을 도운 일로 엘리사를 죽이려 했다.

─────────────

24) 바산, 길르앗, 암몬, 모압, 에돔 동부를 포함한 지역이다.

엘리사는 원수를 다메석이 아니라 범죄한 이스라엘로 생각했다. 그는 군대장관 예후에게 피살되었다. 하나님은 암흑기에 선지자를 많이 보내 활동하게 하셨다. 성경은 오므리 왕조의 강성보다 그 종교적 죄악상을 크게 취급하고 있다. 하나님나라보다 세상나라를 선호했기 때문이다.

예후 왕가에는 예후, 여호아하스, 요아스, 여로보암 2세 등이 있다. 예후는 바알 선지자와 이세벨 등 바알을 믿는 자와 요호람을 문병 차 온 유다의 아하시야 왕을 죽이는 등 사방에 원수를 만들었다. 베니게 와 유다와의 동맹관계도 깨졌다. 과격한 혁명을 통해 수많은 인재를 죽음으로 몰았다. 그는 금송아지를 섬겨 하나님을 전심으로 섬기지 않았다. 바알을 미워한 것 같이 여로보암의 죄를 피하지는 않은 것이다. 다메석 하사엘 왕과 앗수르의 살만에셀 왕의 침략을 받아 조공을 바치게 되었다. 여호아하스는 다메석 하세엘의 횡포가 심해지자 앗수르의 도움을 얻어 다메석의 압박으로부터 해방되었다. 요아스도 여로보암의 길로 갔다. 그는 엘리사 병문안을 했고 그 선지자를 이스라엘의 병거와 마병으로 비유했다. 엘리사는 그가 선지자를 얼마나 의지하는가를 알기 위해 "활을 잡고 땅을 치라"고 했다. 요아스는 땅을 3번 쳤다. 그 결과 요아스는 아람의 벤하닷을 3번 쳐 이길 수 있었다.

여로보암 2세는 40년간 이스라엘을 최장 통치한 왕이자 황금시대를 열었다. 그는 트랜스요르단 전체를 장악했다. 하지만 종교적으로는 타락했다. 호세아, 아모스, 요나 등 여러 선지자들이 활동했다. 지도자들의 부패도 만연했다.

호세아 선지자는 이스라엘 번영에서 오는 개인적 죄악, 곧 이기주의와 탐심을 경고했다. 동족 간의 사랑이 식어지는 것을 보고 있을 수 없었기 때문이다. 호세아는 하나님을 아는 지식이 없어 망하는 이스라엘을 탄식하고 여호와께 돌아올 것을 촉구했다.

아모스 선지자는 남방 유다 출신으로 북방 이스라엘에서 활동했다. 그는 사회적인 불의와 부정에 관심이 있었고, 교만한 이스라엘을 경고했다. 이스라엘에 대한 하나님의 징계는 그들을 사랑하기 때문임을 강조했다.

요나는 니느웨 선교로 유명하다. 이는 이스라엘의 포로생활을 준비케 한 것으로 이스라엘로 보아서는 축복이다. 이스라엘은 부강할 때 여호와를 떠났으나 앗수르는 환란을 당해 여호와 앞에 회개했다.

여로보암 2세 이후 북왕국 이스라엘은 쇠퇴와 멸망의 길을 갔다. 살룸 왕은 예후의 왕가를 무너뜨렸으나 므나헴의 혁명으로 한 달 만에 죽었다. 므나헴 왕가는 앗수르의 괴뢰 정부로 전락했다. 부왕 므나헴을 이은 브가히야는 2년 만에 베가의 반란으로 죽었다. 베가 왕은 앗수르에 굴복했고 호세아의 반란으로 죽었다. 호세아는 최후의 왕이 되었다. 호세아가 앗수르에의 조공을 거절하고 애굽과 동맹을 맺자 앗수르의 살만에셀은 사마리아 성을 함락시켰다. 앗수르는 포로를 잡아가 잡족을 동거케 함으로써 혼합종교를 발생케 했다. 남아 있는 이스라엘 백성과 이민 온 이방인들 사이에 잡족, 곧 사마리아인(Samaritans)이 탄생했다. 그 뒤 유대인은 사마리아 사람들을 경시했다.

북왕국 이스라엘을 멸망시킨 앗수르는 티그리스 강 유역 고대문명 발상지로 셈계통의 종족이 살았다. 성경에는 앗수르를 '이스라엘을 깨우치기 위한 진노의 몽둥이, 막대기', '세내어온 삭도', '넘치는 하수'로 표현하고 있다. 앗수르가 이스라엘을 침략하게 된 것은 앗수르의 힘을 빌리려는 유다 왕 아하스 왕의 우둔한 정책에서 비롯되었다. 그들은 다메섹을 공격하고 이스라엘도 공격했다. 훗날 앗수르의 사르곤 3세는 사마리아를 함락시켜 이스라엘 왕국을 멸망시켰다. 종교는 다신교로 담무스(Tammuz), 느보(Nebo, Nabu), 벨(Bell, Marduk), 니스록(Nisroch), 월신(Sin, Nanna), 아스타르(Ishtar) 등을 섬겼다. 대부분 앗수르 신들이다.

# 제 8 장

# 남왕국 유다

북왕국에는 왕위 승계에 있어서 살육의 원리가 적용되었다면 남왕국 유다의 경우 '다윗의 자손'이 왕이 되어야 한다는 것이 헌법보다 강했다. 왕이 피살되어도 피살한 자가 왕이 되지 않았다. 왕에 따라 큰 변화가 있었으나 계속적인 경고에도 불구하고 바알숭배와 가나안 종교에 빠졌다.

### 남 왕국 유다 왕들

| 왕 | 통치 기간 | 왕의 악함 정도* | 번영 | 활동한 선지자 |
|---|---|---|---|---|
| 1. Rehoboam | 17년 | x | | |
| 2. Abijah(Abijam) | 3년 | x | | |
| 3. Asa | 41년 | o | | |
| 4. Jehoshaphat | 25년 | o | | |
| 5. Jehoram(Jeram) | 8년 | x | | |
| 6. Ahaziah | 1년 | x | | |
| 7. Athaliah(Ahaziah 모친) | 6년 | xx | | |
| 8. Joash(Jehoash) | 40년 | o | | |
| 9. Amazziah | 29년 | o | | |
| 10. Uzziah(Azariah) | 52(12?)년 | o | 번영 | |
| 11. Jotham | 16년 | o | | |
| 12. Ahaz | 16년 | x | 앗수르에 조공 | |
| 13. Hezekiah | 29년 | ooo | 앗수르에서 독립 | |

| 왕 | 통치 기간 | 왕의 악함 정도* | 번영 | 활동한 선지자 |
|---|---|---|---|---|
| 14. Manasseh | 55년 | xxx | 앗수르에 예속 | |
| 15. Amon | 2년 | xxx | | |
| 16. Josiah | 31년 | ooo | | 스바냐 |
| 17. Jehoahaz(Shallum) | 3개월 | x | | 나훔 |
| 18. Jehoiakim | 11년 | x | | 예레미야 |
| 19. Jehoiachin | 3개월 | x | | 하박국 |
| 20. Zedekiah | 11년 | x | | 오바댜 |

* x는 악함, o는 좋음, 더 많은 것은 강도가 강함을 뜻함.

남왕국은 크게 남북투쟁시대, 남북동맹시대, 남북평행시대, 단독시대, 신흥 바벨론과 유다 왕국의 멸망 등으로 이어진다.[25]

남북투쟁시대는 르호보암, 아비야, 아사왕을 거치면서 있었다. 특히 여로보암과 르호보암, 바아사와 아사의 대립이 컸다. 르호보암 때 예루살렘이 애굽의 시삭으로부터 침략을 받았다. 르호보암은 여로보암과 계속 전쟁을 했다. 그는 우상을 섬겼는데 이는 모친인 암몬사람의 영향이 컸었다. 아비야는 여로보암 군대를 이겼다. 아사왕은 개혁적인 왕으로 우상을 제거하고 남색하는 사람을 제거했다. 그는 애굽 및 구스와의 전쟁에서 승리했다. 또 이스라엘 바아사 왕과 전쟁을 벌여 라마를 점령했고, 이 재료로 게바와 미스바 두 성을 건축했다. 이때 다메석(아람) 왕 벤하닷에게 원병을 청했다. 하나님은 왕이 하나님을 의시하지 않고 아람왕을 의지한 것에 대해 진노하셨다. 하나님을 의지했다면 바아사뿐 아니라 다메석도 차지했을 것이다. 하나님은 선지자 하나니를 보내 잘못을 지적했으나 그를 투옥했다.

남북동맹시대는 북의 오므리 왕조와 여호사밧 및 그 아들들과 있었다. 여호사밧은 개혁운동을 계속하는 한편 국방을 강화했다. 그리고

---

25) 김희보, 구약이스라엘사, 총신대학출판부, 1983. 333쪽.

아합왕과 이세벨의 딸 아달랴를 며느리(여호람의 부인)로 맞음으로써 이스라엘과 화해정책을 썼다. 이것은 정치와 신앙이 일치하지 못했음을 보여준다. 여호람과 아하시야(여호아하스)는 아달랴의 영향을 받았다. 여호람은 아합의 길로 가 종교적으로 반대입장에 섰던 유다 방백(귀족)들을 살해했고, 우상을 숭배했다. 아하시야는 아합의 길을 택했으며, 이스라엘 요람왕 병문안 갔다가 예후에게 죽임을 당했다. 이어 아합의 딸 그달랴의 학정이 있었다. 아달랴는 손자들을 전멸하고 스스로 정권을 잡았다. 다윗 계를 무너뜨리고 바알정권을 세우고자 했다. 이는 하나님 종교에 대한 복수심이 작용한 것이다. 그러나 여호람의 딸 여호사보앗[26]이 아하시야의 어린 아들 요아스를 뽑아내 6년간 숨겨 키웠다. 제사장 여호야다의 반정으로 아달랴는 유다 국민에 의해 피살되었다. 다윗계통을 다시 세움을 받게 된 것이다.

  남북평행시대는 요아스, 아마샤, 웃시야, 요담, 아하스 왕 등으로 이어진다. 이스라엘은 예후 시대다. 요아스는 제사장 여호야다의 반정 성공으로 숨어 자란 7세의 요아스가 왕이 된 것이다. 이것은 요엘서의 배경이 되었다. 여호야다가 살아 있을 때 성전수리를 했다. 그러나 여호야다가 죽은 후 바알종교를 포용했다. 아달랴 시대에 물든 유다방백들의 주장을 받아들인 것으로, 이는 다시 혼합종교로 돌아갔음을 의미한다. 왕은 이를 경고한 여호야다의 아들 스가랴 선지자를 돌로 쳐 죽이게 했다. 요아스는 다메섹 왕의 공격을 받았고, 부하들의 반란으로 죽었다. 반란은 스가랴 선지자를 죽인 때문이다. 그를 이은 아마샤는 에돔과의 전쟁에서 승리했으나 에돔의 우상을 가져와 경배했다. 유대인들이 그들의 우상을 인정한 것은 그들이 하나님을 여러 신 중에서

---

26) 여호사밧은 아달랴에서 낳은 딸은 아닌 듯하다. 그는 제사장 여호야다의 아내가 되었다.

택한 신으로 생각하는 잘못된 일신교 사상에 젖어 있었음을 보여준다. 그들이 참하나님은 오직 한 분이라는 유일신 사상을 가졌다면 우상을 거부했을 것이다. 에돔을 이긴 아마샤는 이스라엘을 공격했으나 크게 패해 그 자신 포로가 된 적이 있었다. 이 일은 에돔 신을 신봉한 것에 대한 하나님의 응징이었다. 그는 신하에게 피살되었고, 웃시야가 왕이 되었다.

웃시야 왕은 아사랴라고도 하며 이스라엘의 여로보암 2세와 대등한 인물이다. 16세에 즉위하여 52년간 통치했다. 영토 확장 정책을 통해 잃었던 땅을 회복했고, 무역 및 농업을 일으켰으며, 군대조직을 강화했다. 그러나 그는 물질주의로 기울어 사치했고, 제사장직분까지 차지하는 무모함을 보였다. 그는 문둥병으로 죽었다. 하나님 나라를 추구하는 동안에는 형통했지만 교만해져 하나님을 버리자 모든 것을 잃었다.

요담과 아하스 왕 때는 앗수르가 발흥했다. 요담 자신은 하나님 앞에 정도를 걸었지만 백성들의 죄악을 다스리는 데는 실패했다. 아하스 왕이 친앗수르 정책을 취하자 다메섹 왕 르신과 이스라엘 왕 베가가 연합해 공격해왔다. 앗수르의 원병으로 물리쳤으나 선지자 이사야는 반대했다. 에돔과 블레셋의 반격이 있었고, 유다는 사면초가에 빠지기도 했다. 아하스는 종교적으로도 타락하여 가나안 우상을 섬겼다.

단독시대에는 히스기야, 므낫세, 아몬 왕 등이 있다. 히스기야 왕은 반앗수르의 개혁왕으로 29년간 치리했다. "여호와 보시기에 정직히 행한 자"로 기록되어 있다. 그는 성전을 척결했고, 유월절을 성대히 지켰으며, 모세 때부터 있던 놋 뱀을 제거했다. 앗수르의 산헤립 왕이 침략했으나 히스기야 왕 스스로 선지자 이사야에게 기도를 부탁하고 자신도 회개하여 하나님의 긍휼로 위기를 모면했다. 히스기야 왕이 병에 들었으나 15년간 생명 연장을 허락받았다. 그 기간에 아들 므낫세를 얻었다. 바벨론 왕이 사신을 보내 병문안을 했을 때 그들에게 군기고와 보물을 자랑하였다. 하나님 나라를 구하는 것보다 세상나라의 부귀영화를 자랑하는 등 교만에 빠진 것이다. 하나님은 보여준 것 모두 남김없이 바벨론으로 옮기게 될 것을 이사야 선지자를 통해 알려주었다.

이 당시 선지자 이사야와 미가가 활동했다. 이사야는 웃시야 왕 죽던 해부터 요담, 아하스, 히스기야 때 선지자로 활동했다. 아하스 때 앗수르와 동맹을, 히스기야 때 애굽과의 동맹 행위를 반대했다. 그들의 믿음 약함을 탄식하면서도 어려운 입장 때는 도왔다. 그는 속죄의 역사는 고난의 종의 죽음을 통해 이뤄질 것을 예언했다. 미가는 이사야와 동시대 선지자로 히스기야 왕을 회개케 했다.

히스기야를 이은 므낫세와 아몬 왕은 부패와 타락으로 암흑시대를 열었다. 므낫세는 최장기 55년간 치리했다. 그러나 앗수르의 종교풍속을 따라 종교적으로 부패했다. 그는 앗수르에 포로가 되었다가 유다와 돌아왔으며 우상을 제거하고 회개했다. 가경 중에 '므낫세의 기도'는 그의 회개를 담고 있다. 아몬 왕은 타락한 정치를 하다 신하의 반역으로 죽었다.

앗수르가 약해지자 신흥 베벨론이 주도권을 잡게 되었다. 이때가 요시야 왕 말기였다. 요시야 왕은 최후의 개혁왕으로 손꼽힌다. 그는 하나님을 찾는 마음이 간절하여 가나안 전체의 우상을 제거하고, 성전을 수리했으며, 율법 책을 발견했다. 신앙운동의 절정을 이뤘다. 신앙적으로 이런 부흥을 일으키게 된 것은 앞으로 있게 될 바벨론 포로 기간 중 신앙을 지키게 하기 위한 것이다.[27] 흩어지기 위한 준비인 것이다.[28] 반앗수르적인 요시아는 앗수르를 도우려는[29] 애굽과 므깃도 전

---

[27] 이스라엘로 알갱이 신자가 되기 위해서, 참하나님을 발견하기 위해서 바벨론 포로가 되게 했다.

[28] 호세아에 따르면 잡혀갈 땐 심판하지는 않는다. 포로 기간 동안 신앙을

쟁에서 전사했다. 그의 전사는 비극이나 왕에 대한 징벌로 보이지만 오히려 하나님의 사랑이 담겨 있다. 포로로 잡혀감을 보지 못하게 하셨기 때문이다. "죽은 자를 위해 애통하지 말고 잡혀갈 그 아들들을 위해 울라."

요시야에게는 여호아하스, 여호야김(엘리야김), 시드기야 3 아들이 있었다. 여호아하스는 애굽 왕에게 폐위되었다. 그 뒤를 이은 여호야김 왕은 선지자 예레미야가 받은 계시의 두루마리를 태운 극악한 왕이었다. 그는 애굽을 위해 백성에게 세금을 과하게 부과했다. 예레미야의 비난이 있었고, 하박국 선지자의 탄식도 있었다. 예레미야는 바벨론을 섬길 것을 권했으나 여호야김은 듣지 않았다. 갈그미스 전투[30]로 애굽을 제압한 바벨론은 예루살렘을 장악했다. 여호야김을 이어 여호야긴(여고냐)이 왕이 되었다. 그는 3개월 10일만 통치했다.

바벨론 왕 느브갓네살은 그를 바벨론으로 끌어가고 그의 숙부 시드기야를 대신 왕으로 세웠다. 이때 많은 백성들이 포로로 잡혀갔고, 그 가운데 선지자 에스겔도 있었다. 바벨론의 도움으로 왕이 된 시드기야는 반바벨론파와 친애굽파의 압력에 의해 바벨론을 배반했고, 두 눈이 뽑혀 바벨론의 포로로 잡혀갔다. 예레미야는 70년 포로생활을 하게 될 것을 예언했다. '라기스의 편지'(The letters of Lachish)는 애굽의 원병을 기다리다 예루살렘이 함락될 때의 형편을 그린 것이다.

바벨론은 한때 예레미야를 보호해 숨겨주었던 아히감의 아들 그달

---

지키게 하고, 포로생활 후 돌아올 때 추수한다. 추수는 알곡과 쭉정이를 구별하는 심판이 있음을 말한다.

29) 성경에는 앗수르를 '치고자 하여'(against)라고 했으나 '돕고자 하여'(for, on behalf of)로 바꿔야 한다.

30) 이 전투 이후 역사적으로 애굽은 힘을 못 쓰는 약한 나라로 전락하고, 신흥국가 바벨론은 강한 제국으로 부상하게 되었다. 애굽 쪽에 섰던 유다도 망하게 된다.

리야를 총독으로 세웠다. 그러나 반바벨론파에 속한 백성들은 그달리
야를 매국노로 간주해 죽이고 애굽으로 도망했다. 이때 예레미야도 타
의로 애굽으로 가게 되었다. 이로 인해 아브라함에 갈대아 우르를 떠
난 지 약 1500년 후 그의 후손들이 포로로 다시 갈대아 땅을 밟게 되
었고, 일부는 출애굽 했던 그 땅을 다시 밟게 되었다.

# 제 9 장

# 포로가 된 언약의 백성들

유다 백성들은 4차에 걸쳐 바벨론에 포로로 잡혀갔다. 바벨론 포로는 유대 역사에 있어서 포로 전과 포로 후로 나눌 만큼 중요한 분기점에 되었다.

바벨론 포로는 여러 가지 점에서 변화를 주었다. 성전 대신 회당이 자연적으로 발생하게 되었다. 제사중심에서 말씀중심의 종교로 변하게 된 것이다. 이것은 영적 종교로서의 변화라는 점에 큰 뜻이 있다. 또한 민족이 분산되지 않고 한 민족으로서 정체성을 유지하는 데 도움이 되었다. 포로생활은 결코 심판이 아니다. 오히려 돌아올 때 알곡이 되어 돌아오지 않을 때 심판이 있게 된다.

반바벨론파인 이스마엘이 그달리야를 살해했으며, 이스마엘의 잔존 인물들이 예레미야를 데리고 애굽으로 도망했다. 그들은 애굽에 가서 하나님도 섬기고 이방신도 섬기는 등 혼합주의에 빠졌다. 예레미야는 소수만이 살아남아 유대 땅으로 돌아가 하나님 말씀이 이루어질 것을 알게 될 것이며 애굽 왕도 바벨론 왕에게 붙여지게 될 것이라 예언했다(렘44장).

성경에는 벨사살 왕이 바벨론의 최후의 왕으로 기록되어 있다. 그러나 역사상으로는 나보니더스 왕(느부갓네살의 사위?)이 아버지고 벨사살은 아들이다. 나보니더스는 북아라비아 데마를 점령해 바벨론의 제2 수도로 삼고 11년간 정주했다. 그는 바벨론 국신 말둑보다 달신 난나(신)를 더 숭배했다. 데마가 난나 신의 중심지여서 그곳에 장기간 정주하며 종교개혁을 꿈꿨다. 데마에 체재하는 동안 그는 아들 벨사살에게 통치를 위임하고 바벨론을 다스리게 했다. 이 개혁이 이루어졌다면 유다의 포로들은 종교적 수난을 당했을 것이다.

상황에 바뀌어 파사왕 고레스가 바벨론을 무너뜨렸다. 고레스는 자기 어머니의 고향인 메데를 병합하고 메데와 파사를 다스렸다. 말둑 신의 파송자로 자처한 고레스는 말둑 신에 무관심한 나보니더스를 멸망시켰다. 고레스 왕의 승리는 유다 포로들에게 해방과 큰 기쁨이 되었다.

고레스 왕은 피지배국에 관대한 종교정책을 펴, 그들의 종교를 크게 장려했고, 포로들을 본국으로 돌아가게 했다. 이스라엘의 귀환이 시작된 것이다. 당시 유다 지도자는 세스바살과 스룹바벨이었다. 세스바살은 스룹바벨의 숙부이자 여호야긴의 4째 아들이다. 그리고 스룹바벨은 여호야긴 왕의 장남인 스알디엘의 아들(혹은 손자)이다. 고레스 왕은 파사 제국의 유목민 반란 진압에 나섰다가 부상을 당했고 결국 전사했다.

스룹바벨은 무너진 성전을 건축했다. 그는 북방 사마리아사람이 같이 짓자는 것을 거부했다. 하나님을 하나의 지방 신으로 생각하는 그들과는 함께할 수 없었기 때문이다. 그들은 성전건축을 방해했다. 사마리아 총독은 유대인이 성곽을 건축하고 파사를 배반한다는 거짓 상소를 올렸다. 성전 건축은 잠시 중단될 수밖에 없었다. 파사도 애굽과 싸우고, 자체 내 반란을 무마해야 하는 일도 있었다. 당시 학개와 스가랴 선지자들의 활동이 있었다. 학개는 화려하지 않은 성전을 보며 슬퍼하는 유대인을 위로하며 "내가 영광으로 이전에 충만케 하리라" 하였다. 참법궤는 그리스도를 준비하는 것이며 "나중 영광이 이전 영광보다 크리라." 스가랴는 실망하는 스룹바벨을 격려했다. 새 성전은 그리스도의 복음으로, 나타날 메시아를 보도록 했다. 아하수에로 왕의 사적은 에스더와 연관되어 있으며, 에스라가 예루살렘으로 귀환했다.

느헤미야는 유다 총독으로 귀환했고, 예루살렘 성곽을 건축했다. 아닥사스다 왕은 성곽 건축에 협조했다. 그러나 사마리아 총독 산발랏과 암몬 총독 도비야가 방해했다. 8-10개의 성곽 문이 건축되었다. 학자 에스라는 율법을 재건했고, 신앙부흥운동을 일으켰다.

구약 최후의 선지자 말라기는 신약과 직결된다. 그 후 구약과 신약의 중간시대가 400년간 있었다. 이 시기는 구속사와는 단절된 시기로 파사제국과 헬라제국의 영향을 받았다.

시서 및 지혜서

# 제 4 부

# 제 1 장

# 시서 및 지혜서

　시서 및 지혜서는 시편, 욥기, 그리고 솔로몬의 3부작으로 알려진 잠언·전도서·아가를 말한다. 구약은 크게 오경, 선지서, 성문서로 나누는데 시서 및 지혜서는 성문서에 속한다. 더 자세히 말하면 시서와 오축(5 rolls)의 일부를 구성한다. 오축에서 아가는 유월절에 읽으며, 룻기는 오순절에, 애가는 포로 및 성전복구기념일에, 전도서는 초막절에, 그리고 에스더는 부림절에 애독한다.

### 구약의 구분

| |
|---|
| 오경: 창세기, 출애굽기, 레위기, 민수기, 신명기 |
| 선지서: 전선지서―여호수아, 사사기, 사무엘서, 열왕기서 |
| 　　　　후선지서―이사야, 예레미야, 에스겔, 소선지12서 |
| 성문서: 시서―시편, 잠언, 욥기 |
| 　　　　5축―전도서, 아가, 룻기, 애가, 에스더 |
| 　　　　역사서―다니엘, 에스라, 느헤미야, 역대기 |

　구약의 3분의 1은 시로 되어 있다. 구약 중 시가 빠진 성경은 일곱으로 레위기·룻기·에스라·느헤미야·에스더·학개·말라기가 있다. 가장 오래된 시는 창세기에 나타나 있다.

- 아담의 노래(창2:23): "이는 내 뼈 중의 뼈요 살 중의 살"
- 하나님의 저주의 선포(창3:14-19)
- 라멕의 노래(창4:23-24)
- 노아의 노래(창9:25-27)
- 이삭과 리브가에 준 하나님의 언약의 노래(창25:23)

시는 다양하게 표현된다. 우물을 발견하여 그 기쁨을 노래한 우물의 노래(신21:17-18), 추수의 즐거움을 노래한 시(사9:3), 결혼·축복·죽음의 시 등 다양하다. 결혼과 축복은 악기를 동반한다.

히브리시의 형태와 특징으로 음절의 리듬, 사상의 리듬, 대구법, 두운법 등이 있다.

음절의 리듬(rhythm of sound)은 음절에 리듬이 있음을 말한다.

사상의 리듬(rhythm of thought)은 사상의 깊이와 영감의 약동이 있음이다. 히브리·애굽·메소포타미아 시의 특색이다.

대구법(parallelism, 對句法)은 크게 동의대구법, 반의대구법, 그리고 전진대구법 등 3가지 형태가 있다.

동의대구법(synonymous parallelism)은 두 구절이 병렬되면서 각 말이 동의적(同意的)으로 대구를 이루는 것을 말한다. 예를 들어 "여호와의 교훈은 정직하여 마음을 기쁘게 하고 여호와의 계명은 순결하여 눈을 밝게 하도다."와 같다.

반의대구법(antithetic parallelism)은 두 구절이 병렬하면서 반의적(反意的)으로 대구를 이룬다. 예를 들어 "의인의 길은 여호와께서 인정하시나 악인의 길은 망하리로다."와 같다.

전진대구법(progressive parallelism)은 전절과 후절이 서로 병렬하면서도 그 사상을 점점 보완하여 하나의 사상을 완성해 나가는 것을 말한다. 따라서 종합(synthetic) 대구법이라 하기도 한다. 예를 들어 "복 있는 사람은 악인의 죄를 쫓지 아니하며(walking), 죄인의 길에 서지 아니하며(standing), 오만한 자의 자리에 앉지 아니하며(sitting)"와 같다. 전진하면서 개념을 더욱 확실하게 만든다.

끝으로 두문법(頭文法)은 히브리어의 자음 22자를 한 시의 맨 첫머리에 순서대로 배열하는 것으로 흥취와 암송에 크게 도움이 된다. 시편 119편 전장과 애가서를 들 수 있다. 시편 119편은 매 8절마다 연속해, 한 자음으로 반복한다. 8절x22자음=176절로 구성되어 있다. 애가서의 경우 제3장만 자음 하나가 3절씩 계속 반복하고(3절x22자음=66절), 그 밖에 1, 2, 4, 5장은 한 자음, 한 절씩, 그러므로 각 장이 22절로 되어 있다.

지혜서는 깊은 사색, 깊은 반성, 토론형식과 지식을 가르치는 형식을 통해 하나님께로 온 도덕적 질서와 인생 자체의 의미와 가치를 탐구하는 목적을 가지고 있다. 지혜서가 선지서와 다른 점은 인생의 내면적인 의미와 가치를 추구하고, 지혜자들의 깊은 관찰과 체험이 성령의 감동으로 기록되었으며, 다른 사람에게 가르치려고 하는 성실성과 열성이 보인다는 점이다.

지혜서는 다음과 같은 특색을 가지고 있다.

- 이스라엘 민족 전체를 상대하지 않고 개인을 상대할 만큼 개인의 가치를 추구한다. 또한 이스라엘과 이방을 구별하기보다 현자와 우자를 구별한다. 이것은 지혜서가 순수 인간적 성격을 띠고 있음을 보여준다.
- 지성적인 방법과 실용적 입장을 견지함으로써 신앙생활에 직접 감화와 감동을 준다.
- 하나님으로부터 오는 종교적 계시를 바탕으로 한 수직적 신학

(vertical theology)을 기둥으로 하고, 즉 뿌리는 신학적 기초 위에 두고, 세상 경험에 대한 관찰과 반성을 바탕으로 한 수평적인 신학(horizontal theology), 곧 수평적인 인간의 생활과 문화를 흡수하고 포용함으로써 경건으로 인도했다. 예를 들어 "보증이나 담보를 하지 말라"는 말은 악인과 상관하지 말라는 뜻이다. 변리를 금하던 시대에 보증이나 담보를 요구하는 채주는 악인으로 간주했던 당시의 사회성을 고려해야 한다.

• 이방지혜문과는 다르다. 이스라엘 지혜문이 이방 지혜문과 같은 어법으로 표현된다는 것은 자연스럽다. 하지만 그것에 근원을 두었다 볼 수 없다. 지혜서는 성령의 감동으로 된 것이며 인간의 약점과 죄의 오염이 없다.

# 제 2 장

# 시편의 구성과 사상

　시편은 히브리어로 '세페르 테힐림'이라 한다. '시들의 책'이라는 뜻이다. 70인경에는 '프살모이'(psalmoi)라 한다. 수금을 치면서 부르는 노래라는 뜻이다.

　시편은 모두 5권으로 구성되어 있다. 어떤 학자는 5경을 본뜬 것으로 해석하기도 한다. 1권(1-41편), 2권(42-72편), 3권(73-89편), 4권(90-106편), 5권(107-150편)으로 구분하고 있으나 구분의 근거와 이유는 알 수 없다. 106편과 107편을 '할렐루야 시편'으로 구분할 이유도 없다.

## 1. 시편의 표제와 음악술어

　시편은 여러 표제를 가지고 있다. 주로 7가지로 구분되는데 그 성격은 다음과 같다.

## 시편의 표제

| 표 제 | 회 수 | 성 격 |
|---|---|---|
| 마스킬 | 13회 | 어원은 '사칼'이다. 교훈 및 가르침을 주고, 지혜를 주며, 깊이 생각하게 한다. |
| 드헬라 | 1회 | '찬송'이라는 뜻을 가지고 있다. 시편 145편이 이에 속한다. |
| 미즈모르 | 57회 | 어원은 '자마르'다. 악기를 이용하여 만든 멜로디 또는 음악을 뜻한다. |
| 쉬르 | 30회 | 즐거운 일이 있을 때 흔히 부르는 노래이다. |
| 믹담 | 6회 | 황금이라는 뜻을 가지고 있다. 황금 시란 무엇일까. 믹담은 앗수르어로 'ka-ta-mu'로 '덮는다'는 뜻을 가지고 있다. 따라서 이는 '덮는 시', 곧 죄를 구속하는 시를 말한다. |
| 테필라 | 5회 | 기도를 뜻한다. 기도의 시다. |
| 식가욘 | 1회 | 시기오놋이라 하기도 한다. 정확한 뜻은 알 수 없다. 아카디안어로 '세구'(shegu)로 보기도 하는데 '애통의 노래'라는 뜻을 가지고 있다. 애가 또는 만가의 형태로 부르라는 의미를 담고 있다. |

시편은 여러 음악술어를 담고 있다. 음악술어는 크게 멜로디, 변조, 악기 등으로 나타난다. 멜로디는 알데스헷에서 소산님까지, 변조는 셀라로, 악기는 니히롯에서 스미낫까지 다양하다.

## 멜로디 술어

| 술  어 | 뜻 |
|---|---|
| 알데스헷 | 어떤 노래의 첫줄로, 멜로디의 이름이 된 것으로 보인다. |
| 요앗 엘렘 르호김 | '먼 곳 엘림나무의 비둘기'라는 뜻이다. 먼 섬 헬라의 어떤 멜로디로 간주되기도 한다. |
| 뭇랍벤 | 시 9편의 표제로 '한 아들의 죽음'이라는 뜻을 가지고 있다. 이 용어는 멜로디의 용어로 추측되며, 시 9편은 여기에 맞춰 불렸다. |
| 깃딧 | '술틀을 밟는다'(wine press)는 뜻이다. 술틀을 밟으며 술을 빚을 때 부른 노래의 멜로디다. |
| 수산의 듯 | 수산에듯에 맞춘 노래로, 수산에듯은 '언약의 백합화' '증거의 백합화'라는 뜻을 가지고 있다. 노래곡조 및 제목으로 사용된 듯하다. 예수님도 '들의 백합화'를 비유해 하나님의 돌보심을 나타내셨다. |
| 소산님 | '백합화'라는 뜻이다. 백합화곡이라는 어떤 멜로디가 있었던 것으로 보인다. 백합화는 당시 노래 제목으로 널리 사용되었다. |

변조에는 '셀라'(selah)라는 단어가 사용되었다. 이 단어는 시편 중간 중간에 나온다. '높이다'(elevate), 곧 '소리를 높여라'라는 뜻을 가지고 있다. 포르테 'forte'로 사용된 듯하다. 셀라는 문장 끝 부분에 붙어 있어 종종 논리적 단절을 의미하는 것으로도 이해된다.

악기에는 관악기인 니히롯이 있다. 알라못은 '알마'(처녀)의 복수형으로, 노래 부르는 처녀들의 찬양대를 의미하는 깃으로 보인다. 레그네제는 '영장'으로 악단 지휘자를 뜻한다. 스미닛은 '여덟 번째의'라는 의미로, '옥타브'(on the octave)로 해석된다. 그 밖에 '여덟 줄의 현악기에', '예배 의식의 여덟 번째의 순서에' 등 여러 해석이 있다.

## 2. 시편 내용의 여러 유형

시편은 신앙공동체의 시편, 개인적인 시편, 찬미가, 왕의 시편 그리고 지혜의 시로 나뉜다.[31]

### (1) 신앙공동체의 시편

하나님의 백성 전체가 주체이다. 복수형으로 나타난다. 이 시편은 크게 공동체의 애가(Songs of sorrow)와 공동체의 감사 시로 구성되어 있다. 공동체의 애가는 고난의 기도(prayers of supplication)이다. 패전이나 흉년 등 재난의 때에 재에 앉아 겸손히 하나님께 호소하고 회개하고 간구하는 내용으로 되어 있다. "하나님이시여"로 시작해 하나님을 부르며, 간구하는 동시에 곤궁상태를 호소하고, 구원을 기다리는 내용을 담고 있다. 공동체의 감사 시는 승리의 감사다.

### (2) 개인적인 시편

개인적인 시편은 개인적인 애가, 개인의 감사 시, 그리고 개인 애가의 시 형태가 변형된 것으로 나타난다. 개인적인 애가는 신뢰의 시(psalms of trust or confidence)다. 개인이 당한 환난·재난·고립 상태에서 신음하면서 주님을 향한 신뢰를 저버리지 않는다.

개인 애가의 특성은 개인적인 시편이라도 신앙공동체와 밀착되어 있다는 것이다. 즉 "내가 회중에서 주의 이름을 찬송하리이다."가 그 보기이다. 개인의 호소 가운데서도 그 결말은 하나님 백성 전체에 대한 긍휼을 간구한다. "주의 얼굴을 우리에게 비추소서."라며 축복을

---

31) 김희보, 시서 및 지혜서 총론 강의초안, 총신대 신학대학원, 1983, 18-33쪽.

간구한다. "하나님은 그 얼굴을 내게 향하사"는 개인에 해당하지만 "하나님께서 우리에게 복 주시리라"는 이스라엘 전체에 해당한다. 이 것은 개(나의 종)와 전(이스라엘)이 연관되어 있음을 나타내는 유동 이론(fluid theory)이 적용된다. 나의 종은 개이지만 배신하는 공동체 이스라엘은 전이다.

개인애가의 또 하나의 특성은 주의 성소에 그 배경을 두었다는 것이다. 개인의 탄식과 기도가 성전 제사 의식과 병행된다. 복은 하나님 으로부터 온다. 그러나 제사장의 중보역할을 믿었다. 제사 상달에 대한 제사장의 보증이 필요하기 때문이다.

개인의 감사 시는 하나님을 향한 깊은 신뢰와 감사의 찬미로 발전 한다. 하나님께서 나를 도우셨다는 것에서 이스라엘 역사에 대한 찬미 로 이어진다. 하나님께서 우리를 도우셨다는 것이다. 감사 시는 과거 환란 가운데 부르짖었던 애가를 회상하는 것이 특색이다.

그 밖에 개인애가의 시 형태가 변형된 것으로 신뢰의 시, 회개의 시, 복수의 시, 심판의 시 등이 있다.

### (3) 찬미가

찬미가는 크게 하나님의 위대성, 시온의 아름다움, 구속의 역사, 하나님의 왕국, 하나님의 율법에 대한 찬미로 구성되어 있다. 시온의 아름다움은 시온을 사모하며 가는 순례자의 시가 포함되어 있다. 구속의 역사는 역사에 나타난 하나님의 거룩함·의로움·참되심을 찬양한다. 찬미가는 서곡, 본 곡, 종곡으로 되어 있다. 서곡은 '모든 백성들아', '나라들아', '내 영혼아'처럼 대상을 향해 하나님께 찬양할 것을 호소하고 있다. 본 곡은 찬미해야 할 이유에 대해서 언급한다. 그리고 종곡 은 '여호와를 찬양하라', '할렐루야'로 끝난다.

### (4) 왕의 시편

왕의 시편은 왕을 찬양하는 내용을 담고 있다. 이 왕은 여호와의 기름부음 받은 자, 곧 메시아를 말한다. 하나님의 아들이요 그 나라의 공의와 율법, 그리고 평강을 주실 분이며, 은혜와 축복을 전달하고, 모든 원수를 제거하며, 온 세계 열방에 걸쳐 영원히 왕 노릇하신다. 왕의 시편은 메시아를 예언하고, 종말론적으로 이뤄질 그리스도의 왕권을 강조한다.

종교사학파의 경우 왕의 시편에 대해 출전가나 전승가처럼 궁중 시로 해석하려 한다. 종교사학파 중 스칸디나비아(오슬로)학파의 군켈(H. Gunkel)과 모빈켈(S. Mowinckel)은 성경을 역사적 의식의 산물로 보았다. 장구한 역사의 흐름 속에 이뤄졌고, 사회와 종족의 발전과 더불어 되어진 것이라는 것이다. 그들은 왕의 시편을 왕의 즉위식·혼례식·출전·승전과 연관된 동양의 궁중 시로 이해하면서 역사적 산물이라는 식으로 저작 동기에 관심을 나타냈다. 예를 들어 12지파는 12종족이 뿌리가 같다는 의식으로 발전한 신화창조로 아브라함을 조상으로 만들어냈다(역사의식의 산물)는 것이다. 왕의 시편도 여호와를 우주의 왕으로 추대하는 대관식으로 바벨론에서 말둑(Marduk)을 추대하는 신년축제와 유사하다는 등 동기에 관심을 두었다. 개혁주의 신학에서는 이를 하나의 가정에 기초한 피상적 해석이며 왕의 시편은 하나님 나라와 그 왕에 대한 계시라는 독자성을 잊어서는 안 된다고 주장한다.

### (5) 지혜의 시

지혜의 시는 인간의 바른 길을 제시하는 시(127, 128, 133편)와 인간 생존의 깊은 문제를 다루는 시(16, 37, 49, 73편)로 나눠진다.

## 3. 시편의 저자

시편 150편 중 100편은 저자 이름이 기록되어 있지만 50편은 저자를 알 수 없다. 저자가 알려진 시편으로 다윗의 것이 73편으로 시편의 거의 반은 다윗이 지었음을 알 수 있다. 그 밖에 고라의 아들들 11편, 아삽 12편, 솔로몬 2편, 에단과 모세가 각각 1편씩 지었다.

시편의 저자에 대해서도 논란이 있다. 비판적 학자들은 다윗의 저작권을 부인하고, 작성 시기를 포로 이후 또는 마카비시대로 돌린다. 그들은 다윗의 시라고 표제가 붙은 것도 다윗의 시로 볼 수 없는 것들이 있다는 것이다. 예를 들어 시편 가운데 "성전을 향하여 경배하리이다"처럼 성전이 건축된 후의 것임을 보여주는 시들이 있고, "예루살렘 성을 쌓으소서"(시51:18)는 다윗 때 성이 무너진 일이 없으므로 포로 이후의 것으로 볼 수 있으며, 성전과 종교에 대한 박해가 있었던 때로 묘사되는 시는 분명 마카비시대의 일이라는 주장이다. 이에 대한 반박으로, 다윗시대에 성전이 없었지만 시편의 성전은 '헤칼'(하나님의 집), 즉 성소를 가리키므로 반드시 솔로몬 이후의 성전만을 의미하지 않으며, 솔로몬이 다윗 성 무너진 것을 수축했고(왕상9:15, 19, 11:27), 다윗시대 때 종교적 박해가 없었다 해도 이는 그가 환난 중에 장차 나타날 메시아의 수난을 체험적으로 예언한 것이라고 주장한다.

다윗이 지었다는 증거도 충분하다. 다윗은 시인이고 가인이었다. 그는 성전에서 노래하는 자를 세워 노래를 맡게 했고, 성전에서 노래하는 규례를 처음 세웠다. 다윗 이전부터 예배 의식에서 시가 있었다. 우물의 노래, 모세의 축복의 노래, 드보라의 노래, 발람의 노래가 그것이다. 신약의 증거도 있다. 신약은 시편을 인용하면서 그때마다 '다윗의 시'임을 밝혔다.

## 4. 시편의 신학과 사상

시편은 신, 인간, 죄악, 징벌과 축복, 내세, 천사 등 여러 주제에 대해 일관된 사상을 담고 있다.[32]

시편은 유일신사상(monotheism)을 담고 있다. 유일신 사상은 일신교적 사상(monolarity)에서 나온 것은 아니다. 일신교적 사상은 점차적으로 유일신으로 진화 발전한다는 것으로, 여러 신 중에 여호와를 자기 하나님으로 삼았다는 사상이다. 시편 가운데 "신들 중에 주 같으신 이가"(시86:8)는 일신교적 사상을 보여주는 것으로 말하지만 이 말은 오히려 "내 주만 하나님"(시86:10), 곧 유일신사상과 하나님의 왕권을 강조한 말이다. 우상은 사람의 수공물로 그 허무성을 강조하고 있다. 하나님은 진화하지 않으시며 우상 가운데 제일도 아니다.

유일신 사상은 왕권사상(royalty)이 결부되어 있다. 시편은 여호와를 '왕', '보좌', '통치' 등으로 표현함으로써 왕권사상을 암시하고 있다. 왕권사상은 하나님의 원수들과 대항하고, 최후승리를 확신하는 말세론적 신앙고백이다. 이때 하나님은 전쟁의 하나님(King of war)이다. 그러나 통치자 하나님은 늘 전쟁만 하지는 않는다. 역사를 주관하는 하나님, 자연을 주관하는 하나님, 사랑의 하나님, 목자 되시는 하나님, 그리고 예배 대상이 되시는 하나님으로도 표현된다. 사랑의 하나님은 풍성한 은혜와 인자하심으로 나타난다. 인자하심은 풍성함은 물론 크시고, 영원하며, 선하시다. 예배의 대상이 되시는 하나님에서 시편은 영적 예배와 찬송을 강조한다.

왕권사상은 말세론적으로 메시아와 연결되어 있다. 메시아의 왕권이

---

32) 김희보, 같은 책.

다. 메시아는 유다의 혈통보다 '다윗의 왕위'가 강조되어 있다. 다윗이 '다윗 왕위가 견고하리라'는 언약(다윗언약)을 받았을 때 메시아에 대한 소망(메시아 언약)이 강해졌다. 다윗의 보좌를 통해 주의 보좌를 본 것이다. 그래서 다윗은 나타날 메시아를 후손으로 보지 않고 '나의 주'로 보았다. 솔로몬 왕도 메시아의 소망이 그 씨에 있음을 선언(시 72)했다. 구약에서의 메시아 언약은 4단계로 나타난다. 첫째는 여자의 후손(씨), 노아(셈)의 후손(씨), 아브라함의 후손(씨), 그리고 다윗의 후손(씨)이다.

## 시편의 하나님 중심 사상

- 시편에 나타난 하나님 중심 사상은 무엇보다 하나님의 영광에 관심이 집중되어 있으며 자신들의 구원은 부차적이다. 이들은 하나님의 영광을 회복하는 데 관심을 두었다. 시편에서는 종종 '이스라엘의 승리'라는 표현이 나오는데 이는 이스라엘의 영광이 아니라 하나님께 영광이라는 의미를 가지고 있다.
- 인간에게 내리는 징벌(원수들의 멸망)은 하나님께 있다.
- 축복의 근원도 전적으로 하나님께 있다.
- 도움의 근원도 전적으로 하나님께 있다. 인간은 결코 자신의 힘에 의지하지 않아야 한다. 인간은 헛되고 거짓된 것뿐이기 때문이다.
- 하나님의 존재에 대해 철학적으로 묻지 않는다. 예를 들어 악인이나 어리석은 자는 하나님이 없다고 단적으로 말한다.
- 자연의 아름다움을 노래한 것은 자연 그 자체가 아니라 창조주 하나님을 찬양하기 위한 것이다. 이런 의미에서 자연을 노래한 서정시가 시편에는 없다.

시편의 인간관은 의인과 악인의 대결로 그려진다. 의인은 첫째, 곤고하고 궁핍하며 중심이 상한 자, 악인에게 핍박을 당하는 자, 그러나 마침내 승리하는 자이다. 영적으로 승리하는 것이다. 둘째, 경건한 자이다. 경건한 자는 하나님의 택함(언약)을 받은 성도들이다. 성도는 히브리어로 '헤싯', 곧 은혜를 입은 자이다. 복수로 '헤시딤'이라 한다. 이들은 하나님의 백성이다. 이들은 하나님의 언약으로부터 오는 은혜를 받는다. 경건치 않은 나라는 불신이방을 가리킨다.

악인은 하나님의 원수들, 하나님이 없다고 하는 자들과 하나님을 미워하는 자들, 교만한 자들이다. 이들은 때로 형통하고 풍성한 재물로 평안을 누리기도 한다. 이것은 육적인 평안일 뿐이다.

비판적인 학자들은 시편에서 의인과 악인의 대립이 강한 것은 안티오쿠스 에피파네스의 산물이라 본다. 이들은 이렇게 주장함으로써 시편을 역사적 산물로 보려한다. 그러나 마카비시대에만 핍박이 있었던 것은 아니다. 시편은 성도들의 체험을 예언한 계시이다.

전 선지(pre-prophetic) 시대에는 종교 의식적으로 공동체의 죄를 고백하는 일이 많았고, 이때 많이 등장하는 단어는 법령, 계명, 풍속 등이다. 이것이 시편에 오면서 사회적인 죄가 개인의 윤리적인 죄로 모아진다. 개인의 영적인 죄에 대한 고백과 회개의 시가 담겨 있다.

시편에서의 죄는 '피사'(pisha), '아온'(awon), '하타'(hatta) 등으로 표현된다. 피사는 죄과(허물)로, 정도에서 벗어나 반역(transgression, rebellion)하는 죄를 나타낸다. 아온은 죄악(마음의 간사, iniquity)으로, 왜곡되고 굴곡된(twisted, crooked) 부정한 심정을 나타낸다. 하타는 죄로, 과녁에서 벗어나는(missing the mark) 것을 말한다.

구약에서는 혈통적 연대(단체) 징벌이 강하다. 전체 책임을 진다. 이것은 육적 이스라엘의 연대성을 띤다. "아비가 신 포도를 먹으면 아들의 이가 시다"는 표현은 이러한 성격을 잘 나타낸다. 이러한 사상이 점차 발전하면서 시편에서는 개인책임으로 귀결된다. "신 포도를 먹는 자마다 그 이가 심같이 각기 자기 죄악으로만 죽으리라"는 것이 그 보기다. "열조의 죄악을 우리에게 돌리지 마옵소서."(시79:8)도 마찬가지다. 이것은 육적 이스라엘에서 영적 이스라엘로 가는 것이며, 구약의 혈통적 연대성에서 벗어나 신약의 영적 연대성으로 가고 있음을 나타낸다. 그러나 이를 흐름 이론에서 볼 경우 몸과 지체가 서로 연관된 것처럼 공동체서 개인으로, 개인에서 공동체로 이어질 수 있음을 간과할 수 없다.

나아가 시편은 악인과 의인에 대한 궁극적인 징벌과 보상을 분명히 하고 있다. 악인은 일시적으로 번영하지만 마침내 징벌을 당할 것이며, 의인은 그 행사가 다 형통하다.

스올(음부)의 경우 구약에서는 폭이 넓고 애매하지만 신약에서는 더욱 구체화된다. 시편의 경우 스올은 다양하게 사용되고 있다. 사망의 추상명사로도 사용하지만 무덤과 같은 말로도 사용된다. 무덤은 죽은 자의 몸과 영혼을 받아들인다는 것이다. 천국과 대립되는 지하세계로도 사용된다. 희랍어의 '하데스'와 동의어다. 그리고 하나님과의 영교가 끊어진 곳이지만 하나님께서 주관하시는 곳이기도 하다.

구약의 내세관이 희미하다고 말하지만 그렇지는 않다. 야곱은 "내가 슬퍼하며 음부에 내려 아들에게로 가리라"(창37:35)하고, 욥은 "내가 육체 밖에서 하나님을 보리라"하였다. 시편에서도 "내 영혼을 음부의 권세에서 구속"(시49:15)할 것을 말한다 신약은 그리스도의 부활체험으로 인해 부활을 더 이해하지 않았나 생각된다. 하지만 그리스도의 부활은 신구약 성도 모두에게 큰 의미가 있다.

천사는 어떤 조직적 단체는 아니지만 대체로 집단적으로 계시된다. 천사의 명칭과 성격은 다음과 같다.

- 권능 있는 자들. 하나님의 아들들(KJ)

- 거룩한 자들. 성도들(KJ): 하나님을 중심으로 집합된 무리들의 거룩성 표현
- 천군, 사자들: 하나님 보좌를 섬기는 많은 무리, 하나님 백성들을 보호한다.
- 그룹: 능력과 권위의 상징이다. 하나님의 영광을 나타내고, 성전의 거룩함을 파수하며, 언약의 성취를 상징한다. 법궤에 같이 있게 만들었다.
- 시편에 나타나지 않는 천사들로 스랍, 가브리엘, 미카엘 등이 있다. 스랍은 하나님을 찬양하고 성도를 보호한다. 가브리엘은 '엘(하나님)의 사람'이라는 뜻을 가지고 있고, 미카엘은 '하나님 같으신 이가 누구냐'는 뜻을 가지고 있다.
- 악령으로 사단과 쉐딤이 있다. 사단은 대적하는 자이다. 단수일 경우 악인과 대구로 나타난다. 쉐딤은 사신(evil spirit)으로 복수로 나타난다.

# 제 3 장

# 시편 31편,
# 고난 중에 주를 의지하며

하나님은 자신을 사랑하는 자에게 고통의 용광로, 고통의 터널을 통과하게 하신다. 그리스도인은 고통 때문에 손해 보지 않는다. 그 속에는 하나님이 비밀히 감추어 두신 축복, 곧 특별한 보너스가 있다.

시편 31편은 성도는 온갖 시련 속에서도 하나님을 의지해야 한다는 것을 잘 가르쳐주고 있다. 이 시는 사울을 피해 달아나던 다윗의 체험과 연관된 것으로 간주되고 있다. 그는 무고히 핍박을 당하고 있었고 이 가운데서도 변함없이 줄곧 믿음의 기도를 드렸다. 그는 하나님께 성실하고 그를 사랑하는 자에게 구원이 있음을 확실하게 말하고 강하고 담대하게 하나님께 의지하라고 선포한다. 하나님을 바라는 자에게 성실한 응답이, 교만한 자에게 엄중한 심판이 기다리고 있기 때문이다.

## ▣ 고난극복의 3단계

이 시는 고난을 당해 여호와의 응답을 간구하고 응답을 받은 후 회복되는 과정을 잘 묘사하고 있다. 성도가 흔히 겪기 쉬운 고난 극복의 단계를 반성하는 이 시는 3단계로 구분된다.

첫 번째 단계는 하나님에 대한 신뢰와 시련의 엄습을 동시에 표현하고 있다(1-8절). 그는 자신이 처한 상태를 환난으로 보았다. 하나님이 구원해주실 것을 호소하고 있다. 그가 말하는 '환난'은 사람을 막다른 골목으로 몰아넣고 가두는 것으로 8절의 '넓은 곳'과 대조를 이루고 있다. 다윗은 '속히 건지시고'라고 외침으로써 상황에 매우 급박한 것을 하나님께 아뢴다. 아울러 주님이 반석과 산성이 되시고 구원하는 보장이 됨을 말하고 있다.

두 번째 단계는 가혹한 시련으로 인해 주님에 대한 신뢰가 흔들릴 정도가 된 상태를 묘사하고 있다(9-18절). 시인이 당한 고난은 대적들뿐 아니라 친지들의 냉대로 더욱 증대된다. 그는 이제 자신이 사람이 아니라 파기(破器), 곧 깨어진 그릇과 같이 되었다고 말한다. 아무데도 소용없고 누구도 필요로 하지 않는 존재와 같이 되었다는 것이다. 설상가상으로 원수들이 그를 죽이려는 음모까지 있었다. 그는 '경겁 중에'(22절), 즉 두렵고 놀란 나머지 엉겁결에 주의 목전에서 끊어졌다고 말할 정도로 탄식의 정도가 깊었다.

세 번째 단계는 하나님의 구원으로 다시 완전히 신뢰가 회복된 상태를 나타내고 있다(19-20절). 그는 하나님이 자신을 버리지 않았는지 고민했으나 그러한 우려가 잘못되었음을 곧 깨닫게 된다. 그의 탄식이 점차 희망으로 바뀐 것이다. 이 희망은 주님께서 자신의 간구하는 소리를 들으셨음을 확신하면서 갖게 되었다.

이 시는 어떠한 성도라도 시련을 피할 수 없으며 그럴 때에 여호와의 도움을 기억하고 주님께 도움을 간청해야 한다는 것이다. 이런 고난 극복의 과정을 거치면서 성도의 신앙은 점진적으로 발전하게 된다.

## ▣ 고난 속에 있는 다윗

시편 31편 속에는 다윗이 당한 고통과 괴로움을 주께 호소하는 탄식의 시가 가득 담겨 있다. 그는 탄식의 원인을 '나의 죄악'(10절) 때문이라고 말함으로써 내면적인 죄악이 원인 가운데 하나요 자기가 '구설의 다툼'(20절) 속에서 원수들로부터 심한 비방을 받고 있다고 말함으로써 외부적인 요인이 다른 원인 가운데 하나임을 분명히 하고 있다.

이를 미루어볼 때 다윗은 확실히 남의 비방 때문에 고난을 받고 있으며 그는 이 원인을 자기의 죄 때문으로 고백하고 있다. 그는 비방자를 가리켜 원수라 표현하였으며 그들은 종교적으로 볼 때 악인이다. 그들은 교만하고 완악한 말로 의인을 치는 자(18)이자 허탄한 거짓, 곧 우상을 숭상하는 자(6절)이다.

그들은 다윗을 잡으려고 몰래 그물을 쳤다(4절). 이 그물은 신앙인의 약점을 노리고 잡으려는 악인의 계책을 말한다. 이들에 의해 파급된 구설수는 다윗의 이웃과 친구들에게까지 영향을 주어(11절) 자기를 냉대하게 만들었다. 그 비방은 살인적인 데까지 이르렀다. 원수들이 어떻게 하면 자기의 생명을 빼앗을까를 기도했다는 것은(13절) 살인적 성격을 잘 보여주고 있다. 그의 표현대로 그를 둘러싼 것은 '사방에 두려움'이었다.

사방에 두려움이 있다는 것은 시험에 있어서 극한상황에 처해 있음을 보여준다. 다윗은 이 상황 앞에서 매우 좌절하는 모습을 보이고 있다. 그는 고통과 근심으로 인해 눈과 혼과 몸이 쇠할 뿐 아니라(9절), 슬픔과 탄식으로 보내며 기력이 약할 뿐 아니라 뼈가 쇠해지고 있다고 고백하였다(10절). 사람들이 그를 피할 뿐 아니라(11절) 죽은 자나 깨어진 그릇 취급을 당하고 있다고(12절) 말한다. 철저히 무시되고 있

는 것이다. 다윗의 이 같은 모습은 다윗에 그치는 것이 아니라 그 어
떤 성도라도 고난에 처할 수 있음을 보여주고 있다.

## ▣ 회개와 용기

다윗은 이 모든 것이 자신의 죄악 때문으로 보고 회개한다(10절). 한
편 하나님께서 자기에게 얼굴을 숨기신 때문으로 생각한다. 그는 하나
님 앞에 이러한 자신의 위험상황을 알리고 과거에 자기를 건져주신 것
처럼 이번에도 원수의 올무에서 건져달라고 호소한다. 이것은 그가 누
구보다 하나님을 믿고 있으며 자신을 하나님께 의탁하고 있음을 보여준
다. 그는 무엇보다 하나님께서 정의를 나타내주시기를 호소한다(18절).

그는 고난의 과정에서도 하나님을 신뢰하고 하나님께 모든 것을 맡
기는 신앙을 강하게 나타냈다. 그는 "내 시대가 주의 손에 있사오니"
라고 말함으로써 자기 일평생 당할 모든 사건들이 주님의 섭리 안에
있음을 고백했다. 나아가 그는 자신의 영을 주의 손에 부탁(5절)함으
로써 어느 누구보다 하나님을 의지하고 신뢰한다는 것을 보여주었다.
예수님께서도 십자가에 달리셨을 때 "나의 영을 주의 손에 부탁하나
이다."(눅23:46)이라 하셨다. 이 구절은 예수님이 십자가 위에서 마지
막으로 남기신 말씀이다. 이 말씀은 하나님에 대한 신뢰를 보여주는
최고의 표현으로 알려져 있다. 구원에 대한 간구와 확신, 나아가 하나
님에 대한 철저한 신뢰를 보여준 것이다.

그러면서 그이 탄식은 점차 희망으로 바뀐다. 하나님 앞에서 끊어졌
다고 생각했던 것도 잘못되었음을 깨닫는다(22절). 이 모습을 통해 우
리는 탄식 중에도 자신을 하나님께 철저히 내어 맡기는 신앙을 가져
야 한다는 것을 보여준다. 시인의 탄식과 기도는 결국 하나님에 대한

감사와 찬송으로 바뀐다. 시인이 한때 절망했던 경험이 오히려 하나님
에 대한 신뢰와 감사를 더욱 돋보이게 한다. 불의에 대한 탄식은 세상
을 살아가는 용기로 강하게 회복된다.

### ▣ 시련을 통한 주님의 재발견

#### 1) 환난 중에 있는 내 영혼을 아시는 주님

우리는 종종 "주님이 과연 내가 고통당하고 있다는 것을 아실까?"
말한다. 그런데 시편저자는 주님은 나와 관련이 없으신 분이 결코 아
니라는 점을 분명히 하고 있다. 그는 주님께서 나의 환난, 곧 어려움의
처지를 다 알고 계신다고 말한다. 결국 주님과 나 사이를 아는 관계로
설정하고 있는 것이다. 성경은 여러 곳에서 주님은 우리를 아신다고
말하고 있다. 안다는 것은 이름 정도를 아는 단순한 것이 아니라 우리
의 깊은 심정으로 들어오시고 우리의 생각 하나하나까지 짚고 계신다.
세속적으로 볼 때 누가 나를 알아볼 때 기쁘다. 그 누가 만일 신분
이 아주 높은 사람이라면 그 기쁨은 더욱 클 것이다. 시편에서 강조하
는 우리를 안다시는 그분은 어느 누구도 아닌 주님이시다. 이런 점
에서 그 기쁨은 더욱 커야 할 것이다. 주님은 우리의 어려움 속에 이
미 들어와 계시며 우리 영혼의 아픔까지 싸매고 계신다. 주님은 우리
의 앉고 일어섬을 아시며 널리서노 우리를 통촉하신다. 주님은 이처럼
우리와 가까이 계시고 우리 안에 계신다.

#### 2) 성실한 자를 보호하시는 하나님

주님은 성실한 자를 보호하신다는 것을 가르쳐준다. 여기서 성실한
자는 단순히 일에서 성실한 것만 의미하는 것이 아니다. 23절은 성실

한 자를 교만한 자와 대비시켜 말하고 있다.

시편기자는 '교만히 행하는 자에게 엄중히 갚으시느니라.'고 말함으로써 주님은 교만을 싫어하신다는 것을 강조하고 있다. 하나님께 교만한 자는 사실상 하나님을 대적하는 자이므로 영적으로 죽은 자이다. 이러한 자들에 대해 하나님의 보호를 기대할 수 없다.

반면에 하나님은 하나님께 성실한 사람을 보호하신다. 하나님께 성실한 사람은 하나님께 겸손한 사람이며 그분의 명령과 가르침에 충성을 다하는 사람이므로 주님으로부터 보호를 받을 수밖에 없다.

### 3) 주께 피하는 자를 위로하시는 하나님

시편기자는 주님은 주께 피하는 자에게 위로를 풍성하게 주시는 분임을 확실히 하고 있다. 그 위로는 은혜로 나타나고 있다. 19절은 두 가지 은혜에 대해서 언급하고 있다. 하나는 '쌓아두신 은혜'요 다른 하나는 '베푸신 은혜'이다. 하나님은 자기를 두려워하며 사는 사람을 위하여 주실 은혜를 쌓아두고 계신다. 그리고 주께 피하는 사람을 위하여 은혜를 베푸신다. 앞뒤만 다를 뿐 은혜의 속성은 같다. 시편 저자는 이 은혜가 크다고 고백한다.

### ▣ 시편저자의 마지막 권고

다윗은 자신의 경험을 감사하며 이를 일반화, 곧 객관화시켜 사람들에게 다음과 같이 권면하고 용기를 갖게 하였다.

### 1) 강하고 담대하라

24절은 우리를 향해 "강하고 담대하라." 권하고 있다. '강하고 담대하라'는 명령은 이미 모세나 여호수아에게도 주어졌고, 현대를 살아가는 우리에게도 똑같이 주어졌다. 이것은 하나님 편에 선 그리스도인들이 삶의 과정에서 어떻게 살아야 하는가를 보여준다. 강하고 담대한 마음은 어디서 나오는가? 이 마음은 기본적으로 하나님으로부터 주어진다. 하나님을 바라고 사는 사람에게 주님은 강한 마음을 주시기 때문이다. 다윗이 골리앗 앞에서 담대할 수 있었던 것도 하나님을 전적으로 의뢰했기 때문이다.

### 2) 여호와를 바라라

그는 성도를 가리켜 '여호와를 바라는 너희들아'라고 말했다. 그는 여러 시를 통해 기쁠 때나 슬플 때나 언제나 어디서나 여호와를 바라라고 말했다. 주님은 그의 얼굴을 바라는 자에게 함께하시기 때문이다. 다윗은 "주의 얼굴을 주의 종에게 비취시고 주의 인자하심으로 나를 구원하소서."(16절)라 간구하였다. 이 간구는 '주께서 저희를 주의 은밀한 곳에 숨기사'(20절)로 응답되었다. 이 말의 본뜻은 '주께서 저희를 주의 얼굴의 휘장으로 숨기사'이다. 주님은 주의 얼굴을 바라는 자에게 응답하시는 분이다. 시인은 이렇게 말한다. "여호와를 찬송할지어다 견고한 성에서 그 기이한 인자를 내게 보이셨음이로다"(21절). 여호와를 바라는 자들에게 주신 응답적인 삶의 결국은 찬송이다.

이 시는 성경 속의 여러 사람들에게 영향을 주었다. 예레미야 선지자는 자신의 글 속에서 '사방에 두려움이 있나이다.'(13절)라든가(렘6:25;46:5;49:29) '파기'라는 말(렘8:4;19:10, 11;22:28)을 즐겨 사용하였다. 이것은 그가 얼마나 이 시에 심취해 있었는가를 보여준다. 이미 언급한 바와 같이 예수님도 "나의 영을 주의 손에 부탁하나이다."라는 말씀을 사용하셨다. 루터는 "주의 의로 나를 건지소서."라는 이 말씀에 감명을 받았다. 루터는 자기의 의가 아니라 하나님의 의로 구원받음을 깨달은 것이다. 이 말씀은 루터가 각성하게 된 중심점을 이루고 있다. 이 모두는 이 시의 여러 구절들이 각 사람에게 얼마나 깊은 영향을 주었는가를 보여준다.

다윗의 특징은 고통 속에서도 하나님을 의지했다는 점이다. "내가 주께 피하오니 주의 의로 나를 건지소서."(1절). 다윗은 어떤 고통 가운데 있었는가? 다음은 시편 31편에 나타난 보기들이다.

- "근심으로 눈과 혼과 몸이 쇠하였나이다"(9절)
- "나의 죄악으로 나의 뼈가 쇠하도소이다"(10절)
- "내가 모든 대적으로 말미암아 욕을 당하고"(11절)

다윗은 고난 가운데서 더욱 하나님을 의지했다. "여호와여 그러하여도 나는 주께 의지하고 주는 내 하나님이시라"(14절). 고난을 당할 때 "하나님이 어디에 있느냐"며 하나님을 원망하며 그로부터 도망하는 우리와는 대조적이다. 고난 때문에 하나님께 달려갈 수 있다면 그 고통은 고통이 아니라 축복이자 행복이다.

이 시는 다윗 자신의 실제적인 고난의 체험을 통해 어떻게 믿음으로 극복했는가를 보여준다. 그는 이 시를 통하여 우리에게 어떠한 시련이 다가올지라도 우리가 신뢰할 분은 오직 여호와 한 분이신 것을 가르쳐주었다. 이 가르침은 단순한 가르침이 아니라 체험적 가르침이다. 고난과 시험에서 구원을 받는 길은 오직 주님께 의지하고 주의 사랑 안에 거하는 길밖에 없다. 우리는 시인의 마지막 권고처럼 강하고 담대하며 항상 여호와를 바라는 삶을 살아야 한다.

# 제 4 장

# 시편 84편,
# 시온의 대로를 걷는 자의 행복

시편 84편을 쓴 고라자손은 하나님을 사랑하는 사람은 한마디로 그 마음에 시온의 대로가 있는 자라고 표현하고 있다. 시온의 대로는 보이는 대로가 아니다. 그러나 그 대로를 거닐며 사는 사람은 어떤 다른 사람도 느낄 수 없는 감격과 감사가 있다. 그리고 생각이 다르고 사는 모습이 다르다. 그래서 이런 사람은 복이 있는 사람이라고 말한다.

복이 따로 있는 것이 아니라 그렇게 사는 것이 바로 복이라는 것이다. 그 복을 가장 실감하고 있는 사람들이 바로 고라자손이다. 성경은 그 마음에 시온에 대로가 없는 사람을 향하여 이 길로 오라고 말하고 있다. 시편 84편을 중심으로 시온의 대로가 주는 의미를 살펴보고, 시온의 대로를 주님과 함께 걷는 우리는 과연 어떤 삶을 살아야 하는가를 점검해보기로 한다.

## ▣ 시온의 대로

도로, 철도, 항만, 비행장을 가리켜 사회간접자본(Social Overhead Cost:SOC)이라 한다. 사회간접자본이 얼마나 잘 갖추어졌나에 따라서 그 나라의 산업과 생활의 질이 달라진다. 2백 년 전만 해도 우리나라의 도로는 꼬불탕한 산길이 고작이었다. 그곳을 신나게 달릴 수 있는 것은 말 탄 사람뿐이다. 먼 길을 가는 사람들은 수십 켤레의 짚신을 등에 지고 다녀야 했다. 우마차도 제대로 달릴 수 없었다. 그래서 실학자들은 중국의 연경을 다녀와서 늘 하는 말이 "중국엘 가보니 도로도 반듯하고 그곳에서 우마차가 달리고 있더라. 그러니 우리도 도로도 제대로 놓고 우마차가 달리게 하자."는 것이었다.

로마는 제국을 건설하면서 모든 도로를 로마로 향하도록 하였다. 로마는 교통뿐 아니라 정치, 경제, 문화에 관한 한 세계의 중심이 되었다. 이스라엘은 요르단을 가로지르는(transjordan) 왕의 대로(King's Highway)의 중요성을 잘 알고 있다. 역대 제국들도 이 대로를 점령해야 전쟁에서 이길 수 있다고 생각해 이곳은 늘 관심의 초점이 되어 왔다. 영국과 스페인은 바다를 제패하는 문제를 놓고 서로 다투었다. 그 싸움이 점차 하늘과 우주로 바뀌어졌다. 냉전시대에 미국과 소련이 이것을 놓고 각축을 벌렸다.

지금은 정보고속도로라는 도로를 놓고 세계가 보이지 않는 전쟁을 하고 있다. 이 도로는 보통 도로가 아니다. 사람도 다닐 수 없고, 차도 다닐 수 없다. 그곳에는 오직 정보만이 다닐 수 있다. 사이버스페이스 시대가 도래한 것이다. 이제는 대통령도 단순히 정치를 잘하는 대통령이 아니라 정보를 아는, 미래의 변화를 선도할 정보대통령이 나와야 한다고 말할 정도다.

성경에는 세상에 없는 도로가 있다. 그 도로는 눈에 보이지 않을 뿐 아니라 만질 수도 없다. 사람이 만든 도로도 아니다. 그 도로가 바로 시온의 대로다. 그 도로는 어찌 큰지 대로라고 한다. 그 도로는 아주 길 뿐 아니라 이곳저곳에 나있어 사람들이 아무리 보아도 그 끝을 알 수 없다. 이 시온의 대로는 하나님이 내신 도로다. 그러나 하나님을 믿고 의지하기만 하면 즉각 이 도로와 쉽게 연결되어 편리하게 다닐 수 있다. 하나님은 오직 그 길만 다니시기 때문에 하나님을 만나고자 하는 사람은 항상 그 길을 다녀야 한다. 그 길은 너무 좋아 들어서기만 해도 상쾌함을 느낀다.

시편 84편에 이 길이 소개되어 있다. 고라 자손들은 그 길이 우리 마음에 있다고 한다. 우리 마음을 하나님과 연결시키면 시온의 대로로 통한다는 것이다. 시온의 대로(highways to Zion)란 이 모든 길이 시온을 종착점으로 삼는다는 뜻을 가지고 있다. 이때 시온은 하나님이 계시는 곳을 가리킨다. 모든 것이 하나님으로 연결된, 하나님이 최종 목적지가 되는, 그것이 바로 시온의 대로다. 시온에서 우리는 결국 하나님을 만나게 된다. 성경은 그 길을 '하나님의 길'(Thy way)이라 표현하기도 한다. 또한 그 대로는 하나만을 의미하지 않는다. 여러 길들이 모두 하나님으로 연결되어 있다. 그 길 모두를 가리켜 시온의 대로라고 한다. 고라자손은 "그 마음에 시온의 대로가 있는 자는 복이 있나이다."(시84:5)라고 말한다. 그 대로가 우리 마음속에 있어야 하나님이 기뻐하시는 삶을 살 수 있고, 복된 삶을 살 수 있다.

## ▣ 시온의 대로가 있는 자는 어떤 삶을 사는가?

### 1) 주의 집을 사모한다

시편 84편은 고라자손이 보존한 성전순례의 시로 성전예찬가 가운데 최고의 걸작으로 꼽힌다. 성전순례는 이스라엘 자손의 의무이자 특권이다. 시인은 성전을 주의 장막 그리고 여호와의 궁정으로 묘사하면서 성전을 얼마나 사랑하고 사모하고 있는가를 보여주고 있다.

지금 시인은 성전을 떠나 있다. 그러나 멀리 있을수록 성전을 사모하는 마음이 더하다. 성전에 대한 시인의 사랑은 단순한 것이 아니라 내 영혼, 내 마음과 육체, 곧 자신의 모든 것을 다하는 전인격적 사랑이다. 성전만 그리워하는 것이 아니다. 그 안에 거하시는 하나님을 사모한다. 그는 하나님을 가리켜 "나의 왕, 나의 하나님, 만군의 여호와."라 부른다. 성전을 여호와의 궁전이라 묘사한 그가 그 궁전의 주인인 하나님을 전심으로 찾고 있다.

그는 성전에서 멀리 떠나 있는 자신의 처지를 가리켜 참새와 제비로 비유하고 있다. 참새와 제비가 보금자리를 그리워 할 만큼 지금 그에게 있어서 성전은 그리운, 그리고 언제나 돌아가고픈 보금자리다. 마음에 시온의 대로가 있는 자는 주의 집을 자기의 보금자리로 여긴다. 그 안에 사랑의 하나님이 거하시기 때문이다.

### 2) 주께 힘을 얻고 더 얻으며 산다

시인은 아무리 하나님을 따라 사는 사람이라 할지라도 눈물 골짜기로 통행할 때가 있음을 고백하고 있다. 그때도 주님은 우리를 버려두지 아니하신다. 비참한 모습으로 눈물골짜기를 다니는 것 같지만 하나님은 갈증 난 우리에게 샘도 주시고 갈라진 마음 바닥에 이른 비도 풍성히 주신다. 땅의 복(샘물)만 아니라 하늘의 복(비)도 더하여 주신다. 하나님은 이처럼 우리에게 힘을 주시고 더 주시기 때문에 하나님 안에서 풍성한 삶을 살 수 있다. 하나님은 우리의 힘을 빼앗고 기를 꺾는 분이 아니라 계속해서 우리에게 힘을 주어 살리는 분이시다.

이사야에 "나의 모든 산을 길로 삼고 나의 대로를 돋우리니."(사 49:11)라는 말씀이 있다. 주님은 사로잡힌 자를 해방시키고 그들을 귀향길에 오르게 하신다. 하나님은 자비로운 손길을 펴시어 그들의 귀향

길을 보호하시고 인도하신다. 돌아오는 자들은 한곳에서만 돌아오지 않고 사방에서 돌아온다. 성에 들어오는 백성을 위하여 주님은 말씀하신다. "성문으로 나아가라 백성의 길을 예비하라 대로를 수축하고 수축하라 돌을 제하라 만민을 위하여 기를 들라."(사62:10). 주님은 눈물 골짜기를 통행하는 사람들이 시온을 찾아오는 것을 기뻐하신다. 돌아오는 길에 혹시 무너진 곳이 있을까 염려하시는 분이 바로 우리 하나님이시다. 거침돌을 없애 평평하게 하고, 기를 들어 잘못 빠지는 일이 없도록 하신다. 하나님은 이처럼 자기를 사랑하는 사람에게 힘을 주시고 더 주신다.

### 3) 기도하는 생활을 한다

대로를 걸어가는 사람은 기도하는 생활을 게을리 하지 않는다. 기도는 하나님과 교통할 수 있는 보이지 않는 대로이다. 시인은 하나님을 향해 "내 기도를 들으소서. 귀를 기울이소서." 외친다. 그의 마음은 오직 하나님을 향해 있고 하나님이 그 마음의 기도를 들으시기를 간절히 바라고 있다.

기도는 고백이다. 시인의 기도는 하나님을 향한 고백을 듬뿍 담고 있다. 사랑의 고백이다. "주의 궁정에서 한 날이 다른 곳에서 천 날보다 나은즉 악인의 장막에 거함보다 내 하나님 문지기로 있는 것이 좋사오니,"(10절)라고 말한다. 하루를 살아도 주님 곁에서 살고, 세상에서 아무리 좋은 지위를 준다 할지라도 가장 미천한 주님 전의 문지기로 있는 것으로 만족한다고 고백한다. 세상의 어떤 고백도 이만큼 진하지 않다.

시인의 사랑은 일방적이지 않다. 주님은 우리를 너무나 사랑하신다. 시인은 주님이 '해요 방패'(11절)라고 말하고 있다. 해는 삶을 윤택하

게 하고, 방패는 안전한 보호를 나타낸다. 이것은 하나님이 은혜를 베
푸신다는 것을 은유적으로 표현한 것이다. '은혜와 영화를 주시는'(11
절) 분이 바로 주님이시다. 대로 안에 있는 우리와 주님의 관계는 이
렇듯 서로 깊게 사랑을 주고받는 관계에 있다.

### 4) 정직히 행한다

잠언에 "게으른 자의 길은 가시울타리 같으나 정직한 자의 길은 대
로니라."(잠15:19)라는 말씀이 있다. 일반적으로 정직은 행위의 정직
을 말한다. 그런데 여기서 정직은 게으름과 반대되는 것으로 소개되어
있다. 게으름은 하나님 앞에 정직하지 못한 행위라는 것이다. 따라서
게을러서는 안 된다는 것이 잠언의 가르침이다.

또한 "악을 떠나는 것은 정직한 자의 대로니 그 길을 지키는 자는
자기의 영혼을 보전하느니라."(잠16:17)는 말씀이 있다. 이때의 정직
은 행위의 정직을 의미한다. 정직하게 사는 것처럼 중요한 것도 없다.
정직하게 살면 두려울 것도 없다.

그러나 인간은 항상 그리고 완전히 정직하게 살 수 있을까? 그것은
불가능한 일이다. 행위가 중요한 것은 사실이지만 모든 것을 행위로
판단한다면 이 세상에 정직한 자만 다닐 수 있는 대로를 거닐 사람은
아무도 없다. 죄로 물든 우리는 구속함을 받아야 한다. 그래야 떳떳하
게 대로를 걸어 다닐 수 있다.

이사야에 대로를 이렇게 소개하고 있다. "거기 대로가 있어 그 길을
거룩한 길이라 일컫는 바 되리니 깨끗지 못한 자는 지나지 못하겠고
오직 구속함을 입은 자들을 위해 있게 된 것이라 우매한 행인은 그
길을 범치 못할 것이며."(사35:8). 대로는 거룩한 길이다. 거룩한 길은
예수 그리스도의 피로 씻음을 받은 거룩한 사람만 다닐 수 있다. 구속

함을 입은 자만이 다닐 수 있기 때문이다. 그러므로 하나님 밖에 있는 사람이 이 길을 가려면 먼저 그들의 더러움을 주님의 피로 깨끗이 씻어야 한다.

주님의 피로 씻은 사람들은 다시 어둠의 세계로 들어가서는 안 된다. 부정보다 정직의 길에 서고, 불의보다 의의 길을 찾아다녀야 한다. 하나님은 정직히 행하는 자를 간과하지 않으신다. "정직히 행하는 자에게 좋은 것을 아끼지 아니하실 것임이니이다."(11절). 시인은 주님에 대해 이런 확신을 가지고 있다.

### 5) 주께 의지하며 산다

시온의 대로를 걷는 사람은 오직 주님만 의지하며 사는 사람이다. 우리 자신만을 믿고 그 길을 걷는다면 그 길을 힘 있게 걸을 수 없을 뿐 아니라 걷는다 해도 오래가지 못한다. 주님이 우리와 함께 걸으셔야 우리의 행로가 온전할 수 있다.

우리의 행로에 문제가 발생했을 때 주님은 우리가 기대할 수 있는 최후의 의지가 된다. 이사야서에 "그의 남아 있는 백성을 위하여 앗수르에서부터 돌아오는 대로가 있게 하시되 이스라엘이 애굽 땅에서 나오던 날과 같게 하시리라."(사11:16)라는 말씀이 있다. 여호와께서 남아 있는 백성으로 하여금 출애굽과 같은 그런 구원을 앗수르로부터 경험하리라고 말씀하신다. 하나님은 오직 하나님만을 의지한 이스라엘에게 홍해를 육지같이 갈라 걷게 하셨다. 하나님이 대로를 내신 것이다. 그 길을 이스라엘이 걸었다. 주님은 이와 같은 일이 앗수르에 포로 된 이스라엘에게 또다시 일어나리라고 말씀하신다. 여호와만 의지하며 사는 백성들에게 하나님께서 강하게 역사하시겠다는 것이다. 이사야서에 "여호와께서 손을 유브라데 하수 위에 흔들어 뜨거운 바람

을 일으켜서 그 하수를 쳐서 일곱 갈래로 나눠 신 신고 건너가게 하
실 것이라."(사11:15)는 말씀이 있다. 이 기적은 바로 이스라엘의 남
은 자를 위해 하나님께서 내신 또 다른 대로다.

이사야는 그날에 기쁨으로 구원의 우물에서 물을 길으며 하나님을
향하여 "여호와는 나의 구원이시라 나의 힘이시며 나의 노래시라." 감
사하며 이스라엘의 크신 자가 너희 중에서 크심이라 할 것이라고 말
하고 있다.

주님은 이스라엘뿐 아니라 우리의 삶에도 대로를 내신다. 그 대로는
주님을 의지하며 사는 모든 자에게 연결된다. "대로가 황폐하여 행인
이 끊이며."(사33:8)라는 말씀이 있다. 이것은 교통과 무역이 불가능
해졌다는 것을 의미한다. 대로가 황폐하면 그곳에 있는 사람들은 경제
적으로 어려움을 겪게 된다. 마찬가지로 우리의 영적인 도로가 막혀
있으면 하나님과 교통할 수 없다. 환난 가운데 있을 때 그 자리에서
좌절하기보다 그 자리에서 주님을 찾고 주님을 만나야 한다. 위기(危
機)라는 말에는 위험(crisis)과 기회(opportunity)를 모두 담고 있다.
위험이 없으면 기회가 없다는 말처럼 우리의 위기를 주님을 붙잡는
기회로 삼아야 한다. 인생길에서 어려움을 당하는 순간마다 우리가 주
님을 바라볼 때 우리 안에 시온의 대로가 환하게 열린다.

고라자손은 무엇보다 시온의 대로를 주님과 함께 걷고 있는 것에
큰 자부심을 가지고 있다. 인간적으로 볼 때 그들이 성전에서 하는 일
은 보잘것없을지 모른다. 그러나 그들은 자기의 역할에 충실했고, 주
님 가까이서 생활할 수 있었던 것을 기뻐했다. 그들은 잠시라도 성전
을 떠나 있을 때 성전을 생각하고 사모했으며, 그곳으로 돌아가고자
했다.

우리도 찾고 걸어가야 할 대로가 있다. 그 길이 바로 시온의 대로

다. 주님은 시온의 대로를 벗어나 다른 길로 가고 있는 우리를 향하여 이렇게 말씀하신다. "처녀 이스라엘아 너를 위하여 길표를 세우며 너를 위하여 표목을 만들고 대로 곧 네가 전에 가던 길에 착념하라 돌아오라 내 성읍들아 돌아오라."(렘31:21). 주님은 오늘도 대로의 길목에서 우리를 기다리신다. 우리의 인생의 길에 시온의 대로를 내신다. 시온의 대로, 하나님을 향해 나있는 대로, 그곳은 우리가 돌아가야 할 영원한 대로다. 우리 마음에 있는 그 길에서 날마다 주님을 만나 그와 함께 기쁘게 동행하는 삶을 살아야 한다.

# 제 5 장

# 시편 86편,
# 주의 도를 사모하는 자와
# 영혼을 위한 기도

## ▣ 기도를 잃어가고 있는 세대

현대를 살아가는 그리스도인의 문제 가운데 하나가 기도이다. 기도를 잘 하려하지 않을 뿐 아니라 한다 해도 형식적이기 때문이다. 다윗은 시편 86편에서 은총의 표징을 달라고 기도하고 있는데 이제 우리는 주님을 향해 간절히 기도하는 마음과 입을 달라고 기도해야 할 것이다. 그리스도인의 표징 가운데 표징은 우리가 하나님을 향해 기도할 수 있다는 것이기 때문이다.

미국의 식당에서 식사기도를 하면 사람들이 신기한 듯 쳐다보는 미국인을 볼 수 있다. 어떤 소녀가 이웃집에 식사초대를 받았다. 그 소녀는 식탁에 앉자 놀라지 않을 수 없었다. 교인이라는 사람들이 기도를 하지 않고 먹기에 바빴기 때문이다. 그래서 물었다. "식사하실 때 기도하지 않으세요?" 그러자 집주인은 "우리 집은 기도하는 시간은 갖지 않는다."고 얼버무렸다. 그러자 소녀는 "우리 집의 개도 기도 안 하지요. 밥을 주면 정신없이 먹기 시작해요."라고 말하는 것이었다. 만일 우리가 기도하지 않는다면 개 같은 삶과 다를 바 없다.

우리는 흔히 바빠서 기도할 수 없었노라고 말한다. 그러나 바쁠수록 기도가 필요하다. 루터는 하루에 두세 시간씩 기도했고, 바쁜 날은 한 시간 더 기도했다. 기도하지 않는 날은 승리가 마귀에게 돌아가는 것이라 생각했다. 루터가 기도를 너무 많이 하자 친구들은 그의 건강을 염려하기 시작했다. 그러나 그의 기도는 암흑시대의 장막을 거두고 죽어가던 교회를 살렸다.

그리스도인에게 있어서 기도는 마치 호흡과 같다. 살아 있는 사람은 반듯이 호흡을 해야 하듯이 살아 있는 그리스도인은 항상 주님과 만나야 한다. 그 방법이 바로 기도이다. 기도는 살아계신 하나님과 직접 만날 수 있는 하늘의 통로이다. 그런데 사람들이 부요해지자 점차 기도하는 생활을 하지 않고 있다. 기도를 잃어가고 있는 것이다. 기도를 하지 않는다는 것은 그만큼 하나님과 멀어지고 있다는 증거이다. 문제가 아닐 수 없다.

기도를 잃어가고 있는 이 세대는 무엇보다 기도를 회복해야 한다. 시편 86편은 기도의 모범으로 우리가 어떤 기도의 삶을 살아야 하는가를 보여준다. 시편 86편은 다윗의 기도라는 별명이 붙어 있다. 간구의 기도는 물론 은총의 표징을 보여줄 것을 간청하고 있다. 그러나 그가 바라는 표징은 따로 있는 것이 아니라 그의 기도와 간구 속에 함축적으로 잘 나타나 있다. 그가 어떤 마음으로 기도하고 있으며 기도에 대한 응답으로 어떤 은총들이 나타나기를 원하는지 살펴보기로 한다.

## ▣ 다윗의 기도는 어떤 특징이 있는가?

### 1) 하나님을 절실하게 찾는다

다윗의 기도는 무엇보다 하나님을 향해 있으며, 하나님을 향한 마음이 그토록 간절하고 절실하다는 것이 특징이다. 그는 기도 속에서 하나님을 향해 "여호와여", "주 나의 하나님이여", "주여", "하나님이여"라고 부르고 있다. 그 부름의 절실함이 구구절절 나타나 있다. 우리도 주님이라고 부르지만 그 찾음이 그만큼 절실하지 못하다.

다른 종교에도 기도는 있다. 그러나 그리스도인의 기도는 무엇보다 하나님을 향해 있다는 점에서 다른 종교의 기도와 다르다. 네팔의 경우를 보자. 네팔 사람들은 원래 티베트 지역에 살던 사람들이었다. 그들은 종교적 박해를 피해 험한 에베레스트 산맥으로 이동하여 은거해 살면서 그들 나름의 신앙을 지켜왔다. 그들의 종교는 원래 불교였다. 네팔은 인도와 중국과 인접해 있어 불교 및 힌두교적 요소가 복합되어 있다. 네팔 사람들은 산을 신으로 생각하여 산을 오르는 것을 금기시 해왔다. 세계에서 네 번째로 가난한 나라여서 에베레스트 등반과 관광이 없으면 생활이 안 되는 나라이지만 그들은 지금도 어떤 산은 올라가서는 안 된다고 생각한다. 그들은 그 산신을 향해 기도문을 적어 바친다. 빨래 줄처럼 생긴 줄에 기도문을 적은 천을 바람에 흩날려 그들의 기도가 그 산에 이르도록 한다는 것이다. 오래되어 천이 가닥가닥 찢어져도 기도는 계속해서 바람을 타고 흩날린다. 그러나 산이 신이 될 수 없으며, 신이 아닌 산이 그 기도를 들을 수 없다.

그리스도인의 기도는 하나님을 향해 있다. 다윗은 먼저 여호와 하나님의 이름을 불렀다. 이것은 우리가 기도해야 할 대상이 하나님 외에 없음을 보여준다. 하나님만이 응답하실 수 있고 구원하실 수 있기 때문이다. 이것은 모든 능력이 하나님에게서 나온다는 것을 보여준다. 다윗은 주님만 하나님이라고 고백하였다(10절). 하나님을 향해 기도한다는 것은 주를 의지한다는 뜻을 담고 있다. 자신이나 세상의 어떤 것에 더 이상 의지하지 않고 오직 하나님을 의지하는 것이다. 그래서 그리스도인들은 하나님 앞에 무릎을 꿇는다. 무릎을 꿇는 것은 하나님에 대한 자기항복을 의미한다.

이슬람교도들은 기도할 때마다 머리를 땅에 댄다. 그것은 하나님에 대한 전적인 복종을 의미한다. 어린이들에게도 그것부터 가르친다. 천주교 사제들이 사제로서 서품을 받을 때 자기 몸을 완전히 땅에 엎드린다. 자신은 완전히 죽고 오직 하나님께 복종하겠다는 뜻을 담고 있다.

다윗은 하나님께 구원을 요청하면서 자기를 가리켜 "주를 의지하는 종"이라 하였다. 종은 주인에게 속하여 오직 그 명령에 복종한다. 주님을 전적으로 의지하지 않고서 기도한다는 것은 거짓말이다. 그래서 다윗은 교만한 자는 자기 앞에 하나님을 두지 아니한다(14절)고 말하고 있다. 이것은 기도하는 자가 어떤 태도를 가져야 하는가를 보여준다.

## 2) 하나님의 뜻을 찾는다

기도는 한마디로 자기의 소원을 아뢰는 것이다. 기도와 간구는 그러한 형식을 가지고 있다. 그러나 그 아룀은 자기의 생각을 하나님에게 일방적으로 아뢰고 고지하는 것이 아니다. 끊임없이 자기의 욕심을 매일 일방적으로 늘어놓고 만일 이 기도를 들어주시지 않으면 좋지 못할 일이 벌어질 것처럼 으름장을 놓는 고지서 발송식 기도는 하나님을 향한 공갈행위이다. 교회는 공갈 단 모임이 아니다. 기도에는 무엇보다 하나님을 향한 자기의 겸손이 나타나야 하며 내용적으로는 하나님의 뜻을 사모하는 기도가 되어야 한다. 어떤 일을 계획하고 추진함에 있어서 그것이 하나님의 뜻에 어긋난 것이나 아닌지 반추해보는 기도여야 한다. 하나님을 자기의 뜻에 맞추도록 하는 것이 아니라 나를 하나님의 뜻에 맞추어야 한다.

다윗을 자신을 가리켜 "나는 경건하오니"(2절)라고 말하였다. 경건하다는 말은 히브리어로 '하시드'(hasid)이다. 이 말은 스스로를 높여 경건하다고 평하는 것이 아니라 하나님과의 관계에 있어서 바르게 서 있음을 나타내는 단어이다. 하나님과의 관계가 바르다는 것은 오직 하나님의 뜻을 찾는다는 뜻이다. 이러한 사람이 경건한 사람이다. 경건하다는 것은 다른 말로 거룩하다는 말로 표현한다. 성도가 거룩하다는 것은 말도 않고 얌전해서 거룩하다는 것이 아니다. 거룩하다는 말을 헬라어로 '하기오스'라 하는데 이 말은 '다르다', '분리하다'는 뜻을 가지고 있다. 그리스도인은 믿지 않는 사람과 질적으로 달라야 한다는 것이다. 다윗이 자신을 경건하다고 말하는 것은 하나님을 신뢰하지 않는 다른 사람과는 판이함을 강조하고 있다.

### 3) 솔직하고 절박하다

러시아 격언에 이런 말이 있다. "싸움터에 나갈 때는 한 번 기도하고, 바다에 나갈 때는 두 번 기도하라. 그리고 결혼할 때는 세 번 기도하라. 인생의 중요한 시점마다 기도할 것을 강조한 내용이다.

다윗의 기도는 사건을 두고 하나님 앞에서 솔직하고 절박하다는 점에 특징이 있다. 그의 기도는 시로 표현되어 있어 그 솔직성과 절박성에 대한 묘사가 상당히 격감될 수 있지만 그 시 속에는 하나님을 향한 호소와 부르짖음이 강하고 호소력 있게 나타나 있다. 그는 환난 날에 주께 부르짖는다고 말한다(7절). 그는 하나님 앞에 자신의 형편을 결코 숨기지 않았다. 곤고하고 궁핍하다고(1절) 솔직하게 말하고 있다.

자기를 미워하는 사람들이 있으며(17절) 저들이 강포하여 자기를 칠 뿐 아니라 자기의 혼까지 노린다고(14절) 말하고 있다. 그는 그럴수록 더욱 하나님을 찾았다. 이것은 우리가 곤고한 상황에 처할수록 찾아야 할 분은 하나님이시며 그 자리에서 더욱 절박하게 기도를 할 수밖에 없음을 보여준다.

노르망디 상륙작전을 하루 앞둔 날 일기예보는 안개가 낄 것이라는 것이었다. 아이젠하워 장군은 안개를 거두어 달라고 기도했다. 다음날 기상대의 예보를 완전히 뒤집고 안개가 다 개었다. 솔직하고 절박한 그의 간구를 들으신 것이다. 이 작전에 성공한 아이젠하워 장군은 이렇게 말했다. "기도는 몇 사람의 장군이 할 수 없는 일을 해낸다." 녹스(J, Knox)의 말처럼 "기도하는 사람은 기도 안 하는 민족보다 강하다."

## 4) 온 힘을 다해 기도한다

다윗의 기도는 온 힘을 다하는 기도라는 점에 특색이 있다. 11절에는 일심으로라는 말을 사용하였고, 12절에는 전심으로라는 말을 사용하였다. 3절에서는 종일 주께 부르짖는 기도를 올린다고 말하고 있다. 다윗의 기도는 일심기도, 전심기도, 종일기도임을 알 수 있다.

## 5) 확신을 가지고 기도한다

다윗의 기도는 확신이 있다. 특히 하나님을 향한 그의 간구에 주님께서 귀를 기울이고 결국 응답하시리라는(7절) 확신을 가지고 있다. 13절은 자기의 영혼을 깊은 음부에서 건지셨다고 말하고 있다. 이것은 과거의 구원받음을 말하기도 하지만 앞으로 구원받게 될 사건에 대한 확신도 담겨 있다. 예수님께서도 우리가 기도할 때 확신을 가지고 기도하도록 가르치셨다. 기도를 하는 사람이 주님에 대한 확신, 기도에 대한 확신 없이 기도를 한다면 그것은 잘못된 기도이다. 따라서 기도하는 자는 무엇보다 기도와 관련해서 주님에 대한 신뢰를 확고히 가져야 한다.

### ▣ 은총의 표징

다윗은 주님을 향해 은총의 표징을 보여주기를 소원했다. 은총의 표징은 그가 기도하고 바라는 내용이자 주님의 은혜로서만 얻을 수 있는 것이다. 그래서 은총이다. 다음은 그가 바라던 은총의 표징들로서 그의 기도 속에 잘 나타나 있다.

#### 1) 주의 도와 진리를 가르쳐 주소서

다윗은 주님께서 자기에게 가르쳐주시기를 소원했다. 그 가르침은 주의 도와 진리이다. 우리는 무엇보다 문제가 해결되기만을 기도할 것이다. 그것도 자기가 유리하도록 해결되는 것을 바란다. 그러나 그의 기도는 자기의 뜻보다 하나님의 뜻이 우선되었다. 주의 도와 진리를 가르쳐달라는 것은 이를 입증한다. 그는 하나님은 진실이 풍성하다는 것을 잘 알고 있었다(15절). 그래서 그는 "주의 도로 내게 가르치소서. 내가 주의 진리에 행하오리니 일심으로 주의 이름을 경외하게 하소서."(11절)라고 기도하고 있다. 자기에게 주의 도와 진리가 풍성하게 되면 될수록 자신이 무엇보다 하나님과의 관계가 바르게 서게 되고, 그에 따라 문제가 바르게 풀려지게 될 것이기 때문이다. 이런 속에서 우리는 과연 주님의 은총이 넘치고 있음을 알 수 있다.

#### 2) 주의 인자를 보여주소서

다윗은 자기가 처한 문제에 대해서 추상적이지 않았다. 그는 자기의 구체적인 문제들 속에 주님이 함께하시기를 기도했다. 그는 이러한 자신의 뜻을 주의 인자가 나타나기를 바라는 것으로 표현했다. 다윗은 "주님이 선하사 사유하기를 즐기시며 주께 부르짖는 자에게 인자함이 후하시다"(5절)는 것을 잘 알고 있었다. 그리하여 그는 주님을 향해 자기를 불쌍히 여겨주실 것을 간구하고 있다. 그는 "주여 나를 긍휼히 여기소서."(3절)라며 직설법도 사용하지만 주님을 가리켜 "긍휼히 여기시며, 은혜를 베푸시며, 노하기를 더디 하시며, 인자와 진실이 풍성하신 하나님."(15절)이라 표현함으로써 간접적으로도 주님의 인자를 기대하고 있다. 인자를 구하는 것은 은혜를 구하는 것이다. 주님이 우리에게 인자하지 않으시면 우리에게 구원이 주어지지 않는다. 그는 주의 인자가 커서 자기 영혼을 깊은 음부에서 건지셨다(13절)고 말함으로써 인자를 기대하던 것이 성취될 것을 확신하였다.

## 3) 힘을 주시고 구원하소서

다윗은 자기에게 힘을 주시고 구원해달라고(16절) 기도하였다. 그는 주님이 자기에게 시련을 이길 힘을 주시지 않으면 안 된다는 것을 알고 있었다. 그 힘은 우리 자신에게서 나오는 것이 아니라 주님으로부터 나온다. 구원도 마찬가지이다. 주님이 힘이나 구원을 주시는 것은 은혜이다. 은혜는 내가 받을 자격이 있어서 받는 것이 아니다. 받을 자격이 없지만 주님의 자비만 기대하는 것이다. 그래서 구원은 하나님의 은혜요 선물이다. 우리의 행위로 얻은 것이 아니다. 그 모두가 은혜이기 때문에 우리는 자랑할 것이 없다.

불교에서는 행위를 강조한다. 성철 스님이 죽었을 때 사람들은 그가 '장좌와불'을 했다고 했다. 등을 땅에 대지 않고 잤다는 것이다. 이것은 그의 성불이 행위를 통해 이루어졌음을 강조하는 것이다. 기독교도 행위를 강조하지만 자기의 행위 때문에 구원받는 것이라고 말하지 않는다. 구원은 전적으로 하나님의 은혜이기 때문이다. 이것이 기독교와 다른 종교와의 차이점이다.

그러나 하나님의 은혜는 가만히 있어도 주어지는 것은 아니다. 하나님을 바라보는 마음과 시선이 필요하다. 광야에서 뱀에 물린 사람이 장대 끝에 매달린 놋 뱀을 바라보아야 하듯이 주님을 바라보아야 한다. 주님을 바라보면 낫는다는 믿음이 필요하다. 다윗은 "내 영혼이 주를 우러러 보오니 주여 내 영혼을 기쁘게 하소서"(4절), "주께 부르짖는 자에게 인자함이 후하심이니이다."(5절)고 말하고 있다. 부르짖는 것은 바로 주님을 바라보는 것이다. 그때 주님은 우리에게 응답하시고 그 상황으로부터 우리를 건지신다. 다윗은 주님이 이러한 표증을 주심으로 자기를 돕고 위로(17절)를 넘치게 하신다고 말한다.

미국은 현재 살인, 강도, 마약 등 사회적으로 문제가 많다. 청소년들이 이것에 빠지거나 희생물이 되고 있다. 여러 의식 있는 사람들은 기도로 이 문제를 해결할 것을 강조하고, 교회서나 회당에서나 어떤 모임에서든지 기도할 것을 권고하고 있다. 다른 일을 하려면 돈이 들지만 기도는 돈 한 푼 들지 않는다(prayer doesn't 'cost you any penny)는 것을 강조하며 기도의 중요성과 필요성을 강조하고 있다. 물론 기도를 하는 데 돈이 들지 않는지 모르지만 그런 사회문제에 관한 한 우리의 눈물의 기도, 온 힘을 다하는 기도가 필요하다. 포스터(R. Poster)는 감정, 눈물을 통하지 않고서는 은혜의 자리에 나아갈 수 없다고 하였다. 기도는 지금 자신의 상태를 아파하는 눈물이 있어야 한다. 애통이 없는 기도는 죽은 기도이기 때문이다.

## 4) 영혼을 보존하소서

다윗은 자기의 육적인 문제보다는 자기의 영혼문제에 관심이 많았다. 시편 86편에 자주 나오는 단어 가운데 하나가 바로 영혼이다. 그는 주님을 향해 "내 영혼을 보존하소서."(2절)라고 기도했다. 악한 자들이 자기의 혼을 찾는다고 말했다. 이것은 자기가 당하고 있는 어려움으로 인해 자기 영혼이 하나님을 떠나 음부에 떨어질까 두려운 것을 나타내고 있다. 그는 "주여 내 영혼이 주를 우러러 보오니 내 영혼을 기쁘게 하소서."(4절) 하며 구원을 요청했고, '내 영혼을 음부에서 건지셨음'(13절)이라고 구원에 대한 확신을 나타내었다.

## 5) 주님을 찬양케 하소서

다윗이 바라는 은총의 표증은 궁극적으로 하나님에 대한 찬양으로 집약되고 있다. 그는 전심으로 주를 찬송하고 영영토록 주의 이름에 영화를 돌린다고(12절)고 표현했다. 시편 86편 가운데 가장 많은 부분을 차지하는 것이 하나님을 향한 찬양이다. 1절에서 7절까지가 간구하는 기도라면 8절에서 15절까지는 찬양으로 이어지고 있다. 이것은 구속함을 바라는 백성들이 마땅히 해야 할 것은 찬양임을 보여준다.

간구의 기도 가운데 이처럼 찬양이 많다는 것은 주님을 그만큼 구원에 대한 확신이 있었음을 보여준다. 사람들은 대부분 구원을 받은 다음에 감사하고 찬양한다. 공수표로 끝날지 모른다는 생각 때문이다. 그러나 다윗은 구원을 받기 전에 이미 구원을 받았다고 말하고 주님을 더욱 찬양하는 모습을 보여주었다. 이것이 믿음 있는 사람과 없는 사람의 차이다.

나아가 다윗은 자기만 하나님을 찬양해야 할 것이 아니라 모든 열방이 주님을 경배해야 한다고 말한다. "주의 지으신 모든 열방이 와서 주의 앞에 경배하며 주의 이름에 영화를 돌리리이다."(9절). 세상의 많은 사람들이 신이라고 섬기는 것도 많지만 주님 같은 신이 없으며(8절) 주만 하나님이시기 때문이다.

그리스도인의 특징은 기도한다는 사실이다. 그런데 많은 사람들은 기도라면 피하고 싶고 어렵다고 말한다. 기도하기 어려운 것은 하나님을 향해 그 마음의 문이 열려 있지 않기 때문이다. 기도는 하나님과의 대화이다. 자신의 삶의 문제를 솔직하게 내어놓고 물으며 주님의 도우심을 간구한다. 주님의 은혜가 아니면 이 모든 어려움을 극복해나갈 수 없기 때문이다. 한국기독교의 특징은 기도에 있다고 말할 만큼 기도하는 생활을 자랑해왔다. 그러나 지금 대부분의 기도들은 형식적이 되어가고, 그나마 기도의 모습들이 사라져가고 있다. 그만큼 우리의 믿음이 형식적이 되고, 하나님의 관계가 식어지고 있다는 것을 보여준다. 하나님과의 관계에서 지금 우리에게 필요한 것은 참다운 기도의 회복이요 은총의 회복이다.

다윗은 은총의 표징을 달라고 기도하였다. 그 표징을 보고 다윗을 미워하는 자들이 하나님과 연합하여 사는 자신을 보고 부끄럼을 느끼게 될 것이기 때문이다. 기도하는 사람, 주님의 은총을 받은 사람, 구원받은 사람은 어떻게 살아야 하는가? 그것은 한마디로 달라야 한다는 것으로 요약할 수 있다. 기도하는 자세도 다르고, 삶의 형식도 달라야 한다. 시편 86편은 바로 이 점을 가르쳐주고 있다.

# 제 6 장

# 시편 121편,
# 나의 도움이 어디서 올꼬

시편 121편은 우리의 도움이 되시는 하나님을 찬양하는 시이다. 이 시는 성전을 향해 올라가며 읊는 시로서 찬양의 노래를 통해 그 뜻을 나타내도록 되어 있다. 이 시 앞에 제목처럼 달려 있는 '성전에 올라가는 노래'라는 부분에 대해서는 여러 해석이 있다. 음조로 보기도 하고, 성전 앞의 15개의 각 층계에서 불리던 노래라 하기도 하고, 바벨론에서 돌아오는 길에 불리던 노래라 하기도 한다. 그러나 아직까지도 그 정확한 뜻은 밝혀지지 않고 있다.

무엇보다 중요한 것은 이 시의 저자가 나의 도움은 오직 그리고 항상 하나님에게서 온다는 것을 생각하고 하나님께 감사하며 찬송하고 있다는 사실이다. 하나님은 나의 도움이신 여호와라는 고백이다. 아름다운 표현으로 가득 차 있는 이 시에서 순례자는 진정으로 도움의 하나님을 인식하며 그분을 찬송하고 있다. 저자는 자신을 끊임없이 돌보시고 지키시는 성실의 하나님을 기뻐하면서 모든 주의 백성들도 그런 동일한 보호를 받는다는 것을 가르치고 있다.

## ▣ 순례자의 눈은 어디를 바라보고 있는가?

순례자는 메마른 광야를 힘겹게 여행하는 여행자와 같다. 순례자는 도움을 원한다. "도움이 어디에서 올꼬?"라는 표현은 바로 순례자의 심정을 그대로 나타내고 있다. 이 질문은 모든 인간의 근본적인 질문이다. 그의 눈은 산을 향한다. 그는 산을 향하여 이 물음을 던져본다.

여기에서 산이란 높은 산(mountains)이라기보다 언덕과 구릉 정도(hills)를 나타내고 있다. 칼빈은 이 산들을 단순히 문자적인 산들로 볼 것이 아니라 주변에 있는 강성한 국가들로 해석되어야 한다고 말한다. 산을 열강으로 보려는 것은 이스라엘의 수난적 역사와 연결시키고자 한 것이다. 이 시의 제목이 성전에 올라가는 노래인데 이 뜻을 바벨론으로부터 돌아올 때 부른 노래로 간주하는 것과 칼빈의 해석과 맥을 같이한다. 이 경우 순례자는 이스라엘을 가리킨다. 그러나 열강이라고 할 경우 높은 산들을 뜻하는 'mountains'으로 표현되어야 하는데 그런 표현이 아니기 때문에 "열강으로 볼 수 있는가?"라는 의문이 제기되기도 한다. 바사왕 고레스가 해방을 선포했지만 참구원은 하나님께로부터 비롯되었음을 잊어서는 안 된다. 진정한 도움은 이 세상의 어떤 것에서 찾을 수 없고 오직 여호와만이 인간에게 도움이 될 뿐이다.

산이 언덕을 의미하는가 아니면 열강을 의미하는가 하는 문제를 따지기보다는 그 산이 우리에게 있어서 어떤 의미를 가지고 있는가 하는 것이 사실상 더 중요할 것이다. 그래서 많은 경우에 있어서 산은 우리가 삶 속에서 힘들게 넘어야 하는 여러 삶의 현장들을 가리키는 것으로 해석되는 것이 바람직하다고 말한다. 우리는 인생의 순례자이다. 우리는 삶의 과정에서 여러 어려운 고비를 만난다. 그 어려움의 시간 그리고 그 현장에서 "나의 도움이 어디서 올꼬?"를 생각하게 된다. 그 순간에 어느 누구보다 하나님을 바라본다는 것은 무엇보다 중요하다. 시편저자는 그 순간에 하나님을 바라보았다. 그리고 우리로 하여금 하나님을 바라보도록 하고 있다. 그 이유에 대한 설명은 계속 이어지고 있다. 하나님을 바라보는 신앙, 그것이 무엇보다 중요하다. 우리가 힘든 사회생활을 하는 가운데서도 생각할 것은 바로 하나님이다. 우리가 하나님을 생각하며 길을 걷고 있다면 그것이 바로 하나님과 함께하는 시간이요 동행하는 시간이 될 것이다. 그러므로 우리가 어느 때 어느 곳에서 바라볼 수 있는 분은 다름 아닌 하나님이시다.

## ▣ 나의 도움은 하나님에게서 온다

시편기자는 도움이 하나님에게서 온다고 결론부터 제시하고 있다. 그 결론을 내기에 하등 지체하지 않는 모습을 우리는 읽게 된다. 그 하나님은 다름 아닌 '천지를 지으신' 하나님이시다. 천지를 지으신 하나님이라는 말은 전능하신 하나님이시며 지금도 천지를 다스리시고 그 생성을 주관하시는 분임을 의미한다. 그분은 우리가 바라보아야 할 유일한 하나님이시라는 것이다. 성도에게 있어서 창조신앙은 악의 세력을 물리칠 수 있는 힘을 준다. 저자는 도움이 인간이 아니라 하나님이라고 선언함으로써 항상 사람에게 의지하려는 보통 인간의 모습과 크게 대조를 이루고 있다. 하나님은 우리를 보호하시고 인도하신다. 저자는 자신이 하나님의 보호하심과 인도하심을 전적으로 신뢰할 뿐 아니라 우리 모두도 그분을 신뢰해야 한다고 가르친다. 저자는 하나님을 가리켜 '너를 지키시는 자'(he who watches over you) 또는 '이스라엘을 지키시는 자'(he who watches over Israel), '너의 영혼을 지키시는 자'(he who watches over your life)라고 표현하고 있다. 이것은 우리가 왜 하나님을 신뢰해야 하는가 하는 근거가 된다. 하나님은 결코 우리와 상관없는 분이 아니시다.

## ▣ 하나님은 우리를 어떻게 도우시는가?

3-8절은 하나님이 주시는 도움이 어떤 것인지를 구체적으로 설명하고 있다. 그 보기는 다음과 같다.

### 1) 너로 실족치 않게 하신다

실족치 않게 한다는 것은 문자적으로 볼 때 우리의 발이 미끄러져 넘어지지 않게 하신다는 말이다. 육체적으로 볼 때 하나님은 우리에게 균형감각을 주셔서 넘어지지 않게 하신다. 그러나 우리의 육체도 우리의 부주의 때문에 실족하여 넘어지게 된다. 영적으로 볼 때 우리는 더욱 불완전하다. 그러나 하나님은 우리로 하여금 영의 눈을 뜨게 만들고 우리가 어떤 삶을 살아야 하는가를 일깨워 주신다. 그 영혼의 말씀은 우리로 하여금 의의 길, 빛의 길을 걷게 함으로써 결코 악의 길, 어두움의 길에 빠지지 않도록 한다. 그러므로 하나님과 그분의 말씀은 우리의 길에 항상 빛이 되신다.

### 2) 졸지 아니하시고 주무시지도 아니하신다

하나님께서 졸지도 아니하시고 주무시지도 아니하신다는 표현은 우리를 도우시기 위한 하나님의 노력이 밤낮없이 계속되며 하나님은 인간에 대해서 그만큼 성실하시다는 것을 나타내고 있다. 우리에 대한 하나님의 보호하심은 간헐적인 것이 아니라 언제나 계속되고 있다. 하나님께서 졸지도 아니하시고 주무시지도 아니하시므로 우리가 실족치 않게 된다.

### 3) 네 우편에서 네 그늘이 되신다

우편, 오른쪽 등은 모두 의로움, 힘, 권능을 의미한다. 여기서 우편 그늘이라 함은 여호와의 든든한 보호를 의미한다. 또한 이 구절은 하나님이 멀리 떠나 계시지 않고 주의 백성의 곁에서 도움을 주신다는 것을 강조하고 있다. 이처럼 완벽한 하나님의 보호 아래 있음으로 낮의 해가 너를 상치 아니하며 밤의 달도 너를 해치 아니한다. 그분의 무한하시고 전능하신 힘이 우리를 보호한다.

### 4) 모든 환난을 면케 하신다

하나님은 우리를 지키시되 아무런 해(harm)가 없도록 하신다는 것이다. 환난은 대개 외부적인 요인 때문에 발생한다. 그러므로 이 말씀은 하나님께서는 우리를 밖으로부터 오는 어떤 장애로부터도 보호하신다는 것을 뜻한다. 그러므로 하나님을 신뢰하는 사람에게는 두려움이 없게 된다.

### 5) 네 영혼을 지키신다

하나님은 우리의 영혼, 곧 생명(life)을 지키는 분이시다. 영혼을 지킨다는 것은 우리에 대한 하나님의 내적인 보호를 가리킨다. 외부적인 것으로부터의 보호도 중요하지만 내적인 것에 대한 보호는 매우 중요하다. 그래서 생명을 지킨다고 말한다. 시편저자는 하나님께서 우리의 영혼을 지키신다고 말함으로써 우리에 대한 하나님의 보호가 외적으로나 내적으로 완벽하다는 것을 보여준다. 하나님이 우리의 영혼을 지키시기 때문에 우리는 소망이 있는 백성이다.

## 6) 너의 출입을 지금부터 영원까지 지키신다

하나님은 우리의 출입, 곧 우리가 들어옴(coming)과 나감(going) 모두를 살피시고 지키신다. 그분은 우리의 앉고 섬을 아시고 멀리서도 우리를 통촉하시는 분이시다. 그분의 돌봄은 현재로 그치는 것이 아니라 영원하다. 지금뿐 아니라 영원하다는(both now and forevermore) 표현이 바로 이것을 나타내고 있다.

### ▣ 하나님에 대한 신뢰는 무엇보다 중요하다

시편 121편은 우리가 신앙생활을 함에 있어서 하나님과 우리의 관계가 어떤 것이어야 하는가를 일깨워 주고 있다.

뉴욕의 어떤 이는 이 시를 읽을 때마다 자기의 아버지를 잊을 수 없었다. 그분의 아버지는 언제 어디서나 이 시편 121편을 즐겨 암송했던 것이다. 그래서 아버지를 생각할 때마다 시편 121편이 생각나곤 했다. 그의 아버지는 출근을 하면서도 이 시를 외웠고, 길을 건너면서도 그리고 큰 길의 모퉁이를 돌면서도 이 시를 암송했다. 그분에게 있어서 산은 뉴욕시였고 시의 복잡한 생활 속에서 나날이 그를 보호해주신 분은 바로 하나님이셨다. 이 시의 암송은 비가 오거나 바람이 불거나 눈보라가 휘몰아쳐도 계속되었다. 지금 그 아버지는 하나님 나라에 가셨지만 아들에게 있어서 아버지는 이 시를 통해 지금도 살아계신다. 아버지는 지금 하나님의 영원한 보호 아래 있다. 아들은 자기의 아버지가 그곳에 가셨어도 이 시편을 암송하고 계실 것이라고 말한다. 아들은 뉴욕의 길가를 걸을 때 아버지를 생각하고 또 이 시편을 생각한다. "내가 산을 향하여 눈을 들리라 나의 도움이 어디서 올꼬 나의 도움이 천지를 지으신 여호와에게서로다 여호와께서 너로 실족치 않게 하시며 너를 지키시는 자가 졸지 아니하시리로다."

당신의 눈은 지금 어디를 향하고 있는가? 당신은 도움이 어디서 온다고 생각하고 있는가? 우리의 대답은 하나님이고 하나님이시어야 한다. 시편 저자의 감사와 감격, 그리고 찬양이 바로 우리의 것이 되어야 한다. 하나님이 우리와 함께하심 그리고 우리가 하나님과 동행함은 결코 분리된 것이 아니다. 지금도 그리고 영원까지 계속되어야 하는 것은 하나님과 우리의 관계이다. 시편 121편 저자의 이 같은 고백이 우리에게도 있어야 한다.

하나님은 이처럼 우리를 성실히 보호하시는 분이시다. 우리에 대한 그분의 성실함 못지않게 우리도 하나님에 대해서 성실함을 보여주어야 한다. 그것은 그분에 대한 우리의 전적 신뢰와 하나님에 대한 열심이 있는 사랑으로 나타나야 한다. 하나님의 보호와 사랑만 받겠다면 문제가 아닐 수 없다. 하나님에 대한 우리의 사랑은 이웃에 대한 사랑으로도 나타나야 한다. 이것은 하나님이 바라시는 바이기 때문이다. 그래서 하나님, 나, 그리고 이웃이 하나님 안에서 하나가 되어야 한다. 그 하나 됨의 구현체가 바로 하나님의 나라이다. 하나님 나라 안에는 이렇듯 포근함과 평안이 있다. 이것이 바로 주 안에서의 평안이다.

# 제 7 장

# 시편 129편,
# 울며 씨를 뿌린 자의 영광

2005년 8월 15일, 광복 60주년을 맞았다. 미국을 비롯하여 세계 우방 국가들은 종전 60주년이라고 말하고, 독일과 일본은 패전 60주년이라고 말한다. 그러나 우리나라는 광복 60주년이라고 말한다. 해방 기념일인 것이다.

광복 60주년을 맞으면서 우리는 과연 참다운 광복은 무엇인가를 되새기게 한다. 대다수의 사람들은 통일이 진정한 광복이라고 말한다. 그만큼 우리는 통일에 대한 기대가 크다. 그러나 신앙적으로 보면 가장 위대한 광복은 하나님께서 독생자 예수를 이 땅에 보내어 우리를 죄에서 구속하신 것이다. 광복은 '빛난 회복'이라는 뜻인데 죄 때문에 잃었던 하나님의 형상을 회복한 것만큼 더 위대한 회복은 없을 것이다. 그러면 주님이 십자가에 달리심으로 광복은 끝난 것인가? 그렇지 않다. 우리가 죄악으로 가득한 이 땅에 사는 한 매일 매 순간 영적인 광복이 필요하다.

## ▣ 해방의 상징적 두 사건

성경적으로 해방을 상징하는 두 사건이 소개되고 있다. 하나는 출애굽사건이고, 다른 하나는 바벨론 포로귀환사건이다.

먼저 출애굽사건을 보자. 이스라엘의 피를 이어받은 모세는 이스라엘 백성들이 국고 성을 짓는 공사에 강제 동원되어 모진 고역을 당하는 것을 보고 자신의 힘으로 무엇인가 해보고자 했다. 그러나 그 젊은 혈기는 사람을 죽이는 것으로 끝이 났다. 그는 미디안 땅으로 도망할 수밖에 없었다.

거의 40년이라는 세월이 흘렀다. 하나님은 그 긴 세월동안 자기 자신을 의지하는 모세를 하나님을 의지하는 모세로 바꾸어 놓았다. 그 사이 그를 잡으려던 애굽 왕도 죽었다. 그러나 하나님은 이스라엘 자손들의 탄식과 그 부르짖음을 들으셨다. 그리고 하나님이 아브라함과 언약하신 약속을 잊지 않으셨다. 모세가 아니라 하나님이 일하기 시작하신 것이다.

하나님은 호렙산 떨기나무 불꽃 가운데서 모세를 찾으셨다. 그리고 하나님은 "나는 네 조상의 하나님이니 아브라함의 하나님, 이삭의 하나님, 야곱의 하나님이니라. 내가 애굽에 있는 내 백성의 고통을 정녕히 보고 부르짖음을 듣고 그 우고를 아나니 내가 내려와서 그들을 애굽인의 손에서 건져내고 그들을 그 땅에서 인도하여 아름답고 광대한 땅, 젖과 꿀이 흐르는 땅에 이르려 하노라. 내가 너를 바로에게 보내노니 내가 정녕 너와 함께 있으리라."(출 3:6-12) 말씀하셨다. 한마디로 지금 "내 민족을 해방시키라."는 것이다. 해방은 인간으로부터 시작되는 것이 아니라 하나님으로부터 시작된다.

모세는 바로 앞에 나아가 "이스라엘 하나님 여호와의 말씀에 내 백성을 보내라."(출5:1)고 담대히 말하였다. 해방시키라는 것이었다. 그러나 바로는 "여호와가 누구관대 그 말을 듣고 이스라엘을 내보내겠느냐?"며 반대했다.

지금 출애굽사건과 똑같은 사건의 기적이 필요한 곳이 바로 북한이다. 헨리 홍 목사가 「내 민족을 해방시키라」라는 제목의 책을 내놓았다. 북한의 인권문제를 다룬 책이다. 북한 민족이 고통으로부터 해방되어야 한다는 것이다. 그러나 남북대화를 위한 여러 접촉을 통해 볼때 사람의 힘으로는 어렵다는 것을 느끼게 된다. 윤동주는 '통일은 참 쉬어요.'라는 시에서 철조망은 말아버리면 되고, 물자는 오가면 되며, 사람도 오가면 된다고 했다. 그러나 바로와 같은 지도자가 있는 한 통일은 쉽지 않다. 문제는 그들의 고통을 하나님께서 들으셔야 한다. 하나님께서 움직이셔야 문제는 해결된다. 갈라진 홍해를 건넌 후 모세는 이렇게 고백했다. "주께서 그 구속하신 백성을 은혜로 인도하시되 주의 힘으로 그들을 주의 성결한 처소에 들어가게 하시나이다."(출 15:13). 구속, 곧 해방은 사람의 힘으로 하는 것이 아니라 주님이 함께하셔야 된다.

다른 사건을 보자. 그것은 포로의 몸으로 이국땅 바벨론에서 힘든 삶을 살아야 했던 유대 백성들의 고통스런 사건이다. 당시 백성은 조국을 잃은 설움도 컸지만 무엇보다 성전에 대한 사모가 한없이 컸다. 시편 42편은 이러한 형편을 너무 애달게 묘사하고 있다. "내가 전에 성일을 지키는 무리와 동행하여 기쁨과 찬송의 소리를 발하며 저희를 하나님의 집으로 인도하였더니 이제 이 일을 기억하고 내 마음이 상하는도다."(시42:2). 공동번역은 "축제와 환희, 그리고 무리들 앞장서서 가던 일 생각만 해도 가슴이 미어진다."고 하였다. 예루살렘 성전에서 직임을 맡았던 한 고라자손은 과거의 삶을 회상하며 이렇듯 가

슴 아파했다. 전에는 그렇게도 기쁜 마음으로 믿음생활을 했는데 이제
는 신앙생활을 함께할 수도 없고 하나님도 모르는 사람들에게 둘러싸
여 "네 하나님이 어디에 있느냐?" 조롱을 당하니 눈물밖에 나오지 않
았다(시42:3).

상하고 불안하고 낙망이 가득한 시인은 그런 가운데서도 외친다.
"하나님이여 사슴이 시냇물을 찾기에 갈급함같이 내 영혼이 주를 찾
기에 갈급하나이다."(시42:1). 시인 박목월은 '네 믿음'이라는 제목의
시를 통해 "앓는다는 것은 하나의 축복이다. 앓음으로써 비로소 한밤
에 일어나 자기의 믿음을 가늠해보고 애절하게 주의 이름을 불러보고
간구한다."고 하였다. 지금 시편의 저자는 애절하게 주님을 찾고 있다.
베르디의 오페라 '나브코' 가운데 '히브리 노예들의 합창'이 있다. 그들
은 포로의 몸으로 유프라데스 강가에 앉아 고향을 생각하며 노래를
부른다. 황금빛 날개를 타고 고향을 향해 날아가는 꿈을 그리는 내용
이다.

주님은 그들의 음성을 들으셨다. 시편 126편 1절은 이렇게 기록되어
있다. "여호와께서 시온의 포로를 돌리실 때에 우리가 꿈꾸는 것 같았
도다. 그때에 우리 입에는 웃음이 가득하고 우리 혀에는 찬양이 찼도
다. 열방 중에서 말하기를 여호와께서 저희를 위하여 대사를 행하셨다
하였도다. 여호와여 우리 포로를 남방시내처럼 돌리소서. 눈물을 흘리
며 씨를 뿌리는 자는 기쁨으로 거두리로다. 울며 씨를 뿌리려 나가는
자는 정녕 기쁨으로 그 단을 가지고 돌아오리로다."(시129:1-6). 여기
에서 대사란 포로에서 귀환된 사건이자 구원의 사건을 말한다. 이 장
면은 우리를 깊은 감동 속으로 인도한다. 광복의 환희와 기쁨이 그 속
에 담겨 있기 때문이다.

## ◼ 우리에게는 어떤 광복이 필요한가?

해방을 요구하는 사건은 여기에서 끝나지 않는다. 신약의 많은 백성들도 로마제국으로부터의 정치적 해방을 희구하였다. 지금도 해방된 것은 아니다. 이스라엘 사람들은 지금도 자신들을 묶고 있는 질곡을 벗어나기 위해 메시아를 대망하고 있다. 그들 이외에도 이 땅의 많은 사람들이 아직도 정치적, 경제적 해방을 고대하고 있다. 그러나 인간이 이 땅에 사는 한 완전한 해방은 있을 것 같지 않다. 죽이고 죽는 싸움이 지금도 전개되고 있다. 인간은 역사적 교훈을 금방 잊고 서로 그 원인을 상대에게 돌리면서 앙갚음을 되풀이하고 있기 때문이다. 인간은 가장 영리한 것처럼 말하지만 역사는 이 시간도 인간은 가장 바보처럼 살고 있다고 말한다.

그러면 언제 진정한 해방의 시간은 오는가? 주님이 다시 오시는 그 순간에 우리는 참으로 해방된 것을 확연히 느낄 수 있을 것이다. 그러나 그 시간은 언제가 될지 아무도 모른다. 그리스도인은 그 시간을 기다리지만 지금 우리가 살고 있는 이 땅에서 하나님 나라를 건설해 나가야 하는 의무와 책임을 가지고 있다. 그런 삶을 살도록 주님이 가르치셨다. 하늘나라의 삶을 미리 사는 것이다. 이를 위해서는 우리 자신의 철저한 갱신이 필요하다. 그 갱신 속에는 해방에 대한 영적인 인식도 포함되어 있다. 정치적 해방, 경제적 해방만을 외치던 삶의 형태로부터 영적인 해방이 먼저 있어야 한다고 하는 해방인식의 철저한 전환이 필요하다.

해방 중에 가장 위대한 해방은 영적인 해방이다. 우리를 어둠 속으로 끌고 가는 질곡으로부터 참으로 자유롭게 빛의 세계로 나아가는 것이다. 그것은 우리를 향하신 하나님의 사랑이며 죄악으로부터의 해방이다. 순수한 구속이자 참다운 자유다. 이 해방을 경험한 사람들은 더 이상 악의 세계로 가지 않는다. 오히려 우리 속에 있는 악의 요소와 옛 습관을 깨뜨림으로써 자꾸만 해방한다. 그래서 그리스도인을 가리켜 해방자라 한다. 해방은 원형을 회복하는 작업이다. 그것은 하나님이 기뻐하시는 본래의 것이다. 본래의 순수성을 회복했을 때 우리는 비로소 광복했다고 말할 수 있다.

우리가 그리스도인으로 살면서 이 땅에서 해방시켜야 할 것들, 원형을 회복해야 할 것들은 한두 가지가 아니다. 그 작업은 먼저 가정에서부터 일어나야 한다. 믿음과 사랑을 회복함으로써 가정 속에 하나님의 나라를 건설해야 한다. 가정 속에 이것들이 자리를 잡아갈 때 비로소 가정이 해방되고 원형을 회복했다고 말할 수 있다. 원형이 회복되면 가정 속에 더 이상 무시와 무관심, 미움과 질시가 자리를 잡지 못한다.

우리 사회도 광복해야 한다. 우리 사회는 무엇보다 정직이 회복되어야 한다. 우리 각자가 정직하지 못함으로 인해 우리 사회에는 각종 부정과 부실로 가득 차 있다. 누구든 신뢰하지 못하고 냉소주의에 빠져 있다. 건축업자의 양심은 성수대교로 붕괴했고, 사업가의 정직은 삼풍백화점과 함께 실종되었으며, 정치에 대한 신뢰는 하위에 머물러 있다. 이 모두는 우리 사회에 정직이 사라졌기 때문이다. 정직하지 못하다는 것은 하나님을 두려워하지 않는다는 것과 비례한다. 어떤 수단과 방법을 가리지 않고 나만, 내 가족만 잘살면 된다는 이기주의가 정직을 몰아내고 있다. 우리 사회가 정직하려면 세금부터 잘 내야 한다. 탈세는 자기의 양심을 속이는 것만이 아니다. 국가를 속이는 것이며 결국 하나님까지 속이는 것이다. 교회는 정직한 십일조만 강조할 것이 아니라 나라에 대한 세금부터 잘 내도록 가르쳐야 하며 교회도 정당한 세금을 내야 한다. 세금이라면 교회나 목회자부터 빠지려고 한다. 모범이 되지 못하는 것이다. 그리스도인부터 정직하게 바로 살아야 가정이 건강하고 사회가 건강하며 나라가 건강하게 된다. 우리가 영적으로, 정신적으로 광복하지 못하면 사단은 너무 좋아할 것이다. 우리가 사단을 즐겁게 만들 이유는 없다. 이를 위해서는 하루라도 빨리 부정으로부터 광복해야 한다.

## ▣ 영적 광복을 위해 우리는 어떻게 해야 하는가?

### 1) 하나님을 바라야 한다

시편 42편 5절은 "내 영혼아 네가 어찌하여 낙망하며 어찌하여 내 속에서 불안하여 하는고 너는 하나님을 바라라 그 얼굴의 도우심을 인하여 내가 오히려 찬송하리로다."라고 말하고 있다. 아직 광복이 되지 못한 불안한 영혼을 향해 이제 "하나님을 바라라"고 권고하고 있는 것이다. 하나님이 우리 영혼의 곤고를 듣고 기억하지 않는 한 그 문제가 근본적으로 해결될 수 없기 때문이다. 우리 속에 있는 어둠을 제거하기 위해서는 빛이 필요하다. 그 빛을 얻기 위해 우리는 하나님 앞으로 나아가야 한다. 도우심을 얻은 자, 곧 광복한 자에게는 찬송이 넘칠 수밖에 없다.

### 2) 눈물을 흘리며 씨를 뿌려야 한다

하나님께서 우리를 위해 대사를 행하시기 위해서는 우리가 눈물을 흘리며 씨를 뿌려야 한다. 눈물을 흘리며 씨를 뿌린다는 것은 우리가 하나님을 향해 열심히 기도하고, 행동으로 보여주어야 한다는 것을 의미한다. 자기의 죄를 깊이 통회하지 않는 사람, 믿노라 하면서 그것을 행동으로 보여주지 못하는 사람에게 주님은 기쁨을 안겨주지 않을 것이다. 이스라엘 사람들이 포로에서 귀환되었다고 모든 것이 해결된 것은 아니다. 귀환은 감격과 감동을 주기에 충분했지만 현실은 너무나 어려웠다. 모든 것은 황폐되었고, 성전은 무너졌으며, 주위는 그들을 해치는 민족으로 둘러싸여 있었다. 그들은 눈물을 흘리며 기도했고 성전을 다시 지었다. 그 어려움 가운데서도 그들은 이렇게 노래했다. "울며 씨를 뿌리러 나가는 자는 정녕 기쁨으로 그 단을 가지고 돌아오리로다." 기쁜 결실을 기대하면서 희망을 잃지 않은 것이다. 우리도 기도의 눈물을 흘리고 행함의 씨를 뿌림으로써 기쁨의 단을 거둘 수 있어야 한다.

### 3) 다시는 어둠 속으로 들어가서는 안 된다

아직도 일본에는 과거가 자랑스럽다고 말하고 침략에 대한 사죄를 거부하는 무리들도 많다. 독일 지도자들은 과거를 돌아보면서 나치의 공범들은 자숙해야 한다고 말했다. 바이체커 전 독일 대통령은 일본을 방문한 자리에서도 자신의 과거역사를 돌아보고 올바른 평가를 내리지 않는 사람들은 현재 자신이 어디에 위치해 있는지도 모르는 것이다. "자신의 과거를 부인하는 사람들은 다시 과거의 실책을 되풀이할 위험에 처하게 된다."고 말했다. 바이체커의 말은 일본인뿐 아니라 영적으로 살고자 하는 모든 사람들이 새겨들어야 할 말이다. 과거를 돌아보고 그 역사를 교훈 삼아 다시 그 역사를 반복하지 않는 책임이 우리에게 있듯이 영적으로 살고자 하는 우리도 다시는 어둠 속으로 들어가지 않도록 과거의 삶을 철저하게 거부할 필요가 있다.

우리는 광복을 일본의 압제로부터의 해방만 생각해왔다. 그리고 일본을 용서하지 않았다. 많은 사람들은 참된 광복은 통일이라고 말한다. 통일이 되지 않았기 때문에 광복은 반밖에 된 것이 아니라고 말한다.

이것은 우리의 광복관이 정치적인 것에만 매여 있다는 증거다. 그러나 그리스도인의 광복은 달라야 한다. 광복은 글자 그대로 빛나는 회복이다. 잃어버린 영적인 삶의 원형을 주님 안에서 회복하는 것이다.

우리는 예수님을 구주로 영접하면서 영적으로 광복되기 시작했다. 그러나 우리가 이 땅에 사는 한 완전한 광복 상태에 있는 것은 아니다. '이미'(already) 광복되기 시작했지만 완전한 광복은 '아직 아닌'(not yet) 상태에 있다. 그래서 반쪽광복이라 말하기도 한다. 주님이 다시 오시는 그날 비로소 우리는 완전한 광복을 맞게 된다. 그러나 이 땅에 살면서도 그 남은 반쪽에 광복의 기쁨을 채울 수 있다. 그것은 우리가 이 땅에 하나님 나라를 확장함으로써 가능하다. 확장하는 만큼 광복되는 것이다. 주님은 "천국은 침노하는 자가 빼앗는다."고 하셨다. 침노한다는 것은 총공세를 펼 만큼 열성적이고 적극적이어야 한다는 뜻을 담고 있다. 우리가 하나님 나라를 확장하는 데 그만큼 최선을 다하면 영적으로 광복되고 주님이 원하시는 삶의 원형을 회복할 수 있다. 우리 민족이, 교회가 영적으로 매일 매일 달라질 때 광복의 폭은 커지고 기쁨은 더해질 것이다.

# 제 8 장

# 욥 기

## 1. 욥기의 전반적 이해

욥기는 욥이 저자다. 욥은 '회개한 자', '돌아온 자'라는 뜻을 가지고 있다. 팔레스타인 동남쪽 우스 땅에 산 역사적 인물로 모세 이전 장수시대에 속한 족장시대 인물로 알려져 있다. 인명·지명·형편이 상징적인 것이 없어 실제성이 뛰어난다. 욥은 환란 후에도 140년 더 살았고 교양이 있어 체험을 기록한 것으로 보인다.

그러나 저자에 대해서도 여러 주장이 있다. 어떤 학자는 서원이나 지계 표라는 단어를 사용한 것으로 보아 저자가 모세다 하고, 지혜라는 단어는 것을 보아 솔로몬이다, 애가의 표현과 흡사하니 예레미야다, 포로시대의 어떤 사람이다, 한 사람이 아니다 등 다양한 주장이 있다.

한 사람이 아니라는 주장의 경우 서론과 결론이 산문체인데 본론은 시가 체라 말한다. 하지만 서론과 결론은 설명체로 해야 다 합리적이다. 또 서론과 결론에서 욥이 유목민인데 본론에서는 농업자로 표시하고 있다고 주장한다. 이 주장에 대해서도 재력으로 보아 목축과 농업을 겸했으리라 본다.

욥기의 내용은 마치 오페라의 막장과 같다. 서론에서 욥의 시련이 소개된다. "어찌하여"(욥3:11-12). 이 고통에서 육체적 고통보다 신학적 고민이 더 컸음을 본다. 본론에서는 엘리바스, 빌닷, 소발 등 세 친구와 욥의 논쟁이 소개된다. 첫 번째와 두 번째는 친구 세 사람 모두 나오지만 세 번째에서는 소발이 빠진다. 엘리바스는 연장자로 체험과 지식이 많고, 연구도 많이 한 인물로 부각된다. 친구들의 말에 틀린 것은 없으나 욥은 그것을 공격했다. 대화는 계속되고, 변증법적으로 발전한다. 결론 부분에서는 엘리후가 등장한다. 그는 최연소자로 공격적이다. 그는 고난의 의, 하나님의 공의, 경건의 복, 하나님의 무한성과 욥의 무지를 들어 욥을 네 번째로 설득한다. 끝으로 하나님의 결론적 말씀이 소개된다. 하나님의 말씀은 질문으로 끝난다. 신학적인 답은 없으나 그 후 욥은 잠잠했다. 하나님의 주권을 깨닫고 잠잠한 것이다. 세 친구에 대한 책망과 욥의 회복도 소개된다. 변증법적 종합이 이뤄진 것이다.

신학적으로 볼 때 욥이 본 것은 중보자 그리스도와 부활 소망이었다. 욥은 하나님과 자기 사이에 '손을 얹을 판결자'(욥9:33)를 사모한다. 자기 슬픔과 억울함을 변백(욥16:21)하리라는 기대 때문이다. 자기 육신의 회복이 아니라 중보자를 기다리는 마음의 초급함이다. 그는 고난 속에서 구속자를 발견한다. 욥은 나아가 "썩은 후에 내가 육체 밖에서 하나님을 보리라"(욥19:25-27) 함으로써 부활 소망을 나타냈다.

욥기는 단순히 육체적 고난을 취급했다기보다 영적·신앙적 고난을 더 취급했다. 그는 자기가 죄인으로 취급되는 것에 대해 의문을 가졌다. '의인이 고난을 당해도 왜 돕지 않을까?' 그는 하나님으로부터 버림을 받았다는 생각을 가졌다. 나아가 욥기는 '인간에 환난이 왜 있는가?'라는 문제에 대답을 주지 않았지만 하나님의 절대주권과 그 위대하심(지혜와 능력의 전지전능성)을 깨달음으로 스스로 답을 찾을 수 있게 했다.

## 2. 고난을 통해 삶의 패러다임이 달라진 의인, 욥

성경은 욥을 동방의 의인이라고 소개할 정도로 흠이 없는 사람이었다. 성경이 그를 가리켜 의롭고 순전하고 정직하며 악에서 떠난 사람이라고 했기 때문에 우리는 그를 신앙생활에 있어서도 아무 문제가 없는 사람으로 인식한다. 다만 사단의 궤계로 억울하게 생고생을 한 사람 정도로 인식하고 있다. 그래서 우리는 때로 "욥과 같은 사람이 이런 고난을 당해도 되는가?" 반문하게 된다. 이따금 욥과 같이 선한 이 땅의 사람들이 억울하게 고생을 하고 있다고 생각하기도 하고, 심지어 자기가 고난을 겪을 경우 마치 욥의 경우에 처한 것처럼 생각하는 오류에 빠지기도 한다.

감옥을 여러 차례 드나든 백기완의 말에 따르면 감방생활을 하는 사람에게는 두 가지 특징이 있다고 한다. 하나는 감옥에 갇힌 사람을 붙잡고 물어보면 백이면 백 자기는 억울하게 옥살이를 하고 있다고 말한다고 한다. 이유 없는 사람이 없다는 뜻이다. 다른 하나는 감방사람들이 가장 싫어하는 것이 바로 죄라는 것이다. 감방에 들어온 사람에게 "무엇 때문에 들어왔어?"라고 물어보곤 무엇 때문에 들어왔다고 말하면 "그런 짓 하다니 너도 사람이냐?"고 말한다는 것이다.

욥의 사건이 성경에 기록된 것은 우리로 하여금 자기의 처지를 이처럼 합리화하도록 하기 위해 쓰인 것이 결코 아니다. 성경을 자세히 들여다보면 욥과 같은 의인이라 할지라도 신앙생활에 문제가 있음이 드러나 있고, 그 고난의 과정을 통하여 그 문제를 심각하게 깨닫고 고치게 되었음을 알 수 있다. 욥이 깨닫고 고치게 된 것이 무엇인가? 그것은 욥기의 마지막 장에 잘 나타나 있다. 삶의 방식, 곧 패러다임의 변화인 것이다.

## ▣ 하나님을 향한 패러다임의 변화

욥의 변화 가운데 가장 중요한 것은 관념적이고 형식적인 신앙에서 인격적이고 체험적인 신앙으로 변했다는 사실이다.

욥은 누구나 인정할 정도로 열심히 신앙생활을 한 사람이었다. 성경 학자들은 그가 이같이 믿음생활을 하게 된 것을 두 가지 점에서 기적으로 간주하고 있다. 첫째, 그는 거부였다는 점이다. 재산이 많을수록 신앙생활을 하기 어려운데 그가 이처럼 열성적으로 신앙생활을 했다는 것은 기적과 같다는 것이다. 둘째, 그가 불신앙의 땅 우스에서 살았다는 점이다. 우스 땅은 에돔 족속의 땅이다. 에돔은 불신앙의 사람들이다. 그러므로 그가 그러한 사람들 가운데서 살면서도 신앙을 지켰다는 것은 기적과 같다고 말하지 않을 수 없다는 것이다.

그가 이렇듯 열심히 신앙생활을 했음에도 불구하고 고난의 과정에서 하나님께서 자기에게 왜 이런 고난을 주시는가 하며 불만을 토로하기 시작했다. 고난은 죄로 오는 것(요 5:14)과 하나님의 영광을 위해 오는 것(요 9:1-3) 두 가지가 있다. 우리는 일반적으로 전자의 경우만 생각하여 죄가 없는 데 그럴 수 있느냐고 말한다. 욥의 친구들도 그리 생각했다. 그러나 고난에는 후자의 경우도 있다는 것을 알아야 한다. 욥의 경우가 바로 그러한 경우에 해당한다. 욥이 그 고난을 이겨낼수록 하나님이 영광을 받으시기 때문이다. 그러므로 우리는 이 땅에서 받는 고통을 믿음으로 이겨낼 필요가 있다. 하지만 욥은 이것을 잘 모르고 불만을 했다. 그러나 하나님을 뵌 다음 이것을 깨닫고 회개했다. 그가 한 말들이 잘못되었음도 알았다. 욥은 그 과정을 거친 다음 이렇게 고백하였다. "내가 주께 대하여 귀로 듣기만 하였삽더니 이제는 눈으로 주를 뵈옵나이다."(욥 42:5).

지금까지 자기의 신앙은 관념적인 신앙, 지식적인 신앙이었지만 이제 하나님을 눈으로 보고, 마음으로 느끼는 인격적인 신앙, 체험적인 신앙을 갖게 되었다는 것이다. 이 신앙은 단순히 체험을 강조하는 것이 아니다. 눈으로 직접 뵙는 신앙은 생활 속에서 주님을 만나 그분을 전적으로 믿고 신뢰하게 되었으며 앞으로는 무슨 일이 있어도 그분의 뜻에 따라 주님의 영광을 나타내며 살아갈 것을 다짐하고 실천하는 신앙을 말한다. 그 나라와 그 의를 구하는 생활이 실제화되는 것이다. 자신을 하나님 앞에 철저히 낮추는 회개의 겸손함을 보여준 것과 자신을 누추한 존재로 여겼다는 사실이 바로 그 증거이다.

귀로만 듣던 신앙이란 아직도 자기의 생각과 이성이 지배하는 신앙이다. 하나님의 생각보다 자기의 생각을 앞세워 하나님은 이러신 분이라고 말한다. 욥과 그의 친구들이 보여주는 대화 속에서 우리는 이러한 신앙의 모습들을 보게 된다. 이것은 마치 희랍의 철학자들이 이성의 능력을 극대화시켜 대화하는 장면을 연상케 한다. 그러나 욥은 하나님을 뵌 후 그 모두가 무지한 말이며 그러한 말로 하나님의 이치를 가리었고 자기 스스로도 깨달을 수 없는 말을 했다고 고백하였다. 그리고 그는 이제부터는 하나님께만 묻고 배우겠다고 말한다. 하나님을 향한 자기의 패러다임에 큰 변화가 온 것이다.

웰즈가 쓴 「대주교의 죽음」이라는 작품이 있다. 이 대주교는 미사를 드리면서 형식적인 기도를 습관적으로 드리던 사람이었다. 그날도 미사를 올리면서 습관적으로 기도를 하였다. "천지의 대주재이신 천주시여……" 그러자 그날따라 하나님께서 응답하셨다. "오냐. 왜 날 불렀느냐?" 지금까지 습관적으로 기도만 해왔던 대주교는 하나님께서 묻자 그만 놀라 심장이 멎어 죽고 말았다. 이것은 그의 기도가 입술의 기도였을 뿐 마음의 기도가 아니었음을 보여준 것이다. 이러한 습관적이고 형식적인 기도는 안 된다.

초등학교와 중학교 동창이자 대학에서 화학을 전공한 친구가 있었다. 크리스천 가정에서 자라기는 했지만 교회 일에 그리 열심인 편은 아니었다. 대학에 다닐 때 하루는 우리 집을 찾아와 이제 어떡하느냐고 울기 시작했다. 정서적으로 불안정한 상태에 있음이 확연했다. 이유인즉 군 입대를 하게 되는데 입대하면 죽을 게 명백하다는 것이었다. 당시는 우리 군이 월남전 파병을 앞두고 있어서 군 입대를 하는 사람으로서 여간 걱정이 아니든 것이다. 입대한다고 해서 다 월남전에 가는 것도 아니라고 위로했지만 들으려 하지 않았다. 그는 울면서 자기가 그동안 지었던 잘못을 말하며 용서를 빌었다. 그 잘못은 나에 대한 것이라기보다 그가 이런 저런 일로 마음의 짐을 갖고 있었던 사연들이었다. 그는 군대에 갔다. 그렇지만 그의 염려와는 달리 월남에 가지도 않았고 무사히 군복무를 마치게 되었다. 그 후 결혼도 하고 지방의 고등학교 화학선생이 되어 지금까지 생활해왔다.

그런 그가 중한 암으로 세상을 떠났다. 누구에게나 죽음은 두렵다. 그런데 죽기 전 나와의 전화통화에서 그는 아주 태연하게 그리고 밝고 또렷한 음성으로 "나 먼저 갈께. 신앙생활 잘해"라며 말하는 것이었다. 죽으면 자기의 몸을 대학병원에 기증한다고도 했다. 그는 더 이상 월남에 파병될까봐 두려워하던 그전의 친구가 아니었다. 그는 확실히 변해 있었다. 친구어머님은 그가 하나님을 만난 후 구원의 확신을 가지고 있으며 이 모든 과정을 믿음으로 이겼다며 오히려 기뻐하셨다. 말로만 듣던 하나님을 그는 병상에서 직접 만난 것이다. 하나님을 만난 뒤 그의 입술은 자기의 병보다 하나님을 찬양하는 사람으로, 말씀을 가까이 하는 사람을 오히려 반가워하는 사람으로, 그리고 자기 뒤에 올 사람을 반갑게 기다릴 수 있는 사람으로 바뀌었다.

야곱은 벧엘에서 꿈에 하나님을 뵌 뒤 이렇게 외친다. "여호와께서 과연 여기 계시거늘 내가 알지 못하였도다."(창28:16). 지금까지 말로만 들어왔던 하나님을 난생 처음으로 느끼는 순간이었다. 다윗은 우리를 향해 이렇게 말한다. "너희는 여호와의 선하심을 맛보아 알지어다."(시 34:8). 주님을 남을 통해 귀로만 듣거나 책을 통해 아는 등 형식적으로만 만날 것이 아니라 직접 눈으로 보고 맛보는 신앙으로 변화되어야 한다.

## ▣ 이웃을 향한 패러다임의 변화

욥의 실질적인 변화는 생활 속에도 나타나 있다. 그는 이웃에 대해서 변화를 보였다. 자기식구 중심의 신앙생활에서 이웃과 함께하는 신앙으로 바뀐 것이다. 물론 그가 가난한 이웃을 전혀 무시하며 살았다는 것은 아니다. 그러나 욥기 1장의 경우를 보면 욥이 자기의 식구들을 위해 얼마나 지성을 다하고 있는가. 즉 얼마나 자기 가족중심인가를 알 수 있다. 그런 그에게 고난의 과정을 마치는 즈음에서 하나님은 욥으로 하여금 기도의 방식을 바꾸도록 하셨다. 자기식구들만을 생각하는 삶에서 남을 위해 기도할 수 있게 한 것이다. 즉 친구를 용서하고 친구를 위해 제사를 드리도록 했다. 욥의 친구들이 욥의 사정을 잘 알지 못하고 욥을 정죄했기 때문이다. 인간적으로 생각할 때 욥은 친구들을 용서할 수 없었지만 하나님의 말씀에 순종했다. 그러자 하나님께서는 달라진 욥의 모습을 보고 축복하셨다.

성경은 이렇게 기록하고 있다. "욥이 그 벗들을 위하여 빌매 여호와께서 욥의 곤경을 돌이키시고 욥에게 그전 소유보다 갑절이나 주신지라."(욥42:10). 하나님은 욥의 제사와 그 기도를 받으셨다. 이웃을 생각하는 마음, 이웃을 용서하고 사랑하며 축복하는 마음을 보시고 그 변화된 마음에 축복을 하신 것이다. 하나님으로부터의 복은 그저 소리를 높여 달란다고 해서 받는 것이 아니라 우리의 생활 속에서 이렇듯 용서하고 사랑하는 신앙생활을 할 때 더 하나님의 마음을 움직일 수 있다는 것을 알아야 한다.

한 친구가 이런 말을 했다. "나의 아내는 천주교를 믿는데 기도하는 내용을 보면 남편과 자식을 위한 기도가 99%이다. 남편과 자식을 위하는 마음은 좋지만 거꾸로 생각하니 기독교인 모두가 이런 기도를 드린다면 얼마나 이기적인가!"

기도를 어떻게 할 것인가에 관한 어떤 책에 이런 내용이 있다. 한 부인이 목사를 찾아와 하나님께서는 자기의 기도를 들어주시지 않는다고 푸념하였다. 목사는 부인에게 어떻게 기도를 했느냐고 물었다. 기도의 내용은 앞의 경우와 다름없이 자기 식구를 위한 기도가 전부였다. "기도할 때 다른 사람을 위해 기도해보신 적이 있으십니까?" 물었다. 없다고 대답하자 목사는 "그럼 이제부터는 자기 식구를 위한 기도는 하지 마시고 다른 식구, 이웃을 위한 기도를 올리십시오. 하나님께서 기뻐하실 것입니다."라고 권고했다. 그러자 부인은 그러면 우리 식구는 어떻게 되느냐고 울상이었다. 목사는 "그거야 다른 사람들이 부인의 식구를 위해 열심히 간구하면 하나님이 기뻐 받으실 것입니다."라고 하였다. 그 후부터 이 부인은 자기 식구기도는 빼고 이웃을 위한 기도로 채웠다. 교인들도 서로 다른 사람을 위해 기도하기 시작했다. 그러자 이웃의 문제도 서서히 해결되고 그토록 풀리지 않았던 자신의 문제도 해결되기 시작했다. 하나님께서 그 기도를 받으신 것이다.

## ▣ 가족관에 대한 패러다임의 변화

욥은 가정적인 면에서도 변화를 보였다. 딸보다 아들을 중시하던 차별적이고 구별된 신앙에서 편애가 없는 바람직한 신앙으로 바뀌어졌다.

욥은 원래 아들 일곱과 딸 셋을 두었다. 그 아들들이 자기 생일이면 각각 자기의 집에서 잔치를 베풀고 그 누이 셋도 청하여 함께 먹고 마셨다. 잔치가 끝나면 욥은 그들을 불러다 성결케 하고 그들의 명수 대로 번제를 드리며 "혹시 내 아들들이 죄를 범하여 마음으로 하나님을 배반하였을까?" 염려하였다. 이 글 속에서 우리는 욥이 아들을 더 중시한 차별적 모습을 보게 된다. 잔치를 벌여 놓고 오라고 초대한 사람들은 주로 아들들이었다. 물질적인 분배에 있어서 남녀에 차등이 있었음을 볼 수 있다. 또한 잔치 후 그들을 성결케 하는 일에 있어서 '혹시 내 아들들'이라고 말한 것을 보아 번제를 드림에 있어서도 남성 위주였다는 것을 알 수 있다. '내 아들들'이라는 말을 NIV는 'my children'이라고 했지만 King James, Revised Standard, Living Bible 등은 'my sons'라 표현하고 있다.

그런데 욥기 42장은 1장과는 달리 새로이 얻은 딸들의 이름을 하나씩 열거하고 난 다음 "전국 중에 욥의 딸들처럼 아리따운 여자가 없었더라 그 아비가 그들에게 그 오라비처럼 산업을 주었더라."(욥 42:15)라고 적고 있다.

이것은 놀라운 진전이다. 욥기의 첫 장에서 그 비중이 형편없이 낮았던 딸들이 욥기의 마지막 장에서는 아주 높게 나타난 것이다. 딸들의 이름이 하나씩 소개되고 있을 뿐 아니라 당시 유대사회에서 흔치 않았던 여인상속에 대해서도 언급하고 있기 때문이다. 딸들의 이름은 하나같이 미모와 연관되어 있다. 밤 같은 재난이 지난 후 낮 같은 기쁨을 준다는 의미의 여미아, 육계와 같이 향긋한 굿시아, 그리고 눈이나 눈썹을 그리는 약을 넣어두는 뿔과 같이 영광을 담아두는 게렌합북이 그것이다. 이 미모의 딸들에게도 다른 아들들처럼 재산이 분배되었다. 이 모두는 욥이 가정문제에 있어서 변화가 있었다는 것을 보여준다. 이 모두는 욥이 아들이라 딸이라 편애하지 않고 모두 골고루 사랑을 나누어줌으로써 말년에 즐겁고 기쁜 가정생활을 누리게 되었음을 의미한다.

가정이나 사회에서 편애는 항상 문제가 된다. 신앙생활을 하는 그리스도인일수록 편애는 금물이다. 모두가 똑같은 하나님의 자식이므로 똑같은 관심과 정성으로 사랑을 나누어 주어야 한다.

욥의 사건이 주는 교훈은 무엇인가? 재물은 있다가도 없을 수 있고, 없다가도 있을 수 있다는 것인가? 아니면 자식이 죽었다 해도 주님이 축복하시면 다시 얻을 수 있다는 것인가? 이러한 물질적인 것보다는 우리의 정신적인 변화, 신앙생활에서의 패러다임의 변화, 삶의 방식의 변화이다. 하나님에 대한 생각이 달라져야 하고, 이웃에 대한 생각이 달라져야 하며, 가정이나 직장에서 생각하는 모습이 달라져야 한다는 것이다. 우리가 변화할 때 주님은 기뻐하시고 복을 주신다.

# 제 9 장

# 잠언, 전도서, 아가서

## 1. 잠언

잠언은 '솔로몬의 잠언'이라 한다. 잠언을 '미쉘레'라 하는데 그 어근은 '일반 공리', '생활원칙'을 뜻하는 '마쌀'에서 나온 것이다. 잠언은 우리의 생각과 사고, 그리고 생활을 지배하는 원칙을 제시함으로써 우리의 삶을 향상시킨다는 것이다.

잠언의 저자는 솔로몬으로, 히스기야 왕 때 편집된 것으로 보인다. 비판적인 학자들은 율법은 모세, 시편은 다윗, 지혜문은 솔로몬 식으로 문학양식의 한 표현이므로 저자는 솔로몬이 아니라고 주장한다. 벨하우젠은 잠언의 격언자료들은 오랜 역사를 통해 전승되면서 형성되었다고 주장함으로써 솔로몬의 저작을 부인한다. 그러나 잠언 스스로 솔로몬이 저자임을 밝히고 있다(잠1:1). 전도서에도 전도자가 잠언을 많이 지었다 했고(전12:9-10), 열왕기 저자도 솔로몬의 지혜가 동양이나 애굽의 모든 지혜보다 뛰어나 '저가 잠언 3천을 말하였고'(왕상4:29-34)라고 했다.

잠언은 구속의 진리를 가르치는 것이 아니라 구속 받은 하나님의 백성이 어떻게 살아야 하는가 하는 방법을 가르치는 데 목적을 두었다. 구속사적인 문제는 거의 나타나지는 않지만 내세사상은 있다. 윤리의 뿌리는 내세, 곧 영생세계에 소망에 있다는 것이다.

잠언은 무엇보다 도덕적 진리와 실용적 교훈을 짧은 문장으로 표현했다는 특색이 있다. 형태적으로 시서에 속하나 내용을 지혜 문이다. 지혜는 민족을 상대하기보다 개인을 상대하며 현자와 우자를 구별하고 있다. 전 편의 하나님의 명칭도 언약의 하나님의 명칭인 여호와로 표기하고 있다.

잠언은 지혜의 예찬, 제1금언집, 제2금언집, 그리고 보충 부문 등 4가지로 구분하고 있다. 지혜의 예찬은 1장에서 9장까지로, 1장 1절에서 전체 책명을 부여하였다. 제1금언집은 10장에서 24장까지로, '솔로몬의 잠언'이라는 두서로 시작한다. 제2금언집은 25장에서 29장까지로, 히스기야 왕 때 편집된 부분임을 밝혔다. 보충부분은 부록에 해당하는 것으로 30장과 31장이 이에 속한다. 30장은 야게의 아들 아굴의 잠언이며, 31장은 르므엘의 어머니의 잠언이다.

잠언의 근본사상은 철저한 여호와 유일신주의, 곧 하나님 중심주의다. "여호와를 경외하라"가 그 기초이다. 아비의 훈계에서 여호와의 훈계로 발전한다. 비판적인 학자인 군켈(H. Gunkel)은 잠언이 애굽의 지혜서 아멘─엠─오페(Amen-em-ope)의 영향을 받았다고 주장한다. 그러나 애굽학의 권위인 드리오톤(E. Drioton)은 오히려 애굽의 지혜서가 히브리 지혜문에서 번역된 것이라고 주장한다. 두 지혜서가 유사한 이유는 선악응보의 법칙과 도덕의 실천성 등 인간심리(이성)의 유사성과 단일성 때문이다. 무엇보다 이방지혜문은 타락한 범신론적, 다신론적 성격을 띠지만 솔로몬의 잠언은 신본주의적이고 성령의 감동으로 기록된 것이다.

잠언이 강조한 도덕적 4대 의무는 다음과 같다.

- 여호와께 대한 의무: 경외, 기억, 의지, 고백, 징계, 열매
- 이웃에 대한 의무: 거짓, 선, 화평, 진실, 참친구
- 가정에 대한 의무: 자녀신앙, 부모공경, 여성의무, 근면
- 자기에 대한 의무: 중용, 언어, 온유, 겸손, 지혜

## 2. 전도서

전도서는 '코헤레스'(Qoheleth)로 '카할'에서 나왔다. 카할은 '회중을 모은다', '회중을 모아 가르친다', '사명을 가진 교사', '전파자'라는 뜻을 가지고 있다. 코헤레스는 여성형으로 관직을 의미하고 있는데 관직은 권위를 강조한다. '회중에 대한 권위 있는 가르침'으로 해석할 수 있다.

전도서의 저자는 솔로몬이다. 전도서 1장 1절에 '다윗의 아들, 예루살렘 왕'이 저자임을 밝히고 있기 때문이다. 저자가 솔로몬이 아니라는 학자도 있다. 전도서 1장 12절에 "내가 왕이 되어"(I was)는 과거형으로 솔로몬이 죽을 때까지 왕위에 있었으므로 이 말은 솔로몬을 가리키는 것이 아니라는 주장이다. 그러나 이것은 가상적 입장을 보여주는 것이다. 모든 것의 허무를 말하는 솔로몬이 자기 일생이 다 끝난 것으로 가상하여 쓴 글이라는 것이다.

전도서는 크게 '나 부분'(I section)과 '너 부분'(Thou section)으로 나뉜다. 나 부분은 주로 '나' 개인의 경험적인 것이 기록되어 있고, '너 부분'은 주로 잠언과 격언이 담겨 있다. 물론 나 부분에서도 이 내용이 포함되어 있다.

전도서의 내용은 허무주의적인(pessimistic) 것과 불가지론(agnosticism)이 논술되면서도 아주 적극적인 낙관주의로 이끌어가는 특성을 가지고

있다. 전도서를 읽으면 '세상의 모든 것이 헛되다'고 말한 것같이 느껴진다. 그러나 그것은 세상 자체를 목적으로 할 때만 그런 것이다. 전도서의 세계관과 인생관에 따르면 세상의 모든 것은 창조주의 선하심 · 지혜 · 의 · 영광을 드러내는 매개체(medium)로서의 특별한 의미를 가지고 있다. 이렇지 못할 때 모든 것이 허무해진다. 그러나 이 세상을 믿지 말고 영원을 사모하는 마음을 가지고, 하나님을 경외하고 그 명령을 지키며, 하나님의 심판대를 바라보도록 한다. 전도서 내용 가운데 "알 수 없다" 는 식의 불가지론적 내용이 있어 정경에 포함시킬 것인지 여부를 놓고 논란이 있었으나 연구 검토 끝에 부결시키지 않았다.

　전도서의 내용은 '모든 것이 헛되고 헛되다'는 허무와 회의론을 담고 있다. 인생 자체를 보아도 허무하고, 자연을 보아도 허무하며, 지식이나 부귀영화 등 인생 경험을 보아도 허무함을 말한다. 생명의 제한, 인생의 절망, 종교와 사회생활의 형식화를 관찰해 보아도 허무를 느낄 수 있다. 그러나 체험과 관찰을 통해서 얻은 '허무의 허무'(vanity of vanities)가 조물주를 기억하고 지혜로운 생활로 바뀌면서 '모든 것에 충만한 것'(full all in all)으로 전환된다. 전도서 내용 가운데 향락주의적 요소(전5:18-20, 9:7-9, 11:9)는 에피큐리안의 영향을 받은 것이라 주장하지만 전도서는 철저히 신본주의이므로 인본주의적인 에피큐리안과는 성격이 다르다. 전도서는 우리가 이원론적인 입장에 떨어지지 않도록 주의해야 함을 가르치고 있다.

## 3. 아가서

　아가서는 '솔로몬의 아가서'(Song of Solomon)라 하기도 하고, 아가

서 1장 1절의 '쉴 하쉬림'을 따라 '노래 중의 노래'(Song of Songs)라
한다. 아가서의 저자는 솔로몬이다. 광범한 지명을 사용하고 있어 통
일시대임을 방증하고 있고, 희귀한 식물이름과 호화로운 궁중생활면을
보여주는 것도 저자가 솔로몬임을 보여주고 있다. 비판적인 학자들은
언어문제를 들어 헬라시대 이후의 어떤 저자의 기록으로 본다. 하지만
솔로몬 당시 해외무역이 발달했고, 외래어가 많이 유입되었기 때문에
솔로몬 저작설이 더 확실하다.

아가서는 크게 유대교의 전통적 해석방법, 기독교의 전통적 해석방
법, 자유주의적인 목자론적 해석법, 그리고 단편집합설 등 4가지 해석
방법이 있다.

유대교의 전통적 해석방법은 아가서를 역사성이 없는 풍유(비유,
allegory)로 본다. 이스라엘 역사과정에서 하나님이 그의 택한 백성에
게 보여준 하나님의 사랑을 비유한 것이라는 것이다. 왕 솔로몬은 하
나님이고, 술라미 여자는 이스라엘이라는 것이다. 이 해석방법은 해석
이 너무 기계적이어서 무리가 따르며, 아가서의 구성요소를 파괴하는
면이 있다.

기독교의 전통적 해석방법은 오리겐 등 교부들과 여러 학자들의 견
해에 바탕을 둔다. 그들은 그리스도와 교회의 거룩한 사랑의 연합을
결혼으로 비유한다. 그리스도를 신랑으로, 교회를 신부로 풍유하는 것
이다. 이 주장은 솔로몬의 결혼이라는 역사성을 따져 두 가지 견해로
나뉜다. 하나는 역사적 사실로 보는 모형적(typical) 해석방법과 역사
적 배경을 배격하는 비유적(parable) 해석방법이 있다. 모형적 해석방
법의 경우 박윤선은 아가서 3장에 솔로몬이라는 말이 3번씩 나옴을
보아 역사적 사실이 분명하다고 주장한다. 술라미 여자는 수넴 여인
아비삭일 가능성이 있다. 비유적 해석방법으로, 영(E. Young)은 성도

들을 향한 그리스도의 참사랑을 보여주는 하나의 비유로 본다. 이 경우 아가서는 그리스도에게로 향하게 하는 책이다.

목자론적 해석법은 자유주의적 해석방법이다. 아가서의 주인공은 목자이고, 술라미 여자와 목자는 서로 사랑하는 사이다. 솔로몬은 이 세상 혈육의 모형이고, 목자는 그리스도이며, 술라미 여인은 충성된 신자라는 것이다. 그렇다면 솔로몬이 왜 자신을 악역으로 내세웠을까 하는 의문이 든다.

단편집합설(A Collection of the Songs)은 아가서를 단편적인 많은 독립된 노래들이 한데 집합된 것으로, 히브리 민족이든 이방민족이든 신부의 아름다움을 찬양한 노래, 신혼부부 축하노래 등을 묶어 엮은 사랑의 노래 책이라는 것이다. 이런 주장은 아가서의 단일성을 부인하는 것으로 대표적인 학자로 외스터리(W. Oesterly)가 있다.

그러나 아가서가 단편집합이 아닌 증거로, 사상의 일관성을 들 수 있다. 아가서는 전편에 걸쳐 "나의 사랑하는 자는 노루와 같다", "신랑이 자기 양떼를 백합화 가운데서 먹인다", "여인 가운데 어여쁜 자여", "예루살렘의 딸들"이라는 말이 연속적으로 나타날 뿐 아니라 일관된 사상으로 발전한다는 점이다. 예를 들어 아가서 2장 16절에 "나의 사랑하는 자는 내게 속하였고 나는 그에게 속하였구나", 그리고 아가서 6장 3절에 "나는 나의 사랑하는 자에게 속하였고 나의 사랑하는 자는 내게 속하였다"며 신부는 처음 신랑이 내게 속하였다고 주장한다. 자기중심인 것을 알 수 있다. 그러나 7장 10절에 가서는 달라진다. "나는 나의 사랑하는 자에게 속하였구나"라며 자기는 없어지고 신랑만이 중심이 된다. 자기중심에서 신랑중심으로, 즉 자아중심에서 그리스도중심으로 바뀌는 것이다.

박윤선에 따르면 아가서 자체 안에서는 그것을 확실히 해석할 만한

근거가 보이지 않는다. 그러나 이 책은 정경에서 빠져본 일이 없고,
유대인들은 매년 유월절이면 각 회당에서 아가서를 봉독한다. 아가서
는 정경으로서의 문제점을 제시되기도 했지만 연구 검토한 후 탈락시
키지 않았다.

아가서는 신부의 신앙고백으로서 다음과 같은 내용을 담고 있다.

- 신랑이 신부를 찾아온다. '처녀들'이나 '우리가'는 교회성을 나타
  낸다.
- 잠든 신부를 향한 신랑의 말
- 신부가 신랑을 찾아 나선다. 신랑에 대한 사랑의 고백이 결혼으
  로 이어진다.
- 신랑이 신부의 아름다움을 찬양한다.
- 신부의 잠꼬대. 신부의 회개와 애원.
- 신랑을 찾아 나선 신부. 신부(성도)가 신랑(그리스도)을 찾는 과
  정서 우리(교회)의 초청 부름.
- 신부의 철저한 사랑의 고백과 결심
- 신랑이 신부를 일깨웠음을 강조. 신랑의 돌아오심(재림)을 간구
  하는 신부의 기도.

대선지서

제 5 부

# 제 1 장

# 이사야, 예레미야, 에스겔, 다니엘

## 1. 이사야

이사야는 선지자 이사야가 쓴 것이다. 그는 남왕국 유다 사람으로 웃시야·요담·아하스·히스기야 시대에 활동했다. 이사야란 '여호와는 구원하신다'는 뜻을 가지고 있다.

주전 8세기 유다는 북 이스라엘, 아람 왕국, 앗수르 제국, 애굽 등 여러 세력으로 둘러싸여 있었다. 이사야 당시 앗수르 제국은 강력한 세력을 형성하여 지중해 쪽으로 진출하는 서진정책을 폈다. 이로 인해 아람의 여러 왕과 이스라엘은 위협을 느껴 유다와 함께 앗수르에 공동 대응하고자 했다. 그러나 유다의 아하스 왕은 이 제안에 응하지 않고 앗수르 제국에 도움을 청했다. 이사야는 아하스의 이런 결정을 책망했다. 앗수르는 유다를 도왔고, 결국 이스라엘은 패망했다. 하지만 이스라엘의 패망은 유다를 위험에 처하게 했다. 암암리에 유다를 위협했기 때문이다. 앗수르 왕 산헤립은 예루살렘 성을 위협했다. 경건한 히스기야 왕은 하나님께 간절히 기도했다. 이사야는 하나님이 앗수르 군대를 물리치실 것이라 했다.

그럼에도 불구하고 이사야는 유다가 자기 죄로 인해 바벨론에 포로로 잡혀갈 것이라 예언했다. 바벨론 왕이 히스기야에게 보낸 사절단 방문사건이 빌미가 된다. 비록 예루살렘이 그때까지는 패망하지 않았지만 결국 유다가 패망하고 나아가 유다 백성이 포로 생활에서 돌아올 것까지 예언했다. 이스라엘 백성을 애굽에서 구출하신 것처럼 그의 백성도 바벨론 포로에서 구출하실 것이라는 것이다. 이사야는 바사(페르시아) 고레스 왕의 등장에 대해 예언하였다. 고레스 왕은 메대와 바사를 연합하여 바벨론을 정복했고, 조서를 내려 유다 백성을 고국으로 돌아가도록 했다. 이 구원 사건은 신약시대에 예수 그리스도를 통한 구원사건을 예표한다.

이사야서는 하나님의 백성, 이스라엘과 그 주변 국가들, 나아가 온 인류에 대한 하나님의 심판과 구원을 밝혀주고 있다. 이사야는 하나님의 뜻을 거역하며 반항하는 이스라엘 백성과 모든 민족에게 무섭게 심판하실 것을 예언하였다. '여호와의 날'이 곧 그 심판의 날이다. 이사야는 백성의 죄악으로 우상숭배의 죄, 사치와 부와 군대를 자랑하고 의지하는 교만의 죄, 만취의 죄, 그리고 탐욕과 압제의 죄 등을 적나라하게 지적하였다. 하나님은 거역하는 백성을 심판하시지만 나중에는 그들을 구속하신다. 하나님은 열방을 사용하시어 그들을 죄와 어두움의 권세로부터 벗어나 돌아오게 하신다.

이사야서는 오실 메시아의 성격에 대해 묘사하고 있다. 다윗의 왕위를 잇는 한 왕이 의로움으로 통치하실 것이며 그 왕으로 인해 모든 나라가 예루살렘의 거룩한 산으로 모여든다. 나님은 메시아 왕을 '나의 종'이라 했다. 진정한 구원은 여호와의 종의 고난을 통해서 성취된다. 참된 여호와 종은 예수 그리스도이다. 고레스는 이스라엘을 바벨론으로부터 구원한 하나님의 도구에 불과하지만 그리스도는 인류를 죄의 사슬로부터 구원하신다. 그리고 여호와의 종인 의로운 통치자가 주의 나라를 건설하고 확장해 나간다.

이사야서 내용

> 1. 유다 민족에 대한 책망과 약속(1:1-6:13)
> ㅡ부패한 사회 및 종교의식에 대한 책망과 회개 촉구
> ㅡ죄악이 가득한 유다에 대한 벌
> ㅡ하나님의 말씀을 거역한 유다 민족에 대한 경고
> 2. 임마누엘과 메시아 왕국에 대한 예언(7:1-12:6)
> 3. 이방 나라에 대한 예언(13:1-23:18)
> 4. 하나님의 심판과 약속(24:1-27:13)
> 5. 이스라엘의 불신자에 대한 경고(28:1-35:10)
> 6. 히스기야에 대한 역사적 기록(36:1-39:8)
> 7. 바벨론 포로에서의 구원과 회복에 대한 예언(40:1-66:24)

## 2. 예레미야와 애가

예레미야서는 남왕국 유다가 몰락해가는 시기에 기록된 것으로, 예레미야는 요시아 13년에서 예루살렘이 바벨론에 의해 함락된 이후 얼마동안 활동했다. 당시 유다 아하스 왕은 북방 아람과 이스라엘 연합군의 침공을 방어할 목적으로 앗수르에게 군사원조를 요청한 계기로 약 100년 동안 앗수르의 속국이 되었다.

제사장 힐기야의 아들로 태어난 예레미야는 제사장과 선지자적 성격을 겸비한 인물로, 일반적으로 눈물의 선지자, 고독의 선지자라는 별명을 가지고 있다. 그는 멸망하는 이스라엘과 유다 왕국의 비운을 같이 겪으면서 그들의 죄악을 지적함으로써 회개를 촉구하고 하나님

이 제시하는 약속을 선포하였다. 그리고 이스라엘을 통해 하나님의 우주적 통치가 이뤄지기를 바랐다.

예레미야서의 가장 큰 특징은 새 언약이다. 이 약속은 예레미야 당대에 편만했던 모세 언약이나 다윗 언약에 근거한 단순한 회복이나 실현이 아니다. 이전의 언약이 철폐되는 것은 아니지만 이전 언약에 비해 새롭고 획기적이다. 새 언약에는 하나님의 새로운 은혜 활동이 담겨 있다. 그들을 심판하게 되었던 모세 언약 아래의 율법과 이미 보장된 여호와의 약속들 사이에 놓여 있는 엄청난 간격이 하나님의 은혜에 의해 해결된다는 점에서 새롭다. 하나님의 새로운 은혜란 하나님께서 자신의 백성의 죄악을 용서할 뿐 아니라 각 개인의 심령을 새롭게 창조하여 하나님을 향해 새로운 생명을 가진 자로 세우시겠다는 것이다. 하나님은 그들이 하나님 나라의 백성으로서 하나님의 법을 온전히 지킬 뿐 아니라 사죄의 은총을 받아 죄악을 극복할 수 있는 길을 열어놓으신 것이다. 이것은 의로운 통치자인 메시아의 사역으로 이뤄진다. 오실 그분은 하나님 왕국을 통치하실 의로운 통치자 메시아시다.

나아가 그는 출애굽 신학을 제시한다. 앞으로 있을 구원이 출애굽의 구원과 비교되어 제시되기 때문이다. 그러나 이 구원은 역사상 바벨론 포로로부터의 귀환을 가리키는 것이 아니다. 앞으로 있을 구원은 출애굽의 완성이다. 애굽 세력이 세상 죄악, 곧 흑암의 권세를 상징한다면 바벨론 세력은 더 본격적이고 적극적인 세상 죄악의 권세를 상징한다. 새로운 언약 아래서 메시아의 인도로 진행될 구원사건은 하나님 백성의 근본적인 대적 세력인 세상 권세가 심판을 받고 하나님의 왕국이 온전하게 승리하게 되는 역사적 의미가 있다. 이러한 역사적인 사건은 출애굽 사건과 비교해볼 때 더 큰 구원이다. 그래서 제2의 출애굽, 어떤 의미에서 진정한 새로운 출애굽 사건이라 할 수 있다. 예레미야는 우리로 하여금 미래를 바라보게 한다.

## 예레미야서 내용

1. 에레미야의 소명과 두 가지 환상(1:4-19)
2. 유다와 예루살렘에 대한 하나님의 심판(2:1-25:38)
3. 예레미야와 거짓 선지자들들의 논쟁(26:1-29:32)
4. 위로의 책(30:1-33:26): 이스라엘과 유다의 회복
5. 여호야김과 시드기야 당시에 주어진 예언(34:1-39:18)
6. 예루살렘 함락 후의 예레미야의 생애(40:1-45:5): 유다의 그다랴 시해 사건, 애굽에서의 예레미야
7. 열방들에 대한 하나님의 경고(46:1-51:64)
8. 예루살렘의 멸망과 바벨론 유수(52:1-34)

예레미야는 애가를 지었다. 애가란 '큰소리로 높여 운다'는 뜻을 가지고 있다. 이스라엘이 포로로 잡혀가고 예루살렘이 황폐하게 된 후 에레미야가 앉아서 울면서 이 애가를 읊었다. 예루살렘이 폐허화되고 언약의 백성이 포로로 잡혀간 후 백성들은 회의에 빠졌지만 그는 현재의 당면한 불행과 고통 중에서도 옛날부터 그들이 소유해온 언약백성으로서의 귀중한 약속을 기쁘게 회상하였다. "여호와여 주는 영원히 계시오며 주의 보좌는 세세에 미치나이다."(애5:19). 절망에 빠진 그들에게 있어서 하나님의 영원성과 그 통치의 보편성은 불변의 언약으로 회귀하게 하는 근거가 된다. 그는 절망 중에도 감사하며 그날을 기다렸다. "우리의 날을 다시 새롭게 하사 옛적 같게 하옵소서."(애5:21), "살아 있는 사람은 자기 죄로 벌을 받나니 어찌 원망하랴"(애3:39).

예레미야 애가의 내용

1. 예루살렘의 황폐(1:1-22): 황폐한 예루살렘의 적막함, 그로 인한 슬픔
2. 주의 진노의 날의 참상(2:1-22): 성소와 성곽의 훼파, 주의 진노의 날
3. 파괴된 시온의 환난(3:1-66): 고난당하는 예레미야, 신실하신 하나님, 옥에 갇힌 예레미야
4. 고난당하는 시온의 백성(4:1-22): 죄과의 열매, 환난의 원인, 교만한 에돔을 벌하심.
5. 회개하는 시온의 간구(5:1-22): 회개의 기도

# 3. 에스겔

에스겔서의 저자 에스겔은 제사장 가문의 출신으로, 바벨론 왕 느부갓네살이 여호야긴 왕과 귀족, 그리고 유다의 높은 지위에 있는 자들을 사로잡아 갈 때 함께 포로가 되었다.

에스겔서는 크게 세 가지를 강조하고 있다. 첫째, 예루살렘의 멸망과 바벨론에서의 포로생활은 하나님께서 범죄한 이스라엘 백성들에게 내리신 징계이며, 이는 하나님께서 당신의 백성들을 배교의 죄악에서 구해 내시려는 하나님의 은혜에 기인한 것임을 강조하고 있다(하나님의 징계는 은혜). 둘째, 여호와 하나님은 이스라엘만의 하나님이 아니다. 하나님은 온 나라들을 주관하시고 인간의 역사를 섭리하시며 온 우주를 통치하신다. 따라서 열방들도 심판을 통하여 하나님의 권능을 인정하게 될 것이다. 셋째, 하나님께서는 이스라엘을 징계하셨지만 그 가운데서 회개하고 돌아오는 자들을 회복시키시고 친히 그들의 영원한 목자가 되어 주신다. 나아가 메시아가 통치하실 영원한 나라에서

하나님을 영원토록 섬기며 그분이 약속하신 영원한 복을 누리며 살게 된다.

신학적으로 볼 때 에스겔서는 하나님의 절대적인 주권사상, 하나님의 거룩하심, 그리고 언약에 신실하신 하나님의 사랑을 강조하고 있다.

에스겔서는 "그들이 나를 여호와인줄 알리라"는 말씀을 자주 사용함으로써 하나님은 온 세계의 주권자이심을 밝히고 있다. 하나님의 주권은 예루살렘 성전에만 국한되지 않는다. 범죄한 백성들의 죄악에 대해서는 자신의 성소를 버리심(성전지상주의에 대한 징계)으로써 그들을 응징하신다. 또한 주권적인 심판을 통해 극진한 사랑을 나타내기도 하신다. 하나님은 심판뿐 아니라 은혜를 베푸시는데도 자유하시다. 히나님의 징계는 인간 편에서 볼 때는 버림받은 것처럼 보이지만 하나님 편에서는 은혜의 시작이다.

에스겔서는 하나님의 거룩하심을 강조하고 있다. 하나님의 거룩하심은 패역한 백성들의 죄악 된 모습과는 대조적이다.

에스겔은 하나님의 사랑을 선한 목자로 나타내고 있다. 특히 성전을 떠나 바벨론의 폐허 가운데서 포로생활을 하고 있는 자기 백성들을 찾아오신 하나님의 모습을 통해 그 사랑의 영원성과 절대성을 느낄 수 있다.

에스겔은 40-48장의 새 성전과 새 율례를 통해 미래의 이스라엘 모습을 보여주고 있다. 이것은 여러 해석이 있지만 기본적으로는 이스라엘 백성들이 신령과 진정으로 여호와 하나님을 예배할 때가 도래한다는 것이다. 즉 메시아 왕국의 도래를 영광스런 성전의 모습에 비유하고 있다. 에스겔은 이 이상을 통하여 오실 메시아이신 예수 그리스도를 전파하였다.

에스겔서의 내용

---

1. 이스라엘 대한 심판의 말씀(1:1-24:27) : 우상을 섬기는 이스라엘에 대한 심판, 더럽혀진 성전과 성전을 떠나시는 하나님, 간음한 여인의 비유, 예루살렘의 죄악들, 에스겔 아내의 죽음과 예루살렘 성의 함락
2. 열방들에 대한 심판의 말씀(25:1-32:32)
3. 이스라엘의 회복에 대한 말씀(33:1-39:29) : 마른 뼈의 이상과 하나님의 약속
4. 새 성전과 새 율례에 대한 이상(40:1-48:35)

---

# 4. 다니엘

다니엘은 왕족으로 어린 나이에 바벨론의 포로가 되어 그곳에서 갈대아의 지혜와 학문을 배웠다. 그곳에서도 신앙을 지켰고, 하나님은 모든 사람보다 뛰어나게 하셨다. 하나님은 그에게 꿈과 환상을 해석하는 은사를 주셨다.

다니엘서는 하나님께서 자기 백성을 위한 그의 구속계획을 성취하기 위해 열강의 군주들과 열국의 역사와 자연의 힘을 그의 예지와 권능으로 어떻게 다스리고 조종하시는지를 제시하는 데 목적을 두고 있다.

다니엘서를 이해하기 위해서는 유대인의 바벨론 포로가 어떤 구속사적 의미를 갖는지 알 필요가 있다. 유대인의 칠십 년 포로기는 하나님의 진노하시는 때였다. 이때는 하나님의 진노가 택한 백성에게 임한 때였다. 이 진노는 배교에 대한 하나님의 경고였다. 예레미야는 이스라엘의 포로기를 칠십 년으로 한정시켰다. 하나님의 진노의 때는 칠십 년이었다. 이 진노의 때에 하나님 백성들의 마음에 "하나님이 우리를

버리시는가? 약속하신대로 구속자를 보내실 것인가? 그렇다면 어떻게
보내실 것인가? 이방나라는 어떻게 되는가?" 등 여러 의문이 생겼다.
하나님은 환상과 꿈을 통해 그 해답을 주셨다. 즉 하나님은 결단코 자
기 백성을 버리지 아니하시고, 비록 이방나라가 강력하다 해도 하나님
의 섭리 아래 일어나며 쇠망한다는 것이다. 주의 백성에게도 큰 환난
(박해)이 있을 것이며 그 환난에서 믿음을 지키는 자는 영생의 부활
에 참여하게 된다. 또한 하나님은 자신의 영원한 나라를 정한 때(하나
님의 때)에 세우신다. 다니엘서는 여러 묵시적 상징을 통해 세계의 종
말사건을 그려내고 있다. 다니엘서는 묵시문헌의 선구적 역할을 했으
며 신약의 계시록과 직접 연결된다.

다니엘서의 내용

바벨론 궁전에서의 다니엘: 뜻을 정한 다니엘
느부갓네살이 본 큰 신상: 꿈을 해석하는 다니엘
풀무 불에서 건져진 다니엘의 세 친구: 금 신상에 절하지 않은 세 친구와
　　　　　　　　　　　　　　　　　하나님의 구원
느부갓네살의 꿈과 그의 겸손: 큰 나무 꿈
베사살의 잔치와 다리오의 박해: 벽에 쓰인 글씨
네 짐승에 대한 이상: 이상과 해석
수소와 숫양, 작은 뿔에 대한 이상

# 제 2 장

# 이사야 41장,
# 하나님의 새 타작기계

　　이사야 41장에 "지렁이 같은 너 야곱아. 너희 이스라엘 사람들아 두려워 말라 여호와가 말하노니 내가 너를 도울 것이라. 보라 내가 너로 이가 날카로운 새 타작기계를 삼으리니 네가 산들을 쳐서 부스러기로 만들 것"(사41:14, 15)이라는 말씀이 있다. 지렁이 같다는 말씀은 야곱의 생애와 깊게 연관되어 있다. 야곱이 변화하여 이스라엘이 된 것처럼 이스라엘 백성들도 새롭게 변화하지 않으면 안 된다. 그래야 하나님의 새 타작기계로 사용될 수 있다.

　　하나님은 개인을 변화시킬 뿐 아니라 나라와 민족을 변화시켜 하나님의 일을 하게 하신다. 이사야 41장은 이스라엘에 대한 하나님의 강한 신뢰와 함께 변화된 그들을 하나님의 기계로 삼으실 것을 약속하고 있다. 이것을 야곱의 생애 그리고 이스라엘 민족사와 연결시켜 크게 삼 단계로 생각해보자 한다. 이것은 우리 개인뿐 아니라 교회, 사회, 그리고 민족이 하나님 앞에서 어떻게 변화되어야 하는가를 보여준다.

## ▣ 삼 단계의 변화

### 1) 자기의 이익만 찾는 단계

야곱은 믿음의 가정에서 태어났다. 그러나 그의 행적을 보면 매우 이기적이고 자기중심적이다. 하나님을 안다는 사람이, 하나님의 축복을 받고자 한 사람이 하나님의 방법보다 사람의 방법을 택해 온갖 수단방법을 가리지 않고 자기축적에 바빴다.

그는 태어날 때부터 형 에서의 발뒤꿈치를 잡고 나왔다. 발뒤꿈치를 잡았다는 것은 남의 약점을 잡은 치사한 인간이라는 뜻이다. 그의 생애는 늘 에서의 발뒤꿈치를 잡는 생활로 이어졌다. 형에게 내려질 축복을 빼앗기 위해 그는 사냥에서 돌아온 형에게 팥죽 한 그릇으로 장자의 명분을 흥정했고, 급기야는 어머니와 짜고 눈먼 아버지를 속여 축복까지 받아냈다. 속은 것을 안 에서가 그를 죽이려 하자 외삼촌 라반의 집으로 피신하게 되었다. 그곳에서 20년 동안 살면서 속고 속이는 생활을 했다. 그런 가운데서도 그는 부자가 되어야겠다는 야심을 버리지 않았다. 그는 마침내 거부가 되었다. 네 아내와 열한 아들도 두었다. 그는 한마디로 하나님을 믿기는 했지만 자신의 욕심을 채우기 위해 하나님을 이용하고, 사람을 이용한 사람이었다.

우리 가운데도 야곱과 같은 사람이 적지 않다. 축복을 받으려 함에 있어서 하나님의 뜻과 섭리에 맡기기보다 자기의 뜻과 계획에 맞추어 복을 받고자 한다. 하나님을 이용해서 복을 받고자 할뿐이다. 이런 사람은 하나님께 쓰임을 받고자 하는 것이 아니라 오히려 자신의 목적 달성을 위해 하나님을 쓰려고 한다. 이런 사람에게 있어서 하나님은 자기의 참모나 보좌관에 불과하다.

이스라엘 민족도 이런 과정을 거친다. 이스라엘 민족은 거짓 신들을 섬기는 땅에서 오직 하나님을 섬기기 위해 택함을 받아 가나안으로 이주해왔다. 하나님을 중심으로 바른 나라를 이뤄가기 위해 노력해야 하는 책임이 주어져 있다. 그러나 그들은 자신들의 풍요를 위해 가나안의 잡신들에게 절하기 시작하였고, 그들에게 있어서 하나님의 자리는 작아지기 시작했다. 자기들에게 풍요를 가져다주는 한 그 어떤 신도 용납할 만큼 그들은 영적으로 타락해져 갔다. 하나님을 버린 것은 아니었지만 하나님은 그들 속에 단지 자기의 부를 채워주는 한에서 유용한 여러 신들 가운데 하나로 자리 잡게 되었다. 그들 마음속에는 하나님보다 욕심이 더 크게 자리를 잡고 있었다. 그 욕심을 채우기 위해 온갖 방법을 동원하게 된다. 나라가 위태로워도 하나님을 찾기보다 이웃열강에 빌붙을 생각을 먼저 하게 되었다. 하나님보다 자기의 군사력과 자기를 도울 나라들의 힘을 더 의지하게 되었다.

문제는 인간의 끊임없는 욕심과 그 욕심을 채우기 위한 인본주의적 방법에 있다. 야곱은 철저히 이기주의적 인간 야곱이 되어갔고, 이스라엘 민족 또한 그리 되었다. 하나님은 이러한 야곱과 이스라엘 민족을 싫어하셨다. 싫어버린 바 된 이스라엘, 야곱이 삼촌 라반의 집으로 쫓겨나 그곳에서 종살이를 하듯이 이스라엘 민족은 앗수르와 바벨론의 포로가 되어 그곳에서 종살이를 하게 되었다. 그들이 종살이 하던 곳은 그 옛날 야곱이 파란만장한 세월을 보내던 곳이었다. 하나님을 떠난 개인이나 민족은 싫어버린 바 된다. 하나님은 결코 자기중심으로 살아가는 사람들을 용납하지 않으신다. 자기의 욕심을 채우기 위해 남의 발뒤꿈치를 잡고 있는 삶을 간과하지 않으신다.

### 2) 지렁이로 거듭나는 단계

하나님은 이스라엘을 가리켜 "지렁이 같은 너 야곱아"(사41:14)라고 하셨다. 우리에게 있어서 지렁이(worm)는 매우 징그러운 것에 해당한다. 그래서 '지렁이 같다'고 한다면 그저 징그럽다는 생각을 먼저 하게 된다. 그러나 여기서 지렁이 같다고 하시는 것은 이러한 뜻과는 거리가 멀다. 지렁이는 눈도 귀도 이도 없고 자기를 방어할 보호색도 공격무기도 없다. 진흙 속에서 꿈틀거리다 흙 밖으로 나오면 새들에게도 먹히고, 심지어 개미나 곤충들에게 뜯어 먹혀 죽을 수밖에 없는 아주 무능한 생물이다. 물속에 빠지면 물고기에게도 금방 잡아먹히는 밥 중의 밥이다. 조금만 햇빛에 노출되면 움직이지도 못하고 꼼짝없이 타죽는 연약한 생물이다.

하나님은 왜 이스라엘을 가리켜 지렁이 같다고 하셨을까? 그것은 야곱이 하나님 앞에 철저히 낮아지고 변화된 것처럼 이스라엘이 달라졌음을 의미한다. 그러므로 지렁이 같은 너 야곱아는 우리도 지렁이처럼 되어야 한다는 것을 말한다.

야곱이 어떻게 지렁이가 되었는가? 그는 얍복 나루에서 벌린 하나님과의 씨름 때문이었다. 거부가 된 야곱은 마침내 고향을 그리워하고 집으로 돌아오게 된다. 그러나 돌아온다는 소식을 들은 형 에서는 야곱을 죽이고자 4백 명의 군사를 이끌고 달려왔다. 두려움에 사로잡힌 야곱은 꾀를 내었다. 형에게 줄 선물을 세 떼로 나뉘어 앞서 보냈다. 선물공세를 하려는 것이었다. 선물을 안 받을 경우를 생각해서 자기의 아내들과 아들들을 뒤따라 보냈다. 조카들을 보면 생각이 달라지리라는 생각이 앞선 것이다. 이처럼 최후까지 인간의 방법을 동원한 그는 얍복 나루에 혼자 남아 밤을 보냈다. 그 밤에 하나님은 이러한 야곱을 꺾기 위해 자기의 천사를 보냈다. 그가 하나님에게 도전장을 낸 것이 아니라 하나님이 그에게 도전장을 낸 것이다. 인간이 어떻게 하나님에게 도전하겠는가. 하나님은 그가 영적으로 변화하지 않으면 안 된다는

것을 아시고 그 변화를 위해 개입하기 시작하신 것이다. 천사는 야곱
을 향해 이제는 인간적인 방법을 버리고 하나님께 돌아오라, 하나님께
두 손 다 들고 항복하라고 말한다. 그러나 그는 끝까지 버티었다.

시험과 환난이 와도 인간적인 방법으로 버티며 자기의 의지를 굽히
지 않는 우리도 야곱과 마찬가지다. 하나님은 우리에게 시험을 주시며
더 이상 자기의 의지대로 살지 말고 하나님께 복종하며 살라고 하신다.
내 뜻대로 하려 했던 삶의 방식을 완전히 바꾸라고 하신다. 그러면 복
을 주겠다고 하신다. 그럼에도 불구하고 우리는 그것을 놓지 못한다.

하나님은 끝내 자기의 방법을 고집하는 야곱의 환도 뼈, 곧 엉덩이뼈
를 치게 된다. 하나님이 그의 환도 뼈를 치게 된 것은 나름대로 이유가
있었다. 선물공세도 안 통하고, 조카들도 안 통하면 최후의 방법은 줄행
랑을 놓는 것이다. 형이 자기를 죽이려고 쫓아오면 도망치려는 그의 계
획에 있어서 그의 두 다리는 최후의 수단이었다. 하나님은 그의 환도
뼈를 쳐 위골 상태에 빠뜨림으로써 두 다리를 마음대로 쓰지 못하게 만
들었다. 도망을 간다 해도 멀리 갈 수도 없다. 다리를 못 쓰게 된 야곱
을 생각해보라. 그는 영락없는 지렁이다. 공격할 능력, 방어할 능력, 도
망갈 능력도 없이 죽이면 죽을 수밖에 없는 지렁이가 된 것이다.

야곱이 지렁이가 된 것은 단지 신체적인 것만 의미하지 않는다. 환
도 뼈가 부러지는 사건을 당하자 그의 완고한 삶은 완전히 달라졌다.
그는 그제야 천사를 더욱 힘 있게 붙들며 하나님이 축복하지 않으면,
하나님이 자기와 함께해 주지 않으면 놓을 수 없다고 말한다. 하나님
앞에 완전히 깨어져 하나님만 의지하며 하나님께 매달린 것이다. 그의
이러한 매달림은 눈물이요 회개요 변화를 의미한다. 그 밤 얍복 강가
에서 그는 하나님 앞에서 철저히 회개하고 자신을 낮추었다. 우리에게
도 이런 밤이 필요하다. 이런 기도와 변화가 필요하다.

이렇듯 변한 야곱의 모습을 보고 천사는 그를 향해 이제 너희 이름을 이스라엘이라 부를 것이니 이는 네가 하나님과 사람으로 더불어 겨루어 이기었음이라 하고 그를 축복해주었다. 야곱이란 이름은 넘어뜨리는 자라는 뜻을 가지고 있다. 그는 지금까지 자기 유익을 위해 남을 넘어뜨리는 생활을 해왔다. 그러나 그의 이름은 이스라엘로 바뀌었다. 이스라엘이란 하나님과 겨룬 자라는 뜻도 있지만 하나님 앞에 똑바로 서 있는 사람, 하나님께 복종하는 사람, 하나님이 함께하셔 행복한 사람이라는 뜻도 가지고 있다. 성경은 야곱이 하나님과 겨루어 이긴 것으로 소개하고 있지만 그가 하나님을 이긴 것은 결코 아니다. 오히려 그는 환도 뼈가 부러지는 창피를 낭했나. 그럼에도 불구하고 천사는 왜 그가 이겼다고 말하는가? 그것은 하나님과의 씨름에서 이긴 것을 의미하는 것이 아니다. 이기적이고 자기중심적인 방식의 삶과의 싸움에서 이긴 것을 의미한다. 그 싸움에서 그는 영적으로 변화되었다. 과거의 야곱이 아니라 하나님의 사람 이스라엘로 바뀌어져 하나님 앞에 바로 선 사람, 하나님께 전적으로 복종하는 사람이 된 것이다. 과거의 야곱의 삶은 비록 재물로 성공했을지 모르지만 영적으로 실패한 삶이었다. 그러나 이제 이스라엘은 달라졌다. 과거 하나님 앞에 뻣뻣한, 인간적인 방법에만 의존한 야곱이 아니라 하나님 앞에 완전히 낮아진 지렁이가 됨으로써 비로소 성공한 것이다. 이제 지렁이는 하나님만 의지하여 살아야 한다. 하나님이 그와 함께하지 않으시면 그는 죽을 수밖에 없다.

야곱에게만 이런 단계가 있었던 것은 아니다. 이스라엘 민족에게도 이런 단계가 있었다. 이스라엘은 앗수르나 바벨론 등 포로생활을 거치면서 철저하게 낮아졌다. 자신들이 모은 재산은 외적의 침입으로 힘없이 날아갔고, 자기를 구원해 주리라 믿었던 나라들도 등을 돌렸다. 성전과 성곽도 철저히 파괴되었다. 하나님은 이스라엘을 철저히 낮추셨다. 이런 민족적인 어둠가운데서 하나님을 바라보게 되었다. 야곱이 깨어져 지렁이가 된 것처럼 이스라엘이 깨어져 지렁이가 된 것이다. 이스라엘을 향해 지렁이 같은 너 야곱이라고 말한 것은 이스라엘이 포로로서 이국땅에서 연약하고 멸시받는 비참한 상태를 가리키기도 하지만 그 가운데서 하나님을 바라봄으로써 하나님과의 관계가 회복되고, 하나님을 통한 구원이 임박했음을 의미한다.

### 3) 하나님의 새 타작기계로 활용되는 단계

하나님은 지렁이를 날카로운 새 타작기계로 삼겠다고 말씀하신다 (사41:15). 하나님께서 문제를 해결해 주실 뿐 아니라 하나님의 강한 도구로써 높이 들어 사용하시겠다는 것이다. 내 아집과 고집을 포기할 때 하나님은 우리를 도우시고 하나님의 사람으로 세우신다.

야곱은 아직 형을 만나보지 못했다. 그에게는 아직도 인간적인 두려움을 가지고 있었지만 그 두려움은 옛 같지 않았다. 밤새 눈물, 콧물 다 흘리며 회개한 그는 지렁이가 되어 모든 것을 주님께 맡겼기 때문이다.

아침을 맞아 그는 어떤 가족들보다 앞장서서 절뚝거리며 에서를 향해 걸었다. 살든지 죽든지 하나님만 의지하며 걸어갔다. 그는 이미 옛날의 야곱이 아니었다. 지렁이가 되어 걸어가는 야곱을 향해 주님은 말씀하신다. "지렁아. 두려워 말라. 내가 너를 도울 것이다." 20년 동안 야곱을 죽이려고 칼을 갈았던 에서가 드디어 400명의 군사를 거느리고 야곱 앞에 나타났다. 그러나 형 에서는 동생 앞에 결코 칼을 뽑지 않았다. 오히려 끌어안았다. 하나님께서 이미 에서의 마음을 녹인 것이다. 두 형제는 목을 놓고 울었다. 야곱은 "내가 형님의 얼굴을 뵈온즉 하나님의 얼굴을 뵙는 것 같습니다."고 말한다. 어떤 이는 이를 가리켜 '우아한' 야곱이라 말한다. 우아하다는 것은 '우라지게 아부 한다'

는 뜻이다. 꼭 그럴까? 아니다. 그것은 변했음을 말해준다. 에서의 얼굴이 하나님처럼 변한 것이 아니라 야곱의 마음속에 하나님의 마음, 하나님의 얼굴이 크게 자리 잡고 있는 것이다. 야곱이 과거와는 완전히 달라졌을 때 하나님은 그를 새 타작기계로 사용하여, 완악한 형의 마음조차 미리 가루처럼 부셔 놓았다.

이사야는 이스라엘 백성을 향해 지렁이가 되어 하나님과의 관계가 회복되면 두려울 것이 없다고 말한다. "두려워 말라 내가 너와 함께 함이니라 놀라지 말라 나는 네 하나님이 됨이니라 내가 너를 굳세게 하리라 참으로 너를 주와 주리라 참으로 나의 의로운 오른손으로 너를 붙들리라"(사41:10). 선지자 이사야는 이처럼 하나님이 우리와 함께하시고 우리를 강하게 붙드시는 임마누엘의 하나님임을 전하면서 힘 있게 살 것을 강조하고 있다. 하나님이 더 이상 우리를 싫어하지 않을 뿐 아니라 친히 오른손으로 우리를 붙들고 도우시기 때문이다. 하나님은 말씀하신다. 내가 땅 끝에서부터 너를 붙들며 땅 모퉁이에서부터 너를 부르고 네게 이르기를 너는 나의 종이라 내가 너를 택하였고 싫어버리지 아니하였다 하였노라(사41:9). 싫어버리지 아니하였다는 말씀은 더 이상 증오하거나 업신여기거나 거절하지 않겠다는 것이다. 이 모두는 택한 백성 이스라엘이 포로생활에서 해방될 것을 선언하는 내용이다.

하나님은 이스라엘의 해방만 말씀하지 않으셨다. 이사야서에는 이렇게 기록되어 있다. "보라 내가 너를 이가 날카로운 새 타작 기계(a threshing sledge, new and sharp, with many teeth)를 삼으리니 네가 산들을 쳐서 부스러기를 만들 것이며 작은 산들로 겨 같게 할 것이라 네가 그들을 까부른즉 바람이 그것을 날리겠고 회리바람이 그것을 흩어버릴 것이로되 너는 여호와로 인하여 즐거워하겠고 이스라엘의 거룩한 자로 인하여 자랑하리라."(사41:15, 16). 이가 날카로운 새 타작기계로 삼겠다는 것은 이스라엘에게 힘을 주셔서 원수들을 멸망시키는 도구로 삼겠다는 것이다. 산들이나 작은 산들은 이스라엘의 많은 대적을 상징한다.

하나님은 지렁이가 된 개인, 지렁이가 된 민족을 들어 하나님의 새 타작기로 사용하신다. 그에게 힘이 있는 것이 아니라 하나님께서 그를 통해 놀라운 일을 하시기 때문이다. 자기욕심만 채우며 살았던 우리가 하나님의 도구로 변하게 된 것이다.

## ◙ 우리의 변화를 위해서

어떤 성도가 강하고, 어떤 성도가 성공한 성도인가? 돈이 많거나 인간적 배경이 튼튼한 성도라고 생각한다면 그것은 잘못된 생각이다. 가장 강한, 가장 성공한 성도는 하나님 앞에 자기를 완전히 낮춘 성도이다. 더 이상 인간적인 방법을 사용하지 않고, 모든 것을 주님께 맡긴 성도가 가장 강하고, 가장 성공한 성도이다. 지렁이는 미물 가운데 가장 약한 것처럼 보이지만 생명력이 강하다. 자기의 모든 것을 내어줌으로써 다른 생물을 살리는 역할을 한다. 토양을 기름지게 하고, 공해 물질도 소화해낼 만큼 강하다. 하나님은 자기만 살려는 이기적인 사람보다 모든 사람을 위해 자기를 내어줄 만큼 성숙한 사람을 하나님의 도구로 사용하신다. 내 힘으로 하려고 할 때 주님은 그를 하나님의 일꾼에서 제외시킨다.

많은 사람들은 타작기계가 되고 싶어 한다. 산들을 부술 만큼 강한 기계가 되고 싶어 한다. 모든 사람들이 자기 앞에 무릎을 꿇는 것을 좋아한다. 그러나 하나님은 그러한 사람이 되기보다 먼저 하나님 앞에 무릎을 꿇는 사람이 되어야 한다고 말씀하신다. 악한 본성을 깨뜨리고 과거의 삶의 양식을 벗어버려야 한다. 하나님의 타작기계가 되어 30배,

60배, 100배의 결실을 얻으려면 30배, 60배, 100배 더 낮아져야 한다. 지렁이가 되지 않고서는 타작기계가 될 수 없기 때문이다.

하나님은 우리를 지렁이로 만들기 위해 때로 고난을 주신다. 야곱을 찾으신 하나님이 우리를 찾으신다. 우리는 하나님께 항복하기보다 자기를 내세운다. 기도를 하긴 하지만 항복하는 기도라기보다 자기를 합리화하고, 자기주장을 관철시키기 위해 노력한다. 그러한 기도는 잘못된 기도이다. 우리는 하나님 앞에 철저히 깨어지는 기도를 드려야 한다. 우리 속에 교만이 가득하다면 지렁이가 될 수 없다. 하나님과 씨름하다 환도 뼈가 부러지는 참상을 당하기보다 한시라도 빨리 두 손 들고 주님 앞에 나가는 것이 최상의 방법이다.

그러나 자신의 것만을 고집하다 환도 뼈가 부러졌다면 이제라도 변하지 않으면 안 된다. 그 자리에서 주님을 붙잡고 주님만 의지하며 나아가야 한다. 부러진 상처 그대로 안고 하나님과 함께 걸어가야 한다. 유대인들은 조상 야곱의 환도 뼈가 부러진 것을 새겨 짐승의 환도 뼈 큰 힘줄을 먹지 않는다고 한다. 그 사건을 힘줄을 먹지 않는 것으로만 상기하는 것은 바람직하지 않다. 중요한 것은 하나님 앞에 철저히 낮아지는 것이다. 그리하여 더 이상 자신을 의지하지 않고, 모든 것을 하나님께 맡기고 살아가야 한다. 그 상처의 흔적을 볼 때마다 하나님 앞에 더 낮아지고, 하나님을 향해 더 가까이 나가는 계기가 되어야 한다.

우리는 무엇보다 주님 앞에서 지렁이로 살아야 하며, 그토록 낮아진 삶을 살 때 주님은 우리를 그의 타작기계로 사용하신다는 점을 잊어서는 안 된다. 주님은 온갖 인간적인 방법을 동원하며 살아가는 우리를 향해 지금 변화하라고 말씀하신다. 영적으로 성공한 사람은 무엇보다 영적으로 달라진 사람이다. 하나님은 바로 그런 사람, 그런 교회, 그런 민족을 사랑하시고 그 나라의 일을 위해 우리를 들어 사용하신다. 하나님은 오늘도 그런 사람을 찾으신다. 따라서 우리는 단순히 물질적 풍요 속에서 자신을 찾으려 하지 말고 주님 안에서 낮아진, 영적으로 달라진 자신이 발견되도록 노력해야 한다. 지렁이 같은 야곱아. 우리도 주님으로부터 그 변화를 인정받는 사람이 되어야 한다.

# 제 3 장

# 이사야 58장,
# 하나님이 기뻐하는 금식

성경을 보면 많은 사람들이 금식했음을 알 수 있다. 모세·사무엘·다윗·엘리야·니느웨 백성·느헤미야·다니엘·안나·예수님·사도들·바울·바리새인들·이스라엘백성들 금식의 보기는 많다. 그들은 국가가 재난에 처해 있을 때(삼상31:11-13), 슬픔(삼하12:16)과 걱정(단6:18-20)이 있을 때, 위험이 임박했을 때(에4:16), 슬픈 소식이 들려올 때(느1:4), 국가적으로 회개할 일이 있을 때(삼상7:5, 6) 금식을 했다. 안디옥 교회는 바나바와 바울을 선교사로 임명할 때 금식했다(행13:3). 금식은 이와 같이 위험과 재난과 슬픔, 그리고 큰일을 앞에 두고 겸허한 마음으로 주 앞에 기도하고, 죄를 자복하고 애통하며, 하나님의 말씀을 읽음으로써 자신을 돌이키는 데 목적이 있다.

## ▣ 이사야 당시의 형편

이사야는 유다 사람으로 앗수르의 침공 속에서 생애를 보낸 인물이다. 그는 웃시야·요담·아하스·히스기야 시대에 활동하면서 주로 국내외 문제에 관해 예언을 했다. 이것은 그가 국내외문제에 관해 관심이 깊었음을 말해주기도 하지만 그만큼 그 문제가 복잡했음을 말해주기도 한다.

이사야 당시 앗수르 제국은 강력한 세력을 형성하고 지중해 쪽으로 진출했다. 아람(수리아)과 가나안 방향으로 진출하는 서진정책을 편 것이다. 아람의 여러 왕들과 북조 이스라엘은 위협을 느낀 나머지 앗수르에 공동대처하자고 유다 왕 아하스에게 압력을 가했다. 그러나 아하스는 이 제안에 응하지 않고 오히려 앗수르 제국에 도움을 청했다. 선지자 이사야는 이런 결정을 책망했다. 앗수르는 이 요청에 응하여 아람과 이스라엘을 정복했다. 북조 이스라엘이 역사에서 막을 내리게 된 것이다.

북조 이스라엘의 패망이 유다를 결코 평안하게 만들어주지 못했다. 왜냐하면 앗수르는 더욱 가까운 곳에서 암암리에 유다를 위협했기 때문이다. 앗수르의 산헤립 왕은 예루살렘 성을 포위했다. 다급해진 히스기야 왕은 하나님께 간절히 기도했고, 이사야는 하나님이 앗수르 군대를 물리치실 것이라 예언했다. 그럼에도 불구하고 이사야는 유다는 자기 죄 때문에 바렙론에 포로로 사로잡혀갈 것이라 경고했다. 바벨론 옹이 히스기야에게 보낸 사절단의 방문사건은 이 예언의 무대가 된다. 당시 유다를 중심으로 한 국제무대는 이처럼 위험하고 복잡했다.

이러한 위험과 위협 가운데서 유다백성들의 모습은 하나님께서 바라시는 바와 먼 거리에 있었다. 이사야서 1장에 "내가 자식을 양육하였거늘 그들이 나를 거역하였도다."(2절), "소는 그 임자를 알고 나귀는 주인의 구유를 알건마는 나의 백성은 깨닫지 못하는도다"(3절), "슬프가 범죄한 나라요, 허물진 백성이요, 행악의 종자요, 행위가 부패한 자식이로다 그들이 여호와를 버리며 이스라엘의 거룩한 자를 멀리하고 물러갔도다."(4절)하는 하나님의 탄식은 바로 그들이 얼마나 죄악 된 상태에 있었는가를 보여준다. 하나님은 그들을 패역한 자(28절)로 규정하였다. 패역이란 하나님의 도리에 어그러져 악하고 불순한 것을 가리킨다.

이스라엘과 유다의 죄악은 하나님의 저주를 피할 수 없었다. 이스라엘과 유다가 앗수르의 침공을 받게 된 것은 모두 그들의 죄를 깨닫게 하기 위한 하나님의 매였다. 하나님은 "너희가 어찌하여 매를 더 맞으려고 더욱 더욱 패역하느냐"(사1:5) 하셨고, 매로 인해 발바닥에서 머리까지 성한 곳이 없이 맞아 상하고 터져도 왜 깨닫지 못하느냐 한탄하셨다. 땅이 이방인에게 파괴되어 황무해지고, 딸 시온은 에워싸인 성읍같이, 원두밭의 상징 막같이 겨우 남았다(사1:7-8)고 이사야는 적고 있다.

이사야 당시 유다나 이스라엘 모두는 한마디로 죄악 가운데 있었다. 이사야가 지적한 그들의 죄를 보면 우상을 섬긴 죄, 사치와 부와 군대를 자랑하고 의지하는 교만의 죄, 제사장과 선지자까지 만취하여 영적으로 어두워진 죄, 압제와 탐욕의 죄 등 다양하다. 지도자들을 소돔의 관원들로 부르고, 백성들을 고모라의 백성이라 부른 것(사1:10)은 그들의 죄가 극에 달했음을 보여준다.

## ▣ 형식적인 믿음생활

이사야 1장 10-17절은 그들의 믿음생활이나 종교의식이 얼마나 형식적이고 이중적인가 하는 것을 드러내고 있다. 이 말씀은 이사야 58장에 나타난 금식에 관한 것과 많은 점에서 유사성을 띠고 있다.

그들은 우상을 섬기고, 탐욕과 압제의 죄를 지으면서도 성전에 나와 제물을 드리고, 기도도 많이 했다. 그러나 하나님은 그 무수한 제물이 내게 무슨 유익이 되느냐 묻고 그들의 제사를 기뻐하지 않으신다(사 1:11) 하였다. 그들은 하나님께 보이기 위해 경쟁적으로 제사를 드렸다. 하지만 하나님은 누가 그것을 너희에게 요구했느냐 묻고 그런 헛된 제사는 다시 가져오지 말 것이며 그런 위선적인 행위는 가증이 여기는 바라 못 박았다. "내 마당만 밟을 뿐"(사1:12)이라든가, "악을 행하는 것을 내가 견디지 못하겠다."(사1:13)는 표현은 그들의 제사가 싫어졌음을 의미한다.

절기·성회·안식일 등에 드리는 그 모든 분향과 제사가 오히려 무거운 짐이 되었다는 것(사1:13, 14)은 그것이 그만큼 하나님의 뜻과 먼 거리에 있음을 말해준다. 그들은 제물을 드리고 분향을 하면서, 기도를 하면서 손을 펴 하나님으로부터 복 받기를 원했다. 위험한 상황으로부터 보호받기를 원했다. 그러나 하나님은 그들이 손을 펼 때 눈을 가리고, 기도를 많이 해도 듣지 않겠다(사1:15)고 하신다. 여호와의 이 모든 말씀은 공적 예배를 폐지하라는 것이 아니고 새롭게 되지 않은 마음과 회개하지 않는 생활이 있는 한 하나님 앞에서 그 예배가 무가치하다는 것이다. 이 같은 점은 예수님의 말씀 가운데서도 발견된다(마5:23, 24). 예물을 제단에 드리기 전에 형제와 먼저 화목하라는 주님의 말씀은 바로 회개와 변화를 전제한 예배이어야 함을 말해준다. 이사야 58장에 하나님께서 그들의 금식을 기뻐 받으시지 않는 이유도 이와 같은 맥락에서 쉽게 찾아볼 수 있다.

### ▣ "외치라" 시는 하나님의 명령

이사야 58장은 "외치라"는 하나님의 명령으로 시작된다. 그것도 "크게 외치라", "아끼지 말라", "네 목소리를 나팔같이 날려라" 하신다.

외침의 내용은 그들이 지은 죄와 허물이요 외침의 목적은 그들로 하여금 회개케 하는 데 있다. 날마다 하나님을 찾아와 하나님의 뜻을 알고자 하고 하나님과 가까이 하며 하나님의 판단을 구하는 것을 보아그들은 의를 행하고 하나님의 규례를 지키는 나라의 백성처럼 여겨질 정도이다. 겉으로는 하나님께 가까이 하는 것 같으면서도 실상은 하나님을 멀리하는 이 세대들에게 하나님은 선지자의 입을 통해 그들의 허구적인 양심과 위선의 모습을 보여주고 회개의 길을 열어 주고자 "외치라" 하시는 것이다. 유다 백성의 허물을 지적하여 고치는 것이 너무나 중요했기 때문에 힘 있게, 목소리를 아끼지 말고, 나팔같이 쩌렁쩌렁 울려 퍼지게 말하라는 것이다.

외식하는 자일수록 신앙을 중시한다는 명목 아래 날마다 하나님을 찾고, 거룩한 삶의 원칙을 따르기 위해 의로운 판단을 구하지만 그것은 내적인 삶이 결여된 것이므로 문제가 된다. 바울도 이와 비슷한 책망을 유대인을 향해 던지고 있다(롬2:17-21). 율법의 교훈을 받아 하나님의 뜻을 알고 다른 사람을 가르치는 유대인들이 제 자신을 가르치지 않고 도적질하고 율법을 범함으로써 오히려 하나님을 욕 되게 한다는 것이다. 결국 하나님의 이름이 그들로 인하여 모독을 받게 되는 것이다(롬2:24). 하나님은 선지자의 외침을 통하여 그들로 하여금 자신의 죄를 깨닫기를 바라고 있다.

### ▣ 오히려 주님을 원망하는 백성들

유대 백성들은 주변의 위험한 정세와 악화된 국내사정, 그리고 한치 앞을 알 수 없는 불안함에 휩싸였다. 주님은 그들이 참으로 회개하고 변화되어 주께 돌아오기를 바랐다. 내면의 변화, 질적인 변화를 요구하셨다. 그러나 백성들은 외적인 것에 머물러 있었다. 제물의 양과 제사의 수, 기도의 양 등 양적인 것, 외적인 것에 집착했다. 금식할 사정이 충분하고, 또 급박하여 금식을 많이 했음에도 사정은 호전되지 않았다. 하나님이 그 기도를 듣지 않으신 것이다. 그들이 아무리 성전 문턱이 닳도록 제사를 드렸어도, 굵은 베와 재를 펴 금식을 했어도 주님은 그것을 외면하셨다. 주님의 뜻을 알지 못하는 그들은 하나님께 원망하기 시작했다. "우리가 금식하되 주께서 보지 아니하심은 어찜이오며 우리가 마음을 괴롭게 하되 주께서 알아주지 아니하심은 어찜이니이까?(사58:3).

모세 율법은 온 백성이 대 속죄일에 금식해야 한다고(레16:29;23: 27-32) 가르쳤다. 백성들은 그날 금식을 하면서 자기를 부인하고 죄를 회개했다. 회개가 있는 금식을 주님은 받으셨다. 그 후 자원하는 금식이 계속되었고, 포로생활 동안에도 금식했다. 그러나 이사야 58장이 지적하는 금식은 회개의 형식은 갖추어졌을지 모르지만 내면의 참된 회개가 없기 때문에 문제가 있었다. 마음을 괴롭게 함으로 하나님께 열납 되어야 할 금식의 날이 오히려 하나님께는 무거운 짐이 되고, 그들에게는 하나님으로부터 배척되었음을 확인하는 슬픈 날이 된 것이다.

## ▣ 무엇이 문제인가?

유대 백성에게 무엇이 문제인가? 그들은 열심히 금식을 했다. 하지만 그것은 외양적인 열심이지 그것으로 인해 내면의 변화나 삶의 변화가 없었다는 점이다. 금식하는 자는 먼저 하나님 앞에서 자기를 부인하고 죄를 회개하며, 그 결과를 생활을 통해 보여주어야 한다. 그러나 금식 기간에도 그들은 육신적인 일을 도모했다. 그것은 그들의 금식이 외식에 불과하다는 것을 입증한다. 그들은 비록 율법이 정하는 바에 따라 종교생활을 해왔지만 경건의 모양만 있을 뿐 변화가 없었다. 그들은 이 같은 금식행위를 통해 하나님으로부터 인정받고자 함으로써 파렴치한 모습까지 드러냈다. 문제의 몇 가지를 들면 다음과 같다.

첫째, 그들의 금식은 보이고자 하는 데 있었다. 자기들이 금식하고 있음을 하나님께 보여 인정을 받고, 사람에게도 율법을 잘 지키고 있다는 인정을 받고 싶어 한 것은 그들의 금식행위가 순수하지 못했음을 드러낸다. 금식은 하나님께 보이는 것이지만 그들의 보임은 계산된 보임이라는 데 문제가 있다. 예수님도 바리새인의 외식적인 금식을 비판하고 사람에게 보이고자 금식하는 것은 옳지 않다고(마6:16-18)고 하셨다.

둘째, 그들의 금식은 하나님께 전적으로 매달리는 금식이 되지 못했다. "그 금식이 나를 위하여, 나를 위하여 한 것이냐?"고 하나님께서 재차 물으시는 스가랴 7장 5절의 장면은 비록 인물이 다르다 할지라도 같은 유대인들을 대상으로 한 금식문제였음을 생각할 때 그들의 금식이 하나님을 위한 금식이 아니었음을 알 수 있다. 이사야서는 그들이 금식할 동안에 서로 다투고 싸우며 악한 주먹으로 치고(사58:4), 쾌락을 추구하며 일꾼들에게 고된 일을 시키는(사58:3) 등 자기 이익에 몰두하고 정욕에 따라 행동하며 이웃에 대해서도 덕을 세우지 못하고 있음을 지적하였다. 말로는 금식한다 하면서 못할 짓 다하는 것은 금식하는 사람으로서 있을 수 없다는 것이다. 이러한 금식으로 어떻게 하나님이 기뻐 받으시기를 바라겠는가.

셋째, 그들의 금식 속에서 진정으로 애통하는 마음을 찾아볼 수 없었다. 금식 속에는 애통함이 있어야 한다. 다윗의 금식(시69:10) 속에서는 이러한 애통을 볼 수 있다. 그러나 이사야 당시 유대인들의 금식

속에는 애통함을 나타내기 위해 굵은 베와 재를 펴는 형식은 있었지만 그들 마음속에 진정한 회개가 없었다는 점에서 그 애통의 모습조차 하나님으로부터 인정을 받지 못했음을 알 수 있다. 금식할 때 외식하는 사람들이 일부러 슬픈 기색을 하고 얼굴을 흉하게 하는 것은 사람에게 보이려고 하는 금식이므로 그리하지 말라는 것이 예수님의 당부이다(마6:16-17).

넷째, 그들의 금식 속에 겸허를 찾아볼 수 없다. 다윗은 남이 병들었을 때 친구나 형제 못지않게 굵은 베옷을 입고 금식하여 마음을 괴롭게 한 결과 하나님께서 그 기도를 들어 주셨음을 감사하였다(시35:13). 다윗의 금식에서 굵은 베옷을 입는 것은 하나님 앞에서 자신을 쳐 복종시키고 전적으로 하나님께 의지하는 겸손을 뜻한다. 재를 무릅쓰는 것이나 머리를 갈대같이 숙이는 행위도(사58:5) 하나님 앞에서 자기를 부인하는 겸손을 나타내는 행위이다. 금식하는 사람들이 진정으로 하나님 앞에 자신을 내어놓고 회개하며 무릎을 꿇는 것이라면 문제될 수가 없다. 그러나 하나님 앞에 진정으로 나아가는 삶의 모습이 아니라 형식만 보이는 것이라면 그 속에 겸허함이 있을 수 없고, 하나님께서 그러한 금식태도를 용납할 리도 없다. 그들은 바로 금식의 내용보다는 금식의 형식을 중시했기 때문에 그들의 금식 속에 베옷과 재와 머리 숙임이 있었다 해도 하나님이 기뻐하시는 금식이 될 수 없었다.

다섯째, 불의를 행하면서 하는 금식은 진정한 금식이 될 수 없다. 이것은 종교적인 의식이 도덕적 삶을 동반해야 함을 말해주고 있다. 금식은 종교의식 가운데 하나이다. 의식 가운데 차지하는 비중이 작을지라도 어떤 의식을 행하든 의식 자체와 도덕적 행함이 결부되어야 한다. 신앙을 말로만 하고 행치 않는다면 쓸모가 없는 것처럼 금식을 한다하고 금식의 정신에 어긋나는 행동을 한다면 문제가 아닐 수 없다. 금식을 한다 하면서 압제를 행하고, 가난한 자를 멸시한다면 금식의 진정한 의미를 깨달았다고 할 수 없을 것이다. 우리는 이사야 58장에서 금식을 말씀하시다가 왜 갑자기 압박당하는 자, 불쌍하고 가난한 자, 종 된 자, 곧 이웃에 대해 사랑을 하라고 말씀하는지 의아해하지만 이것은 말(의식)과 행동이 일치하는 금식이어야 함을 가르쳐 준다. 이웃에 대한 사랑이 발휘되지 못하는 금식은 무용하기 때문이다. 결론적으로 이사야 58장에서 강조하는 것은 불의를 행하면서 금식하는 것은 위선일 수밖에 없으며, 그러한 금식은 하나님께서 기쁘게 받으실 수 없다.

## ▣ 어떻게 해야 하는가?

금식은 기본적으로 하나님께서 기뻐 받으시는 것이어야 한다. 금식은 사람이 하는 것일지라도 하나님을 향한 것이고, 하나님께서 그것을 판가름하시므로 하나님 중심의 금식을 해야 한다. 인간중심의 금식은 진정한 금식일 수가 없다. 이러한 전제 아래서 금식을 어떻게 해야 하는가를 몇 가지 살펴보기로 한다.

첫째, 온전히 하나님께 속한 기도여야 한다. 우리가 어떤 문제로 금식한다면 그것을 해결해 줄 수 있는 분은 오직 하나님임을 믿고 전적으로 매달려야 한다. 복을 받기 위해 우상에게도 가서 절하면서 하나님께도 매달려본다는 이중의 신앙생활은 바르지 않다. 하나님 외에 자기의 부나 권세, 세상의 어떤 힘을 의지하는 것도 그 자체가 우상이 되므로 온전한 것이 못된다. 유대인들은 바로 이러한 문제점을 가지고 있었다. 온전히 하나님을 의지하고 따르는 것이 하나님께서 정하신 법이다. 그 법에 따라 우리는 금식해야 한다.

둘째, 회개의 금식이어야 한다. 금식은 주님 앞에 무릎을 꿇고 회개하는 양심으로 돌아가 자기보다 하나님을 의비하며 살겠다는 다짐으로부터 시작된다. 자기를 부인하지 못하고 하나님 앞에서 내로라하고 머리를 든다면 그 교만 때문에 회개할 수 없고, 그 금식이 바를 수 없다. 하나님은 교만한 마음보다 상한 심령을 원하신다. 상한 심령이란 회개하는 심령, 그로 인해 거듭나고 변화하는 심령을 가리킨다. 이러한 심령일수록 애통하는 마음을 가질 뿐 아니라 그 마음이 겸손하고 가난해진다.

셋째, 자기를 부인하는 금식이어야 한다. 참으로 회개하는 자는 자기의 명예나 부, 세상의 그 어떤 것에 자신을 매이게 하지 않는다. 주님을 위한 삶이 되기를 각오하고 새롭게 태어난 마음으로 삶을 새롭게 변화시켜 나간다. 자기를 부인하는 자는 주님이 주신 힘으로 삶을 적극적으로 그리고 긍정적으로 펴나가기를 바라고 또 그렇게 노력한다. 이러한 삶 속에 사랑이 보일 수밖에 없다.

이사야 당시 유대인들은 탐욕을 일삼고 힘으로 가난한 자를 압제하였다. 이스라엘 사람들이 가나안에 정착할 초기에는 순수한 농경민으로 살았으나 상인계급이 형성되면서 사람들이 부를 증대시키고 토지를 차지하는 데 급급하게 되었다. 땅의 진정한 주인은 여호와시고, 백성은 단지 여호와로부터 땅을 기업으로 받아 사용할 수 있는 사용권만을 가지고 있다는 사고가 깨지게 되었다. 가난한 자들이 땅을 팔고 토지가 소수에게 축적되면서 농민은 농사를 지을 수 없게 되었고, 십일조도 초태생도 희생제물도 하나님께 드릴 수 없게 되었으며, 절기의 축제에도 참여할 수 없게 되었다. 말하자면 가난한 자들은 종교적 기반을 잃게 된 셈이다.

사회적으로 불균형을 자초했을 뿐 아니라 축적과정에서 상당한 탄

압과 불의가 자행되어 윤리적인 문제까지 겹치게 되었다. 이사야가 "가옥에 가옥을 연하여 전토에 전토를 더하여 빈틈이 없도록 하고 이 땅 가운데서 홀로 거하려고 하는 그들은 화있을진저"(사5:8)라고 외치는 것은 이 때문이다. 여호와께서 장로들과 방백들을 심판하시겠다고 하는 것도 이것과 맥락을 같이한다. 따라서 이사야서에서 가난한 자라고 말하는 것은 매우 종교적인 의미를 지닌다. 이사야가 "하나님이 어떤 금식을 기뻐하는가?"라는 물음에 "흉악의 결박을 풀어주며 멍에의 줄을 끌러주며 압제 당하는 자를 자유하게 하며 모든 멍에를 꺾는 것이 아니겠느냐 또 주린 자에게 네 식물을 나눠주며 유리하는 빈민을 네 집에 들이며 벗은 자를 보면 입히며 또 네 골육을 피하여 스스로 숨지 아니하는 것이 아니겠느냐"(사58:6-7)고 답하는 것도 바로 이러한 흐름과 연관된다. 성경은 여러 곳에서 억눌린 자를 풀어주며 가난한 자를 도와주는 것이 참다운 의를 이루는 외적 증거로 제시(욥31:17-20; 겔18:7, 16; 마25:35-36)하고 있다.

　예수께서 안식일에 회당에 들어가 이사야의 글을 찾아 읽은 내용이 바로 가난한 자에게 복음이 전파되고 포로 된 자나 눌린 자를 자유하게 하는 것(눅4:18)이었음은 결코 우연이 아니다. 이사야가 금식을 말하면서 이 점을 강조하고, 절기와 성회와 안식일에 성전을 찾아와 제사와 경배를 드릴 때도 학대받는 자나 고아와 과부를 도우라고(사1:17) 강조하는 것은 하나님의 백성들이 마땅히 해야 할 일인 것을 가르쳐 주고 있다. 금식을 하는 사람이 불의를 행하고, 주님을 경배하러 온 사람이 학대를 한다는 것은 자기를 부인하는 삶을 살아야 하는 성도가 가질 태도가 결코 아니다.

　넷째, 외식하는 금식이어서는 안 된다. 예수께서는 기도에 대해서나 금식에 대해서, 그리고 구제에 대해서 한결같이 외식하지 말라 가르치셨다. 자신이 금식한다는 것을 사람으로부터 인정받기 위해서 외식으로 금식하는 것은 있을 수 없다. 금식을 통해 사람으로부터 인정을 받으려 하거나 받는다면 사람으로부터 그 상을 받는 것이다. 그러나 참된 금식은 하나님으로부터 인정을 받는, 하나님이 기뻐하는 것이어야 한다. 따라서 주님은 금식을 외식으로 할 것이 아니라 은밀히 할 것을 말씀하신다. 회당이나 큰 거리 어구에 서서 기도하는 것보다 골방기도를 제시하는 것도 이것과 맥을 같이한다. 금식할 때 오히려 머리에 기름을 바르고 얼굴을 씻으라(마6:17) 하시는 것은 외식하는 금식을 하지 말라는 명령이다. 하나님은 외식하는 기도나 금식을 받지 않으실 뿐 아니라 기뻐하지도 않는다.

## ▣ 바른 금식에 대한 주님의 응답

금식에 대한 마음가짐이나 태도가 바를 때 주님의 응답은 매우 적극적이고 빠르다. 주님의 응답에 대한 몇 가지 특성을 살펴보자.

첫째, 속히 응답하신다. 이사야 58장 9절에 "네가 부를 때에는 나 여호와가 응답하겠고 네가 부르짖을 때에는 말하기를 내가 여기 있다 하리라"는 말씀은 바른 금식에 응답할 뿐 아니라 속히 하겠음을 보여 주고 있다. 이것은 주께서 듣지 아니하시는 것과 매우 대조적이고 적극적이다. "네 치료가 급속할 것"(사58:8)도 이에 해당한다.

둘째, 주님의 용서하심이 있다. 금식에 주님이 응답하시는 것은 금식하는 사람의 철저한 회개를 받고 용서하심에 바탕을 둔다. 죄를 뉘우치는 회개를 주님은 기꺼이 받으신다. 주님은 회개하는 자를 향해서 "너희 죄가 주홍 같을지라도 눈과 같이 희어질 것이요 진홍같이 붉을지라도 양털같이 되리라"(사1:18)고 말씀하신다.

셋째, 주님께서 항상 인도하여 주신다(사58:11). 주님께서 인도하신다는 말은 주 안에 해결이 있음을 의미한다. 주님의 인도하심 아래 있을 때 무너진 데가 보수되고, 황폐된 곳이 다시 세워지며, 영혼은 물 댄 동산같이 만족하고, 어두움이 낮과 같이 된다(사58:10-12). 주님은 무너진 데를 보수하는 자시고 땅의 아름다운 소산을 먹게 하는 주인이시다. 우리가 주 안에서 즐겨 순종하면, 비록 어려움이 있다 해도 간구할 때 족히 들어 응답하고, 인도하여 주신다. 이스라엘 자손이 베냐민 지파와 전쟁하면서 금식할 때(진정으로 하나님께 무릎을 꿇을 때) 하나님은 그들에게 승리를 안겨주셨다(삿20:26). 유혹을 물리칠 수 있는 힘도 금식을 통해 얻을 수 있다(마4:1-11). 우리가 주 안에 있을 때 승리한다. 금식은 우리로 하여금 주의 보호를 받고 주 안에서 승리할 수 있는 비결을 가르쳐 준다. 우리가 금식하며 주께 매달릴 때 주님은 우리를 안위하고 보호해주신다. 그러므로 금식은 우리가 주 안에서 살고 있음을 보여주는 것이기도 하다.

지금까지 이사야 58장 1-12절을 중심으로 금식의 문제를 살펴보았다. 믿음의 선조들이 문제에 직면했을 때 기도로서 간구하기도 했지만 금식은 주 앞에 더욱 절실한 모습을 보여줌으로써 금식이 신앙생활에 차지하는 비중이 그만큼 큼을 보여주었다. 금식이 바르게 행해졌을 때 문제될 것이 없겠지만 신앙생활을 하다 보면 여러 종교의식이 형식화됨에 따라 그 정신을 잃고 외식으로 빠지는 경우가 많아짐으로써 문제가 되었다. 그 문제 가운데 하나가 바로 금식의 외식화이다.

구약의 여러 선지자들 가운데서 특히 이사야는 외식화된 금식을 공격했으며 이사야 58장은 대표적인 공격내용에 속한다. 가난한 백성들이 종교적 삶을 영위할 수 있는 분위기가 희박해지는 가운데 부유층과 지배층이 제사·성회·기도·금식 등 여러 종교의식을 형식화하는 데 앞장섬으로써 문제는 더욱 심각해졌다. 가난한 자와 눌린 자에 대한 그의 관심이 높아졌고, 금식의 보기를 통해서 그것의 외식성과 가난한 자에 대한 문제의 심각성이 드러나게 된 것이다. 예수님께서도 금식의 외식성을 공격했으며 가난한 자와 억눌린 자에 대한 관심을 아울러 보여주셨다. 어떤 이들은 구약과 신약을 단절된 것으로 이해하려 하지만 금식에 관해 이사야와 예수님이 어떻게 말씀했는가를 조금만 이해하려 한다면 구약과 신약의 일관성을 읽을 수 있다.

금식은 외식이 아니라 하나님을 향한, 하나님을 위한 바른 정신에 입각하여 실시되어야 한다. 금식은 하나님 중심이어야 한다. 금식이 인간중심으로 빠질 때 그것의 결국은 외식일 수밖에 없다. 외식하는 금식을 하나님께서 기뻐 받으실 것이라 생각한다면 크게 잘못된 것이다. 외식하는 것은 그것이 금식이든, 기도든, 예배든, 구제든 문제가 된다. 하나님은 금식을 통해 회개를 촉구하고 있으며 자기를 부인하고 사랑을 실천하도록 가르치신다. 금식에 대한 하나님의 응답과 주님의 보호하심은 바른 정신에 입각한 금식일 때 가능하다.

요즈음 한국교회는 예배·기도·봉사·방언·금식 등에서 외식성이 높아지고 있다. 하나님보다 사람을 의식한 행위가 늘어가고 있다. 이 시대에 이사야의 외침이 절실하게 느껴진다. 그 외침이 헛되지 않도록 우리 모두 주 안에서 깨어 있어야 한다.

# 제 4 장

# 예레미야 23장, 한 의로운 가지

예레미야 23장 1절에서 8절의 말씀은 때가 되면 하나님이 다윗에게 한 의로운 가지를 일으켜 그리스도를 이 땅에 보내실 것이며, 그리스도는 왕으로 오시되 지금까지의 어떤 다른 이스라엘 왕들과는 전혀 성격이 다른 분임을 잘 묘사하고 있다. 예수 그리스도가 이처럼 다르기 때문에 우리는 그분을 대망하지 않을 수 없다.

교회력은 일반력과는 달리 12월에서 시작하여 11월로 마친다. 12월의 4주를 가리켜 대망절이라 한다. 왕으로 오시는 주님을 대망하기 때문이다. 대망의 주님이 오시고, 그분의 삶을 통해 우리는 주님만이 우리의 왕이라는 사실을 확인하게 된다. 그리고 11월 말 주일을 왕이신 주님의 날로 정하여 지킨다. 그러므로 그리스도인의 나날은 그리스도는 우리의 왕이라는 사실을 만방에 선포하는 삶의 연속인 것을 알 수 있다.

## ▣ 유대 지도자들의 문제

주전 600년 전 예레미야는 이스라엘의 왕과 백성들 앞에 예언하는 선지자로 나타났다. 예언의 요지는 이제 하나님께서 이스라엘의 구원을 위해 적극적으로 개입하신다는 것이다. 구원이란 사람들이 구원받아야 할 상태에 빠져 있거나 그 상태에 처하게 될 것을 의미한다.

예레미야는 백성들이 잘못되게 된 이유를 유다왕국의 지도자들에게 돌렸다. 지도자들의 잘못 때문에 백성들이 도탄에 빠지게 되었다는 것이다. 예레미야는 이를 목자와 양 무리의 관계로 설명하고 '내 백성을 기르는 목자'를 향해 문제가 있다고 말씀하신다. 원래 내 백성을 기르는 목자는 단순한 지도자라기보다 매우 깊은 의미를 담고 있다. 자신뿐 아니라 백성들을 하나님 편에 세워 하나님의 지배 아래 두도록 할 책임이 있는 사람들이다. "너희가 내 목장의 양 무리를 흩으며 그것을 몰아내고 돌아보지 아니하였도다(2절). 1절에는 이를 가리켜 '내 목장의 양 무리를 멸하며 흩는'이라고 말하였고, 2절은 '너희의 악행'이라고 단적으로 표현하였다. 이 말씀은 지도자들이 올바르게 목자 역할을 하지 않고 있음으로 인해 양 무리들이 영적으로 방황하게 되었음을 강하게 비판하시는 것이다. 이 모두는 지도자들이 영적으로 잘못되어 있을 때 백성들이 얼마나 고통을 받게 되는가를 잘 보여주고 있다.

하나님은 이에 대해 강하게 응징하실 것을 말씀하신다. "나 여호와가 말하노라 내 목장의 양 무리를 멸하며 흩는 목자에게 화 있으리라"(1절). "내가 너희 악행을 인하여 너희에게 보응하리라"(2절).

## ▣ 하나님의 구원계획

하나님은 유대 지도자들의 잘못으로 인해 포로가 되어 여러 곳에 흩어져 살고 있는 양 무리에 대한 구원을 선포하신다. "내가 내 양 무리의 남은 자를 그 몰려갔던 모든 지방에서 모아내어 다시 그 우리로 돌아오게 하리니 그들의 생육이 번성할 것이며"(3절). 남은 자(remnant)를 부르시기로 하신 것이다. 남은 자란 바벨론의 통치에 복종하라는 예레미야의 예언에 따라 하나님의 새로운 구원을 인내하며 기다렸던 진정한 하나님의 백성을 가리킨다. 하나님을 따라 사는 사람들에게 정녕 구원이 있을 것을 말하는 것이다.

하나님은 흩어진 양무리가 우리로 다시 돌아올 뿐 아니라 양 무리를 위한 새로운 목자들이 세워질 것을 말씀하신다. 이 목자들은 과거의 목자와는 성격이 아주 다르다. 자신들도 하나님 앞에 바로 설뿐 아니라 백성들도 하나님 앞에 바로 서도록 인도하는 사람들이다. 과거에 못된 목자들을 만날 때마다 양들은 두려움에 쌓이고 놀라지 않을 수 없었다. 양을 기르는 것이 아니라 잡아먹는 데 혈안이 되어 양의 수도 줄어들었다. 그러나 세워질 목자들을 보고 양들이 두려워하거나 놀라거나 축이 날 일들은 다시금 발생하지 아니할 것이라고 말씀하신다(4절).

## ▣ 한 의로운 가지

유다 백성들에 대한 하나님의 구원계획을 밝히는 가운데 하나님은 놀라운 선언을 하신다. 그것은 때가 되면 다윗에게 한 의로운 가지를 일으킬 것이라는 것이다(5절). 의로운 가지란 다윗의 혈통에 속한 지극히 의로운 통치자를 뜻한다. 이 혈통은 육적인 것보다 영적인 계보를 의미한다. 그 가지가 우리의 왕이 되리라고 말씀하신다.

여기서 의로운 사시, 왕은 예수 그리스도를 이미한다. 인류의 역사는 그리스도가 우리의 왕이며, 그리스도를 주님으로 모시고 살아야 한다는 것을 가르쳐준다. 이 같은 사실은 개인의 역사를 비롯하여 세계의 모든 역사에 그대로 적용된다.

에딘버러대학의 교수이자 진통제를 만들어 고통을 받지 않고 수술을 받게 한 제임스 심슨경에게 제자가 물었다. "선생님의 생애에 가장 뜻 깊고 소중한 한 가지를 발견했다면 어떤 것인지 말씀해 주실 수 있겠습니까?" 잠시 생각하던 교수는 이렇게 대답했다. "내 생애에서 가장 소중한 발견이 있다면 그것은 내가 죄인이라는 사실과 예수님께서 나의 구주라는 사실을 발견한 것이지." 이 말을 듣던 학생들이 모두 숙연한 자세를 취했다.

우리 생애에서 무엇보다 중요한 것은 예수님이 나의 구주시라는 사실이다. 우리는 예수님을 향하여 주님이라고 말한다. 그러나 입술로만 주님이라고 말할 것이 아니라 생활 속에서 주님이심을 확인하고 확신하는 삶의 태도가 중요하다. 예수님은 하나님과 원수 되었던 우리의 상태를 화해의 삶으로 바꾸어 놓으신 위대한 분이시다. 그분은 우리를 구원하신 분이시며 하나님을 아버지라 부를 수 있게 만드신 분이시다.

주님은 한 개인에만 주님이 되시는 것이 아니라 모든 것의 주인 되신다. 성경은 주님이 왕이심을 여러 곳에서 입증하고 있다. 그것은 권세를 가지신 분이라는 점에서 드러난다. 예수님은 '하늘과 땅의 모든 권세'를 가지신 분(마28:18)으로 선언하고 있고, 바울도 주님을 가리켜 '모든 정사와 권세와 능력과 주관하는 자와 이 세상뿐 아니라 오는 세상에 일컫는 모든 이름 위에 뛰어나게 하시고 또 만물을 그 발아래 복종하게 하시고'(엡1:21, 22)라고 표현함으로써 주님이 모든 것의 머리되심을 말하였다. 바울은 그 주님이 교회의 머리되신다고(엡1:22) 하였다.

계시록 5장을 보면 역사가 기록된 두루마리 책이 나온다. 이것은 세상의 모든 역사가 하나님의 지배 아래 있다는 것을 말해준다. 그 두루마리 책에는 일곱 인이 찍혀 있고, 아무도 열 수 없도록 봉해 있다. 힘 있는 천사가 큰 음성으로 외친다. "누가 책을 펴며 그 인을 떼기에 합당하냐?" 그러나 하늘 위에나 땅 위에나 땅 아래에 능히 그 책을 펴거나 볼 수 있는 사람은 아무도 없었다. 요한은 이 장면을 보면서 안타까워 울었다. 그러자 장로 가운데 한 사람이 이렇게 위로하는 것이었다. "울지 말라. 유대지파의 사자 다윗의 뿌리가 이기었으니 이 책과 그 일곱 인을 떼시리라." 예레미야서에 나타나는 '다윗에게 한 의로운 가지'와 계시록의 '다윗의 뿌리'는 모두 그리스도 예수를 지칭하고 있다는 점에서 같다. 요한이 자세히 보니 장로들 사이에 이미 어린양이 서있었다. 모두가 어린양을 향하여 노래하기 시작했다. "책을 가지시고 그 인봉을 떼기에 합당하시도다. 보좌에 앉으신 이와 어린양에게 찬송과 존귀, 영광, 능력을 세세토록 돌릴지어다." 세상의 어떤 사람, 어떤 왕도 그 봉한 것을 뗄 수 없지만 오직 어린양 예수만이 그 인을 뗄 수 있다. 이것은 오직 주님만이 우리의 영원한 왕이시라는 것을 보여준다.

권세나 권력의 '권'(權)은 노란 꽃을 피우는 황화목 또는 저울에 달린 물건을 좌우로 움직이면서 달아주는 저울의 추라는 것에서 나온 것으로 '일시적이다,' '가변적이다'는 뜻을 담고 있다. 세상의 권세나 권력은 일시적이다. 그래서 명예도 권세도 덧없다고 말한다. 그러나 주님의 권세는 영원하다는 점에서 세상권세와는 다르다.

### ▣ 의로운 왕의 통치방법

예레미야는 이 의로운 왕이 어떻게 우리를 다스리는가를 매우 간명하게 소개하고 있다. 이것은 유다의 왕들뿐 아니라 세상의 왕들이 지금까지 보여준 통치모습과는 전혀 다르다는 것을 의미한다.

첫째, 지혜롭게 다스린다. 하나님을 향해 일천번제를 드린 솔로몬 왕을 향해 하나님은 물으셨다. "구하라. 네가 무엇을 원하는가?" 그는 무엇보다 지혜를 간구했다. 하나님은 이 소원을 기뻐하셨다. 우리나라

대통령 가운데 한 분은 대통령이 되자마자 자신의 표현대로 5천억이 넘는 비자금을 조성했고 이 자금을 가리켜 통치자금이라 하였다. 이 자금이 정치인들의 입을 막는 데 들어가고 개인의 사욕을 위해 사용되었다 해서 국민들의 비난을 받았고 결국 법의 다스림을 받았다. 지도자가 '지혜로 슬기롭게 다스린다. 도리에 맞지 않는 일은 하지 않고 오직 진리에 순종하고, 진리에 맞도록 다스린다.'는 것은 결코 쉽지 않다. 다윗의 의로운 가지가 지혜로 통치하신다는 것은 하나님이 바라고 기뻐하시는 통치방법에 속한다.

진리란 하나님이 숨겨두신 보화와 같다. 하나님의 진리는 하나님의 말씀인 성경에 풍성히 담겨 있다. 그래서 우리는 그 진리의 보화를 캐기 위해 날마다 성경을 상고한다. 하나님의 진리는 성경에만 있는 것이 아니다. 하나님은 자연 속에도 진리를 두어 우리로 깨닫게 하시고, 여러 사람들의 생각 속에도 두시어 그 생각을 나누고 읽게 하신다. 책들 속에도 있다. 어린이를 통해서도 진리를 깨닫게 하고, 책들을 통해서도 진리를 터득케 한다. 진리는 먼 곳에 있는 것이 아니라 우리 가까이에 있다.

그러나 우리 주변에는 진리만 있는 것이 아니라 비진리도 함께 퍼져 있다. 비진리라 진리로 둔갑해 있기도 하고, 가장 달콤하게 우리에게 접근해 자리를 펴기도 한다. 정치가도 말로는 국민을 위한다면서 실상은 자기의 이익을 도모하려 한다. 하지만 주님은 예와 아니오를 바로 하신다. 주님은 자신을 가리켜 진리라고 말씀하셨다. 아닌 것은 죽어도 아닌 것이고 예는 죽어도 예인 삶을 사셨다. 주님은 그러한 삶을 우리의 삶의 현장에서 실현하도록 하신다. 그리스도인은 이 진리를 실천함에 있어서 세상에 뒤지거나 빼앗겨서는 안 된다.

둘째, 공평과 정의를 실현하신다. 공평과 정의는 우리의 도덕적 삶

뿐 아니라 도덕정치의 근간이 되는 것이다. 통치자라면 공평과 정의가 하수같이 흘러넘치도록 해야 한다. 그리스도인이 자기 몸이나 자기식 구만 생각하는 것은 공평과 정의의 원칙에 어긋난다. 자기나 자기 식 구를 생각하는 것이 나쁜 것은 아니지만 이웃을 생각하지 않는 가운데 이기적이고 개인주의적인 삶만 고집한다면 그것은 잘못된 것이다. 주님은 우리의 삶 속에서 공평과 정의를 회복하기 위해 이웃을 내 몸처럼 사랑하도록 가르치셨다. 주님은 이것을 하나님 나라의 윤리요 우리가 이 땅에 살면서 실현해야 할 새로운 윤리강령이라고 말씀하셨다. 이런 의미에서 볼 때 그리스도인이 이웃을 위해 봉사하는 것도 하나님의 정의를 실현하는 것이다.

### ▣ 도래할 평안

한 의로운 가지의 출현과 바른 통치는 유다에 구원을 가져오고 이스라엘 모든 백성들의 마음속에 평안을 심어주게 된다. 예레미야서는 그 희망을 두 가지 점에서 강조하고 있다.

첫째는 이스라엘이 평안히 거하게 될 날이 이를 것이라는 희망이다. 7절에 날이 이르리니라는 하나님의 말씀이 소개되어 있다. 이 말은 원래 날들이 오고 있다는 것이다. 이 날들은 미래적 시점들로 과거 재앙과 심판의 날들이 아니라 새로운 날, 새로운 시대가 올 것이라는 말씀이다. 8절에서도 포로로 잡혀갔던 나라로부터 자기 땅으로 돌아와 평안히 거하게 될 시대가 올 것을 말하고 있다. 그 새로운 날은 구원의 날이다. 그리스도의 대망은 바로 그 구원의 대망이요 궁극적으로 우리에게 평안을 가져줄 날들에 대한 대망이다.

둘째, 우리 자신들에 관련된 구원과 평안이 넘치게 일어날 것이라는 희망이다. 6절은 이스라엘이 평안을 찾게 될 것을 말한 다음 그 이름을 여호와 우리의 의라 부르게 될 것이라 하였다. 여호와의 의가 여러 차례, 여러 형태로 나타났지만 그것은 과거의 사건이었고, 선조들과 관계된 것이어서 그 의가 자기와는 피부에 닿지 않았다. 그러나 주님으로부터 참평안을 회복하고 그 평안을 맛본 다음부터는 여호와의 의가 우리에게 직접 나타남으로 인하여 그 의를 실제 맛보게 된다는 것이다. 피부에 와 닿는 그 평안은 앞으로 그들의 맹세에서도 다르게 나타날 것이라고 말하고 있다. 지금까지 이스라엘 자손들은 애굽에서 인도하여 내신 여호와의 사심으로 맹세했다. 그러나 앞으로는 이런 맹세를 하지 않고, 자기들이 쫓겨나 살았던 그 모든 나라에서 인도하여 내신 여호와의 사심으로 맹세하게 될 것이라고 말하고 있다(8절). 이 새로운 형태의 맹세는 자기들의 삶의 경험과 전혀 상관이 없는 과거의 하나님이 아니라 앞으로 그들의 삶에 풍성히 임할 하나님의 그 크신 구원과 능력에 대한 신뢰를 나타낸 것이다.

예레미야 23장 초두의 말씀은 이 시대를 살아가는 우리에게 여러 가지 질문을 던져주고 있다. 그 질문은 이런 것들이다. "당신은 예수 그리스도를 왕으로 진정 확신하고 있는가?" "당신은 예수를 왕으로 모시며 그 말씀에 복종하며 살고 있는가?" "당신의 왕의 뜻에 따라 진리를 좇고 공평과 정의를 사랑으로 나타내고 있는가?" 우리의 삶의 모습을 살펴보면 우리가 예수 그리스도의 지배 아래 살고 있다 말하기 어렵다. 어떤 사람은 예수를 부적과 같은 존재로 생각하고 있다. 자신이 어려움에 처할 때 방패막이나 경호원이 되어주기를 희망하고 있다. 주인은 어디까지나 자기 자신이고, 예수는 하수인에 불과하다. 예수를 이용하고 있는 것이다.

바울은 "하늘에 있는 것이나 땅에 있는 것이 다 그리스도 안에서 통일되게 하려 하심이라"(엡1:10)이라고 말하고 있다. 이 말은 우리가 왕 되신 주님 안에서 하나 되어야 한다는 것을 의미한다. 예수님은 우리의 왕이요 우리는 그의 백성이다. 주님의 명령에 따라 행동하고 그분이 요구하는 삶에 일치시킬 때 우리는 바로 주님 안에서 하나가 되는 것이다. 그분의 말씀에 일치되는 삶을 살 때 우리 속에 참평안과 참행복이 있게 된다. 그리스도인이면서 행복을 느끼지 못하고 마음에 평안이 없다면 그것은 우리가 말씀과 일치하는 삶을 살지 못하고 있다는 것을 보여준다. 하나 됨이 가능한 것은 우리의 목자가 참목자이고 영적으로 바르기 때문이다.

목자가 목자로서 바른 역할을 하지 않으면 그 속에 평안은 존재하지 않는다. 이 원칙은 개인이든 가정이든 교회든 나라든 어디에든 적용된다. 예수님이 태어나셨을 때 천사들은 이렇게 노래했다. "지극히 높은 곳에서는 하나님께 영광이요 땅에서는 기뻐하심을 입은 사람들 중에 평화로다"(눅2:14). 주님은 우리에게 바른 평안을 주기 위해 이 땅에 오셨다. 그리스도를 기쁨으로 마지하고 이 평화의 노래를 부를 수 있는 사람은 그리스도를 왕으로 모시고, 자기의 삶 모두를 오직 그리스도의 가르침과 일치시키는 사람이다.

소선지서

# 제 1 장

# 소선지서 개관

## 1. 호세아서, 요엘서, 아모스서

호세아서의 저자는 호세아다. 그는 북 왕국에서 예언했으며, 예언의 날짜를 남 왕국에 따라 측정했다. 왕국의 최후의 날, 멸망의 날, 이스라엘이 멸망되고 포로 될 날을 예언했다. 그는 호세아서를 통해 죄 많고 패역한 국가에 대해 하나님의 사랑을 보여주고자 했다. 그는 우상 숭배로 죄를 범한 국가를 신실하지 못한 아내로 상징하고 회개하여 돌아올 것을 간청했다.

호세아서는 하나님과 자기 백성의 관계를 그렸다. 호세아의 결혼이 상징적으로 나타난다. 음녀 고벨과의 결혼은 이스라엘의 범죄를 말한다. 자녀로 로암미와 로루하마를 낳는다. 로암미는 '나의 백성이 아니다'는 뜻이고, 로루하마는 '자비가 다시 나타나지 아니함'을 뜻한다. 호세아는 재결합한다. 이것은 죄를 범한 백성에 대한 여호와의 인자한 사랑을 나타낸다. 죄 많고 간음한 국가에 대한 하나님의 사랑이다. 이 사랑은 "이스라엘의 자녀들이 바닷가의 모래알같이 되리라"는 선포로 나타난다.

호세아서에는 선지자의 여러 담화가 담겨 있다. 이 담화를 통해 악한 왕국의 죄에 대해 강조하고, 회개하는 국가에 대해 장래에 축복이 있을 것을 말하고 있다.

요엘서의 저자는 부두엘의 아들 요엘이다. 포로 전 시기에 기록되었다. 요엘서는 겸손과 회개의 필요성을 강조하고, 다가오는 심판의 확실성으로 국가를 경고함은 물론 다가온 구원을 확신하게 하고 하나님 원수들의 멸망을 기억하게 함으로써 하나님과의 약속에 신실하도록 권고하는 데 목적을 두었다.

요엘서는 메뚜기 재앙을 담고 있다. 메뚜기 재앙은 여호와의 날이 올 것을 예언한다. 이 날은 고통과 심판의 날이요 흑암의 날이다. 이런 때 우리가 해야 할 일은 회개하고 속히 여호와께 돌아가는 것이다. 여호와께서는 능력 있는 구원으로 이 회개에 보답한다.

나아가 요엘서는 여호와의 축복과 심판을 언급한다. 여호와의 축복은 메시아 시대에 관한 예언으로, "누구든지 여호와의 이름을 부르는 자는 구원을 얻으리라." 하나님의 영이 모든 육체에 부어지고 복음이 모든 자에게 전파된다. 하나님 백성을 향한 축복 시기에 관한 징조, 전쟁과 심판의 시기, 하나님 백성에 대한 영원한 축복이 있을 것을 말한다. "유다는 영원히 있겠고 예루살렘은 대대로 있으리라."

아모스서의 저자는 아모스다. 이사야의 아버지 아모스는 아니다. 그는 목자요 뽕나무를 재배했다. 아모스서는 무가치한 국가에 대해 하나님의 선하심을 나타내심을 표현하고자 했다. 악덕을 책망하고 여호와께 돌아오도록 간청했으며, 그들에게 박두한 운명, 곧 포로로 잡혀갈 것을 경고했다. 목적은 경고에 있지만 아울러 그리스도를 통한 구원을 약속하는 것에 두었다. 이것은 언약에 대한 하나님의 신실성을 보여준다.

아모스서는 여러 국가들에 대한 심판이 경고되어 있다. 이스라엘에 접해 있는 여러 국가들, 특히 이스라엘과 비혈족 관계인 다메섹, 가사,

뵈니게(두로)와 혈족관계인 에돔, 암몬, 모압에 대해서, 그리고 택한 백성 유다와 이스라엘에 대해 예언했다. 이 예언에서 죄를 언급하고 심판을 선고했으며 포로가 될 것을 선포했다.

이스라엘에 대한 심판의 경우 자기백성과 쟁투하시는 하나님, 여호와께 돌아오지 않는 이스라엘, 그리고 타락한 처녀에 대한 애탄 함을 보여준다. 다가오는 심판에 대한 5가지 이상들로는 메뚜기의 천벌, 불이 큰 깊음을 삼킴, 다림줄, 여름실과 광주리, 성전파멸 등이다. 그러나 메시아 축복의 약속이 있다.

## 2. 오바댜서, 요나서, 미가서

오바댜서의 저자는 오바댜다. 그는 예레미야 선교 전에 유다에서 때때로 예언을 했다. 오바댜서는 에돔의 유다에 대한 행위가 벌을 받을 것이며 유다는 영화롭게 될 것을 기록하고자 했다.

오바댜서는 에돔에 대한 일반적인 경고로 시작한다. 에돔은 자만하지만 하나님은 그를 천하게 할 것이며 그 힘 있는 용사들을 부끄럽게 할 것이다. 나아가 비형제적인 에돔의 행위[33]를 지적한다. 나아가 에돔이 그 죄로 문책을 받을 여호와의 날이 도래할 것을 예언한다. "시온에는 구원이 있을 것이며 왕국은 여호와께 속할 것이다."

요나서는 소선지서의 다섯 번째 책으로 저자는 선지자 요나(Jonah)이다. 요나는 '비둘기'라는 뜻을 가지고 있다. 그는 나사렛 근처, 곧 갈릴리 가드헤멜 지방 사람으로 그의 아버지는 아밋대였다. 그는 이스라

---

33) 혈족 관계(에돔은 에서의 후손)이면서도 형제가 아닌 것처럼 비정하게 행동하는 것을 말한다.

엘 여로보암 2세 때, 곧 B.C. 8세기 후반의 선지자로서 호세아, 아모스 등과 거의 같은 시대의 사람이다. 당시 유다에서는 이사야와 미가 선지자 등이 활동하고 있었다. 요나는 왕에게 자문을 하여 이스라엘의 영토를 확장하는 데 기여하기도 함으로써 중앙에서 활동한 인물로 평가되고 있다(왕하14:25). 이에 비해 아모스는 재야 인물로 평가를 받고 있다.

요나서는 사용된 어휘나 사상에 따라 바벨론 포로기 직전이나 직후에 쓰였을 것으로 보는 학자도 있다. 이때에 쓰였다고 할 경우 이 책은 요나가 아닌 다른 사람에 의해 쓰였다고 말할 수밖에 없게 된다. 이들에 따르면 이 책은 유다의 배타주의를 배격하기 위해 쓰였다고 한다. 그러나 요나서는 요나 당시의 역사적 배경과 본문이 1인칭으로 서술된 것으로 보아 요나가 직접 쓴 것으로 널리 인정되고 있다. 요나는 니느웨에서 유다로 돌아온 즉시, 즉 B.C. 760년경에 이 책을 쓴 것으로 보인다.

요나서는 스올의 깊음 속에 던져졌다가 다시 살아난 요나가 선민이 아닌 백성의 죄를 위해 애쓰는 메시아의 죽음과 부활에 대한 예시를 보여준다. 요나의 선교는 이스라엘인에게 여호와의 구원이 한 국가에만 국한되지 않다는 사실을 인식시켜 주었다. 이스라엘은 여호와에 대한 그들의 지식을 세상에 전할 종이다.

요나서는 바다 속, 즉 스올의 뱃속(사망, 바다의 중심, 홍수, 파도와 큰 물결, 물갈대, 산의 뿌리, 땅의 빗장, 구렁)으로 던져졌다. 요나는 주님이 예비한 큰 고기로 말미암아 구조되었다. 고기 뱃속에서 3일을 지내는 것은 육체적으로 불가능한 것으로 생각되나 예수께서 요나서의 이적과 니느웨에 대한 선교의 역사성을 믿었다는 것에 유의해야 한다(마12:39-40, 눅11:29-30). 고기 뱃속에서 감사의 기도를 올린 요

나. 선교의 완성을 위해 구출된 요나. '3일 여행의 지극히 큰 성읍'은 성의 큼과 거리의 멈을 보여준다. 니느웨의 회개는 이스라엘인의 완고함과 반역적 특징을 대비시킨다.

미가서의 저자는 모레셋 출신 미가이다. 그는 요담·아하스·히스기야 시대 때 선교했고 이사야와 동시대 인물이다. 미가서는 자기 백성에 대한 하나님의 특성을 기록하고 있다. 죄에 대한 형벌과 다가올 확실한 구원을 알리는 것, 그 구원은 메시아의 출현을 중심으로 한다는 것이다.

미가서는 이스라엘과 유다에 대한 협박, 심판에 뒤따라올 회복, 백성에 대한 형벌과 하나님의 최종 자비를 담고 있다. 이스라엘과 유다에 대한 협박에서는 사마리아와 유다에 대한 하나님의 분노가 기록되어 있다. 분노의 원인은 백성의 죄 때문이다. 그러나 형벌의 목적과 장래 구원에 대한 선포로 연결된다. 심판에 뒤따라올 회복은 예루살렘 멸망 선고, 하나님의 영광스런 왕국 확립, 새 왕과 그 왕국의 탄생으로 이어진다. 왕은 메시아로 베들레헴 탄생이 예언되었다. 그의 신성은 그의 오심(motsa othau)의 근원이 태초(miqqedem), 곧 영원(mime olam)부터이다. 백성에 대한 형벌과 하나님의 최종 자비에서는 자기 백성의 반역으로 인한 하나님의 불만과 순종의 요구, 책망과 약속을 보여준다.

## 3. 나훔서, 하박국서, 스바냐서

나훔서는 북 갈릴리 엘키시 엘고스 사람 나훔이다. 나훔서는 니느웨의 몰락이 주제로, 여호와의 원수들에 대한 형벌과 그를 신뢰하는 자들에 대한 여호와의 선의를 알리는 데 목적을 두었다. 니느웨의 몰락 부분에서는 여호와의 원수들에 대한 형벌, 하나님의 영광과 그 능력의 장엄함에 대한 기술, 몰락의 이유를 담았다. 나아가 여호와를 신뢰하는 자들에 대한 여호와의 선의를 기록하였다.

하박국서의 저자는 하박국으로, 갈대아인들의 교만(불신앙)으로 인한 징계를 기술목적으로 하고 있다. 하나님은 자기 백성의 죄를 덮어두지 않으신다. 하나님은 그 백성을 징계할 민족으로 갈대아를 일으킨다. 갈대아는 하나님이 자기 백성을 벌하시는 도구로 사용되었다. 그러나 갈대아는 교만하였다. 교만한 갈대아는 그들보다 더 의로운 자가 벌하신다. "보라 그의 마음을 교만하며 그의 속에서 정직하지 못하니라 그러나 의인은 그 믿음으로 말미암아 살리라"(합2:4). 교만한 갈대아인들은 신앙을 갖지 못함으로 정죄되며 오직 살려고 하는 자는 누구든지 신앙을 가져야 한다. 이는 갈대아인과 이스라엘의 택한 자만을 의미하지 않으며 모든 인류를 두 계급으로 갈라놓고 대조한다. 하나님과의 생활을 강조하고 있으며, 여호와의 의와 순결성이 드러나 있다.

스바냐서는 요시야 시대, 특히 요시야 개혁 이전의 선지자 스바냐에 의해 기록되었다. 스바냐서는 다가오는 파멸에 관해 국가에 경고하는 동시에 다가오는 구원을 예언하였다. 예언된 진노의 날은 여호와의 날이다. 스바냐는 다가오는 형벌에 대해 '큰 군대가 애곡하는 날', '분노의 날' 등 생생하게 기술했다. 그는 여호와의 자비를 말하며 회개할 것을 촉구했다. 나아가 이방나라들에 대한 예언도 있다. 모든 나라의 운명이 여호와의 손에 달렸으며, 선민을 해한 자는 확실히 벌주실 것임을 경고하였다. 끝으로 예루살렘의 죄와 그에 대한 재앙과 함께 장래의 구원을 언급하였다. 다가오는 구원에서 이스라엘의 남은 자가 있을 것이고 시온의 딸은 노래를 부르게 된다.

## 4. 학개서, 스가랴서, 말라기서

학개서 저자 학개는 바벨론에서 태어났고 첫 포로민들과 같이 팔레스타인에 귀환했다. 학개서의 기록목적은 중단된 성전재건을 역설하고, 성전건축을 통한 축복과 위로를 전하는 것이었다.

그는 첫 번째 메시지로 성전 일을 다시 시작할 것을 역설했다. 백성의 태도에 대해 총독 스룹바벨과 대제사장 여호수아에게 전달한다. 백성들은 판벽으로 된 좋은 집에 거하면서도 황폐된 여호와의 집에 대해서는 무관심하여 여호와의 집을 재건할 때가 이르지 않았다고 말하고 있다. 그로 인해 여호와의 축복이 보류된다. "너희가 많이 뿌릴지라도 수입이 적으며." 이로 인해 그동안 소홀했던 성전일이 다시 시작되었다. 두 번째 메시지는 위로와 소망의 메시지다. 나중 성전이 처음 성전보다 비할 바 아니지만 "나중 영광이 이전 영광보다 크리라"(학 2:9)며 메시아에 대한 약속을 나타낸다. 여호와께서 약속하시는 축복은 영적인 축복이다. 그 영광은 하늘과 땅, 바다, 마른 땅을 진동시킴으로 도래할 것이다. 세 번째 계시는 축복예언이다. 여호와 전에 대한 그들의 전날의 태도로 여호와의 축복이 억제 되었으나 '오늘부터' 여호와께서 참으로 축복하실 것이다. 네 번째 계시 또한 위로의 메시지다. 여호와는 택한 자를 사랑하시며 축복의 언약을 이루신다.

스가랴서의 저자는 잇노의 손자, 베레갸의 아들 스가랴다 느헤미야 12장 16절의 스가랴와 동일인일 것으로 추정된다. 스가랴서의 기록목적은 국가를 격려하는 데 있다. 국가는 하나님 앞에서 스스로 겸손해야 영광스런 장래를 갖게 된다. 열국은 한 날에 거꾸러질 것이고 예루살렘은 번영할 것이다. 이 장래의 영적 축복은 메시아를 통해 이루어진다.

스가랴서는 "내게로 돌아오라 그리하면 내가 너희에게로 돌아가리라"며 회개와 열조 행위 답습을 경고하고 있다. 나아가 밤의 이상들, 금식문제, 세상권세와 하나님 나라의 장래를 말한다. 밤의 이상은 8가지로 나타났다.

- 첫 이상은 4뿔이다. 하나님 나라의 원수들로 바벨론, 메데—파사, 헬라, 로마로 간주된다.
- 둘째 이상은 예루살렘 장래를 측량하는 사람이다. 현재 크기는 구원 확장에 충분치 않음을 의미한다.
- 셋째 이상은 더러운 옷(죄)을 입고 여호와의 자비를 구하며 성전에 있는 대제사장이다. 천사는 성전에 나타나 여호와의 은총을 보여준다.
- 넷째 이상은 금 촛대(하나님의 말씀)와 그것으로 인한 두 감람나무(성령)이다. 하나님 나라 건설 장애는 성령의 은혜를 통해 제거된다.
- 다섯째 이상은 날아가는 두루마리다. 이는 하나님의 심판을 상징으로 보여준다.
- 여섯째 이상은 이스라엘은 불법의 양(에바)을 채울 것이며 여호와는 국가의 죄의 진척을 제지하신다.
- 일곱째 이상은 하늘의 바람이다. 하나님 심판으로 사역한다.
- 여덟째 이상은 메시아로 인한 축복이다.

금식문제에 있어서 하나님은 금식보다는 순종을 기뻐하신다. 이스라엘 멸망의 날이 금식의 날로 아직도 지켜야 할 것이냐 하는 문제에 대한 대답이다. 세상권세와 하나님 나라의 장래 문제에 있어서는 시온은 구원될 것이며 이는 메시아로 말미암아 성취된다.

말라기서 저자는 말라기다. 이것의 기록목적은 이스라엘의 죄와 패역을 지적하고, 죄인에게 임할 심판과 회개하는 자들에 대한 축복을 나타내는 데 있다.

이스라엘의 죄와 패역은 종교적 방종과 남용에 있다. 그는 제사장의 죄와 백성의 죄로 나눈다. 제사장의 죄는 스스로 방종하고 예배 의무를 소홀히 하며 율법에 위배된 교훈을 가르쳐 많은 사람을 넘어지게 했으며 이방여자와 결혼한 것이 지적되었다. 백성의 죄로는 제사장을 본받아 이방여자와 결혼하고 함부로 이혼했으며, 십일조 헌납을 소홀히 하고 흠 있는 예물을 바쳤다. 이것은 성전 건립에 관한 초기 열심이 식어졌음을 나타낸다. 그는 또 메시아에 대해 예언했다. 나라를 정화하기 위해 메시아가 온다. 국가는 모세율법에 순종해야 하며 하나님의 크고 무서운 날이 이르기 전에 메시아가 온다.

# 제 2 장

# 호세아, "여호와께서 이 땅 거민과 쟁변하시나니"

하나님은 우리가 가지고 있어야 할 것과 없어야 할 것을 말씀하시고 이것을 확실히 하도록 하신다. 호세아 4장 1-3절은 이스라엘이 가져야 할 것과 가지지 않아야 할 것을 구별하고 가지지 않아야 할 것을 가진 이스라엘의 죄를 낱낱이 지적하고 있다. 그것이 바로 이스라엘의 죄라는 것이다. 이것은 바로 우리를 향하신 하나님의 말씀이기도 하다.

### ▣ 물질주의에 빠진 이스라엘

호세아 당시 이스라엘은 잠시 평화를 누릴 수 있었던 시기였다. 기원전 9세기경 오래 계속되던 수리아와의 전쟁이 요아스왕과 여로보암 2세에 의해 종식되고 이스라엘에 번영과 평화가 찾아온 것이다. 사람들은 이 같은 행복한 상태가 무한히 계속될 것으로 생각하고 행동하였다. 그들이 "행복하다, 행복하다"고 말하는 것은 이러한 상태를 입증해주고 있다. 나아가 그들은 물질적 풍요에 현혹되어 복의 근원되시는 하나님을 등한시하고 하나님조차도 자기들의 필요에 따라 편리한 대로 해석하였다. 심판이나 의나 우애 등은 모두 망각되었다. 선지자 아모스와 호세아는 이들의 불경건하고 불의하며 물질주의에 빠진 것을 공격하고 하나님께 온전히 돌아올 것을 호소하였다.

우리가 살고 있는 이 세대는 어떠한가? 우리도 그들 못지않게 잠시 잠깐의 평화에 만족하고 물질적 풍요에 휩싸이며 인간관계는 메말라가고 하나님 말씀을 자기 편리한대로 해석하며 하나님을 등한시하며 살고 있다.

## ▣ 이스라엘 자손들아 들으라

"이스라엘 자손들아 들으라." 호세아는 그들을 향해 강한 명령으로 시작하고 있다. 이것은 죄악 속에 빠져 있으면서도 그 속에 있음을 인식하지 못하는 너희들아 그 죄에서 돌아서서 하나님께 돌아오라는 명령이다.

"이스라엘 자손들아."라는 것은 명령의 대상이다. 문자적으로는 북방 이스라엘 거민을 가리키는 말이지만 하나님을 등지고 사는 모든 사람들을 향한 외침이다. 이스라엘 자손은 하나님의 택하신 자녀들로 하나님을 먼저 찾아야 할 사람들이다. 그들의 조상 아브라함, 이삭, 야곱, 모세, 여호수아는 어려움 속에서 하나님을 찾고 하나님의 도우심을 갈망한 사람들이었다. 그러나 그들의 후손은 지금 현재의 행복에 도취하여 하나님을 잃어버린 사람들로 변해 있는 것이다. 하나님보다 세상, 물질의 풍요를 우선하며 하나님을 등지고 있다. 그들이 바로 지금 우리의 모습이다.

"들으라"(hear)는 것은 듣고 따르라는 명령이다. 성경에서 "들으라."고 말할 때는 상황이 긴박하고 절실할 때 하는 명령이다. 이사야 선지자도 "내게 나아와 들으라."(사55:3) 하였다. 성경은 여러 곳에서 "여

호와의 명령을 들으라."(신11:27), "여호와의 말씀만 들으라."(신15:5),
"가까이 하여 말씀을 들으라"(전5:1), "저의 말을 들으라."(마17:5),
"말씀을 들을지어다."(계2:7)라고 함으로써 들을 것을 강조하고 있다.
이것은 "말하여도 듣지 아니하였기"(렘7:13) 때문이다. 주님은 "내 음
성을 듣고 문을 열라."(계3:20)고 말씀하신다. 듣는 것이 수양의 기름
보다 낫기(삼상 15:22) 때문이다. 듣는 자는 다 하나님께 나와야 한다.
그분의 말씀이 우리의 길이요 등불이자 인도자가 되기 때문이다.

## ▣ 하나님께서 이 땅 거민과 쟁변하신다

하나님은 이러한 백성들과 쟁변하신다. 쟁변은 문제를 삼고 따지며
(controversy) 상대자로 하여금 변화를 요구함(bring a change against)
을 의미한다. 사람은 자기의 고통을 놓고 하나님과 쟁변하고자 한다.
그러나 욥은 사람이 하나님과 쟁변하려 할지라도 천 마디에 한마디도
대답하지 못하리라 하였다(욥9:3). 욥마저 하나님과 쟁변할 수 없다는
것이다. 하나님께서 "쟁변하시겠다." 하심은 우리가 돌아서지 아니하
므로 하나님이 우리의 죄, 행악, 배도, 하나님의 길에서 벗어난 것, 말
씀에서 벗어난 생활 하나하나를 놓고 따지시겠다는 말씀이다. 그분의
쟁변은 우리가 회개하고 돌아서는 데 목적이 있다. 하나님은 우리가
회개할 때 사랑으로 용서하고 복을 주시겠다는 뜻을 그의 쟁변 속에
담고 있다.

그러나 우리가 끝내 돌아서지 않을 때 그 결국은 하나님의 심판이
따를 뿐이다. 쟁변이 심판이라는 말과 같이 쓰이는 것은 이 때문이다.
이사야는 "여호와께서 변론하러 일어나시며 백성들을 심판하려고 서
시도다."(사3:13) 하였다. 이 말씀은 상황의 긴박함을 보여주고 있다.

하나님께서 서실 때 더 이상 회개할 기회는 주어지지 않기 때문이다.

지금은 그래도 회개할 기회가 풍성히 주어진 시기이다. 회개하고 주님께 돌아오면 하나님의 은혜가 풍성히 임하기 때문이다. 그러나 어느 때 이 기회의 문이 닫히게 될지 아무도 알 수 없다. 그때는 이미 하나님께서 서신 때요 심판만 남아 있을 뿐이다.

### ▣ 이 땅에 없는 것(1절)

쟁변결과 하나님은 이 땅에 없는 것 세 가지를 발견하셨다. 없는 것이란 하나님 보시기에 꼭 있어야 할 것을 말한다.

#### 1) 진실이 없다(no truth)

그들 속에는 진실이 없고 그 대신 거짓과 잘못된 행실로 가득 차 있었다. 이것은 그들이 말씀에 따라 신실하게 살지 못하고 있음을 나타낸다. 그들 속에 하나님의 말씀이 없고 하나님의 언약을 중시하는 마음이 없었다. 우리 마음속에 참으로 하나님의 말씀이 살아 움직이고 하나님의 약속을 충심으로 믿고 살아가고 있는가. 하나님 말씀 없이는 삶이 없음을 알아야 한다.

#### 2) 인애가 없다(no mercy)

인애가 없다는 것은 사랑이 없음을 뜻한다. 이웃을 생각하는 마음이 전혀 없고 자기 욕심만 채우는 삶을 살고 있다는 것이다. 그리스도인은 바로 이웃을 생각할 줄 아는 사람이어야 한다. 그런데 지금 그리스도인은 인색하고 이기적이며 일반 사람보다 더 사랑이 없다는 평가를 받고 있다. 교회마저 개교회주의로 흘러 다른 교회야 어떻든 내 교회만 성장하고 내 교회만 인정받으면 된다고 생각하고 있다. 물질주의, 인기주의, 세속주의가 교회에 파고들어 오늘의 교회를 더욱 부패시키고 있다. 사랑이 없는 교회는 죽은 교회이며 사랑이 없는 교인은 죽은 교인이다. 지금 호세아는 우리를 향해 너희는 사랑이 없다고 말하고 있다.

### 3) 하나님을 아는 지식이 없다

공동번역에는 "하나님을 알아주는 자가 없다."라고 기록되어 있다. 하나님을 알고자 하지도 않는 것이다. 이것은 그들이 얼마나 영적으로 어두워 있는가를(spiritual blindness) 보여주고 있다. 호세아서 4장의 주제는 하나님과의 교통부족과 이스라엘의 타락이다. 우리는 매일 매 순간 하나님의 뜻을 헤아리고 그 뜻에 따라 살아야 한다. 이를 위해 주님과 교통하는 삶이 필요하다. 우리의 기도, 찬송, 감사, 성령의 도우심을 간구하는 모든 것이 교통에 필요한 것들이다.

### ▣ 이 땅에 있는 것(2절)

호세아는 2절에 "오직─뿐이라."라고 말함으로써 이 땅이 이것들로 가득 차 있음을 보여주었다. 이 땅에 가득 차 있는 이것들은 하나님 보시기에 없어야 할 것들에 속한다.

1) **저주와 사위**(swearing and lying): 공동번역에는 맹세하고도 지키지 않고라고 되어 있다. 거짓이 만연되어 있고 진실이 없음을 뜻한다.

2) **살인**(homicide): 살인이 아무런 의식 없이 자행되고 있다.

3) **투절**(stealing): 강도질이 꼬리를 물고 일어난다. 남의 물건을 도적질하고도 거리낌이 없는 것은 그 사회가 얼마나 부정직한 사회인가를 보여준다.

4) **간음(adultery)**: 가는 곳마다 간음과 강간이다. 이것은 법적으로도 부녀자에 대한 폭행에 해당한다.

5) **강포하여 피가 피를 뒤대임(bloodshed after bloodshed)**: 이것은 유혈참극이 그치지 않음을 보여준다.

이 쟁변은 거짓말, 살인, 이웃의 것을 탐냄 등 십계명에 근거하여 이스라엘의 범죄 상을 지적하고 있다. 이것은 그들의 행위가 얼마나 계명을 무시하고 있으며 하나님에 대한 믿음을 저버리고 있는가를 보여준다. 하나님 말씀에 따라 살지 않고 그 마음에 사랑이 없으며 하나님을 무시하고 영적으로 어두운 생활을 하면 우리는 죄악에 빠질 수밖에 없다.

## ▣ 제사장들의 직무유기

교회(ecclesia)는 무엇인가? 어두운 세계에서 나와 빛의 세계로 들어가게 하는 곳이자 우리의 잠자는 영혼을 깨우는 곳이다. 그러나 당시 제사장들은 백성들의 이 같은 죄를 지적하고 회개시키지 못했다. 호세아는 그들의 직무유기 행위를 다음과 같이 지적하고 있다.

### 1) 하나님의 말씀을 가르치지 않았다

호세아는 백성들이 지식이 없어 망한다고(6절) 한탄하였다. 이것은 제사장들이 하나님의 말씀을 가르치지 않았음을 의미한다. 백성들의 마음속에 하나님의 말씀이 있지 아니하므로 죄를 지어도 죄인 줄 모르는 것이다. 이것은 가르치는 자의 중대한 직무유기가 아닐 수 없다. 하나님의 말씀을 바로 가르치지 않는 교회나 목회자는 하나님의 교회나 목자가 아니라 심판의 대상일 뿐이다.

### 2) 하나님의 율법을 잊었다

제사장들조차 하나님의 율법을 잊고 살았다(6절). 이것은 그들이 하나님의 뜻을 따라 살기보다 세상을 따라 살았음을 의미한다. 그들 속에 온갖 죄악이 난무하게 되었음은 결코 우연이 아니다.

### 3) 잘살수록 범죄했다

그들은 번성할수록 하나님께 범죄했다(7절). 하나님을 의지하기보다 자신을 의지하며 자기영화를 추구했다. 하나님은 내가 저희의 영화를 변하여 욕이 되게 하리라고 말씀하신다. 그 영화가 오히려 욕된 것이 될 날이 온다는 것이다.

### 4) 마음이 악했다

하나님은 저희가 백성들의 속죄제물을 먹고 그 마음을 저희의 죄악에 두고 있음을 책망하셨다(8절). 이것은 그들이 얼마나 세속적이고 물질주의로 변질되었는가를 보여준다. 즉 백성들의 죄가 많아지면 자연 제사가 많아지게 될 것이고 제사가 많아지면 제사장들의 수입도 많아지기 때문에 제사장들이 오히려 백성의 타락을 묵인하고 고무하는 역할을 한 것이다. 이것은 그들이 하나님의 일꾼을 자처하고 그 직분을 오히려 축재도구로 삼았음을 보여주고 있다.

이 같은 지적은 그 당시에만 해당되지 않는다. 그들은 바로 우리들이다. 이 땅의 교회나 교직자들은 말로는 하나님의 영광을 말하지만 오히려 자기의 영광을 추구하고 있다. 목사, 장로, 집사 할 것 없이 이 땅에 많은 그리스도인들이 하나님보다 물질을 더 귀하게 여기고 있다.

하나님은 말씀하신다. 내가 너희의 영화를 욕으로 바꾸어 놓으리라.


## ▣ 심판예고


3절의 "그러므로"는 이 같은 죄악 때문에 심판을 하시겠다는 심판 예고이다. 지금과는 다른 상황이 전개될 것을 말씀하심으로써 그 결국을 보여주신다. 그 결국은 크게 두 가지로 나타난다.


### 1) 이 땅이 슬퍼하게 될 것이다(shall mourn)

공동번역에는 "메마르게 될 것이다."라고 말한다. 가뭄과 혹한으로 자연이 열매를 맺지 못함을 말한다. 자연의 변화는 곧 생태계의 변화요 그 변화는 인간의 죽음을 의미한다. 따라서 슬퍼할 수밖에 없다.


### 2) 모두가 쇠잔해지고 없어진다(shall languish and taken away)

거기 거하는 자 모두, 들짐승, 공중에 사는 새는 쇠잔해지고(waste away) 바다의 고기는 없어진다. 땅 위의 모든 생물이 쇠잔해진다는 것은 찌들어 가고 야위어 가는 것을 말하고, 바다의 고기가 없어진다는 것은 그 씨가 말라감을 의미한다. 이것은 우리의 잘못과 죄악으로 모든 자연 만물까지 고통을 받는다는 것을 보여준다. 자연의 고통은 자연에만 국한된 것이 아니라 그것을 통해 삶을 이어가는 인간에게까지 영향을 주므로 결국 모두의 고통이 된다.

성경은 우리가 하나님의 축복 속에 있을 때 자연이 함께 풍성해지고 우리가 저주 속에 있을 때 자연도 함께 저주 속에 있음을 보여주고 있다. 자연의 고통 받음은 곧 우리가 저주 속에 있음을 입증하는 것이다. 그러므로 이 두 현상은 범죄 한 백성에 대한 심판임을 알 수 있다. 아울러 우리는 나 한 사람이 범죄 함으로 그것이 나 자신에서 끝나는 것이 아니라 내 가정, 교회, 사회가 함께 고통을 받는다는 것을 깊이 인식해야 한다. 하나님의 진노하심에는 제사장이나 백성의 구분이 없다. 누구나 하나님의 심판을 받는다. 9절은 다음과 같이 쓰여 있다. 장차는 백성이나 제사장이나 일반이라 내가 그 소행대로 벌하며 그 소위대로 갚으리라. 우리는 모두 하나님을 두려워하며 살아야 한다.

## ▣ 변화된 삶을 위하여

모든 것은 우리가 얼마나 하나님을 바로 따르고 청종하느냐에 달려 있다. 10절은 저희가 먹어도 배부르지 아니하며 행음하여도 수효가 더하지 못하리니 이는 여호와 좇기를 그쳤음이라고 말한다. 우리가 세상이라는 바알을 아무리 열심이 좇는다 해도 삶이 결코 윤택해질 수 없다는 것이다. 하나님을 바로 따르지 아니하면 아무리 먹어도 배부르지 않고 아무리 좋은 것을 가지고 있더라도 풍족함이 없다는 것이다.

우리는 돌아서야 한다. 우리는 죄악 된 삶을 벗어 버리고 하나님을 찾아 진리와 사랑의 옷으로 갈아입어야 한다. 우리들은 자기영화를 위한 삶, 세속에 물든 삶, 상업화된 삶을 과감히 벗어 던지고 진실로 하나님의 영광을 구하며 하나님의 나라가 이 땅에 임하도록 하는 하나님의 사람으로 다시 태어나야 한다.

호세아는 오늘의 우리에게 외치고 있다. "그리스도인들아 하나님의 말씀을 들어라 순간마다 하나님과 동행하고 기도하고 간구하며 하나님과 교통하라." 우리는 지금 이스라엘 백성처럼 형편이 다소 나아졌다고 스스로 행복해하며 그래서 하나님 좀 잊고 살아도 괜찮다고 생각하며 살고 있지 않는가. 지금은 결코 자만할 때가 아니다. 평안하다

할 때 잊어서 좋은 하나님이 결코 아니다. 형편이 어려울 때 그때서야 하나님을 찾는 염치없는 행동을 해서도 안 된다. 하나님은 우리가 언제 어디서나 찾아야 할 우리의 힘이 되시는 여호와시다.

# 제 3 장

# 요나서, "니느웨를 내가 아끼는 것이 합당치 아니하냐?"

## ▣ 요나서의 개요

요나서는 이방나라인 니느웨의 선교문제를 다룬 것이 특징이다. 요나는 하나님으로부터 니느웨로 가서 회개를 선포하라는 명령을 받는다. 선지자란 원래 하나님의 말씀을 그대로 전하는 의무와 책임을 가진 사람을 가리킨다.

그럼에도 불구하고 그는 하나님의 명령을 어기고 다시스로 도망하려다 풍랑을 만나 회개하고 결국 니느웨로 가서 하나님의 말씀을 그대로 전하게 된다. 그것은 바로 회개하라는 것이었다. 요나는 그들이 회개하지 않으면 40일 지나 니느웨 성이 무너지게 될 것이라고 외쳤다. 니느웨 백성들은 악한 길에서 돌아와 여호와를 영접하였다.

요나는 하나님의 명령대로 말하기는 했지만 니느웨 백성들이 회개하고 하나님으로부터 용서받는 것에 화가 났다. 왜냐하면 니느웨는 이스라엘을 괴롭혀온 민족이기 때문이었다. 그는 니느웨 성 밖에 초막을 짓고 그 속에 들어가 은둔해 버렸다.

그럼에도 불구하고 하나님은 그에게 박 넝쿨로 그늘을 만들어 주셨고, 다음에는 벌레를 보내 박 넝쿨을 죽게 해서 다루기 힘든 요나가 태양의 열기로 고통당하도록 만드셨다. 요나는 참을 수가 없게 되자 스스로 죽기를 간구했다. 그때 하나님은 말씀하셨다. "하룻밤에 났다가 하룻밤에 망한 이 박 넝쿨을 네가 아꼈거든 하물며 이 큰 성 니느웨를 내가 아끼는 것이 합당치 아니하냐"(욘4:10-11). 요나서는 이 말씀을 통해 하나님의 사랑이 얼마나 깊은지를 보여주는 것으로 끝을 맺고 있다.

## ▣ 요나서에서 배울 점

### 1) 선지자의 불순종과 회개

요나는 선지자로서 하나님의 명령에 불순종했다. 그는 니느웨로 가는 대신 다시스로 도망하고자 했다. 그러나 하나님은 풍랑사건을 일으켜 굴복하도록 만드신다. 요나가 당한 풍랑은 먼저 선지자 자신이 회개를 해야 한다는 것과 선지자는 하나님의 명령을 거역할 수 없다는 것을 보여주었다. 요나는 이 풍랑이 자기 자신 때문이라고 말함으로써 회개하는 자세를 보이고 물고기 뱃속에서 기도했다.

"내가 받는 고난을 인하여 여호와께 불러 아뢰었삽더니 주께서 내게 대답하셨고 내 영혼이 내 속에서 피곤할 때에 내가 여호와를 생각하였삽더니 내 기도가 주께 이르렀사오며 주의 성전에 미쳤나이다 나는 감사하는 목소리로 주께 제사를 드리며 나의 서원을 주께 갚겠나이다."(욘2:1, 7, 9).

이 기도는 확신이 있고 기쁨과 감사가 있는 회개의 기도였다. 하나님은 그의 회개기도를 들으셨고 다시금 니느웨로 가도록 사명을 주셨다. 요나는 바다 속, 곧 스올의 깊음 속에 던져졌다가 주님이 예비하신 큰 물고기로 말미암아 구조되었다. 고기 뱃속에서 3일을 지내는 것은 육체적으로 불가능한 것으로 생각되나 예수님께서도 요나서의 이적을 믿었다는 것에 유의할 필요가 있다(마12:39-40). 예수님께서는 이 3일 간의 요나의 사건을 많은 사람들로 하여금 회개에 이르도록 한 자신의 죽음과 부활에 대한 예표로 해석하셨다(마12:39-40;눅11:29-30). 요나는 선교의 완성을 위해 기적적으로 구출된 것이다. 하나님은 우리가 요나처럼 사명을 망각하고 있을 때 어떤 방법을 통해서라도 그 사명을 깨닫게 해주시고 그 사명을 감당케 하신다.

### 2) 니느웨 성 사람들의 회개

요나가 하나님께서 주신 말씀에 따라 회개를 하도록 촉구하자 놀라운 일이 벌어졌다. 남의 나라를 괴롭히고 악한 행동을 하기에 앞장섰던 그들이 회개하기 시작한 것이다. 왕도 베옷을 입고 재에 앉아 회개했다. 백성으로 하여금 힘써 여호와께 부르짖도록 하였다(욘3:8). 왕이 조서를 내려 사람들 뿐 아니라 짐승까지도 금식하고 굵은 베옷을 입도록 한 것은 전 국민이 얼마나 철저히 회개하는 운동을 벌였는가를 보여준다. 요나가 던진 한마디를 하나님의 말씀으로 받았을 뿐 아니라 니느웨 백성들이 하나님을 믿고(욘3:5) 회개하는 놀라운 역사를 보여준 것이다. 이것은 하나님의 진노를 벗어날 수 있는 유일한 길은 회개뿐임을 아울러 보여주고 있다.

우리는 때때로 어떻게 선교할 것인가를 놓고 고민한다. 그러나 그 고민은 선교를 우리가 하는 것으로 잘못 생각한 데서 오는 것이다. 선교는 우리가 하는 것이 아니라 하나님이 하신다. 우리는 그저 주님의 명령에 따라 힘써 외칠 뿐이다. 그러면 전혀 회개할 것처럼 보이지 않는 사람들 속에서도 하나님은 역사하신다. 그 대표적인 보기가 바로 니느웨 사람들이다.

니느웨 백성들의 회개는 하나님에 대한 이스라엘 사람들의 완고함과 반역적 특징을 대비시키고 있다. 니느웨 사람들도 이처럼 회개를 하고 하나님께 돌아오는데 하나님의 백성이라는 이스라엘 사람들이 도리어 완악해져서 하나님을 져버리고 있다는 것이다. 이것은 이스라엘 백성들이 니느웨 백성들보다 얼마나 완악하고 나쁜가를 역설적으로 보여주고 있다.

### 3) 하나님의 보편적 사랑

요나는 적국인 니느웨가 회개하여 망하지 않게 된 것을 못마땅하게 생각했다. 그래서 그는 하나님은 그러시는 분이라는 이미 알고 있었다고 말함으로써 오히려 하나님의 자비에 대해 불평하였다(욘4:2). 이것은 요나가 자기나라 생각만 한 나머지 하나님의 넓고 큰 생각을 이해하지 못했다는 것을 보여준다. 그리하여 니느웨 성 밖에 초막을 짓고 속상해하고 있는 요나에게 박 넝쿨 교훈을 주심으로써 하나님은 이스라엘뿐 아니라 모든 생명을 사랑하신다는 것을 가르쳐 주셨다.

요나는 하나님이 자기를 왜 부르셨는가를 깨닫지 못했다. 하나님께서는 이스라엘만 사랑하시는 줄 알았다. 이것은 인간의 이기적인 생각일 뿐이다. 하나님께서는 몸소 지으신 모든 생명을 사랑하시고 그 모두가 구원받기를 기뻐하신다. 하나님은 풍랑사건을 통해서도 선장을 비롯하여 배에 탄 모든 사람들이 하나님을 찾노독 하셨고 요나의 외침을 통하여 니느웨 백성 모두가 하나님께 돌아오도록 하셨다. 이 모두는 하나님의 사랑이 보편적임을 나타낸다. 예수님께서도 이 요나사건을 통하여 예수님 자신의 구원사역이 보편적임을 시사하셨다(마 12:40-42). 하나님은 이스라엘만의 하나님이 아니라 온 민족의 하나님이시다.

우리는 이 사건을 통하여 회개의 필요성과 함께 하나님의 사랑이 얼마나 넓고 큰가를 인식할 수 있다. 우리는 자신만을 생각하는 편협성을 버리고 보다 큰 사랑을 가지고 선교에 임해야 한다. 아울러 무엇보다 주님 앞에 철저히 깨어지는 작업이 필요하다.

# 제 4 장

# 하박국, "하나님은 왜 불의를 그냥 두시는가?"

하박국은 주전 605년 유다 왕 요시아의 종교 개혁기에 살았던 인물이다. 이 기간에 신앙적으로는 사랑·신앙·순종이 강조되었고, 의인은 복을 받고 악인은 형벌을 받는다는 보상과 형벌사상이 강하였다.

종교적으로 개혁기에 있었지만 백성들은 나쁜 습관에서 벗어나지 못했다. 사회는 신앙원리가 적용되지 못하였다. 의로운 사람이 오히려 살기 어렵고 악인이 살기 편한 사회가 되어갔다. 하박국은 하나님의 사람으로서 하나님의 계시와 자기의 이러한 사회경험 사이에서 갈등을 하게 되었고, 이로 인해 하나님뿐 아니라 그러한 사회에 대해서 깊은 의문을 갖게 되었다.

사람들에게 물어보면 현대를 살아가는 지금도 의로운 사람은 세상살기 어렵고 고난과 고통을 당하기 십상이라고 말한다. 하박국은 지금도 이런 저런 이유로 고통을 당하는 많은 사람을 대신해 심각한 질문을 던지고 있다.

## ▣ 이름에 걸맞은 하박국

하박국은 하나님에 대해 불평과 불만을 늘어놓은 첫 선지자이다. 그

는 의인이 성하고 악인은 망하게 된다는 하나님의 말씀과 그렇지 못
한 세상의 모습에 심한 부조화를 느꼈다. 그는 이 문제에 대해 하나님
으로부터 어떤 형식으로든 답을 얻고 싶어 했다. 따지는 그의 태도로
보아 그는 예사 인물이 아님을 알 수 있다.

하박국이란 이름은 두 가지 뜻을 가지고 있다. 제롬에 따르면 하박
국은 '움켜쥐다'라는 뜻을 가지고 있다. 또 다른 주장으로는 '포옹하다'
라는 뜻이 있다고 말한다. 루터를 비롯한 여러 학자들은 하박국서에
나타난 성격으로 보아 그의 이름을 '포옹하다'라고 해석하기보다 '움켜
쥐다'가 맞다고 말한다. 그는 선하신 하나님께서 통치하는 이 세상에
왜 악이 존재하며, 의인이 고통을 당하는가 하는 문제를 놓고 하나님
과 씨름하는 모습을 보여주었다. 이것만 보더라도 포옹보다는 움켜쥐
는 모습이 더 합당하다 말할 수 있다. 그러나 나중에는 하나님의 뜻을
이해하고 받아들였다. 그러므로 포옹도 맞다 할 수 있다. 이런 의미에
서 하박국은 하박국이다.

### ▣ 의문에 대한 합리적 접근

하박국서에는 하나님과 하박국의 대화, 그리고 하박국의 기도가 소
개되어 있다. 하박국은 비록 불만을 가지고 있었지만 그 불만을 이치
에 닿지 않게 내뱉는 것이 아니라 하나님을 향하여 자신이 가지고 있
는 의문을 하나씩 제기하고, 의문을 풀어 나간다는 점에서 특색이 있
다. 우리는 여기에서 하나님과의 관계에서 그리스도인의 삶의 태도가
어떠해야 하는가를 보여준다.

우리가 억울함을 당하고, 그로 인해 고통이 심하면 성급하게 화부터
낸다. 심지어 "하나님, 왜 이런 일이 저에게 생깁니까? 제가 잘못한 것

이 도대체 무엇입니까?"라고 따진다. 성질이 급한 사람은 더할 것이다. 한국인의 성격은 급하기로 이름나 있다. 다른 나라 사람들은 사탕을 빨아먹는 데 반해 한국인들은 깨물어 먹기 좋아하고, 자동차 경적도 한국인이 더 자주 울린다고 한다. 성경은 그럴수록 참으라고 말한다. "급한 마음으로 노를 발하지 말라. 노는 우매자의 품에 머무느니라."(전8:9).

슐러(R. Schuller) 목사는 이런 때, 그리고 위기에 처할 때 침착하라, 합리적이 되라, 스마트한 질문을 던져라, 최악의 경우에 대비하라고 말한다.

## 1) 침착하라(keep cool)

당황하면 사태는 더 악화된다. 사람은 누구나 어려운 일, 억울한 일을 당하면 당황하기 쉽고, 낙심하거나 체념하거나 불평하거나 다투기 쉽다. 노를 발하는 순간 판단은 흐려지고, 감정이 격해져 죄를 범하기 쉽다. 따라서 감정적으로 안정할 필요가 있다.

## 2) 합리적으로 되라(be reasonable)

합리적으로 생각하고 합리적으로 대처하라. 고통을 당할 때 노를 발하는 대신 인내하고 깊이 생각하면서 이 일을 통해서 하나님이 주시는 뜻이 무엇인가를 생각한다. 야고보는 "너희가 여러 가지 시험을 만나거든 온전히 기쁘게 여기라."고 말하고 있다. 일반적으로 시험을 당할 때 기쁘게 여기기는 무척 어렵다. 납득이 되어야 하기 때문이다. 이를 위해 보다 침착하고 합리적일 필요가 있다. 따라서 고통당할 때 낙심하거나 원망하기보다 고통이 담고 있는 뜻을 생각하고, 그 의미를 발견하는 자세가 중요하다.

### 3) 스마트한 질문을 던져라(ask smart questions)

하나님은 why나 when보다 what과 how에 응답하신다. "왜 이런 시련을 주십니까?"나 "언제까지 이 시련을 주십니까?"보다는 "제가 어떻게 해야 할까요?", "제가 주님을 위해 무엇을 해야 할까요?"의 자세를 기뻐하신다. 이런 점에서 볼 때 하박국은 '왜'를 강조했기 때문에 스마트한 질문을 던지지 못했다. 하지만 하나님은 납득할 만한 답을 줌으로써 스마트한 결론에 도달하게 했다. 이것은 하나님의 사랑이 얼마나 큰가를 보여준다.

### 4) **최악의 경우에 대비하라**(be prepared to the worst)

어떤 경우에 처한다 해도 최악의 경우를 생각하면 현재 당하는 어려움은 극복될 수 있다. 최악에 비해 지금은 아무것도 아니기 때문이다. 인간에게 있어서 최악의 경우는 죽음일 수 있다. 죽는다고 생각하면 현재의 고난은 아무것도 아니다. 믿지 않는 사람에게 있어서 죽음은 모든 것의 끝이지만 그리스도인에게 있어서 죽음은 더 영원한 세상의 시작이므로 이 세상의 삶이 끝난다 해도 영원한 삶에 대한 소망 때문에 기쁠 수 있다. 하박국도 처음에 이 세상에서 당하는 억울함만 생각했으나 하나님의 심판과 영원한 세계에 대한 소망을 통해 어떻게 종말론적으로 살아가야 하는가를 보여주었다.

하박국은 자기가 가지고 있는 문제를 감정적으로 처리하기보다 하나님께 질문하고 하나님의 대답 속에서 그 해답을 찾으려 했다는 점에서 우리에게 시사하는 바 크다. 비록 그의 질문이 차원 높은 것은 아니었다 할지라도 하나님은 그런 가운데서 하나님을 신뢰하고 그의 구원을 바라보게 하였다.

## ▣ 의미의 발견

하박국이 하나님께 제시한 의문의 첫째는 "하나님은 왜 불의를 그냥 두시는가?"하는 것이었다. 하박국이 보기에 그 사회 속에는 강포, 간악, 패역, 겁탈이 범람하고 있었다. 강포는 악의적인 폭력을 말한다. 물리적인 폭력도 있지만 여기서는 특히 부자나 권력자들의 횡포가 심한 것을 가리킨다. 패역(perverseness)은 올바르지 않고 구부러져 있는 것을 의미한다. 하나님의 말씀을 왜곡시키면서까지 그릇되게 하는 것이다. 겁탈(destruction)은 다른 사람에게 부당하게 손해를 끼치고 심하게 파괴시키는 것을 말한다. 하박국은 법이 제대로 집행되지 않고 공의가 바로 서지 않고 있다고 지적하고 있다. 당시 돈 있는 사람들은 재판관에게 뇌물을 주어 자기들에게 유리하도록 유도했다. 한마디로 불의와 폭력이 난무한 세상이 된 것이다.

하박국은 이런 악행이 벌어지는 것을 두 눈으로 보게 되는 것이 가슴 아팠다. 그리고 악인이 의인을 압박하는 시대의 모습을 직시하고 왜 악행을 행하는 자가 그에 합당한 형벌을 받지 않느냐고 심각하게 묻는다.

하나님께서는 이에 대해 그들을 심판하실 것이며 심판의 도구로 갈대아인을 일으키실 것이라고 하셨다. 사납고 성급하며 무서운 갈대아 사람들로 하여금 그 나라를 칠 것이라는 말씀이다. 그들은 왕을 멸시할 뿐 아니라 방백을 비웃게 된다. 악에 대한 심판이 따르는 것이다.

이에 대해 하박국은 또 다른 의문을 갖게 되었다. 아무리 악한 유대인이라 할지라도 그 유대인들은 하나님을 아는 사람임에 반하여 갈대아 사람은 하나님을 알지 못하는 사람들인데 어찌하여 하나님을 알지 못하는 백성을 들어 하나님의 백성을 심판할 수 있는가 하는 것이었다.

"'주께서는 눈이 정결하시므로 악을 차마 보지 못하시며 패역을 차마 보지 못하시거늘 어찌하여 궤휼한 자들을 방관하시며 악인이 자기보다 의로운 사람을 삼키되 잠잠하시나이까.'"(합1:13).

여기서 궤휼한(unfaithful) 자나 악인은 하나님을 알지 못하는 갈대아인을 가리키고, 의인은 유대인을 가리킨다. 궤휼하다는 것은 교활하고 야비하다, 가혹하고 완고하다, 신뢰성이 없다, 배반하기 잘한다는 뜻을 가지고 있다. 유다의 악함을 지적한 하박국이 유다를 의로운 사람이라 말하는 것은 쉽게 이해할 수 없는 것이지만 하나님을 믿지 않는 갈대아인에 비하면 의롭다는 것이다.

하나님은 이에 대해 정한 때에 도구로 사용한 갈대아 사람도 심판할 것을 말씀하셨다. 하나님은 심판에 대한 예언에 대해서도 확실히 하셨다.

"너는 이 묵시를 기록하여 판에 명백하게 새기되 달려가면서도 읽을 수 있게 하라. 이 묵시는 정한 때가 있나니 그 종말이 속히 이르겠고 결코 거짓되지 아니하리라. 비록 더딜지라도 기다리라. 지체되지 않고 정녕 응하리라." 달려가면서도 읽을 수 있게 하라는 것은 모든 사람들에게 알리라는 것이다. 그리고 정한 때란 하나님의 약속이 완전히 이루어지는 때를 말한다. 가깝게는 갈대아가 멸망할 날을 가리키지만 영적으로는 메시아가 임할 날을 상징하기도 한다.

하나님은 이 모든 과정을 통하여 "보라 그의 마음은 교만하며 그의 속에서 정직하지 못하니라. 그러나 의인은 믿음으로 말미암아 살리라."고 말씀하신다. 이것은 하나님의 결론으로 하나님을 믿고 신뢰하는 사람, 곧 의인은 하나님을 향한 믿음을 가지고 살아야 한다는 것이다. 의인이 세상에서 고통을 당한다 해도 그것은 유한한 것이요 하나님의 심판으로 인해 악인은 보응을 받고 의인은 종국적으로는 승리하기 때문이다. 따라서 의인은 하나님의 선하시고 공의로운 뜻을 바라보며 살아야 한다. 하박국도 이 말씀을 이해하게 된다. 고난의 의미를 발견한 것이다.

이때 의인이란 도덕적인 의인을 말하는 것이 아니라 하나님과 깊은 친교 가운데 있는 사람을 가리킨다. 도덕적으로 결함이 있다 하더라도 하나님을 믿고 의지하느냐가 중요하기 때문이다. '믿음으로'란 바로 하나님에 대한 신실함을 가리킨다. 우리는 이 말씀 속에서 하나님을 향해 끝까지 신실하게 사는 것이 얼마나 중요한가를 읽을 수 있다. 이 고난의 과정을 통해서 의인은 하나님의 뜻을 발견하고 하나님을 더욱 신뢰하게 되었다는 점에서 그리스도인에게 있어서 고난은 뜻이 있다.

"의인은 믿음으로 말미암아 살리라."는 하박국서의 위대한 주제이다. 이 주제는 사도 바울(롬1:17;갈3:11)과 히브리서 기자(히10:38)에 의해 더욱 발전되었으며, 종교개혁과 루터의 개혁이념이 되기도 했다.

## ▣ 삶에의 적용

보스톤의 쿠시노 목사는 「왜 선한 사람에게 나쁜 일이 생기는가?」라는 책을 쓴 교역자이다. 그는 목회를 하는 가운데 첫 아들 아론을 낳았는데 3개월밖에 안 된 이 아이에게 푸로제리아라는 진단이 내려졌다. 앞으로 10년 동안 3개월밖에 안 된 이 상태에서 더 성장하지 못하고 늙어가다 죽는 병이었다. 부모로서의 고통은 큰 것이었다. 그는 자기의 이런 고통을 통해 주변을 바라보기 시작했다. 그랬더니 그동안 행복하게 보였던 교인들의 가정이나 이웃의 가정이 온갖 시련과 고통 속에 있음을 발견했다.

그는 마음속으로 "왜 선한 사람에게 고통스런 일이 생기는가?" "왜 바르게 살려는 사람에게 자꾸 괴로운 일이 생기는가?" 묻기 시작했다. 그는 이 의문에 대한 대답을 이사야 3장 10-11절에서 발견했다. "너희는 의인에게 복이 있으리라 말하라. 그들은 그 행위의 열매를 먹을 것이요 악인에게는 화가 있으리니 그 손으로 행한 대로 보응을 받을 것임이니라." 악인에 대한 종국적인 심판이 있게 되는 것이다. 그는 의인이 이 땅에서 고통을 당하게 되는 의미를 확인할 수 있었다. 그는 이 문제를 깊이 생각하고 다음과 같은 결론을 내렸다. "고난에도 뜻이 있다." 고난과 고통의 의미를 깨닫는 것 자체가 놀라운 축복이다.

성경에서는 고통을 네 가지로 말한다. 죄로 인한 고통, 사탄의 시험으로 인한 고통, 우리의 실수로 인한 고통, 하나님의 영광을 위한 고통이 그것이다. 그리스도인은 어떤 고통 속에 있더라도 고통을 감내하고 그 의미를 발견할 수 있어야 한다. 시편기자는 "고난당하기 전에는 내가 그릇 행하였더니 이제는 주의 말씀을 지키나이다."(시119:97)라고 고백하고 있다.

밀턴은 40세에 장님이 되었다. 멀쩡한 사람이 한창 일할 나이에 장님이 되었을 때 그 고통은 말할 수 없이 컸다. 게다가 사랑하는 아내마저 잃었다. 첩첩산중이었다. 이때 그는 "주님. 이런 고통을 인하여 내 영혼이 낮아짐은 하나님을 온전히 섬기기 위해섭니다."고 고백을 했다. 고난의 의미를 발견한 것이다.

파스칼은 "당신을 섬기려고 내게 건강을 주셨지만 나는 세상을 살아가면서 전부 다 나를 위해서 써버렸습니다. 이제 나를 일깨워 주시려고 나에게 병을 주셨습니다."라고 고백했다. 갑자기 질병이 찾아오고, 갑자기 인간관계가 뒤틀리고, 갑자기 시험이 생기고, 갑자기 시험이 찾아온 것은 하나님의 뜻을 발견하며, 그 뜻대로 살게 하려함인 것을 알게 되었다는 것이다.

암으로 투병하다 천국에 간 한 크리스천 교수는 처음엔 나를 만날 때마다 하나님이 왜 이런 병을 주셨는지 모르겠다며 하나님을 원망했다. 그러나 시간이 가면서 모든 것을 체념했고, 결국 하나님의 뜻을 받아들였다. 그는 죽기 하루 전날 천국에서 만나자며 악수까지 청했다. 그의 얼굴에는 평안이 넘쳤다. 나는 그의 놀라운 변화에 하나님께 감사했고, 그의 얼굴을 감싸 안은 채 마지막 기도를 했다.

C. S. 루이스는 고난을 이렇게 기술하고 있다. "사람에 따라서 무서운 일이 일어나기 전에는 하나님께 귀를 기울이지 않는 습성이 있다. 고난은 귀머거리에게 하나님의 뜻을 알아듣도록 울려주는 확성기다."

믿는 사람이 이 세상에서 고난과 고통을 당할 때 불평하고 불만하기 쉽다. 나름대로 바르게 살려고 노력했기 때문이다. 하박국도 그런 사람이었다. 그러나 하나님 안에서 그 해답을 발견했을 때 불평은 사라지고, 하나님을 더욱 신뢰하며 그분의 뜻을 바라볼 수 있게 되었다. 이런 의미에서 그리스도인의 고난은 오히려 복을 가져온다. 나는 지금 어떤 모습의 삶을 살고 있는가? 감사하며 살고 있는가? 우리는 고난의 의미를 발견할 뿐 아니라 고난 가운데서 오히려 감사와 찬송을 드릴 수 있을 정도로 달라져야 한다. 하나님 안에서만 이 세상의 모든 역경과 고난을 이길 수 있고, 천국을 소유할 수 있다. 이처럼 고난 속에서 그 의미를 깨닫는 것 자체가 축복이요 성숙이다.

# 제 5 장

# 말라기, "보라 내가 내 사자를 보내리니"

바알숭배가 극심했던 아합 왕 시절 여호와 하나님만이 참하나님이며 최후의 심판자이심을 증거하고 보여준 선지자 엘리야는 종말론적 의미를 가진 선지자라는 중요성을 가지고 있다. 그는 여호와에 대한 열심을 가지고 죄악에 빠진 백성들에게 여호와 하나님만이 참하나님임을 보여주어 그 백성들을 하나님 앞으로 돌아오게 하였다. 그의 종말론적 의미를 살펴보면 다음과 같다.

## ▣ 말라기 선지자의 예언

엘리야는 여호와 경배신앙을 회복시키기 위해 북왕국에서 헌신적으로 노력했음에도 불구하고 후대 선지자들 가운데 유독 말라기 선지자만이 미래에 맡을 엘리야의 위치에 대해 언급했다. 구약의 마지막 두 절이기도 한 이 절들을 통해 말라기는 "보라 여호와의 크고 두려운 날이 이르기 전에 내가 선지자 엘리야를 너희에게 보내리니 그가 아비의 마음을 자녀에게로 돌이키게 하고 자녀들의 마음을 그들의 아비에게로 돌이키게 하리라 돌이키지 아니하면 두렵건대 내가 와서 저주로 그 땅을 칠까 하노라."(말4:5, 6)고 기록하였다. 여호와의 두려운 날이 임하기 직전에 엘리야는 아버지와 아들을 화해시키며 경건과 신앙을 바로잡고 하나님의 징벌을 피하도록 하기 위해 다시 올 것이라는 것이다. 즉 엘리야는 비록 회오리바람과 함께 승천했지만 마지막 때에 주의 사자로 되돌아 와서 이 세상에 대한 심판이 임할 것을 예고하고 사람들의 마음을 준비시킬 것이다.

말라기 3장 1절에는 다음과 같은 하나님의 말씀이 기록되어 있다. "보라 내가 내 사자를 보내리니 그가 내 앞에서 길을 예비할 것이요 또 너희의 구하는 바 주가 홀연히 그전에 임하리니 곧 너희의 사모하는바 언약의 사자가 임할 것이라." 이 말씀은 공의의 하나님이 어디에 계시느냐는 물음(말2:17)에 대해 하나님께서 공의로 심판하실 것을 말하는 유명한 종말론적인 구절이다. 이 내 사자는 이사야 선지자도 예언한 바(사40:3) 있다. 이 예언은 주의 길을 곧게 하라고 광야에서 외쳤던 세례 요한에서 성취된다. 세례 요한은 엘리야의 정신과 능력을 가지고 주님보다 먼저 왔다(눅1:17;마11:4;막9:12). 그리고 홀연히 그전에 임할 주는 에스겔(43:2-4)과 학개(1:8)도 예언한 바와 같이 성전에 임할 메시아를 가리킨다. 메시아의 임재는 심판을 위한 것이다.

## ▣ 중간시대의 엘리야 관

여러 외경은 엘리야의 신비적인 승천과 함께 그의 재림을 보강하는 여러 기록을 남기고 있다. 외경 가운데 하나인 벤 시락의 지혜서는 엘리야가 장래에 하나님의 진노를 완화시키며 이스라엘의 12지파를 다시 연합시키는 임무를 수행할 것이라고 기록했다(시락서48:10). 그리고 에녹 1서에는 엘리야가 종말에 평화와 구원을 이루실 메시아의 재림을 전파하는 대제사장이 될 것이라고 기록되어 있다(에녹서89:12).

따라서 바리새인들은 일반적으로 메시아가 오시기 전에 엘리야가 먼저 와야 하리라고 생각했다(막9:11). 예수님께서는 세례 요한이 이 예언을 성취했다고 말씀하셨다(마11:7-15). 분봉 왕 헤롯은 세례 요한을 목 베었음에도 불구하고 예수를 가리켜 엘리야가 나타났다는 소문이 나도는 것을 듣고 매우 당황한다. 유대인들은 십자가 위에서 부르짖으신 주님의 고난의 외침마저 엘리야를 부르는 소리라고 해석하였다(마27:47, 49;막15:35, 36). 이 모두는 엘리야가 다시 올 것이라는 유대인들의 생각이 그대로 담겨져 있다.

또한 랍비문헌에서는 엘리야가 마지막 때에 다시 와서 이스라엘 백성들이 지금까지 해결하지 못했던 모든 법적인 문제들과 난제들을 다룰 것으로 기대하였다. 그 문헌들 속에 엘리야가 오기까지는 이러한 의미를 담고 있다(bMenaboth 63a; bBekhoroth 24a; mEduyoth 8:7; 1 Macc. 4:41-47, 14:41). 사해사본 가운데 하나에도 이러한 전통이 담겨 있다(1 QS 9:11). 엘리야의 예비적인 역할의 최종적인 면은 변화산 장면이다(마17:3;막9:4). 이 사건은 율법과 예언서를 대표하는 모세와 엘리야가 예수님과 함께 나타나 모세와 모세의 율법과 모든 예언들이 예수님에게서 성취됨을 상징적으로 보여주었다.

## ▣ 세례 요한과 엘리야

엘리야의 재림과 종말론적 사역에 대한 유대인들의 기대는 예수님 당시까지도 계속 타오르고 있었다. 어떤 유대인들은 광야에서 회개를 외쳤던 세례 요한을 엘리야와 동일시했으며 또 다른 유대인들은 예수님과 엘리야를 동일시하였다(마16:14;막6:15). 세례 요한 자신은 비록 이와 같이 동일시하는 영광을 거절했으나(요1:21, 25) 예수님은 오리

라고 했던 엘리야가 바로 세례 요한이라는 사실을 인정하시고 이를
널리 알리셨다(마11:14;17:10-13). 예수님은 세례 요한이 엘리야의 심
령과 능력을 가지고 온 말세의 선지자라고 확언하셨다(눅1:17). 엘리
야의 심령과 능력이란 세례 요한이 엘리야처럼 거스르는 이스라엘 자
손을 하나님께로 돌아오게 하는 것을 가리킨다. 세례 요한은 엘리야와
같은 성령의 능력과 영감으로 아버지와 아들, 이웃을 서로 화해시켜
하나님을 찾도록 하였다.

엘리야는 털이 많고 가죽 띠를 띤(왕하1:8) 험상한 모습과 탈속한
옷차림, 비호같이 빠른 걸음, 기근도 걱정하지 않을 정도의 건장한 모
습, 굴에서도 살 수 있는 억센 습관을 가지고 있었다. 약대 털옷을 입
고 가죽 띠를 띠고 메뚜기와 석청을 먹으며(막1:6) 광야에서 기거하
는 세례 요한의 모습은 엘리야의 그것과 매우 흡사하다. 더욱이 엘리
야는 여호와 신을 경배하는 절대적인 선지자였고 국가 운명에 대하여
예민한 통찰력과 염려를 한 애국적 인물이었으며 구약 선지 가운데
대표적인 인물이다. 세례 요한도 회개를 촉구하고 분봉 왕 헤롯의 불
의를 과감히 비난했으며 구약 선지 가운데 최후의 인물로 주님으로부
터 칭찬을 받았다(마11:11-13).


## ▣ 예수님과 엘리야

예수님은 변화산 사건을 통해 모세 및 엘리야와 더불어 말씀하시었
다(마17:1-3;눅9:28-31). 모세는 율법의 대표자이며 엘리야는 선지자
의 대표자이다. 더불어 나누신 말씀이 무엇인가는 누가복음에 나타나
있다. 누가는 "장차 예수께서 예루살렘에서 별세하실 것을 말씀할
새"(눅9:31)라고 기록하고 있다. 예수님은 변화산에서 엘리야와 함께

자신의 별세, 곧 잠시 후에 다가올 고난과 십자가의 죽음과 승천에 관한 이야기를 나누신 것이다. 예수님의 변형은 그분의 부활과 재림 때 갖게 될 영광스러움을 미리 보여준 것이며 그분들과의 대화 내용은 예수님의 구속사역에 집중되었다.

어떤 면에서 볼 때 백성들의 패역한 마음을 바꿔 놓으려 한 엘리야는 구약에 나타난 예수님의 그림자이기도 하다. 그러나 그리스도는 완성시키지 못한 엘리야의 화해사역을 완전히 성취시키셨다는 점에서 크게 차이가 있다(마17:12, 13;막9:12). 그렇다고 교회가 엘리야의 과거 사역을 무시하는 것은 결코 아니다. 오히려 우리는 성경 속에서 예수님과 엘리야의 유사점을 많이 발견할 수 있다.

예수님은 고향 나사렛에서 환영받지 못함을 아시고 "선지자가 고향에서 환영받는 자가 없느니라." 하시며 자신의 사역을 엘리야의 사역과 비교하고 자신의 우주적 사역(universal mission)을 천명하셨다(눅4:25f). 엘리야 당시 이스라엘에 흉년이 들었을 때 이스라엘에 많은 과부가 있었지만 하나님은 그들 가운데 엘리야를 보내지 않고 이방 여인인 시돈 땅 사렙다의 한 과부에게 보내어 그를 돌본 것을 들어 자신의 사역을 엘리야의 그것과 비교하신 것이다. 엘리야는 하늘로부터 불을 내려오게 하였음에(왕상18:38;왕하1:9-14) 비하여 예수님은 새로운 불, 곧 성령의 불, 복음의 불을 보내 깨어나게 하신다(눅12:49).

엘리야가 광야에서 한 천사로부터 위로함을 받은 것처럼(왕상19:5-7) 예수님은 감람산에서 기도하실 때 하늘의 사자로부터 안위함을 받으셨다(눅22:43). 그러나 주님은 엘리야처럼 죽기를 간청하지는 않으셨다. 또한 엘리야가 자신의 영감이 엘리사에 머물도록 하면서 하늘로 들림을 받은 것은(왕하2:1-15) 예수님께서 제자들에게 아버지의 약속하신 성령을 보내시겠다고 말씀하시면서 승천하신 것(눅24:51)의 예표이다.

## ▣ 믿는 자와 엘리야

바울은 아합 시대에 바알에게 무릎을 꿇지 않은 사람 7천을 남겨 놓았다는 엘리야에 대한 하나님의 답변을(왕상19:18) 가리켜 하나님께서 자기 백성들을 계속 보살피신다는 하나님의 은혜에 대한 예고라고 설명하였다(롬11:2-5). 즉 지금도 그때와 같이 은혜로 택하심을 따라 남은 자가 있다는 것이다.

야고보는 의로운 사람이 드리는 기도의 능력이 얼마나 큰가를 알려주기 위해서 엘리야의 기도를 그 보기로 들었다(약5:16, 17). 즉 엘리야는 우리와 성정이 같은 사람이었지만 간절히 기도한 결과 3년 6개월 동안 비가 오지 않았고 또다시 기도한 결과 비를 주고 열매를 맺게 했다는 것이다. '성정이 같다'라는 말은 외형만 같은 것이 아니라 모든 면에서 우리와 같다는 뜻이다.

계시록 11장 3절에는 신약교회를 상징하는 두 증인이 나온다. 그런데 그 가운데 한 증인은 대적을 불로 소멸시키거나(왕하1:10) 비를 그치게 했던(왕상17:1) 엘리야와 비슷한 이적을 행할 것이라고 기록되어 있다(계11:5, 6). 여기에서는 엘리야의 이적이 복음을 증거 하는 교회 위에 주어질 초자연적인 능력에 대한 대표적인 보기로 사용되고 있다. 교회가 충성스럽게 말씀 선포 사역에 종사할 때 그 어떤 세력도 방해할 수 없다는 것이다.

우리는 엘리야를 통하여 종말론적인 메시지를 강하게 인식해야 한다. 엘리야는 여호와 하나님만이 참하나님이심을 보여주며 백성을 하나님 앞으로 돌아오도록 하였다. 말라기 선지자는 화해의 선지자 엘리야가 다시 올 것을 기록했으며 심판을 예고하고 사람들의 마음을 준비하도록 할 것이라고 예언했다. 세례 요한은 이 땅에 회개를 촉구하고 주의 길을 예비한 엘리야였으며 예수님은 변화산에서 엘리야와 더불어 그의 구속사역에 관해 이야기를 나누셨다. 우리는 엘리야의 심정을 가지고 이 세대를 바라볼 필요가 있으며 과감히 회개의 운동을 일으켜 이 사회를 변혁시켜 나가지 않으면 안 된다. 엘리야는 지금 우리에게 어떤 태도를 가지고 종말론적인 삶을 살아야 하는가를 가르쳐 주고 있다.

· 저자 ·

양창삼    · 약 력 ·

서울대학교 정치학과(학사 및 석사)
서울대학교 대학원(경영학 석사)
웨스턴일리노이주립대학원(MBA)
펜실베이니아주립대학원
연세대학교 대학원(경영학 박사)
총신대학교 대학원(M. Div., Th.M.)

한국인문사회과학회 회장
한국사회이론학회 회장
연변과기대 상경대학 학장
한양대학교 경상대학 학장
한양대학교 산업경영대학원 원장
현. 한양대학교 경상대 경영학부 교수 / 목사

· 기독교관계저서 ·

『신약의 이해』
『하나님과의 동행』
『헨리 나우웬의 실천하는 영성』
『하나님의 섭리』
『하나님의 사람으로 사는 법』
『깨뜨림과 버림, 그리고 영원바라보기』
『단순한 믿음이 주는 기쁨』
『예수 리더십』
『뒤틀린 삶의 문제와 기독교적 답변』
『난제를 만나면 예수가 더 보인다』
『자본주의 문화와 기독교의 사회적 책임』
『21세기가 원하는 크리스천리더』
『평신도를 위한 신학이야기』
『하나님의 비전에 이끌리는 삶』
『당신 안에 있는 영성을 깨워라』
『목회자, 당신은 일류인간』
『영성회복의 신앙』
그 외 다수

# 구약의 이해

- 초판 인쇄    2007년 6월 11일
- 초판 발행    2007년 6월 11일

- 지 은 이    양창삼
- 펴 낸 이    채종준
- 펴 낸 곳    한국학술정보㈜
            경기도 파주시 교하읍 문발리 526-2
            파주출판문화정보산업단지
            전화  031) 908-3181(대표) · 팩스  031) 908-3189
            홈페이지  http://www.kstudy.com
            e-mail(출판사업부)  publish@kstudy.com
- 등    록    제일산-115호(2000. 6. 19)
- 가    격    36,000원

ISBN  978-89-534-6894-8 95230 (Paper Book)
      978-89-534-6894-8 98230 (e-Book)